.6 135/2572

La guerre froide inachevée

RÉTROSPECTIVE : 1945-1962

EXPECTATIVE : 1963-1970

PROSPECTIVE : 1971- ...

La guerre froide inachevée

RÉTROSPECTIVE : 1945-1962

EXPECTATIVE : 1963-1970

PROSPECTIVE : 1971- ...

par

GÉRARD BERGERON

PRÉFACE DE JOHN W. HOLMES

1971

LES PRESSES DE L'UNIVERSITÉ DE MONTRÉAL

C. P. 6128, Montréal 101, Canada

CET OUVRAGE A ÉTÉ PUBLIÉ GRÂCE À UNE SUBVENTION ACCORDÉE
PAR LE CONSEIL CANADIEN DE RECHERCHE EN SCIENCES SOCIALES
ET PROVENANT DE FONDS FOURNIS PAR LE CONSEIL DES ARTS DU
CANADA

ISBN 0 8405 0178 1

DÉPÔT LÉGAL, 3e TRIMESTRE 1971
BIBLIOTHÈQUE NATIONALE DU QUÉBEC

PRÉFACE

Le professeur Bergeron par l'importance qu'il accorde au facteur temps a une façon très peu orthodoxe de raconter l'histoire de la guerre froide. Il en présente un découpage en séquences annuelles plutôt qu'en une juxtaposition de sujets. Cette démarche, qui ne vise pas à nier la pertinence des présentations coutumières, fonde sa propre validité. Je tiens pour remarquable le détachement de l'observateur. Sa perception de l'histoire est éclairante et moins contraignante que les constructions rigides des analyses systémistes ou des historiens révisionnistes qui font entrer de force dans leurs schèmes les faits récalcitrants. Le professeur Bergeron écrit avec la sérénité qui convient à un survivant d'une époque qu'il considère après coup avec la modestie d'un chercheur sérieux parfaitement conscient des tâtonnements de sa méthode particulière. Sa démarche est celle d'une hypothèse à vérifier et il demande à son lecteur d'en accepter la convention. Ce livre présente la guerre froide selon ses oscillations de tension et de détente entre 1945 et 1962. C'est une recherche pour discerner les caractères propres d'une tranche d'histoire plutôt qu'un effort pour élaborer une théorie générale des relations internationales. Il ne s'agit certes pas d'une première tentative de raconter ce chapitre sombre de l'histoire récente qui imprègne encore la situation internationale d'aujourd'hui, mais c'est un essai jusqu'à maintenant inédit d'empoigner pour ainsi dire la globalité du phénomène.

D'une certaine façon, c'est une perception de dramaturge. Le professeur Bergeron s'applique à considérer cette période historique selon ses perspectives formelles, causales et surtout séquentielles.

L'action en devient dramatique — et peut-être en est-il ainsi à cause de notre attente de l'interrelation des événements. Voyons par exemple la scène internationale en 1948. Nous assistons au début de l'assombrissement du drame européen, mais tout de suite à l'intérieur de ce thème général s'introduit la sous-intrigue de la rébellion yougoslave, Tito annonçant déjà le polycentrisme dix ans avant que ce phénomène ne domine l'ensemble de l'action. En cette même année, c'est toutefois la victoire des Rouges en Chine qui est l'événement le plus lourd de conséquences, et nous prenons conscience que, de plus en plus, les affaires asiatiques vont avoir de l'importance dans les actes subséquents. Il ne s'agit pas d'imposer un canevas à la Shakespeare pour mettre en pleine lumière un personnage mais bien de présenter l'histoire en sa totalité. Il n'y a pas de distorsion délibérée des faits. Demeure, bien sûr, la nécessité de les sélectionner. Et si nous savons que toute simplification est distorsion d'une certaine manière, le choix des événements n'obéit pas à une intention préconçue de l'auteur. Il n'est d'ailleurs nul besoin de les rendre plus dramatiques qu'ils ne le furent.

L'effort de détecter des rythmes pour retracer des cycles est, d'une façon paradoxale, la justification de cette division de l'histoire en d'artificielles tranches de douze mois — une méthode qu'on considérerait, pour d'autres raisons, comme trop primitive même pour des manuels d'école élémentaire. Cependant toutes les divisions historiques sont arbitraires. Le rappel d'une année dont la plupart d'entre nous peuvent se souvenir comme ayant son entité propre («l'année de notre voyage en Europe», ou «celle où papa subit son opération») nous aide à mieux comprendre le cours des événements. Ce n'est pas de la simple chronologie; il s'agit d'un effort d'analyse par association temporelle, avec tous les avantages de la clairvoyance après coup! C'est un procédé fascinant. Il est heureux parce qu'il nous incite à lire rapidement pour serrer les lignes directrices de l'action. Ce qu'on nous fournit n'est pas seulement une série de faits triés pour appuyer une thèse; c'est encore de la matière première permettant diverses spéculations aux lecteurs qui peuvent bien se mettre à galoper en d'autres directions... Se manifeste à cet égard l'intégrité de l'auteur. L'analyste quantitatif ne manquerait pas de matériaux à se mettre

sous la dent. On peut toutefois espérer avec le professeur Berge-
ron qu'un tel type d'analyse ne fasse pas fi des critères d'évaluation
qualitative. L'auteur accepterait volontiers que son hypothèse soit
ainsi mise à l'épreuve, bien qu'il apparaisse évident que ce ne
puisse être l'œuvre d'un seul chercheur. Encore conviendrait-il de
souhaiter que les chercheurs qui s'appliqueraient à ce type de
vérification fassent montre d'un scepticisme aussi sain que celui
de l'auteur à l'égard de ses propres modèles.

Une justification fondamentale de cette tentative de découper
des unités-temps plutôt que de juxtaposer des unités-sujets, réside
dans l'avantage de pouvoir suivre les processus des prises de dé-
cision. Dans le concret quotidien, les politiques sont le fait de
personnes bien individualisées et pourvues de dossiers qui se gon-
flent toujours. On a pu n'avoir pas oublié les rapports qu'a-
vaient entre elles la crise d'Indochine en 1954 et la contro-
verse au sujet de l'Armée européenne, ou les crises jumelles de
Suez et de Hongrie en 1956. Mais, après coup, on se rend peut-
être moins compte jusqu'à quel point les hommes d'État occiden-
taux, mettant sur pied les structures de l'O.T.A.N. au début des
années cinquante, devaient sacrifier un temps considérable de leur
travail de cabinet à des affaires aussi disparates que les accès
d'humeur de M. Mossadegh en Iran et la politique d'inféodation
du Japon au camp allié. On nous rappelle encore que le début
officiel de la querelle entre Pékin et Moscou date du fiasco du
sommet de Paris de 1960. La crise des missiles soviétiques à Cuba
se produisit tout juste après une série de règlements des affaires
d'Algérie, de Nouvelle-Guinée et du Laos. C'est au moment le
plus aigu de la crise des Caraïbes que, Chinois et Indiens étant en
guerre, Nehru réclamait de l'assistance militaire à Washington.
Nous pouvons encore percevoir de cette façon des changements
de politique reliés à la mort de Staline ou de Dulles, ou à la re-
traite de Churchill ou d'Adenauer. Et, dominant tout le paysage,
apparaît le développement implacable de la technologie militaire.
Quand nous superposons à la chronique des événements les gra-
phiques de l'auteur sur le développement des armes nucléaires et
l'évaluation qu'il en fait de la supériorité militaire changeante
entre les deux Grands, les implications en deviennent des plus
instructives. Les tendances cycliques perceptibles doivent-elles être

reliées à la mise en devis et en chantier des bombes à hydrogène ? C'est une hypothèse à laquelle il convient d'accorder l'attention qu'elle mérite mais ce type d'histoire décourage l'explication de quoi que ce soit par l'intervention d'un facteur unique.

Il n'est pas nécessaire de tomber d'accord sur la façon dont l'auteur tente de montrer que cette sorte d'analyse historique valait d'être tentée. Son modèle est une hypothèse et, en tant que telle, elle est convaincante. L'auteur soutient que la guerre froide a duré de l'effritement de l'alliance en 1945 jusqu'à la crise des missiles à Cuba en 1962 et qu'il semble y avoir eu des phases quinquennales de tension et de détente. Les années subséquentes à 1962 font plutôt penser à une paix froide ou à une après-guerre froide mais sans qu'on puisse relever les mêmes fluctuations cycliques — du moins on ne pourrait pas encore les détecter ; les cycles ne se reproduisent pas nécessairement selon une périodicité régulière. La période actuelle diffère de l'époque de la guerre froide en ce que les superpuissances semblent avoir accepté un type de relations entre elles et les limites qu'elles comportent, contraintes qu'elles connaissaient pendant la période de 1945-1962, mais auxquelles elles ne s'étaient pas encore résignées. La montée de la Chine introduit un troisième élément dans un système duopolistique et le tiers monde, à sa marge, commence déjà à rendre la guerre froide désuète. Ce livre n'est cependant pas une histoire de l'après-guerre ; il constitue essentiellement une tentative de saisir la guerre froide comme phénomène global. L'estimation de la paix froide et les prévisions plausibles de l'auteur pour 1985 nous intéressent comme réverbérations de la guerre froide qui a précédé — bien que ce qui nous importe encore davantage dans cette histoire de la guerre froide soit la lumière qu'elle pourrait projeter sur l'avenir. De façon analogue, le contraste avec la période de l'entre-deux-guerres (1918-1939) est révélateur parce qu'elle fut marquée par un équilibre de puissance instable, la force croissante du perturbateur et corrélativement l'affaiblissement du camp défensif, et non pas par l'application systématique du principe de l'opposition fixe.

Le facteur d'évolution cyclique permet-il la prévision ? Certes non à court terme, à cause des impondérables, l'arrivée sur la scène politique de fortes personnalités ou leur disparition, mais, à plus *longue portée, on peut conjecturer avec quelque profit vers quelles directions nous nous dirigeons ou quels sont les dangers à éviter. On doit considérer la* futurologie *avec tout le scepticisme qu'il convient, mais pas plus ! Nous pourrions même espérer que nous sommes lancés sur la voie que le professeur Bergeron croit possible parce que, bien que son 1984 ne soit pas* Utopia, *il y aura suffisamment de force systémique de conservation en ce monde de demain pour éviter l'ombre de l'Apocalypse, des instabilités en juxtaposition produisant un « état de stationarité » plutôt qu'un « équilibre en stabilité ».*

La foi qu'il a dans un tel système, même s'il est du type oligopolistique quadripartite qu'il voit pointer, ne dérive pas de la vision qu'il a de la guerre froide comme épisode historique mais comme la solution de remplacement à l'impossible gouvernement mondial. D'une guerre mondiale chaude *à son ersatz, que fut la guerre froide, nous progresserions vers un ersatz de gouvernement mondial en sa forme primitive. C'est bien loin d'être l'idéal à prescrire mais cette progression évite la pensée totalisante qu'on retrouve dans les schémas sur papier des théoriciens du mondialisme parce qu'elle continue d'intégrer le principe d'opposition. Quel qu'ait été leur point de départ, pendant la guerre froide les superpuissances sont devenues non pas deux monopolistes mais des duopolistes. En ayant appris la leçon, le progrès est désormais possible.*

Un tel visionnement de la guerre froide facilite la compréhension de sa nature spécifique. Ces dernières années nous sommes passés du cycle de l'histoire de la guerre froide à l'histoire d'une anti-guerre froide, mais ni les apologistes de la guerre froide, forts de leur bonne conscience dans les années cinquante, non plus que les révisionnistes de gauche des années soixante, les uns et les autres avec un luxe d'arguments pour appuyer leur thèse sans réussir à rendre compte de l'interaction globale, n'ont pu caractériser cette période comme il convenait*. On n'a pas à chercher la réponse dans les fondrières des approches dites « équi-

---

* *L'exception notable est Louis J. Halle dont la faculté d'appréciation fut sauvegardée par le choix même de son titre :* The Cold War as History, New York, Harper and Row, 1967·

tables ». On peut mieux l'entrevoir chez ceux qui étudient comment ce que Washington et Moscou ont fait en 1948 les a conduits à agir comme ils le firent en 1949. La leçon en devient claire jusqu'à l'absurde mais l'histoire et l'analyse de la guerre froide sont du théâtre de l'absurde. Comme le professeur Bergeron le remarque ici et là, l'ensemble des relations entre les grandes puissances, à l'enseigne d'un mélange conscient de bluff et d'hypocrisie, toute la théorie de la dissuasion par laquelle chacune s'inquiète des inquiétudes de l'autre s'expriment en un schéma ultra-simple. Toutefois, c'est très exactement cette simplicité qui comporte une meilleure chance de gestion des affaires mondiales que les schémas élaborés de faiseurs de constitution invoquant le principe de la contrainte. Dans la guerre froide nous avons été enveloppés par cette espèce d'étreinte de ses événements en succession. La meilleure thérapie ne consiste pas à repérer les « méchants » mais à diagnostiquer des processus et, si possible, à les geler jusqu'à ce que la contraction en vienne à se relâcher. Aux diagnosticiens le professeur Bergeron fournit une excellente feuille de température.

John W. HOLMES
président de l'Institut canadien
des Affaires internationales

AVANT-PROPOS

L'idéal serait de pouvoir jeter sur l'actualité politique quotidienne un regard d'historien. Diplomates et responsables de la politique étrangère, le nez sur leurs préoccupations immédiates, journalistes et commentateurs internationaux, travaillant en pièces détachées, ne développent pas d'instinct cette *distanciation* par rapport à l'Événement, qui est autre chose qu'un flot constant d'événements quotidiens. En deçà du recul nécessaire à l'historien de profession et au-delà du point de vue de ceux qui font ou analysent au fil des jours la politique internationale, il y a place, et peut-être utilité, pour des dossiers généraux comme celui que nous proposons dans cet ouvrage.

La plupart des ouvrages de politique internationale traitent d'une question, d'un problème ou d'une crise, avec concentration sur une période ou selon des déterminations régionales ou institutionnelles. Se donner la guerre froide comme sujet, c'est viser à retracer une trame processuelle globale remontant à au moins vingt-cinq ans en arrière. Ce livre dossier serre le plus possible l'actualité immédiate jusqu'à s'être mis à l'écoute des crépitements de téléscripteurs bavards d'informations toujours renouvelées. Il n'a pu éviter le jargon courant de la guerre froide tout en se gardant le plus possible du « sabir atlantique », non plus que de certaine terminologie propre à la théorie politique et même économique. Les étudiants en science politique et en relations internationales n'en seront pas rebutés qui, en ce domaine, ont à pratiquer des textes souvent plus ardus.

Cette série chronologique de vingt-cinq ans d'histoire internationale nous est apparue suffisamment longue pour fonder le caractère plausible d'une cyclicité des phases *détente* et *tension* de la guerre froide classique. Mais passé cette période qu'ont fermée les conséquences de la crise de Cuba en octobre 1962, l'interprétation *systémique* proposée aux chapitres premier et VI garde la seconde utilité *analytique* de présenter un référentiel contrastant pour tenter de dégager les caractères plus imprécis et fugaces de l'*après-guerre* froide depuis 1963. On ne peut affirmer de cette période que nous vivons, et qu'on peut appeler en une demi-antithèse une « paix froide », que ne subsistent pas diverses menaces d'une résurgence de la guerre froide des pires jours.

Cet ouvrage s'est voulu suffisamment explicite du point de vue de la narration historique pour permettre une première lecture de la guerre froide. Mais sa singularité est de proposer une relecture de ce sujet dans l'encadrement d'un modèle d'interprétation théorique. Aucun plaidoyer initial de l'auteur ne saurait conférer à cette démarche d'autre pertinence et utilité que la validité de ses résultats, appuyés par les justificatifs de méthode proposés en cours de développement. Cette interprétation *systémique* est assez éloignée des études courantes de politique internationale qui font une large place à la recherche des responsabilités dans leurs critiques et explications de type causal, frisant parfois l'expression polémique. Une bonne histoire événementielle, comme la monumentale chronique de la guerre froide d'André Fontaine qui nous aura été fort utile à l'instar d'une dizaine d'autres ouvrages en langue anglaise, peut servir d'appoint précieux à notre propre historique, inévitablement très bref.

Cet ouvrage est une tentative pour nous situer dans le temps ou à la verticale, et dans l'espace ou à l'horizontale, en rapport à *la question* engageant le destin de tous les hommes. Mais la qualité de cette intention n'en transcende certes pas les défauts et lacunes.

G. B.

CHAPITRE PREMIER

QU'EST-CE QUE LA GUERRE FROIDE ?

1. LE MOT

Guerre froide, formule équivoque en forme de paradoxe pour qualifier une situation encore plus ambiguë qu'inextricable. L'Europe au sortir de la guerre, réoccupée par deux gigantesques armées étrangères, fut politiquement coincée entre deux centres de pouvoirs périphériques qui durent tôt y avouer leur antagonisme fondamental. C'est l'Américain Herbert Bayard Swope qui en aurait frappé la formule : *Cold War*. Bernard Baruch, financier et vieux sage, conseiller de plusieurs présidents américains dont Roosevelt, l'aurait employée pour la première fois dans une discussion publique. Walter Lippmann, auquel on en attribue d'ordinaire la paternité, l'a ensuite popularisée par une série d'articles de sa célèbre *column,* reproduite dans nombre de journaux américains et étrangers, et par un livre, portant ce titre, publié à la fin de 1947. La propagation rapide dès ce moment et, depuis lors, l'usage persistant de l'expression ont fait la preuve de son irremplaçable utilisé pour nommer une situation encore inédite dans l'histoire du monde.

Une guerre *froide* donc, qui n'était pas une guerre mais qui avait de celle qu'elle prolongeait, « par d'autres moyens » et entre d'autres adversaires, les mêmes caractères d'implacabilité et de globalité des enjeux, sinon de totalité des moyens — par bonheur pour la survie de l'espèce !

Nulle comme concept d'opération et décevante comme outil d'analyse par son ambiguïté voulue, la formule de *guerre froide* garde son utilité comme détermination d'un objet d'analyse historique. Mais cet objet se laisse difficilement circonscrire *dans l'espace*[1], à cause du caractère d'intensité variable de la guerre froide en sa globalité même ; et non moins aisément *dans le temps,* la question de ses origines étant fort controversée en outre de cet autre problème, plus fondamental, qui se pose justement de savoir si nous ne sommes pas, depuis l'alerte très chaude de la crise de Cuba en 1962, en période d'après-guerre froide. Évocatrice d'une ambiance politique toujours trouble, parfois menaçante, jamais complètement rassurante, la *guerre froide* a modifié nos structures mentales et leur support psychologique par une nouvelle lexicographie politique. Avec le temps, nous devenons des espèces de prisonniers sémantiques éprouvant de la difficulté à mettre au point un langage que des situations évolutives devraient renouveler.

L'entre-deux-guerres avait sa terminologie propre : « sécurité collective » et « paix indivise », « conciliation » et « apaisement » (Munich), etc. De cet attirail terminologique, c'est peut-être la « guerre des nerfs » qui aurait la connotation la moins éloignée de la *guerre froide,* comme l' « apaisement » en serait la notion la plus antinomique : par postulat tacite de la *guerre froide,* ses grands belligérants rejettent mutuellement le lâchage de l' « apaisement » si, heureusement, il est avec le « Ciel des accommodements »... À l'équivoque de l'expression s'ajoute encore, en un chassé-croisé des propagandes souvent tonitruantes, le coefficient d'indétermination idéologique de la « coexistence pacifique » qui en serait la face, sinon souriante, du moins plus rassurante.

La terminologie d'appoint de la *guerre froide* est, comme l'expression d'origine, métaphorique. Métaphores calorifiques : « gel » et « dégel » ; ou mécaniques : « détente » et « tension » ; ou thermodynamiques : « endiguement » (*containment*) ou « refoulement » (*roll-back*). En stratégie de la *guerre froide,* l'expression pivot est la « dissuasion » (*deterrence*), qui ne s'est d'abord conçue que par des joliesses verbales du genre d' « équilibre de la terreur », de « représailles massives », de « politique au bord du gouf-

---

1. Cf. plus loin dans ce chapitre, *les théâtres* de la guerre froide.

fre » (*brinkmanship*), qu'allaient heureusement pondérer dans la suite les choix alternatifs de « représailles graduées », de « réplique simple », de « première et deuxième frappe », de « riposte anti-force », etc. Pas plus que l' « escalade » (ou, selon l'expression plus imagée de Clausewitz, l' « ascension vers les extrêmes ») n'est une catégorie absolue, le déroulement complet de son scénario n'est fatal. Enfin, des formules plus volontairement négatives que la neutralité ou le neutralisme de naguère ont eu cours comme le « non-alignement » ou le « non-engagement ».

Il y a autant de *guerres froides* qu'il y a d'auteurs pour en faire l'histoire et l'analyse critique. Inévitablement quant à sa nature. Mais la plupart des divergences portent sur les origines : lointaines, intermédiaires (1917) ou immédiates (1945, 1947). Certains auteurs, portés par l'attraction analogique de l'expression de *guerre froide,* l'appellent déjà la « troisième guerre mondiale, la froide », ou la « plus grande guerre de tous les temps [2] ». Pour ne pas brouiller encore des perspectives suffisamment floues, il vaut mieux voir dans la *guerre froide,* en même temps qu'un produit immédiat et global de la Seconde Guerre mondiale, un substitut révolutionnaire et contre-révolutionnaire à la troisième guerre mondiale qui n'a pu avoir lieu, qui ne pourra (?) se produire. La guerre *froide* est un ersatz à la *guerre* totale. D'où son nom.

II. LA CHOSE

Produit de conjonctures particulières, la guerre froide est une notion historique. L'histoire qui l'a faite aurait pu être autre ; mais, une fois déclenchée, la guerre froide fera l'histoire, sera l'histoire internationale en sa trame essentielle depuis un quart de siècle — sans exclure donc la phase d'après-guerre froide, depuis 1963, dont le fil d'intelligibilité lui reste encore rattaché. Prolongeant, en un spectaculaire renversement des alliances, la *Seconde* Guerre mondiale (dont elle n'est pas la reprise comme celle-ci l'était de la guerre 1914-1918), la guerre froide est l'accomplisse-

2. André Fontaine, *la Guerre froide,* Paris, 1967, t. II, p. 533 ; 1965, t. I, p. 11.

ment à point nommé des prophéties célèbres faites au siècle dernier par Alexis de Tocqueville et Adolphe Thiers. L'auteur de *la
Démocratie en Amérique* concluait son « Bilan » du livre I (1835)
par ces lignes, polies comme un précieux bijou de famille :

> Or, voici un fait entièrement nouveau dans le monde, et
> dont l'imagination elle-même ne saurait saisir la portée.
> Il y a aujourd'hui sur la terre deux grands peuples qui, par-
> tis de points différents, semblent s'avancer vers le même
> but : ce sont les Russes et les Anglo-Américains.
> Tous deux ont grandi dans l'obscurité ; et tandis que les re-
> gards des hommes étaient occupés ailleurs, ils se sont placés
> tout à coup au premier rang des nations, et le monde a
> appris presque en même temps leur naissance et leur gran-
> deur.
>
> Tous les autres peuples paraissent avoir atteint à peu près
> les limites qu'a tracées la nature, et n'avoir plus qu'à les
> conserver ; mais eux sont en croissance : tous les autres sont
> arrêtés ou n'avancent qu'avec mille efforts ; eux seuls mar-
> chent d'un pas aisé et rapide dans une carrière dont l'œil
> ne saurait encore apercevoir la borne.
> L'Américain lutte contre les obstacles que lui oppose la na-
> ture ; le Russe est aux prises avec les hommes. L'un combat
> le désert et la barbarie, l'autre la civilisation revêtue de toutes
> ses armes : aussi les conquêtes de l'Américain se font-elles
> avec le soc du laboureur, celles du Russe avec l'épée du sol-
> dat.
>
> Pour atteindre son but, le premier s'en repose sur l'intérêt
> personnel, et laisse agir, sans les diriger, la force et la raison
> des individus. Le second concentre en quelque sorte dans un
> homme toute la puissance de la société. L'un a pour prin-
> cipal moyen d'action la liberté ; l'autre, la servitude.
> Leur point de départ est différent, leurs voies sont diverses ;
> néanmoins, chacun d'eux semble appelé par un dessein secret
> de la Providence à tenir un jour dans ses mains les destinées
> de la moitié du monde.

Sainte-Beuve rapporte dans ses *Cahiers* (1847) ces propos de
Thiers beaucoup moins souvent cités :

> La vieille Europe a fait son temps. Il n'y a plus que deux
> peuples : la Russie là-bas, c'est barbare encore, mais c'est
> grand (et Pologne à part), c'est respectable. La vieille Europe
> aura tôt ou tard à compter avec cette jeunesse, comme dit
> le peuple ; l'autre jeunesse c'est l'Amérique, une démocratie

adolescente et enivrée, qui ne connaît aucun obstacle. L'avenir du monde est là, entre ces deux grands mondes. Ils se heurteront un jour, et l'on verra alors des luttes dont le passé ne peut donner aucune idée, du moins pour la masse et le choc physique, car le temps des grandes choses morales est passé.

Plus d'un siècle après, on reste médusé par l'exactitude non moins que par la profondeur de telles visions. Les deux publicistes avouent une sympathie plus voyante pour les États-Unis d'Amérique, cet enfant de l'Europe[3], que pour la Russie, ce contrepoids de l'Europe, comme l'ont appris chèrement à un siècle d'intervalle Napoléon Ier et Hitler. La rencontre des deux grands destins politiques a déjà donné lieu à « des luttes dont le passé ne peut donner aucune idée » (Thiers), chacun d'eux ayant été appelé « à tenir un jour dans ses mains les destinées de la moitié du monde » (Tocqueville). La guerre froide fut annoncée cent ans à l'avance...

Lorsque les deux grandes armées extra-européennes opérèrent leur jonction sur l'Elbe, deux États de taille impériale mais sans empire se trouvèrent pour la première fois en situation d'immédiateté politique au milieu d'un continent qui s'effondrait avec, en son centre, l'abîme allemand. La guerre froide est née de la compétition pour occuper ce vacuum politique ou pour l'empêcher, pour combler cet abîme ou pour l'empêcher. Deux États non impériaux se trouvèrent en instance d'empires. Ce nez à nez était générateur d'affrontements, d'aménagements difficiles. Pour l'ensemble, la ligne du partage politique dédouble celle de la rencontre des armées de l'Est et de l'Ouest. L'histoire de la guerre froide est d'abord celle de cette stationarité et de l'instabilité chronique pour la modifier. Et la guerre froide trouvera, de par le monde, d'autres théâtres moins stationnaires où transposer sa dynamique d'instabilité.

---

3. On pourrait faire état d'un autre texte plus ancien où cette espèce de masochisme européen latent est encore plus affirmé. L'ami de Diderot, Grimm, écrivait dans la *Gazette littéraire* de 1790 : « Deux Empires se partageront tous les avantages de la civilisation, de la puissance, du génie, des lettres, des arts, des armes, de l'industrie : la Russie, du côté de l'Orient, et l'Amérique, devenue libre de nos jours, du côté de l'Occident, et nous autres, peuples du noyau, nous serons trop dégradés, trop avilis, pour savoir autrement que par une vague et stupide tradition, ce que nous avons été. »

S'ensuivit une dialectique nouvelle de l'antagonisme international dont les dimensions n'étaient plus impériales ou continentales mais mondiales. En renversant la proposition célèbre de Clausewitz, la guerre froide devenait la continuation de la guerre par d'autres moyens, mais qui pouvaient avoir des conséquences à l'échelle planétaire. Tant était grande la supériorité globale des U.S.A. et de l'U.R.S.S. sur le reste du monde au sortir de la guerre, tant est encore ou peut être déterminante leur influence polyvalente aujourd'hui, qu'en presque toutes les crises internationales d'importance, même en faisant exclusion de celles que leur présence ou leurs pressions suscitent, la question la plus pertinente, parce que première et ultime, est : « Qu'ont fait, que font, que feront Russes et Américains ? » Deux seuls pays ont les moyens d'une planétarisation de leur politique étrangère. La rivalité hargneuse de deux grands vainqueurs à la suite d'une guerre n'est certes pas un fait inédit dans l'histoire. La nouveauté de 1945 consistait moins en ce que l'Europe était l'objet de leur conquête virtuelle que dans le fait qu'elle semblait passée au laminoir par deux grands vainqueurs périphériques. Quand l'Europe fut concédée en deux moitiés entre 1945 et 1947, la guerre froide ne fut jamais figée le long du rideau de fer et trouva à se déployer sur bien d'autres théâtres d'hostilité. Mais l'abcès de fixation de cette rivalité irréductible resta toujours Berlin. Le fameux mur est devenu le symbole « de la honte » d'une division qui lui préexistait depuis seize ans.

Les deux superpuissances ont pris la tête de deux coalitions ou « blocs », prétendant exprimer deux mondes à valeurs et styles politiques contradictoires : le monde « socialiste » (ou communiste) qui affecte de qualifier l'autre de « capitaliste », alors que celui-ci affectionne de s'appeler le « monde libre ». Entre les deux, ou plutôt à leur vaste croissant périphérique, le « tiers monde », à la fois spectateur de plus en plus intéressé et enjeu ultime, dérisoirement *pensionné* et s'autodéterminant comme il peut, terrain infiniment vaste de clientèles possibles ou d'éventuels alliés. La pesée de ce « tiers monde » est ce qui, à long et peut-être à moyen terme, rendra désuète la rivalité essentielle de la guerre froide qui a déjà commencé à se démoder...

L'une des deux coalitions s'efforce, avec un succès de plus en plus relatif, de maintenir sa cohésion sur la pierre dure de l'idéologie, ce qui ne laisse pas d'autre choix à l'autre coalition que d'affirmer contre-idéologiquement ses propres valeurs. Aussi, la contre-idéologie américaine n'apparaît guère qu'une négation. On se définit contre ce qui est un refus d'inspiration révolutionnaire. La guerre froide s'alimente, en sa plus grande profondeur peut-être davantage psychologique qu'idéologique, de ces deux rejets rétroactifs, circulaires. Mais, de plus en plus dans le déroulement de la guerre froide, on voit que le gros des efforts et énergies politiques s'emploie, des deux côtés, presque autant à maintenir et raffermir chacune des coalitions ou à consolider les positions acquises qu'à lutter contre la coalition adverse. Quand l'idéologie réussit, loin de s'affirmer, elle tend à perdre les caractères intransigeants de l'idéologie : et la contre-idéologie en subit un affadissement plus grand encore. Mais, en cas de menace parfois intérieure de *challenge* décisif, l'idéologie combattante, affadie ou à agressivité diminuée, reprend sa dureté originelle par un retour aux sources et par le renouvellement d'une orthodoxie intransigeante.

La guerre froide est une « création continue », comme on disait de la paix dans l'entre-deux-guerres. Elle a ses enjeux décisifs qui ne se modifient pas, ses points variables de plus ou moins grande intensité, ses théâtres changeants. Ses règles d'action stratégique permettent des temps d'arrêt, des replis, des diversions, des *détentes* justement, mais non pas des retraites, des armistices, une paix. À moins de la qualifier, via la longue *coexistence* obligée, de « *paix* froide ». La guerre froide n'a pas la rigueur d'une partie d'échecs, que l'U.R.S.S. semblerait en meilleure position de jouer, ni le hasard d'une partie de poker, que les U.S.A. donnent parfois l'impression de livrer. Mais l'élément de risque est constant dans le conflit persistant. Les initiatives qui accentuent la tension, ou transforment des états de détente en nouvelles tensions, constituent des risques appelant des contre-risques parfois plus grands de la part de qui s'estime en état de défensive ou de rattrapage. La nature du jeu, qui vise à maximiser le gain tout en minimisant les risques, engendre d'autres incertitudes que la relativisation à toujours renouveler des risques et du gain. C'est l'espèce même du jeu qui, se transformant subrepticement, devient un nouveau jeu dont il faut inventer les règles nouvelles, mais en deçà de la règle, première et immuable, du non-recours à la guerre totale — par définition même de la guerre froide.

III. LES ORIGINES

Les origines lointaines de toute question historique capitale peuvent se retracer jusqu'au déluge... Un auteur récent[4] remonte au milieu du XIXe siècle, lors de la phase expansionniste de la Russie tsariste vers le Pacifique et de la grande poussée vers l'Ouest en sens inverse des États-Unis. Les deux pays conquirent alors leur *empire* sur leur propre sol à occuper. C'est le double phénomène qui avait tant frappé Tocqueville et Thiers. Selon un autre auteur[5], il faut partir des grands fondateurs, Pierre le Grand et George Washington, qui ont donné leur nom aux capitales de leur pays modernisé au XVIIIe siècle : Saint-Pétersbourg, Washington, D.C. Pour tel autre, il n'est pas superflu de reculer jusqu'au IXe siècle lors de la constitution de l'État de Kiev sous le protectorat des Vikings pour expliquer le complexe russe de l'invasion par les frontières ouvertes[6]. Sur cette lancée, il n'y a pas de raison, à partir des lettres du marquis de Custine de 1839, de ne pas évoquer les grands schismes politiques de l'histoire européenne ou la coexistence alternativement belliqueuse et pacifique de l'Islam et de la Chrétienté, ou de ne pas relire les « pages d'une bouleversante actualité » de *la Cité antique* de Fustel de Coulanges lorsque « Rome se montra à la Grèce[7] ». D'autant qu'aux heures chaudes de la guerre froide les dirigeants américains ne se firent pas faute de stigmatiser les « héritiers de Gengis khan et de Tamerlan, qui furent les plus grands meurtriers de l'histoire uni-

4. Paul Seabury, *The Rise and Decline of the Cold War,* New York, 1967.
5. John Lukacs, *A History of the Cold War,* New York, 1962, p. 5 et 8.
6. Louis J. Halle, *The Cold War as History,* New York et Evanston, 1967, p. 12-13.
7. Jacques Kayser, « Actualité de Fustel de Coulanges : Quand la Cité est en proie aux factions », *le Monde,* 2 septembre 1952.

verselle [8] ». Les analogies historiques sont au moins autant trompeuses que les leçons de l'histoire...

La date magique de 1917 — entrée des Américains dans la mêlée européenne et révolution d'Octobre — est un point de départ beaucoup plus ferme. La *chose* guerre froide serait, au moins à l'état latent, bien antérieure à l'époque qui lança le *mot*. À peu près dans le même temps, la plus puissante nation mondiale — déjà ! — rompt son isolationnisme continental séculaire et se compromet dramatiquement dans les héritages entremêlés de la turbulente Europe, tandis qu'une révolution à messianisme universalisant s'installe dans les palais des Romanov pour se retirer, sans gloire mais en nécessité, de la mêlée « impérialiste ». Le géant de l'Ouest, l'effort décisif fourni, s'enfermera à nouveau dans son isolement continental de naguère ; un « cordon sanitaire » sera tiré pour empêcher la contagion bolchevique du géant de l'Est déjà en proie à une funeste guerre civile. Les contacts entre les grands pays extra-européens seront tardifs [9] et rares. L'Europe retourne pour vingt ans à ses querelles intestines. Absents, les deux géants ne sont pas endormis. Ils veillent. Ils savent qu'ils auront bientôt besoin de toute la puissance de leurs muscles hypertrophiés et que ce ne sera pas d'abord l'un contre l'autre. Pour beaucoup d'auteurs, l'origine de la guerre froide est à rechercher dans la révolution bolchevique dont elle serait la « fille naturelle [10] ».

Le point de vue le plus courant et le plus défendable fait naître la guerre froide dans l'intervalle qui sépare la Conférence

---

8. Le président Truman dans un discours à Kansas City lors de la passe la plus sombre de la crise coréenne (*New York Times,* 24 décembre 1950). Six mois plus tard, le secrétaire d'Etat, Dean Acheson, plaidant devant le Congrès pour l'octroi de crédits pour la conduite de la guerre froide, rappelait la politique russe d'expansion des dernières cinq cents années (*New York Times,* 27 juin 1951) !

9. Les Etats-Unis n'accorderont leur reconnaissance diplomatique à l'Union soviétique que sous Roosevelt en 1933.

10. André Fontaine, *op. cit.,* t. II, p. 7. D'autres auteurs adoptent le même point de départ comme D.F. Fleming : *The Cold War and Its Origins : 1917-1960* (en deux tomes, également séparés par la guerre de Corée), New York, 1961 ; Desmond Donnelly : *The Struggle for the World,* New York, 1965 ; ou dans nombre d'articles dont celui de A. Schlesinger, jr. : « The Russian Revolution — Fifty Years after. Origins of the Cold War », *Foreign Affairs,* octobre 1967.

de Yalta (février 1945) et les grandes initiatives américaines de
la doctrine Truman (mars 1947) et du plan Marshall (juin), suivi
du boycottage rageur de ce plan par l'Union soviétique (juillet),
de la constitution du Kominform (octobre) et des grèves générales fomentées dans la suite par les C.G.T. d'Italie et de France.
Trois ans d'histoire, marqués par l'incapacité de faire la paix, d'où
sort la guerre froide. C'est la borne que nous reconnaissons, d'où
nous partons. Les différentes déclarations et conférences qui décident d'une stratégie commune (Moscou, octobre 1943, Téhéran,
octobre-décembre), ou du statut des pays libérés (Yalta, février
1945, Potsdam, juillet) appartiennent à l'histoire de la Seconde
Guerre mondiale comme les Conférences interalliées au sommet de
Québec, Casablanca ou du Caire. Les prodromes de la guerre froide
étaient déjà manifestes lors des Conférences de Yalta et de Potsdam.
La division [11] y fut consacrée, mais elle n'était pas encore irréversible. La capitulation du Japon (15 août 1945) inaugure la
période de la guerre froide. La grande et difficile alliance a tenu
jusqu'aux « redditions sans conditions » (*unconditional surrenders*).

C'est un autre sujet en soi que l'histoire des prémisses de la
guerre froide. La conclusion historique constitue la matière qui
nous intéresse. Une littérature polémique, presque aussi vaste que
celle des origines du conflit mondial lui-même, entretient l'actualité du sujet du « partage du monde [12] ». Nous déclarons forfait. Pour trois raisons : ce n'est pas notre sujet, dont un tel
avant-propos risquerait de prendre trop d'ampleur ; d'autres s'en
sont chargés et continueront de le faire [13] ; c'est enfin entrer sur
le terrain mouvant de la recherche des responsabilités.

Qui a commencé ? Question pertinente mais dont on ne sort
pas facilement ! Quelque réponse qu'on donne, c'est du cours des
événements après la mi-août 1945 qu'il faut rendre compte. Il a
sa configuration et sa signification propres sans qu'on ait à se
livrer préalablement à une recherche aussi longue que délicate

---

11. « La division » est le titre de la première partie de l'ouvrage de Jean
    Laloy, *Entre guerres et paix : 1945-1965*, Paris, 1966, qui étudie le
    schisme naissant (la deuxième partie porte sur « La dissuasion »).
12. Selon le titre de l'ouvrage d'Arthur Conte, *Yalta ou le Partage du
    monde*, Paris, 1964.
13. L'ouvrage précédent présente l'intérêt d'une utile bibliographie sur la
    Conférence de Yalta.

des responsabilités. On observera seulement que les deux Grands, héritiers de leur passé et selon leurs perspectives particulières du moment, avaient peu de liberté d'agir autrement qu'ils ne l'ont fait. Ils se trouvèrent l'un par rapport à l'autre dans une conjoncture de dilemme plutôt que de libre choix. Il suffit d'en rappeler l'atmosphère de suspicion mutuelle et la double insécurité qui en résulta. La « stratégie d'initiative » de l'Union soviétique appelait naturellement la « stratégie de la réponse » des États-Unis [14].

Cette présentation en quelque sorte classique de la guerre froide est battue en brèche par plusieurs auteurs récents qui présentent le schéma inverse [15]. On les groupe sous l'étiquette de « révisionnistes » ; il n'est pas indifférent de noter qu'il s'agit en bonne partie d'auteurs de la nouvelle gauche américaine [16].

IV. LES THÉÂTRES

Depuis la vente de l'Alaska (1867) et la fin des établissements coloniaux russes en Californie, les deux Grands ne sont entrés en contact que par peuples interposés. C'est la rencontre

14. Ces deux « stratégies » font respectivement l'objet des chapitres III et IV de l'ouvrage de Charles O. Lercne, jr. : *The Cold War ... and after*, Englewood Cliffs, New Jersey, 1965.
15. « *Essentially the revisionist thesis is a simple one : that we hit the Russians first, and that such were their justifiable anxieties for their own security, especially after the atomic explosion, that they responded with the clamp-down in Eastern Europe and apparently aggressive policies elsewhere. Hence the infinite regress, back to 1917, or back ten centuries, to find a first cause.* » (Wilfrid Knapp, « The Cold War Revised », *International Journal*, été 1968, p. 353). Dans le même numéro (p. 477), John Holmes remarque : « *The so-called* revisionist *historians are constructing a new version remarkably like the old-upside down. The imperialist conspiracy, it appears, was not in Moscow but in Washington.* »
16. Les ouvrages de W.A. Williams, *The Tragedy of American Foreign Policy*, réédition en 1959 ; 2e édition révisée en 1962, New York, et de Fleming, *op. cit.*, ont lancé le courant. Pour des bilans critiques de cette production révisionniste, voir, outre l'article de Knapp (cité à la note précédente), les articles de Hans Morgenthau : « Arguing about the Cold War », *Encounter*, juin 1967 ; de Christopher Lash : « The Cold War, Revisited and Revisioned », *The New York Times Magazine*, 14 janvier 1968. Dans un cadre bibliographique plus large, voir l'analyse critique de Pierre Hassner : « L'après-guerre froide : retour à l'anormal », *Revue française de science politique*, février 1968.

en cent points, en mille points virtuels, entre la gigantesque masse euro-asiatique et la puissance territoriale dispersée du colosse américain sortant de son hémisphère. Aussi la guerre froide présente-t-elle des théâtres fort divers, la plupart changeants, d'autres renaissants. Classons-les en théâtres premiers, seconds ou tiers.

Les théâtres *premiers* sont, depuis le premier jour, les deux Allemagnes et les deux Berlins (et s'y rattachant toutes les questions relatives au désarmement et à la démilitarisation du centre européen) ; depuis 1949-1950, le détroit séparant les deux Chines et la ligne fictive et pourtant non arbitraire divisant les deux Corées ; et, depuis 1962, le bras de mer séparant Cuba de la Floride. Seule l'Allemagne est un enjeu décisif. Cuba, pas plus que Formose ou la Corée, n'est un enjeu politique ou géostratégique comparable. Il s'agit de théâtres premiers non par la seule valeur objective de l'enjeu, ce qui ne vaudrait que pour le territoire allemand. Ce ne sont pas non plus des théâtres premiers parce qu'ils ont opposé ou opposent encore Russes et Chinois d'un côté, et Américains de l'autre. Par hypothèse de la guerre froide, se posent en ces théâtres premiers des questions cruciales qui sont devenues insolubles, figées : peu de souplesse, pas de mobilité. Le jour où, au désavantage manifeste d'un des Grands, se réglerait la question allemande ou se modifierait substantiellement le statut des deux Berlins, ce serait par l'effet d'une opération de force ou des maléfices d'une paix inégale. Ce serait la paix ou la guerre : pas la guerre froide. Ce serait même la fin de l'après-guerre froide — qui pointe déjà ? Le jour où Washington permettrait l'intégration forcée de la Corée du Sud ou de Formose, Tokyo, tout autant que Moscou ou Washington, serait en état d'alerte. Ce serait autre chose que la guerre froide. Par convention non écrite de la guerre froide, les conflits aux théâtres premiers ont été jusqu'à maintenant insolubles et les frontières immuables.

Les théâtres *seconds* sont presque tous situés au pourtour du monde soviéto-chinois. Ce sont la péninsule indochinoise, le Tibet, l'Iran, Suez et différents points du Moyen-Orient [17], enfin la ligne

---

17. Incluant Israël et ses voisins arabes. L'attitude des deux Grands lors des crises de 1948, 1956, 1967, comme leur politique générale dans les intervalles, montre assez leur détermination de ne pas convertir ce théâtre *second* en théâtre *premier*. Selon des nuances que nous établirons, ils refusent de se distribuer un rôle trop clairement campé...

du *rideau de fer* aux extrémités de l'Allemagne, la Finlande. Aux différents théâtres seconds, les conflits de guerre froide ont pu se régler, tout au moins se stabiliser. Ici, ne s'opposent pas d'immédiate façon les grands opposants de la guerre froide ; leur rivalité peut être prise en charge par alliés ou complices interposés, ou contrée par les grands ténors du neutralisme, Nehru, Nasser (un temps), Tito. Les théâtres seconds ont pu être des points de guerre *chaude* où l'intervention directe et massive d'un des deux Grands aurait risqué, par une détérioration des circonstances allant jusqu'à la riposte de l'autre, de déclencher une guerre mondiale. Ici, l'importance de l'enjeu semble résider plutôt dans l'intégration de chaque coalition ou la neutralité efficace des non-alignés que dans l'avantage en quelque sorte comptable d'une coalition sur l'autre. Quelques-uns de ces théâtres seconds ont pu perdre ou perdront cette importance. Mais le point commun de tous les théâtres seconds, c'est que les conflits qui s'y déroulent, les luttes d'influence ou de subversion qui s'y livrent peuvent se résorber ou se régler sans que la dialectique fondamentale n'en soit essentiellement altérée. Il y a plus de souplesse ; la mobilité est possible. Le Viêt-nam ? — Il restera un enjeu d'un théâtre second tant que les Chinois ou les Soviétiques n'y affronteront pas directement, en guerre chaude, les Américains. Le tort de Washington a justement été de se laisser entraîner par les circonstances à considérer le Viêt-nam comme un des théâtres premiers. Et c'est là tout le drame, à chaque jour qui passe, de plus en plus morbide...

Les théâtres *tiers* de la guerre froide sont le reste du monde non engagé trop éloigné pour être enveloppé dans un affrontement majeur inter-Grands. Dans la mesure où les conflits régionaux ou les luttes intestines ne sont pas assumés par la rivalité directe de l'U.R.S.S. ou des U.S.A., ce sont des points d'incidence et non pas d'impact de la guerre froide. La distance empêche l'immédiateté des heurts. Cuba ? — Bien sûr, il fait cas d'espèce. L'île tendait à devenir un des théâtres *seconds* après la prise du pouvoir par Castro jusqu'à l'été 1962 par suite de la détérioration graduelle des relations entre Washington et La Havane et du rapprochement des leaders cubains avec ceux de Moscou. Mais pendant la crise d'octobre 1962, Cuba est devenu le plus dynamique des théâtres *premiers* ! Passé la crise aiguë, Cuba est redevenu un des théâtres *seconds* de la guerre froide, comme il était partie des théâtres *tiers* avant le 1er janvier 1959. Cuba illustre la mobilité des théâtres de la guerre froide, en même temps que, peut-être, le fait qu'un théâtre *tiers* ne peut se transformer d'emblée en théâtre *premier*. Théâtre *tiers* ne signifie pas que l'action qui s'y joue soit négligeable, inintéressante, non pertinente à la compréhension de la *guerre froide* [18]. Globalement considérés, ces théâtres *tiers* sont l'enjeu ultime et pourtant diffus — ou perçu comme tel — d'une lutte déjà latente, à colères sourdes, et qui ne s'achèvera sans doute jamais. Dans l'intervalle, la guerre froide sera devenue caduque...

V. LA DYNAMIQUE

À la fois par des actions particulières bien identifiables de force ou de menace de son emploi et par la globalité fluide de la guerre froide, nous avons été amenés à la considérer comme une espèce de vaste champ alternativement directionnel et diffus, gravitationnel et interactionnel, comme animé d'autopropulsion. À ce plan de généralité, ce visionnement n'est pas faux. Mais il présente le double désavantage d'une vue trop grossière et d'une *substantification* excessive de la guerre froide. Il faut se garder des traîtrises de l'expression qui nous font en parler comme d'une réalité en soi, capable de volition positive ou négative pour se perpétuer ou se transformer.

Ersatz à la *guerre* totale, la guerre *froide* est aussi la formule improvisée de remplacement à un gouvernement mondial. Contre la règle première du fonctionnement gouvernemental, exigence d'unanimité d'une unité collégiale décidant dans le secret, le directoire des Grands fonctionne d'après les principes de l'opposition, se manifestant en clair, et de divisions que ne tranche pas ultime-

---

18. On aura peut-être noté que nous n'avons pas mentionné l'Organisation des Nations unies comme un des théâtres de la guerre froide. L'O.N.U., dont l'utilité minimale comme forum international et *clearing-house* diplomatique ne saurait être contestée, remplit un rôle indispensable ne serait-ce qu'en donnant du *champ légal* à la guerre froide qui ne craint pas d'y dire son nom, de le claironner même !

ment la règle de majorité[19]. Il tient, en partie et de façon primitive, des processus gouvernementaux, et pour l'autre, des processus
législatifs dans l'ordre intra-étatique[20]. Plutôt que d'une claire
distinction fonctionnelle, les décisions au moins globales sont le
produit du dégagement d'une plus grande force, phénomène qui
peut avoir autant de visages que de conjonctures concrètes. On
pourrait dire d'un système, à ce point primitif qu'il renouvelle en
improvisations constantes sa primitivité de nature, que c'est un
anti-système. La guerre froide n'est pas un système ; c'est *la réponse sous-systémique* à un besoin historique ; elle s'exprime par
quelques-unes des plus graves contradictions d'un anti-système.
Pourtant il y a fonctionnement mi-gouvernemental ou gouvernant,
mi-législatif ou légiférant. Il y a une certaine dynamique de fonctionnement.

Elle est à triple motricité. Cette dynamique se déroule à trois
niveaux s'impliquant mutuellement et interagissant entre eux. Aussi, n'est-il pas aisé d'en faire une abstraction analytique très poussée qui deviendrait tôt plus complexe qu'éclairante. Ces trois niveaux sont ceux de l'*attraction,* du *comportement* et de l'*idéologie.*
Le premier niveau rend compte des phénomènes de bipolarisation
politique ; le deuxième du comportement des bipolarisateurs qu'il
convient de mieux nommer « duopoleurs » ; le troisième est celui
de l'antinomie et de la mutuelle exclusion (de principe) de leur
idéologie respective. S'il y a une dialectique de la guerre froide
elle consiste dans l'interprétation active, mais toujours changeante,
de ces trois niveaux déterminant le champ propulsif de la guerre
froide.

Bipolarité, souple ou rigide, multi- ou pluripolarité sont les
expressions les plus populaires du jargon analytique de la guerre
froide. Seule la dissuasion a connu une bonne fortune conceptuelle
comparable ; mais les modèles théoriques sophistiqués qu'elle inspi-

---

19. Dans cette perspective de fonctionnement *gouvernemental,* l'O.N.U.
n'a qu'un rôle minime rappelé dans une note précédente. L'organisme
qui serait le plus apte à remplir cette fonction gouvernementale, le
Conseil de sécurité, procède selon le principe de l'opposition avec faculté constante — dont il ne se prive pas ! — de s'autoparalyser par le
droit de veto des membres permanents.
20. Voir notre *Fonctionnement de l'Etat,* Paris, 1965, p. 200-209, pour la
distinction *fonctionnelle* du gouvernement et de la législation.

re pour en rendre compte ne permettent pas la belle, et presque trop confortable, facilité de la dualité de polarisation. On ne saurait cependant dénier à la bipolarisation une utilité descriptive, tout au moins de départ : Washington et Moscou *étaient* moins des pôles d'attraction magnétique que leurs dirigeants *agissaient,* et s'affairaient même, comme nécessaires polarisateurs de forces potentielles au nom d'affinités essentielles d'abord proclamées par eux.

On a abusé du terme de « bloc ». Il n'a jamais eu, même en Europe où l'expression a plus de pertinence, l'identité et la cohésion que la simplification du langage impliquait. La remarque vaut moins pour le « bloc» de l'Est, plus sinon mieux intégré, que pour celui de l'Ouest, mais reste généralement exacte. Les analystes, presque autant que les leaders et les manipulateurs des propagandes rivales, ont tombé dans cette espèce de piège mental du modèle trop simple d'une lutte irréductible inter-« blocs ». À des degrés variables que l'historique de la guerre froide enregistrera, cette flagrante *bipolarisation* active des deux Grands n'a jamais donné lieu à une claire *bipolarité* objective de système. Un fort degré de multilatéralisme actif et, tout au moins, de multiplicité passive a toujours marqué l'intégration de chacun des blocs, même avant l'apparition des plus récentes tendances pluripolaires ou, sur le plan de l'idéologie, des positions dites « polycentristes ». Il y a un « tiers *monde* » ; il n'y a pas de « tiers *bloc* ». Les neutres, les non-alignés formaient encore moins un « bloc », tout au plus un alignement justement lors des votes à l'Assemblée générale de l'O.N.U., à Bandung ou lors de conférences du même genre subséquentes. Plus conditionnés que conditionnants, ils faisaient preuve négativement de la réalité de la bipolarité dominante y trouvant leurs termes de référence pour leur non-alignement, pour se définir.

Sur le plan du comportement des deux Grands il vaut mieux parler de *duopole* que de bipolarisation. Si le champ diplomatique est devenu planétaire, les Grands n'ont pu bipolariser toute la planète ! Ils ont pu donner l'impression, surtout au moment du plus grand choc de leurs propagandes, de se constituer chacun un empire mondial. Ils n'ont jamais été des empires mondiaux, fût-ce pour la première et décisive raison qu'il y a des limites matérielles à l'exercice même excessif de la puissance. Bipolarité objective ou bipolarisation active réfèrent d'abord à ce qui est polarisé ou *polarisable*. Pour entendre les formules logiquement jusqu'au bout, il faudrait imaginer deux monopoles, sinon sans point de contact, du moins sans impact mutuel. Or, les deux Grands, tout aussi bien aux phases de gel que de dégel de la guerre froide, agissent tout autrement.

Ils se sont comportés et se comportent encore comme duopoleurs et non comme deux monopoleurs. L'impératif monopolistique eût impliqué l'explication ultime, la guerre tout court qui, en l'occurrence des belligérants, eût été totale. La concurrence duopolistique peut donner à fond en deçà de l'explication ultime, jusqu'à maintenant rejetée. Le duopole réfère d'abord aux règles que les duopoleurs acceptent ; la référence à la bipolarisation complète, dont les inconvénients sont pressentis à supposer qu'elle soit possible, est seconde. Les duopoleurs acceptent de ne pas occuper tout le champ *polarisable*. C'est l'ensemble du jeu du duopole[21] qui, en permettant les incitations mutuelles à la bipolarisation active, a produit le résultat objectif de la bipolarité.

Duopole et monopole ne souffrent pas d'entre-deux[22]. Entre l'oligopole et le duopole, qui n'en est qu'un cas, il y a des intermédiaires. Les règles duopolistiques impliquent, permettent des comportements à tendances oligopolistiques, mais ne tolèrent guère d'accommodements avec les impératifs monopolistiques. On n'est

---

21. Qui n'a pas toujours été pleinement conscient surtout à la première phase de la guerre froide, entre 1945 et 1950. La simplicité du schéma stimulus-réponse, initiative-réaction semble plus applicable pour les débuts de la guerre froide.

22. On pourrait objecter le cas du *monopole bilatéral*. Pour notre part, nous n'en verrions l'expression qu'au niveau suivant, celui du choc des idéologies, par alimentation réciproque des propagandes. Nous le considérerons dans un instant. Il n'est certes pas négligeable dans l'étude de la dynamique globale de la guerre froide. Un économiste qui s'intéresse à la théorie des relations internationales définit ainsi le monopole bilatéral : « *Given a monopolist seller and a monopoly buyer or monopsonist, both maximizing in the short run, one arrives at bilateral monopoly, for which we have no determinate solution. This is cold war.* » (Charles P. Kindleberger, « International Political Theory from Outside », dans *Theoretical Aspects of International Relations*, sous la responsabilité de William T.R. Fox, Notre Dame, Indiana, 1959, p. 77).

pas sur le plan de la planification stricte et détaillée, ni de la gérance quotidienne. Mais on pourrait risquer l'analogie de deux gestions rivales dans des situations *ad hoc*, souvent imprévues ou même imprévisibles, ou encore échappant parfois et en grande partie aux libres déterminations d'un des deux gestionnaires ou même des deux. Que la situation soit créée par d'autres, ou par les duopoleurs, les règles s'appliquent. La règle type est évidemment celle qui, par l'accord duopolistique tacite, interdit la survenance d'une situation mutuellement ressentie comme dangereuse, ou tout au moins non désirée comme porteuse de menaces difficilement contrôlables. Les autres règles s'expriment par une espèce de code opérationnel qui pourrait se schématiser ainsi.

On tient compte de l'autre. La conscience de l'interdépendance des forces incite chacun à s'interdire des initiatives qui seraient incompatibles avec l'équilibre global. Mais l'accroissement de puissance ou l'augmentation des avantages de l'un, immédiatement perçus par l'autre, appellent chez celui-ci un accroissement et une augmentation identiques. Les duopoleurs acceptent que chacun d'entre eux augmente en principe indéfiniment sa propre puissance, quitte pour l'autre à s'en remettre à de continuels rattrapages. La règle positive est l'acceptation de projets et d'initiatives mutuellement compatibles aux deux joueurs et supportables par le processus d'équilibration globale. La règle négative est le rejet commun de projets et d'initiatives qui ne remplissent pas cette double condition de compatibilité et d'équilibre.

En définitive, c'est la réponse ou la réaction de l'autre qui compte. L'action globale d'un duopoleur, contrôlée par lui jusqu'à la réversibilité, suscite chez l'autre une réaction également globale, contrôlée et réversible. Au niveau de la grande stratégie, consciente ou pas, de la guerre froide, ce jeu de va-et-vient par amplifications et restrictions alternantes déterminerait les oscillations *tension-détente* de la guerre froide qui semblent présenter des fluctuations cycliques[23]. Le substrat psychologique de ces règles est évidemment précaire : le manque de certitude que possèdent les duopoleurs sur l'intention de l'éventuelle victime de ne pas recourir aux armes de destruction totale... Une fois accepté

---

23. Comme nous tenterons de l'établir au chapitre v.

le caractère inéluctable de la coexistence obligée, le jeu duopolistique commande des initiatives et réponses risquées, mais toujours raisonnables [24]. Il serait de la nature de la guerre froide et de la concurrence duopolistique qui semble en être le moteur *comportemental* de compenser son infériorité relative et provisoire par l'accroissement de sa propre puissance avec l'aide de ses alliés, et non pas par l'affaiblissement, fût-il contrôlé internationalement, de l'autre [25]. Faut-il parler de rationalité de l'absurde, ou de fondement absurde au raisonnable, pour qualifier ce jeu duopolistique qui s'interdit les solutions extrêmes de la guerre totale mais la prépare toujours, qui accumule des armements toujours plus terrifiants avec la claire détermination de ne pas s'en servir — et qui, surtout, ne prépare pas d'abris ?

Il y a un troisième niveau de la dynamique de la guerre froide, où ce n'est pas l'absurde qui le dispute au raisonnable, mais l'officiel au réel, l'hypocrite au vrai. C'est celui de l'antinomie idéologique. Quelle est la signification exacte de la « coexistence pacifique », sous Lénine, sous Staline 1er, 2e, 3e manières, sous Khrouchtchev ou sous Brejnev et Kossyguine ? « Révisionnistes » ou orthodoxes, soviétologues de tous poils, hommes d'État visionnaires ou pragmatiques, tout le monde y va de son analyse ou de son couplet de propagande plus ou moins déguisé. La pensée dialectique n'est pas le marxisme-léninisme qui n'est pas l'idéologie communiste, qui n'est pas l'« intérêt national » russe, qui n'est pas « impérialiste »... Ou si l'on veut, « l'impérialisme n'est pas nécessairement la phase ultime du capitalisme... » Il faut déclarer forfait encore ici pour des raisons analogues qui nous poussaient à refuser le débat sur les causes lointaines et les responsabilités de la guerre froide [26]. Les deux Grands sont-ils appelés, et sous quelles conditions, à abroger leur convention de base tacite qui a rendu possible la guerre froide mais leur a interdit d'en sortir ?

---

24. La crise de Cuba en octobre 1962 fut évidemment la partie prototype du *jeu* duopolistique...
25. On voit assez clairement aujourd'hui (traités sur l'arrêt des expériences nucléaires, sur la non-dissémination des armes nucléaires) que les Grands refusent plutôt le renforcement *des autres.*
26. On observera seulement que la recherche des causes lointaines, antérieures à 1917, restreint d'autant l'explication par l'incompatibilité ou le heurt des idéologies.

Sommes-nous en train d'évacuer le mythe de la révolution prolétarienne mondiale et sa prophétie autocréatrice (*self-fulfilling prophecy,* du sociologue Merton) qui, alimentant des peurs de part et d'autre, aurait déclenché et entretenu la guerre froide ?

Théoriquement, la guerre froide a duré ou l'après-guerre froide risque de se geler à nouveau tant que, des deux côtés, l'on ne se rendra pas compte qu'elle coûte plus cher qu'elle ne rapporte ou que, s'en rendant compte, l'on agira pour alimenter les reliquats idéologiques et contre-idéologiques qui peuvent vivre encore longtemps de leur vie propre. Les duopoleurs peuvent, comme en certains régimes économiques concurrentiels, maintenir un état d'ignorance volontaire des coûts de la compétition duopolistique.

Les superpuissances ont risqué, en guerre froide, un jeu psychologiquement dangereux. Elles ont joué à faire semblant, de façon mutuelle et simultanée, de se faire peur et de ne pas avoir peur ! Cela n'était pas moins vrai dans la phase de l'optimisme conquérant de l'U.R.S.S. que dans la phase précédente de l'optimisme sécuritaire des U.S.A.

Se présenter comme la partie qui doit gagner alors qu'elle sait très bien qu'on ne gagne pas la guerre froide, qu'on n'y peut que marquer des points, établir ou consolider des lignes d'influence ou des points de présence dans les théâtres seconds et tiers, n'était-ce pas un peu hypocrite ? D'autre part, les politiques officielles laissaient trop souvent entendre que les problèmes fondamentaux pourraient être réglés — ce qui équivalait dans la conjoncture globale à accepter le dilemme ou de donner raison sans lutte à l'adversaire ou de s'avouer vaincu devant lui. D'où une double hypocrisie dans les leaderships officiels de l'U.R.S.S. et des U.S.A. Elle ne les a pas rendus dupes eux-mêmes mais elle risquait de gauchir les analyses ou d'exacerber des inquiétudes. Peut-être est-ce là le substrat psychologico-idéologique de la guerre froide : un gigantesque bluff consistant dans le refus mutuel et persistant du bluff de l'autre ?

Mais faire semblant de trouver des solutions, relancer de vieux problèmes, en aborder l'examen sans concessions ou si dérisoires qu'elles ont une valeur symbolique contraire, cela permet des baromètres d'opinion, cela permet d'explorer de nouveaux champs de diversion, de raffermir les coalitions, de sonder l'esprit de détermination ou de conciliation de l'adversaire. Ce n'est pas perdu. Ce n'est pas, comme on dit, « gagner du temps », c'est *occuper* le temps. Il a fallu, en situation de guerre froide, *occuper* le temps. Peut-être n'était-il pas désirable de sortir de cette incohérence systématique ? Sur le plan officiel, c'était de l'incohérence. Sur le plan réel du régime duopolistique, c'était de la cohérence. Si la guerre froide ne s'est pas transformée en guerre, c'est à cause de cette cohérence foncière sur le plan réel.

Comment aboutir à une définition claire et concise de la guerre froide ? Comme celle de la *coexistence pacifique,* qui en est la face positive et non son contraire, la notion même de *guerre froide* est un des ressorts de la guerre froide elle-même...

VI. LA CYCLICITÉ APPARENTE

La guerre froide relaie la Seconde Guerre mondiale. On peut la dater de la reddition japonaise du 15 août 1945 (ou de l'armistice officiel du 2 septembre). L'an premier de la guerre froide n'a que quatre mois. Les huit mois précédents appartiennent à la phase finale et décisive de la guerre mondiale et à l'histoire des antécédents immédiats de la guerre froide. Nous convenons de marquer le terme de la guerre froide *classique* après le règlement de la crise des fusées à Cuba le 28 octobre 1962. La guerre froide aura duré dix-sept ans, presque aussi longtemps que l'entre-deux-guerres.

Cette séquence historique a connu ses hauts et ses bas que nous qualifierons de *tensions* et de *détentes*[27]. Ses cheminements

---

27. S'imposent dès l'abord des précisions sémantiques sur le couple *tension-détente.* Ce dernier terme a une acception assez précise et est d'un usage presque technique, comme ceux d'*apaisement,* de *rapprochement* qui s'emploient comme la détente « en français dans le texte » anglais ou d'une autre langue. Le terme antinomique de *tension,* posé pour l'antithèse, est d'une acception moins précise et n'est pas d'un usage technique comparable. L'orthographe identique en français et en anglais ne requiert pas la transposition du « en français dans le texte »

prendront la configuration d'une feuille de température. En deçà d'une quatrième phase plus courte et sans analogie avec les trois précédentes, celle de la *tension prolongée* de 1960 (échec de la Conférence au sommet de Paris), de 1961 (relance aiguë de la crise berlinoise), et de 1962 (le caractère exorbitant de la crise cubaine *tuant* la guerre froide), la guerre froide se divise naturellement en trois périodes quinquennales assez curieusement égales :

1. Seuil de *détente* (ou de paix belliqueuse), Conférence de Potsdam et capitulation japonaise, juillet et août 1945 ;
2. Premier pic de la *tension,* guerre de Corée, le 25 juin 1950 ;
3. Second seuil de *détente,* Conférence au sommet de Genève, juillet 1955 ;
4. Second pic de *tension,* le sommet raté de Paris, mai 1960, rebondissant en un autre pic, celui de la crise du mur de Berlin en août de l'année suivante jusqu'à l'alerte générale d'octobre 1962, arête vive crevant le plafond de la tension et frisant dangereusement la ligne extrême où *la tension risque de se transformer en guerre.*

Ou encore, en oscillations cycliques à apparente périodicité : 1) de la « non-paix », s'assimilant à une détente à l'été 1945, on aboutit à la tension aiguë de la fin de l'année 1950 lorsque les Chinois refoulèrent presque complètement les Américains de la péninsule coréenne ; 2) après la première forte tension, fin 1950-début 1951, la courbe s'infléchit vers la détente de l' « esprit de Genève » de 1955 ; 3) le sommet de Paris qui devait, cinq ans

comme pour *the* ou la *détente...* L'usage du terme de « tension » en politique internationale s'est moins popularisé comme antonyme à la *détente,* ainsi que nous le faisons dans cet ouvrage, que par les études d'inspiration psycho-sociologique des conflits internationaux. L'Unesco a d'ailleurs patronné certaines études ou colloques sur les « tensions » internationales comme sur les « stéréotypes nationaux ». Voir *De la nature des conflits : Evaluation des études sur les tensions internationales,* par l'Association internationale de sociologie avec la collaboration de Jessie Bernard, T.H. Pear, Raymond Aron, Robert C. Angell, Paris, Unesco, 1957 ; et, dans le cadre du projet « Etat de tension et compréhension internationale », le numéro d'automne 1951, vol. III, n° 3, du *Bulletin international des sciences sociales* portant comme sous-titre : « Stéréotypes nationaux et compréhension internationale ».
En somme la *détente* est devenue un vocable courant de la langue diplomatique aussi bien qu'une notion analytique pour décrire un état politique objectif. La *tension* n'a ni cet usage ni cette signification objective, du moins pas au même degré.

plus tard, confirmer ainsi qu'expliciter les termes jusque-là encore très ambigus de la « coexistence pacifique » relance tout au contraire la guerre froide en son épicentre de Berlin l'année suivante — jusqu'au moment où, en un déplacement brusque du théâtre *premier* de la guerre froide, la crise des fusées soviétiques à Cuba vient à deux cheveux de transformer la guerre froide en l'impensable *guerre chaude* totale.

Comme toutes les classifications, celle-ci présente certain caractère arbitraire. Elle garde tout au moins l'utilité d'une *summa divisio* par des points de repère généraux de la dynamique oscillatoire de la guerre froide. Nous croyons en outre que ces trois divisions quinquennales ont des caractères propres autres que la seule unité des fluctuations détente → tension → détente → tension. Entre 1945-1950, les rivalités de la guerre froide pivotent principalement autour du pôle européen, plus exactement allemand, et l'entraide internationale s'applique davantage au relèvement économique qu'à l'assistance militaire. Par contraste, pendant la période 1950-1955, le point de fixation de l'antagonisme de la guerre froide devient le théâtre extrême-oriental et non plus celui du centre européen, figé en une espèce de *statu quo* qui, pour l'ensemble, dure encore, et ces crises donnent lieu à des affrontements militaires reléguant au second plan les difficultés économiques. Dans la troisième phase, 1955-1960, un *modus vivendi,* par définition relatif et instable, s'instaure aussi bien en Extrême-Orient qu'en Europe, tandis que le monde arabe moyen-oriental et nord-africain s'agite en effervescences nationalistes, non plus au sujet du seul problème israélien, mais en des conflits de décolonisation restant au-delà des théâtres *premiers* de la guerre froide ; et aussi bien les aspects militaires qu'économiques s'entremêlent sans donner à cette période quinquennale un caractère dominant comme les deux précédentes.

Contrairement à l'usage de raconter l'histoire, aussi bien immédiate que moins récente, par questions, crises ou régions, nous allons suivre, d'année en année, les cheminements généraux de la guerre froide comme pour en établir la feuille de température. Il ne s'agira pas, contrairement à l'usage courant, de la cartographier en divers plans régionaux pour les juxtaposer plus ou moins adroitement dans la suite. Cette méthode inusitée, qui comporte des inconvénients mineurs de rappels et de renvois d'année en année, présente le plus grand avantage de ne pas traiter la guerre froide comme une espèce de vaste mécanique détachée en pièces éparses. C'est du mouvement, d'une direction générale d'évolution qu'il faut rendre compte. Le bénéfice consiste principalement dans cette saisie, en quelque sorte linéaire, de la guerre froide, parce que c'est ainsi que, de jour en jour et de semaine en semaine, elle se déroule et que la vivent ceux qui la font ou la subissent. Les uns et les autres ne savent pas l'*après,* que reconstitue, en unités factices, l'historien en sa confortable assurance analytique *a posteriori.* L'histoire qui se fait, surtout en ses processus globaux comme la guerre froide, se déroule toujours autrement que la façon dont on la raconte. Les habituelles divisions historiques ne sont pas, elles non plus, dans l'histoire telle qu'elle s'est écoulée.

Le découpage en tranches strictement annuelles de cette série chronologique sera sans doute reproché à l'auteur, tant il est inusité qu'on en retiendra peut-être davantage l'artificialité du procédé que la nécessité d'une saisie de continuité unilinéaire. Concédons l' « artificialité » tout en rappelant que toutes autres espèces de divisions restent artificielles même si, plus courantes, elles brusquent moins les façons traditionnelles d'aborder les questions. Ajoutons surtout que l'idée de *cyclicité* est une catégorie temporelle ou, comme l'on dit en d'autres sciences sociales, *diachronique.* Il nous est apparu légitime, et même indispensable, pour l'optique particulière de notre étude, de découper en unités-temps naturelles, que sont les années du calendrier, l'ensemble de la série chronologique, objet de notre analyse. L'hypothèse d'une cyclicité plausible de la guerre froide (qui fera l'objet de la construction critique du chapitre VI) commandait un tel découpage pour une plus exacte détermination temporelle des phases de tension et de détente. En bref, nos divisions annuelles sont instrumentales à notre propos. C'est davantage le principe même d'une analyse cyclique sur une telle donnée, qui peut être mis en cause, que cet aspect de son instrumentalité. D'ailleurs, lorsque nous aborderons l'étude de l'après-guerre froide (au chapitre VII), période ne permettant pas de fonder le caractère plausible de mouvements oscillatoires détente-tension, ce découpage annuel n'aura pas de pertinence et serait d'une utilité analytique presque nulle. L'étude de l'après-guerre froide procédera de principes de division plus courants — sans se dissimuler, toutefois, qu'ils ont aussi certain caractère d'artificialité bien que heurtant moins l'habitude de lecture...

L'auteur est également conscient qu'on reprochera à sa présentation une autre artificialité, au second degré : l'identification de chaque année par un mot, pour en qualifier le caractère général et l'ambiance particulière, pourra paraître une fantaisie lexicologique[28] d'autant moins justifiable qu'on n'aura pas accepté la convention analytique que nous venons de proposer. Ce n'est plus question d'analyse théorique mais procédé d'écriture pour servir la présentation analytique. Ne présenter les unités-temps que par les millésimes, 1945, 1946, 1947, etc., eût été d'une platitude expressive qui eût tôt lassé le lecteur. Mais identifier chacune de ces dix-sept années par un terme la singularisant lui confère un rôle processuel propre et en même temps une signification descriptive : 1945, année des *effondrements* ; 1946, des *tiraillements* ; 1947, des *retranchements* ; etc. Ainsi, ces appellations plus ou moins fortes, plus ou moins précises ou diffuses, permettent de pondérer et de nuancer les tendances générales relevées à l'intérieur de chacune des trois phases quinquennales de tension ou de détente ou de la phase triennale de la tension prolongée entre 1960 et 1962. La série complète de ces qualifications annuelles, qui va des *effondrements* de 1945 à l'*éclatement* de 1962, reconstitue la trame oscillatoire d'une période historique qu'il s'agit précisément de caractériser en sa spécificité inédite.

En outre, cette méthode d'analyse linéaire, par unités temporelles ainsi nommées, présentait l'avantage de renvois et de références rapides sans avoir à recourir à des paraphrases descriptives ou à des justificatifs explicatifs. Elle permettrait encore des faci-

---

28. Il se trouve que ces mots ont tous le suffixe en ... *ment(s)* sans que nous ayons éprouvé une carence d'approvisionnement lexicologique. La raison en est simple : les substantifs qui ont cette terminaison sont particulièrement aptes à caractériser un état, une siuation, une ambiance, un conditionnement, comme les suffixes en ... *tion* désignent des actions, des mouvements, des processus, etc.

lités mnémotechniques, éventuellement utiles pour des fins didactiques. Enfin, les liaisons chronologiques d'année en année deviennent naturellement plus aisées que les raccordements abrupts des hiatus et écarts qu'imposent des ordonnancements de plan par régions, questions ou crises, plus logiques peut-être mais pour d'autres propos. Cette liberté sémantique, somme toute assez inoffensive, n'est peut-être pas plus abusive ou artificielle que le recours au langage métaphorique ou même mythologique assez fréquent dans les ouvrages de politique internationale.

CHAPITRE II

DE LA « NON-PAIX [1] » VERS LA TENSION
DE LA GUERRE DE CORÉE : 1945-1949

1945 : EFFONDREMENTS

... aux deux extrémités du continent euro-asiatique. On dit *la* Seconde Guerre mondiale. Son caractère dominant est d'avoir été double. Il y en eut deux : la guerre européenne [2] et de l'Atlantique, la guerre extrême-orientale et du Pacifique. Elle se termina par l'écroulement parallèle de deux vastes et éphémères empires, dont les centres de puissances étaient l'un terrestre, l'autre maritime. Deux superpuissances, l'une terrestre, l'autre maritime, toutes deux « forcées » en 1941 d'entrer dans la guerre, devenaient victorieuses, à même d'occuper ces vides de puissances.

Continue à la guerre mondiale [3], la guerre froide n'a pas le même âge sur ses deux théâtres. L'entrée *in extremis* de l'Union

---

1. Nous ne trouvons pas mieux que cette expression négative pour caractériser l'immédiate après-guerre 1939-1945. Ni « paix » comme celle de Versailles, ni « détente » dont l'expression naîtra plus tard, c'est le début le moins contestable de l'histoire de la guerre froide, ainsi qu'on l'a dit au chapitre précédent (III. Les origines).

2. La campagne de Libye et d'Egypte n'étant que la pointe méridionale de la guerre européenne en Méditerranée.

3. Rappelons quelques faits essentiels des huit premiers mois de la Seconde Guerre mondiale en cette année 1945 : 12 janvier : armistice provisoire dans la guerre civile grecque — 17 janvier : les Russes entrent à Varsovie — 20 janvier : armistice avec la Hongrie — 4-11 février : Conférence au sommet de Yalta, en Crimée (Churchill, Roose-

soviétique dans la guerre contre le Japon, que doublèrent les coups de tonnerre d'Hiroshima et Nagasaki, ne lui avait pas permis d'affirmer une égale intensité de présence en Extrême-Orient. Ayant fait seuls ou presque la guerre contre le Japon, les Américains s'y trouvèrent, après la capitulation, seuls ou presque. Sous le proconsulat de MacArthur, leur contrôle militaire devenait absolu et presque exclusif en même temps que, par le maintien du Mikado sur son trône, la continuité du pouvoir politique était assurée. L'effondrement japonais n'affectait pas que l'archipel aux quatre îles mais tout l'Extrême-Orient et le Sud-Est asiatique. Ce sont les nationalismes nouveaux attisés par l'occupation qui subirent l'aspiration du vide de puissance. Les questions indochinoise et indonésienne par exemple relèvent plus de la fin des empires coloniaux que de l'antagonisme de la guerre froide. Il faut attendre le contrôle complet de la Chine continentale par les maoïstes et l'agression nord-coréenne pour que la guerre froide trouve cinq ans plus tard son théâtre majeur d'opérations en Extrême-Orient.

Il en allait tout autrement à l'Ouest, en Allemagne, pivot continental de la puissance européenne. Le grand vainqueur euro-asiatique y rencontrait l'autre grand vainqueur extra-européen et les principaux alliés européens, le Royaume-Uni et la France. Les deux camps de vainqueurs s'y engouffraient en une ambiance de paix presque déjà belliqueuse, tant s'étaient accumulées des suspi-

---

velt, Staline) — 13 février : prise de Budapest — 23 mars : les armées occidentales franchissent le Rhin — 12 avril : mort du président Roosevelt — 13 avril : prise de Vienne — 23 avril : entrée des Russes à Berlin — 25 avril : ouverture de la Conférence de fondation de l'Organisation des Nations unies — 30 avril : suicide de Hitler — 8 mai : capitulation de l'Allemagne — 26 mai : mission de Harry Hopkins (confident de Roosevelt) à Moscou — 25 juin : proclamation de la charte des Nations unies — 26 juin : note de l'Union diplomatique à la Turquie sur la question des détroits — 6 juillet : reconnaissance par Washington et Londres du gouvernement de Varsovie — 16 juillet : essai de la première bombe atomique à Alamogordo, Nouveau-Mexique — 17 juillet : ouverture de la Conférence au sommet de Potsdam (Churchill-Attlee, Truman, Staline) — 6 août : bombe atomique sur Hiroshima — 8 août : déclaration de guerre de l'Union soviétique au Japon — 9 août : lancement de la seconde bombe atomique (Nagasaki) — 15 août : capitulation du Japon — 17 août : accord entre la Pologne et l'Union soviétique sur la frontière Oder-Neisse ; proclamation de l'indépendance de l'Indonésie — 2 septembre : armistice officiel entre les États-Unis et le Japon ; proclamation de l'indépendance de la République démocratique du Viêt-nam.

cions mutuelles sous le concept officiel de la solidarité interalliée [4].
Même en faisant impossible abstraction des oppositions idéologiques radicales, cette mise en présence ne pouvait s'opérer facilement. Deux attractions en sens inverse allaient tôt prendre l'allure
d'une confrontation hargneuse, toute chargée d'arrière-pensées. Le
« contrôle » militaire provisoire commença tôt à se transformer en
« contrôle » politico-économique permanent. L'accord de Potsdam
contenait le germe de la division de l'Allemagne par la décision
de traiter le pays comme une « entité économique unique » mais
avec une administration décentralisée. Sur les questions communes, le Conseil de contrôle des quatre commandants en chef devaient statuer à l'unanimité. Au chapitre des réparations, en
l'absence de décisions communes, chaque puissance occupante,
dans sa propre zone, se mit à faire ses prélèvements — y compris
celui des savants et techniciens. Sauf sur les principes de la démilitarisation et de la dénazification, les vainqueurs ne purent
dès les débuts s'entendre sur un minimum de politique commune,
ou tout au moins convergente, amenuisant au jour le jour les
chances d'un règlement de la question allemande. Se dissolva
même très tôt la croyance à la possibilité d'une solution globale.

Les trois événements marquants de l'an premier de la guerre
froide furent la Conférence des ministres des Affaires étrangères
à Londres en septembre, l'échange entre l'Union soviétique et les
détenteurs du secret de la bombe atomique en novembre et une
autre Conférence des ministres des Affaires étrangères de Moscou
en décembre.

La première conférence de l'après-guerre allait montrer un
désaccord généralisé entre Soviétiques et Occidentaux. On ne parvint pas à poser les prémisses d'une solution à la question allemande : tout se passait déjà comme si chacun des côtés, en pos-

---

4. Contentons-nous de deux témoignages illustratifs. Staline confia à Tito
en avril 1945 : « Cette guerre ne ressemble pas à celles du passé ; quiconque occupe un territoire y impose son propre système social. Tout le
monde impose son système aussi loin qu'il peut avancer. Il ne saurait
en être autrement. » (Cité par André Fontaine, *Histoire de la guerre
froide*, Paris, 1965, t. I, p. 202). Le contentieux des gouvernements polonais de Londres, soutenu par les Occidentaux, et de Lublin, soutenu
par les Soviétiques (auquel allaient s'ajouter les protestations américaines portant sur la composition des gouvernements roumain et bulgare),
était la plus grave des dissensions américano-soviétiques du vivant de

session de *son* Allemagne, se refusait à la troquer pour une hypothétique Allemagne réunifiée et pacifique. On ne parvint pas non plus à s'entendre sur des projets de traités de paix avec l'Italie, la Hongrie, la Bulgarie, la Roumanie et la Finlande, objectif qui constituait selon l'accord de Potsdam une « tâche d'importance immédiate ». Alors même que Molotov visait à exclure la Chine, le cinquième grand, des affaires européennes et à y réduire le rôle de la France au règlement de paix des deux seuls pays auxquels elle avait déclaré la guerre (l'Allemagne et l'Italie), l'Union soviétique revendiquait une présence effective hors de la zone d'influence que ses armées victorieuses avaient acquise : dans les détroits, en proposant des négociations bilatérales avec la Turquie, ranimant ainsi un vieil objectif de l'époque tsariste ; en Afrique, en réclamant la tutelle d'une colonie italienne ; au Japon même, en avançant des titres à l'administration du territoire nippon. Mais ce qui allait constituer, selon le secrétaire d'État, James Byrnes, la pierre d'achoppement de la conférence fut la tentative de faire reconnaître par les Occidentaux les nouveaux gouvernements contestés de Bulgarie et de Roumanie. Les participants se séparèrent sans même publier de communiqué conjoint.

La question de la bombe atomique planait au-dessus de tous les débats officiels aussi bien que dans l'opinion publique mondiale. Le monopole américain compensait pour le rapatriement ultra-rapide des forces américaines en Europe — « *Boys at home* ! » — tandis que l'U.R.S.S. maintenait sur pied de guerre le gros de ses armées en Allemagne et dans les pays qu'elle avait libérés, déjà baptisés par la propagande occidentale de « satellites ». Dès avant Hiroshima, la puissance de la bombe était perçue par les dirigeants américains comme un argument d'importance dans les futures négociations d'après-guerre [5]. Le monopole de l'arme-

---

Roosevelt qui concluait peu avant sa mort : « *We can't do business with Stalin.* » (Cité par Schlesinger, « The Russian Revolution : Fifty Years after : Origins of the Cold War », *Foreign Affairs*, octobre 1967, p. 24).

5. Les auteurs « révisionnistes » insistent avec raison sur ce point. Ainsi Gar Alperovitz qui cite le président Truman : « *Byrnes had already told me... that in his belief the bomb might well put us in a position to dictate our own terms at the end of the war* » (en avril 1945), et l'amiral Leahy, chef d'état-major du Président : « *One factor that was to change a lot of ideas, including my own, was the atom bomb...* »

ment atomique fut la première forme du *containment* [6]. Mais il créait entre les deux Grands un équilibre militaire essentiellement dissymétrique qui, sur les plans politique et idéologique, se transmuait graduellement en ambiguïté de chantages [7].

Le 6 novembre, Molotov posait de dramatique façon, en termes de dilemme, la question du secret atomique : ou le secret est maintenu et se prolonge le déséquilibre des forces entravant la coopération internationale ; ou le secret est aboli, c'est au contraire les chances d'une véritable coopération universelle. Neuf jours plus tard, les trois chefs de gouvernement des pays qui avaient contribué à la fabrication du redoutable engin, Truman des États-Unis, Attlee du Royaume-Uni, King du Canada, publièrent un communiqué conjoint. C'était un refus catégorique : le secret serait maintenu. S'il doit un jour être livré ce sera à un organisme international « sur la base de la réciprocité des renseignements détaillés concernant l'application pratique de l'énergie atomique à l'industrie » ; mais, d'autre part, « aucun système de garanties ne serait en mesure de fournir par lui-même une protection efficace contre la production d'armes atomiques par une nation décidée à commettre une agression ». Ce fut là peut-être le plus profond malentendu de la guerre froide naissante [8]. Livrer le « secret » sans garanties sérieuses et compensations équivalentes

---

(*Atomic Diplomacy : Hiroshima and Potsdam,* New York, 1965, p. 188 et 226) ; ainsi David Horowitz, citant Bernard Baruch : « *America can get what she wants if she insists on it. After all, we've got it — the bomb — and they haven't and won't have for a long time to come.* » (*The Free World Colossus : A Critique of American Foreign Policy in the Cold War,* Londres, 1965, p. 263).

6. Ainsi, un membre important de la commission sénatoriale des Affaires militaires, le sénateur Edwin Johnson du Colorado, disait abruptement le 25 novembre 1945 : « *With vision and guts and plenty of atomic bombs, ultra-modern planes, and strategically located air-bases the United States can out-law war of aggression...* » (Cité par D.F. Fleming, *The Cold War and Its Origins,* New York, 1961, t. I, p. 336).

7. Que nous qualifions en introduction de « gigantesque bluff consistant dans le refus mutuel et persistant du bluff de l'autre ».

8. « Nul ne saurait affirmer que les choses auraient tourné autrement, si en 1945, l'Amérique au lieu de garder jalousement pour elle les secrets jumeaux de la mort et de la prospérité les avait transmis à la Russie. Mais il est bien évident que ce refus de partager ne pouvait qu'encourager, au-delà du *rideau de fer,* ceux que l'idéologie poussait déjà à croire au caractère irréconciliable des deux systèmes capitaliste et communiste, et à la fatalité de l'épreuve de force. » (Fontaine, *op. cit.,* t. I, p. 316).

pour l'*infériorisation* que les Occidentaux en subiraient? Accepter l'état de fait de cette *infériorité* soviétique du moment par rapport à l'autre Grand qui se trouverait ainsi en situation de force pour un temps indéterminé? L'ambiance n'était déjà plus propice pour la recherche d'une formule intermédiaire. Le dialogue s'arrêta court. Le malentendu s'épaissit. Pour d'aucuns, c'est l'origine causale de la guerre froide.

La Conférence de Moscou au mois de décembre ne régla aucun problème de fond, mais mit au point diverses questions de procédure en vue de la rédaction des traités de paix avec les vaincus européens à l'exception de l'Allemagne. Elle établit la commission d'Extrême-Orient et le Conseil allié pour le Japon, organismes de type consultatif auprès des autorités américaines. Elle décida surtout, comme conséquence de l'initiative Molotov et du communiqué tripartite du mois précédent, de la création d'une commission de Contrôle de l'énergie atomique sous l'égide de l'O.N.U., mais en la rattachant au Conseil de sécurité, tare congénitale qui allait faire buter ses résolutions fondamentales sur l'obstacle implacable du droit de veto. Les participants se mirent encore d'accord sur le principe d'une Chine unifiée par l'instauration d'un seul gouvernement démocratique et national ; on prôna le principe de non-intervention dans les affaires intérieures de la Chine. Une commission mixte russo-américaine devait encore, en liaison avec les démocrates coréens, préparer l'unification des deux Corées. Les épineuses questions de Roumanie et de Bulgarie persistaient mais des mesures étaient prônées pour « élargir » la composition des deux gouvernements.

En son an premier, la *guerre froide* n'a pas encore trouvé son nom. Elle a surtout l'air d'une paix malaisée, hargneuse. Elle n'a pas encore son « style » particulier. Rien, surtout, n'apparaît irréversible. Le secrétaire d'État, Byrnes, avait caractérisé ses trois rencontres avec Staline de « combinaison de franchise et de cordialité » ; mais il eut la désagréable surprise de voir qualifier son attitude à Moscou d'« apaisement » par une bonne partie de la presse américaine [9]. Il n'était jusqu'au président Truman qui lui reprochait de n'avoir même pas soulevé la question de la présence

9. James Byrnes, *Speaking Frankly,* New York, 1947, p. 118 et 122.

soviétique en Iran, ce qui allait être au début de sa disgrâce. « *I am tired of babying the Soviets* », disait crûment Truman [10].

Sept ans après Munich, le spectre de l'*apaisement* s'esquissait dans le ciel d'une victoire glorieuse et pourtant si récente.

1946 : TIRAILLEMENTS

... dans cette nouvelle « guerre des nerfs », selon l'expression du secrétaire d'État au Foreign Office, Ernest Bevin. Crises et malaise se généralisant, mises en garde et suspicion persistante, mais aussi établissement d'appareils pour la coopération internationale : première Assemblée générale de l'O.N.U., débuts de la commission de Contrôle de l'énergie atomique, rédaction des traités de paix avec l'Italie et les « satellites de l'Axe ».

À la première partie de sa session inaugurale, tenue à Londres en février, l'Assemblée générale devait d'abord établir sa machinerie institutionnelle. La seule recommandation de nature politique qui sortit de ses travaux fut une condamnation de l'Espagne franquiste, dans l'esprit de la déclaration de Yalta invitant « tous les membres des Nations unies » à rappeler leurs représentants diplomatiques de Madrid.

Beaucoup plus sérieuse fut la première affaire dont eut à s'occuper le Conseil de sécurité, à la suite d'une plainte iranienne contre l'Union soviétique. Voué au « maintien de la paix et de la sécurité internationale » sur la base de l'unanimité des Grands — dont la face négative est le fameux droit de veto —, le Conseil de sécurité inaugurait ses travaux par une mise en accusation de l'U.R.S.S. ! Ce sera l'objet d'une crise violente qui allait durer trois mois et donner lieu à d'acrimonieux échanges entre représentants soviétiques et polonais d'une part, et délégués britanniques et américains de l'autre. Diverses négociations directes n'ayant pas réussi au sujet du stationnement de troupes soviétiques en Iran, le Conseil de sécurité, plutôt qu'instrument de médiation, devenait dès le premier jour forum mondial pour d'âpres confron-

10. Harry Truman, *Memoirs*, 2 tomes, New York, 1955-1956, t. I, p. 548 et 552.

tations entre ceux qui s'étaient donné comme mission d'instaurer la paix sur la base de leur entente du temps de guerre.

Aux accusations portées contre les politiques d'expansion de l'U.R.S.S., dont l'Iran n'était qu'un cas, le représentant soviétique contre-attaquait avec violence en dénonçant les interventions du Royaume-Uni en Grèce depuis la fin de la guerre et, plus récemment, en Indonésie. Le dossier iranien avait des antécédents lointains et se présentait de façon fort complexe [11]. Il était l'occasion d'une mise en procès générale des deux camps s'accusant mutuellement d'expansionnisme devant la plus haute instance internationale de règlement des conflits internationaux. De part et d'autre, les accusations d' « impérialisme » et de « bellicisme » pleuvaient dru ! À un moment donné le délégué soviétique boycotta les séances du Conseil de sécurité. Après d'orageuses séances qui durèrent tout le premier trimestre, l'affaire allait finalement se régler, comme par pourrissement, par des négociations directes en dehors du Conseil. Treize ans plus tard, lors d'une série de conférences à l'Université Columbia, l'ex-président Truman dévoila qu'il avait lancé un virtuel ultimatum à Staline d'avoir à retirer ses troupes du sol iranien sinon il y aurait envoyé les siennes via le golfe Persique.

La preuve était désormais faite que l'O.N.U., comme la défunte Société des nations, était bien inapte à régler des différends ou conflits entre grandes puissances. Le cas iranien montrait encore que les deux Grands s'affrontaient pour la première fois à l'O.N.U., au sujet d'un territoire qui avait la plus haute valeur

---

11. En vertu d'un traité ancien de 1907, les Britanniques occupaient le Sud du pays et les ports sur le golfe Persique, les Russes, une bordure du territoire au Nord. Pendant la guerre, les fournitures et le matériel alliés étaient acheminés du golfe Persique jusqu'à la mer Caspienne par voie ferrée. Lors de la Conférence de Téhéran en 1943, les trois Grands, reconnaissant l'assistance précieuse de l'Iran, s'étaient engagés à « maintenir son indépendance, sa souveraineté et son intégrité territoriale ». Dès la fin de 1945, le parti Tudeh provoqua les troubles révolutionnaires dans la province d'Azerbaïdjan, contiguë par-delà la frontière à la république soviétique du même nom. Le gouvernement iranien décida de réprimer les troubles et ses troupes se trouvèrent nez à nez avec des détachements de l'Armée rouge. Un gouvernement autonome s'y organisa. C'est alors que le shah porta le problème à l'attention des trois puissances « occupantes ».
L'intérêt stratégique et économique (le pétrole) de l'Union soviétique étant évident, les Russes étaient plus « lents » à quitter le pays que les Anglo-Américains. D'où le litige porté au Conseil de sécurité.

symbolique de leur grande coopération militaire du temps de
guerre. De l'Allemagne et de ce que Churchill allait appeler en
mars le *rideau de fer*, la guerre froide s'était déplacée pour la première fois en un point chaud d'un théâtre *second,* mais vieux
théâtre des rivalités impériales entre la Russie tsariste et l'Empire
britannique. L'U.R.S.S. fut *contrée* dans sa première tentative pour
se gagner un nouveau « satellite » hors de la zone d'influence que
lui avait assurée l'avance de ses armées victorieuses[12]. L'Iran, du
point de vue soviétique, était une marche frontière d'une particulière importance et la chance de pouvoir compenser pour son bas-
sin pétrolifère du Caucase fort endommagé pendant la guerre.

Au début de 1946, s'était déjà perdu le ton du langage de
l'ancienne collaboration interalliée. Dans un discours du 9 février,
Staline élaborait le vieux dogme marxiste du « système capitaliste
[qui] engendre les crises qui conduisent à la guerre », faisant une
claire distinction entre les deux guerres mondiales, la dernière
étant en particulier une guerre populaire antifasciste qui avait
prouvé la valeur et la solidité du système social soviétique. Dans
un discours préludant à la *doctrine Truman* de l'année suivante,
le secrétaire d'État, Byrnes, rétorquait : « Nous ne serions pas et
nous ne pouvons rester au loin si on se sert de la force ou de la
menace de la force contrairement aux buts et aux principes de la
charte des Nations unies . »

Mais le texte capital de ces différentes mises en garde est le
fameux discours que Churchill prononça le 5 mars à Fulton dans
le Missouri. Il y frappa l'expression célèbre de *rideau de fer* (*iron
curtain*) qui allait connaître une fortune sémantique égale à celle
de la *guerre froide* : « De Stettin dans la Baltique à Trieste sur
l'Adriatique un rideau de fer est descendu à travers le continent.
Derrière cette ligne se trouvent toutes les anciennes capitales des
anciens États de l'Europe centrale et orientale. Varsovie, Berlin,

---

12. Ce point fut rappelé par maints critiques de la politique occidentale de
l'immédiate après-guerre. Ainsi, le journaliste Howard K. Smith :
« *When Russia extends her security zone abroad, it almost inevitably
required an overthrow of the* status quo, *for the* status quo *of the
world is capitalist ; which means a lot of noise and ugly scenes. If
America extends her zone of influence abroad, for the same reason —
that the rest of the world is capitalist — it involves only the* status
quo : *no scene, no noise.* » (*The State of Europe,* New York, 1949, p.
93).

Prague, Vienne, Budapest, Belgrade, Bucarest et Sofia, toutes ces cités fameuses avec les populations environnantes, sont incluses dans la sphère soviétique et sujettes, sous une forme ou l'autre, non seulement à l'influence soviétique mais à un très grand contrôle de Moscou dont la rigueur va croissant. Seule Athènes, parée de ses gloires immortelles, est libre de choisir son avenir dans une consultation populaire surveillée par les Britanniques, Américains et Français... Ce n'est sûrement pas pour cette Europe-là que nous nous sommes battus... Il n'y a rien que nos alliés russes respectent autant que la force... Nous ne parviendrons pas à éviter la guerre sans une association fraternelle des peuples de langue anglaise. » Encore précisait-il qu'il « repoussait l'idée qu'une nouvelle guerre était inévitable, encore moins qu'elle était imminente ». Quelques jours plus tard, Staline répondait à l'auteur d'une histoire des peuples de langue anglaise : « Il est raisonnable que les nations qui ne parlent pas la langue anglaise et qui représentent la majorité du monde refusent de se soumettre à un nouvel esclavage... Il ne fait aucun doute que la position de M. Churchill est un geste de guerre, un appel à la guerre contre l'U.R.S.S. Il tente de tromper ses auditeurs en disant que la période de l'accord [13] entre l'Angleterre et la Russie peut être prolongée à cinquante ans. » À quoi Churchill répliqua : « J'ai fait mon discours de Fulton parce que je comprenais qu'il était nécessaire qu'un homme occupant un poste non officiel [14] parlât en termes non équivoques du sort du monde actuel... La Russie a recouvré presque sans tirer un coup de feu tout ce que le Japon lui avait ravi il y a quarante ans... Je ne crois pas que les maîtres de la Russie désirent la guerre à l'heure actuelle. »

L'impact du discours de Fulton ne provenait pas seulement de la personnalité de son auteur. Churchill avait été reçu à la Maison-Blanche, Truman s'était même dérangé pour aller l'entendre et l'applaudir dans la petite ville du Missouri. La plus grande partie de la presse américaine estimait que les deux hommes s'étaient mis d'accord sur l'économie générale du texte, bien qu'il n'ait pas reçu l'appui officiel du State Department et en particulier

---

13. Allusion au traité d'alliance avec la Grande-Bretagne, signé à Londres le 26 mai 1942.
14. Les conservateurs battus à l'élection de l'été 1945, Churchill était alors chef de l'opposition de Sa Majesté.

de Dean Acheson, futur secrétaire d'État[15]. Mais nous savons aujourd'hui que, dans le même temps, un mémoire d'un diplomate américain posté à Moscou circulait à Washington. Ce texte exposait la théorie de la politique du réalisme à l'égard de la politique soviétique. Il s'agit de George F. Kennan, le futur théoricien de la politique du *containment* dans un article que la revue *Foreign Affairs* publiera sans signature dans son numéro de juillet de l'année suivante. Le secrétaire à la Marine, Forrestal, s'appuyait sur ces vues pour demander la permission d'envoyer une force navale en Méditerranée afin de soutenir la résistance turque devant l'infiltration du pouvoir soviétique. Pourtant, Kennan ne lançait pas le cri de guerre contre l'Union soviétique. Il s'en prenait plutôt à l'« anti-soviétisme hystérique » de ses compatriotes qui disparaîtrait « s'ils comprenaient mieux les réalités » plutôt que d'imiter point par point la politique soviétique[16].

L'opposant principal de l'Union soviétique en cette année 1946 était donc une voix britannique d'autorité, sinon autorisée, — qui semblait reprendre le combat inachevé de Yalta. Un mois plus tard, Staline dira à l'ambassadeur américain à Moscou son déplaisir de constater que les États-Unis s'étaient « définitivement alignés avec la Grande-Bretagne contre l'U.R.S.S.[17] ». Un auteur « révisionniste » estime pour sa part que « s'il y a une troisième guerre mondiale, le discours de Churchill dans le Missouri sera le premier document qui en expliquerait les origines[18] ».

Cette ambiance trouble n'allait toutefois pas entraver la marche longue et difficile, à épisodes pénibles, vers la négociation des traités de paix avec l'Italie et les États satellites de l'Axe. Deux rencontres des ministres des Affaires étrangères au printemps et à l'automne, la Conférence de paix dite des vingt et une nations à Paris s'intercalant entre les premières, permirent la rédaction des traités de paix qui allaient être signés le 10 février 1947.

---

15. John Lukacs, *A History of the Cold War,* New York, 1962, p. 59.
16. Kennan écrivait en finale de son mémoire : « *The greatest danger that can befall us in coping with this problem of Soviet Communism is that we shall allow ourselves to become like those with whom we are coping.* » (Cité par Louis J. Halle, *The Cold War as History,* New York, 1967, p. 106).
17. Cité par W.A. Williams, *The Tragedy of American Diplomacy,* 1961, p. 260.
18. Fleming, *op. cit.,* t. I, p. 350.

Trois problèmes ne reçurent toutefois pas de solution : la question des séparations, le sort des colonies italiennes en Afrique et surtout l'épineuse question de Trieste qui allait traîner en longueur. Quoi qu'il en soit, des *résultats* étaient acquis. Le règlement du sort des vaincus secondaires était un prérequis pour la chance, déjà de plus en plus hypothétique, d'une solution à l'ensemble du problème allemand. Il y avait eu diverses concessions des deux côtés. Des hommes politiques bulgares et roumains parlèrent même un langage amical envers les États-Unis qui avaient auparavant contesté la légitimité de leur gouvernement. Le ministre travailliste des Affaires étrangères, Ernest Bevin, voyait « s'élever enfin le soleil de la paix ».

Mais dans l'intervalle s'était livré un *great debate* aux États-Unis sur les prémisses et l'orientation effective de leur politique étrangère. Au Congrès et dans l'opinion, une droite active trouvait trop molle la politique de Truman. L'influent sénateur républicain, Taft, s'élevant contre la politique de l' « apaisement », s'en prenait aux *new dealers* de l'époque rooseveltienne, qui « depuis des années... ont essayé d'enseigner à notre peuple que le communisme est une sorte de démocratie libérale ». Leur chef de file, Henry A. Wallace, secrétaire au Commerce et ancien vice-président sous Roosevelt, sera sacrifié dans la tourmente. Il était venu ouvertement en conflit avec le secrétaire d'État, Byrnes qui, à Stuttgart, avait tendu une main pacifique au peuple allemand et tenait le langage de la fermeté à l'égard des Soviétiques. La *get tough policy* à la Churchill l'emportait sur le libéralisme généreux et estimé utopique de Wallace [19]. En septembre, Staline dans une interview au *Sunday Times* de Londres, distinguait entre « une nouvelle guerre dont on nous parle à présent, et le vrai danger d'une « nouvelle guerre » qui n'existe pas à présent ». Tout en appuyant Staline, le secrétaire au Foreign Office précisait

---

19. Qui allait fonder son parti progressiste, en dissidence du parti démocrate, dont l'existence sera éphémère faute d'un écho suffisamment large dans l'opinion publique américaine. Le Wallace soviétique semble avoir été l'ancien commissaire du peuple aux Affaires étrangères (1930-1939), Maxsim Litvinov, alors ministre adjoint des Affaires étrangères soviétiques. D'après un journaliste du *Washington Post*, Richard Hottelet, qui rendit publics ces propos après la mort de Litvinov en 1952, celui-ci lui aurait confié dès 1946 : « Il fut un temps où il semblait y avoir une chance pour que ces deux mondes puissent coexis-

qu'aucune paix ne serait possible si l'on ne mettait fin à la « guerre des nerfs ». Pour sa part, le secrétaire d'État, Byrnes, protestait avec fermeté contre les affirmations répétées de leaders soviétiques au sujet des intentions d'« encerclement » de l'Union soviétique par les puissances occidentales. Son projet d'un traité quadripartite de quarante ans garantissant la démilitarisation de l'Allemagne allait être rejeté par un simple article de la *Pravda*. La question de l'Allemagne restait tout entière posée ; le problème autrichien, qui lui était relié, n'était pas davantage en voie de solution. À la fin de l'année, Churchill contestera les chiffres de Staline sur le nombre de divisions soviétiques stationnées en Europe centrale et orientale.

À partir de la mi-juin, la commission de l'Énergie atomique siégeait à New York. Dès le début s'opposèrent de diamétrale façon les plans Baruch et Gromyko sur la question centrale de l'inspection et du contrôle, pierre d'achoppement des travaux de désarmement nucléaire jusqu'à... aujourd'hui ! Ces discussions prirent l'allure d'un persistant dialogue de sourds que le contenu de technicité ne contribuait pas à dépassionner. À la session de l'Assemblée générale, Molotov prononça une violente diatribe contre l'impérialisme américain du dollar et de l'atome. Cette session n'allait toutefois pas se séparer sans voter une résolution de désarmement mondial ; et, à la fin de l'année, la commission de l'Énergie atomique pourra même voter à l'unanimité, moyennant l'abstention de l'Union soviétique dont l'isolement était devenu manifeste, en faveur des *principes* du plan américain de contrôle. Dans le prolongement des concessions soviétiques qui, à la fin de novembre, avaient permis la mise au point finale des traités de paix et bien que les Américains et Britanniques aient décidé la fusion économique de leur zone d'occupation en Allemagne,

---

ter. Mais tel n'est plus le cas. Cela tient surtout à la conception idéologique qui prédomine ici. On croit en effet qu'un conflit entre le monde communiste et le monde capitaliste est inévitable. On en est revenu, en Russie, à la notion démodée qui consiste à évaluer la sécurité en fonction de l'étendue du territoire contrôlé — plus vaste le territoire, plus grande la sécurité. » (D'après une reproduction et une traduction de *Sélection du Readers' Digest*, éd. canadienne-française, mai 1952). Comme on dirait aujourd'hui, les « colombes » Wallace et Litvinov furent sacrifiées, car ce dernier fut aussi relevé de ses fonctions le 24 août 1946.

ces votes aux Nations unies contribuèrent à rasséréner quelque
peu l'atmosphère à la toute fin de l'année.

Une année et demie après la fin des hostilités, le règlement
du sort du perturbateur numéro un apparaissait bien éloigné. Péniblement, on avait commencé à s'habituer à l'idée d'une non-paix
sur la question allemande qui, le temps s'écoulant, allait laisser
aux deux parties une marge de plus en plus faible de liberté de
manœuvre. En 1945, la distribution des rôles des principaux acteurs
de la guerre froide était déjà faite. L'année 1946, par ses *tiraillements* en tous sens, peut être considérée comme le prologue ou le
canevas de la *guerre froide* qui dira son nom l'année suivante.

1947 : RETRANCHEMENTS

... des deux camps de la *guerre froide*. Avec le lancement de
l'expression, la chose pour ainsi dire s'institue et les antagonistes
s'établissent dans leurs *retranchements* de chaque côté du *rideau
de fer*. C'est avec raison qu'on fait d'ordinaire débuter la guerre
froide de l'année où fut créée l'expression, mais qu'on a de non
moins bons motifs de caractériser comme son an III. En 1947,
la guerre froide est devenue un *modus operandi*.

Les dix-huit mois précédents avaient été marqués par certaines hésitations dans la fluidité du malaise persistant. De larges
choix restaient encore possibles si la liberté de manœuvre tendait
à s'y restreindre. Mais, avec le temps, s'était créée l'habitude du
désenchantement mutuel, qui devint une espèce de seconde nature
plus impérieuse que les désirs profonds d'entente. On sortit de ce
clair-obscur en 1947. Des actes, de part et d'autre, seront posés
qui montrent que les essais de collaboration ne seront plus tentés
sans l'arrière-pensée de l'échec quasi inévitable. En cessant de
croire effectivement à la paix promise à Yalta, San Francisco et
Potsdam, on n'en répudiera pas officiellement les idéaux ; on ne
fera pas que s'accommoder, comme en 1945 et 1946, à cet ersatz
de la paix impossible : on tirera les conséquences de l'inévitabilité
de la guerre froide qu'on s'impose, des deux côtés, de gagner.

Jusqu'à 1947, la guerre froide aurait pu encore se résorber. Désormais, on s'installe. Les impératifs de la guerre froide deviendront des constantes de la politique étrangère des grandes puissances. Sa dynamique permettra des temps d'arrêt, des replis, des diversions, comme il a déjà été dit, mais jamais de retraites. Les théâtres d'opérations changeront, se multiplieront, dans les années subséquentes ; mais les règles générales de l'action stratégique n'évolueront guère, non plus que ne se modifieront les enjeux décisifs qui sont restés les mêmes qu'aujourd'hui. 1947 est sans doute une des années d'importance capitale dans l'histoire de la guerre froide comme 1950, 1955, 1956, 1960, 1963. Au sortir de cette année, André Siegfried écrivait : « Un désordre qui dure et auquel on s'accommode insensiblement est l'équivalent d'une nouvelle forme d'ordre qui s'établit. C'est dans ce sens et sous ces réserves que l'année 1947 permet de discerner dans le monde un ordre sans doute provisoire mais de ce fait destiné à durer quelque temps [20].»

Dans le premier semestre, les dirigeants américains lancent deux initiatives d'envergure. C'est d'abord, le 12 mars, un programme d'aide militaire à la Grèce et à la Turquie, relayant en cette région l'influence traditionnelle des Britanniques, qu'on allait appeler la *doctrine Truman*. Puis, le 5 juin, le secrétaire d'État, Marshall, lance son plan de relèvement économique collectif de l'Europe. La contre-offensive de l'Union soviétique se manifestera par la proclamation du Manifeste des neuf partis communistes (incluant ceux de France et d'Italie) et la création du *Kominform*, nouvelle mouture du *Komintern* dissous pendant la guerre pour des raisons d'opportunité idéologique lors de la grande alliance avec les pays « capitalistes ». Des grèves sérieuses, qui éclatent à l'automne en France [21] et en Italie, ponctuent après le rejet du plan Marshall

20. *L'Année politique,* Paris, 1948, p. XII.
21. Ces grèves fomentées par la C.G.T. à direction communiste immobilisèrent jusqu'à trois millions de travailleurs en France. La vacillante jeune IVe République tremblait sur ses bases. Deux déclarations typiques pour rappeler l'ambiance de l'époque : de Georges Bidault, représentant la France à la Conférence de Londres des ministres des Affaires étrangères : « Nous allons arriver au partage des responsabilités. De Gaulle, en France, va enfin apprendre ce qu'est la Résistance. Moi, ici, je présiderai le comité de Londres... » ; de Jules Moch, ministre de l'Intérieur : « Dans huit jours, si la bataille n'est pas gagnée, de Gaulle, dans un maquis, fera appel à l'Armée ; et le P.C. sera maître en France... » (Cité par Georgette Elgey, *la Vie secrète de la IVe,* reproduit dans *l'Express,* 22 et 28 mars 1965).

l'intention soviétique de saboter l'effort de relèvement économique de l'Europe de l'Ouest. Ainsi donc pendant la première partie de l'année, les États-Unis passent à l'action, semblant marquer des points ; puis le monde soviétique se raffermit comme entité distincte, coordonne son action, passe à la contre-offensive — ou continue de façon plus concertée son offensive. Les alignements sont faits. Désormais ils ne changeront guère. La Finlande, en un « traité inégal », devra l'année suivante tenir compte des servitudes de sa contiguïté territoriale. Si, à la suite du « premier coup de Prague » de février de l'année suivante, la Tchécoslovaquie devra s'intégrer beaucoup plus intimement au système soviétique, la dissension du « maréchal » Tito de Yougoslavie quelques mois plus tard, jugé « déviationniste » par le Kominform, rétablira un certain équilibre interne de l'univers soviétique. Mais, à l'été 1947, la Tchécoslovaquie l'apprenant à ses dépens, aucun pays gravitant dans l'orbite de l'U.R.S.S. ne participera aux efforts collectifs de relèvement économique de l'Europe.

Il n'y a, du reste, plus d'Europe. Il y a les deux Europe : l'Europe occidentale et l'Europe centrale et orientale ; l'Europe de la démocratie classique et l'Europe des démocraties populaires ; « l'Europe du cheval-vapeur et l'Europe du cheval de trait », comme disaient déjà les économistes de l'entre-deux-guerres. Les deux Europe sont prises en charge, patronnées par les deux superpuissances non européennes. Au point de fixation de l'Europe divisée, l'Allemagne et son ex-capitale scindées en deux symbolisaient déjà, depuis l'été 1945, l'irréversibilité de la guerre froide.

La solidarité occidentale s'affirmera en cette année 1947 par les bons soins de la diplomatie stalinienne qui semble manœuvrer pour se mettre à dos le Royaume-Uni et la France. En réponse à la *Pravda,* qui avait prétendu que le Royaume-Uni s'apprêtait à désavouer le traité d'alliance de 1942, le Foreign Office avait envoyé une note de protestation à Staline lui-même, ce qui est bien une pratique diplomatique assez peu commune ! Alors que la *Pravda* continuait à défendre le bien-fondé de ses allégations, l'incident se termina par la voie plus normale d'un échange de correspondance entre Staline et Bevin, clarifiant quelque peu la situation. Mais les relations anglo-soviétiques n'allaient pas tarder à se détériorer. Une brochure du parti travailliste constatait :

« C'est une très grande tragédie de l'histoire du socialisme que l'avènement au pouvoir en Grande-Bretagne d'un parti travailliste favorable aux Soviétiques ait coïncidé avec l'ouverture d'une offensive soutenue et violente contre la Grande-Bretagne par son alliée russe. » En juin, aux applaudissements quasi unanimes de la Chambre des communes, M. Bevin déclarait fermement que la période d'apaisement dans les relations anglo-russes était finie et qu'avec ou sans la Russie, son pays allait participer au plan de relèvement économique de l'Europe. La France qui, selon l'économie générale du traité franco-russe de 1944, s'était efforcée de maintenir, au milieu de la rivalité croissante entre les U.S.A. et l'U.R.S.S., une politique de moyen terme, allait maintenant se joindre plus intimement aux puissances anglo-saxonnes. Ce sera d'abord en signant, le 4 mars avec le Royaume-Uni, le traité d'alliance de Dunkerque, confirmant ainsi, en une première explicitation formelle, la traditionnelle Entente cordiale. Et tandis que l'U.R.S.S. combat obstinément le projet français de rattachement économique de la Sarre, les Anglo-Saxons soutiennent la France sur ce point, contribuant à rapprocher plus étroitement les trois puissances occidentales au moment même où Truman proclame la nouvelle *doctrine* américaine, le 12 mars.

Les U.S.A. prennent en Grèce et en Turquie la relève britannique. En butte à d'énormes difficultés économiques, le Royaume-Uni, après avoir rappelé des garnisons d'Égypte, devenait incapable d'exercer au Moyen-Orient son influence de jadis qui l'avait, d'ailleurs, amené à se poser dans cette zone en adversaire traditionnel de la Russie. Mais il ne s'agissait pas que de relayer, pour un temps et en un point déterminé, une puissance impériale déclinante [22]. La doctrine Truman constituait la négation, ou encore l'extension aux confins de l'Europe sud-orientale, de l'antique doc-

---

22. Il se peut que l'enchaînement des événements étant déjà tel depuis Yalta, les dirigeants américains aient été, à plus ou moins brève échéance, amenés à proclamer une politique qui ressemblât à la *Truman Doctrine*. Le certain, c'est que la faiblesse économique intérieure du Royaume-Uni (régime d'austérité, rendu encore plus sévère par les effets du plus froid hiver depuis un demi-siècle) le rendait inapte à faire face à ses anciennes responsabilités impériales. En février, à huit jours d'intervalle, le gouvernement britannique déclarait son intention d'abandonner son mandat en Palestine aux Nations unies et d'accorder l'indépendance aux Indes. Un fonctionnaire d'alors au State Department de-

trine Monroe. Les U.S.A. rompaient résolument, en période de
non-guerre, avec l'isolationnisme continental, dogme officiel depuis 1823. L'économie générale et le libellé du discours Truman
débordaient largement des objectifs d'urgence d'une suppléance
partielle et provisoire : « Ce doit être la politique des États-Unis
de soutenir les peuples libres dans leur résistance aux tentatives
de subjugation par des groupes minoritaires armés ou par des
pressions extérieures. » Déjà le langage du croisé s'instituant policier de l'univers, et comme répondant un an après au discours
programme de Churchill qui jubilait que les Américains aient
enfin compris ! Cette *doctrine* répondait encore à l'insatisfaction
et aux inquiétudes de l'opinion publique américaine. Selon un
sondage Gallup, Truman connut un pic de popularité dans son
pays avec 79 % des interrogés qui lui étaient favorables en avril
(alors qu'elle n'était que de 60 % en décembre 1946). Si la majeure partie des éditorialistes américains se déclaraient favorables
à la doctrine Truman, les influences *columnists,* le plus prestigieux
d'entre eux Walter Lippmann en tête, et les autres William L.
Shirer, Drew Pearson, Marquis Childs, Stewart Alsop se firent
critiques sévères de la nouvelle diplomatie officielle[23].

Elle semblait avoir quelque chose d'*exorbitant,* ce qui était
vrai, et d'improvisé, ce qui n'était pas le cas, car Truman y pensait depuis longtemps et semblait attendre son occasion selon le
très avisé analyste Arthur Krock du *New York Times*[24]. Le futur
théoricien de la politique du *containment,* Kennan, nouvellement
nommé à la direction de la planification politique à Washington,

---

venu par la suite analyste modéré de la guerre froide, écrit : « *The situation that the men in Washington faced in February 21, 1947, was
uncompromising in its demands. The British were not suggesting that
the United States might see its way clear to easing their burden in
Greece and Turkey by giving them some additional help with it :
they were saying that they had no choice but to drop it forthwith.* »
(Halle, *op. cit.,* p. 117). L'occasion prétexte de la doctrine Truman
fut la défaillance intérieure et extérieure du Royaume-Uni.

23. Ajoutons l'opinion de James Warburg, banquier de son état, ancien
fonctionnaire de l'Office of War Information et aujourd'hui encore observateur attentif de la politique internationale, qui exprimait cette
opinion synthétique : « *What is so urgent that we must act alone,
without consultation, without knowing how far our first step will
carry us, and in such a way as to determine the structure of peace,
which we have struggled so hard to erect.* » (Cité par Fleming, *op. cit.,*
t. I, p. 453).

24. En date du 26 mars 1947.

n'eut pas de part directe à l'élaboration du discours et se serait
objecté aussi bien « au ton du message » qu' « à l'action spécifique qu'il proposait » selon l'auteur même de la première rédaction du discours[25]. C'est peut-être l'occasion d'évoquer la psychologie manichéenne du président américain, assimilant les nouveaux communismes de l'Europe aux fascismes récemment dé-
faits[26]. Le discours Truman magnifiait une doctrine qui se su-
perordonnait aux responsabilités de l'O.N.U. dont l'idéologie en
partie contradictoire et les vices de fonctionnement avaient déjà,
il est vrai, fait la preuve de son impotence. Mais par-delà les principes, les critiques européennes portaient sur l' « acceptation de
la division[27] » et sur l'intention de l'élargir, tandis que les critiques de Lippmann en particulier s'appliquaient à souligner la
disproportion entre les moyens de la diplomatie américaine et ses
buts globaux qui l'entraîneraient à des engagements de plus en
plus nombreux et lourds[28]. Le soviétologue Isaac Deutscher rapporte que c'est à ce moment que, selon Tito, Staline se serait décidé à procéder à une plus ferme intégration de l'Europe de l'Est[29].

Dans ces conditions générales, la Conférence de Moscou sur
les affaires allemandes, dont les sessions avaient commencé deux
jours avant le fameux discours Truman, était vouée à l'échec. À

25. Joseph M. Jones, *The Fifteen Weeks*, New York, 1955. Les quinze
    semaines sont la période de la formulation de la doctrine Truman et du
    plan Marshall.
26. Et de rappeler que cela remontait loin dans son substrat psychologique.
    Un mois après l'invasion de la Russie par les troupes hitlériennes, il
    déclarait au *New York Times* (24 juillet 1941) : « Si nous voyons
    que l'Allemagne est en train de gagner la guerre, nous devons aider la
    Russie. Si nous voyons que la Russie est en train de gagner, nous de-
    vons aider l'Allemagne et ainsi les laisser se tuer le plus possible. »
    (Cité par Fontaine, *op. cit.*, t. I, p. 280). L'ancien « mercier du Mis-
    souri » ne faisait qu'exprimer l'opinion courante de l'homme moyen
    américain à cette époque.
27. L'expression est de Louis J. Halle, *American Foreign Policy*, Londres,
    1960, p. 296 et 297.
28. Lors du vingtième anniversaire de la doctrine Truman, le président
    Johnson ayant rappelé l'opposition d'alors de Lippmann à l'aide amé-
    ricaine à la Grèce et à la Turquie, celui-ci déclarait cette assertion com-
    me « inexacte » et comme preuve reproduisait un de ses articles du 15
    mars 1947. En conclusion, vingt ans après, Lippmann résumait son
    point de vue : « J'établissais une distinction entre une politique spéci-
    fique d'intervention en faveur de la Grèce et de la Turquie, politique
    que j'approuvais, et une politique mondiale, celle de Truman, à la-
    quelle je m'opposais. » (*La Presse*, Montréal, 12 avril 1967).
29. Horowitz, *op. cit.*, p. 94.

supposer qu'elles aient été réelles, les velléités d'assouplissement de
la politique soviétique ne pouvaient guère se concrétiser. Le désaccord fut, en effet, généralisé et total : sur le statut politique de la
future Allemagne, sur ses frontières, sur la Ruhr, sur les réparations, etc. Le rapport de la commission de Contrôle des Quatre
montrait que les puissances occupantes avaient appliqué, chacune
à leur avantage, les principes de la Conférence de Potsdam. À la
reprise, à l'automne, de la Conférence des Quatre à Londres, l'ambiance générale était encore plus mauvaise. Dans l'intervalle, la
guerre froide s'était encore accentuée. La « conférence de la dernière chance » — selon l'expression de Georges Bidault — fut un
ratage complet. Les rapports entre les Grands tournaient à l'aigre.
La question allemande et celle du contrôle des armements atomiques butaient à une impasse commune. Deux ans et demi après
la capitulation, le traité de paix avec l'Allemagne semblait ren-
voyé aux calendes grecques. L'Allemagne n'était déjà plus une
question pendante, conséquence de la guerre ; elle était devenue
l'impossible trophée de la guerre froide à venir. Le rideau de fer
s'appesantissait en passant par l'Allemagne, non seulement à cause
de l'importance décisive du territoire, de sa force économique et
de sa population mais encore parce qu'il plaçait en un face à face
dangereux les grands vainqueurs d'hier. Occidentaux et Soviétiques
se trouvaient emprisonnés dans et par leur conquête.

À l'été, la grande question qui préoccupait les chancelleries
européennes était le projet Marshall. Cette idée d'entraide internationale obéissait à une inspiration altruiste [30] ; mais elle se
trouvait à répondre fort opportunément à des préoccupations économiques américaines, de fait aussi bien que de système. Avant
même de naître, le plan Marshall s'inscrivait dans les processus
des antagonismes de la guerre froide. C'était le verso économique
de la doctrine Truman [31]. Dès la première conférence de consultation des États européens à Paris, tenue à la demande de MM.

---

30. « Notre politique, disait Marshall, n'est dirigée ni contre un pays, ni
   contre une doctrine, mais contre la faim, le désespoir et le chaos. »
   Il disait aussi : « L'initiative, je pense, doit venir de l'Europe... Le
   programme doit être conjoint, reposant sur l'accord des nations européennes, sinon de toutes. »
31. « *They were the two sides of the same coin of America's traditional
   program of open-door expansion.* » (Williams, *op. cit.*, p. 270).

Bevin et Bidault pour étudier l'offre Marshall, M. Molotov fit
une sortie rageuse en claquant les portes après avoir dénoncé l'impérialisme économique des U.S.A. La Tchécoslovaquie, qui avait
d'abord accepté de participer à la conférence, devra finalement se
retirer sous la pression soviétique, à la suite de la visite de son
premier ministre à Moscou. La division économique de l'Europe
se consommait. Les organismes du plan Marshall allaient dédoubler
— ou circonvenir — la commission économique européenne des
Nations unies. Tant étaient grands les besoins de l'Europe occidentale, en particulier ceux de pays comme l'Italie, la France
et l'Autriche, qu'il fallut parer au plus pressé par l'adoption
d'une aide intérimaire qui permit d'allouer sans délai des crédits pour les besoins essentiels en alimentation et en matières
premières. À ce premier stade, le plan Marshall s'assimilait à une
espèce d'U.N.R.R.A. [32] de temps de paix, l'*European Recovery
Program* ne devenant en vigueur que le 1er avril 1948.

Mais la question allemande allait encore passionner l'opposition des deux Europe au sujet du plan Marshall. Après l'échec
de la Conférence de Moscou, le gouvernement français se délesta
de ses ministres d'obédience communiste tandis que les Anglo-
Britanniques procédèrent à la fusion de leur zone. Dès ce moment
les Américains étaient décidés d'intégrer l'Allemagne de l'Ouest
à l'œuvre du relèvement économique de l'Europe. L'accord n'était
pas facile entre les U.S.A., le Royaume-Uni et la France, spécialement au sujet de la Ruhr : les Français prônaient l'internationa-
lisation comme statut politique ; les Britanniques, la nationalisation
comme statut économique ; mais le rôle décisif revenait évidemment aux U.S.A. dont la puissance économique était plus déterminante que jamais. Ces divergences de vues n'avaient toutefois
aucune commune mesure avec les protestations fondamentales
que leur faisait tenir l'U.R.S.S., et qui opposaient globalement les
trois puissances occidentales à cette dernière. En riposte au plan
Marshall, une plus intime intégration économique du bloc de l'Est
s'opérait par une série d'accords bilatéraux entre l'U.R.S.S. et ses
satellites prévoyant des échanges accrus mais aussi une coordina-
tion des divers plans de développement économique, ou, si l'on
préfère, une subordination de ces plans à celui de Moscou.

---

32. Organisme de secours d'urgence des nations pendant la guerre.

La seconde édition révisée et augmentée de la nouvelle *doctrine* américaine est l'article qu'un certain X... publia dans la revue *Foreign Affairs* de juillet. Ce fut tôt un secret de polichinelle que son auteur était le planificateur George F. Kennan qui avait été tenu à l'écart, quoique informé, de l'élaboration de la doctrine Truman. Dorénavant, la politique de l'*endiguement* (*containment*) allait avoir cours dans le jargon international comme la *guerre froide*, le *rideau de fer*. Il y avait plus d'une différence entre les deux textes; mais un certain globalisme défensif était la note dominante des deux. Le discours de Truman du 12 mars était précisément une *doctrine,* et le texte de Monsieur X..., plutôt une *théorie* stratégique. Dans la suite, on comprendra sous le nom de *containment policy* l'un ou l'autre ou l'un et l'autre des deux textes [33]. Le passage essentiel de l'article disait : « Il est clair que l'élément principal de toute politique des États-Unis vis-à-vis de l'U.R.S.S. doit être un endiguement à long terme, patient mais ferme et vigilant des tendances expansionnistes de la Russie [...] en vue d'opposer aux Russes une *contre-force* inaltérable en tout point où ils montreront des signes de leur volonté d'empiéter sur les intérêts d'un monde pacifique et stable [34]. » L'auteur prévoyait que cette politique pourrait durer dix, quinze ans avant d'amener une radicale transformation de la politique soviétique [35]. Effectivement, il y aura bien des modifications ou explications, ou même une contradiction en doctrine (la *roll-back policy,* sous J.F.

---

33. L'expression n'était pas nouvelle dans la diplomatie américaine. Dès 1900, Brook Adams avait employé les mots de *to contain* et *containing* pour exprimer l'action de l'expansionnisme russe. En cette même année 1947, le *columnist* Marquis Childs publia l'essai d'Adams, *America's Economic Supremacy,* comme texte doctrinaire pour la conduite de la guerre froide. (Nous tenons ces renseignements de Williams, *op. cit.,* p. 136).

34. Nous transcrivons ce passage de la version française que lui donne Fontaine (*op. cit.,* t. I, p. 106). La seconde partie de la citation est plus significative peut-être en sa langue d'origine : « *... that can be contained by the adroit and vigilant application of counter-force at a series of constantly shifting geographical and political points ...* » (« The Sources of Soviet Conduct », *Foreign Affairs,* juillet 1947).

35. Coïncidence d'un procédé d'écriture plutôt que prédiction exacte, mais on ne peut s'empêcher de constater que quinze ans après 1947, cela donne 1962 — qui date la fin de la guerre froide *classique.* Une autre « prophétie » — sans date — allait s'avérer non moins juste. C'est celle d'un opposant à la doctrine du *containment,* Walter Lippmann, qui écrivait : « *The Americans would themselves probably be frustrated by Mr X's policy long before the Russian were.* » (*The Cold*

Dulles) de la théorie du *containment,* mais, pour l'essentiel, c'est l'expression abrégée qui décrit le mieux la politique extérieure des États-Unis pour toute la période de la guerre froide.

La contre-attaque idéologique et tactique au *containment* fut la déclaration des neuf partis communistes de Varsovie et l'établissement du Kominform à Belgrade. L'inspirateur était Andreï Jdanov, le « théoricien » préféré de Staline, qui devait mourir prématurément peu de temps après. Le passage massue du rapport rédigé par Jdanov se lisait ainsi : « Le monde a assisté à la formation de deux camps : d'une part, le camp impérialiste et antidémocratique qui a pour but essentiel l'établissement de la domination mondiale de l'impérialisme américain et l'écrasement de la démocratie, et d'autre part le camp anti-impérialiste et démocratique, dont le but essentiel consiste à saper l'impérialisme, à renforcer la démocratie, à liquider les restes du fascisme. » Donc... Jdanov rendait des points au manichéisme politique de Truman ! Conformément à une vieille tradition bolchevique, les « socialistes » à l'occidentale étaient stigmatisés : les Bevin et Blum, les Saragat et Schumacher, etc. Cette année 1947, on s'épurait naturellement dans chaque « retranchement ». En France et en Italie, les communistes qui, depuis la libération, faisaient partie des gouvernements de coalition avaient été chassés du pouvoir et des élections nationales ou municipales en plusieurs pays d'Europe de l'Ouest marquèrent une nette régression des partis communistes. C'était le même tableau mais renversé qui se présentait à l'Est, la manière forte en plus ! Se multiplièrent purges administratives et procès d'épuration pour liquider les tièdes, les déviationnistes entachés d'esprit « bourgeois ». Le héros bulgare Petkov sera pendu. En Pologne et en Hongrie furent dissous les partis d'opposition. Les guérilleros grecs réussirent à former un temps un gouvernement d'opposition à la fin décembre.

À l'O.N.U., c'était la paralysie complète : M. Vychinski, en termes véhéments, s'en prenait au bellicisme des Américains ; et pendant que l'arme du veto était brandie à qui mieux mieux par les Soviétiques, la délégation américaine faisait adopter le projet

---

War, New York, 1947, p. 14). Kennan, étant retourné à la vie civile et à ses recherches à l'Institute for Advanced Study de Princeton, allait dans la suite mettre en question l'application qui sera faite de la théorie du *containment.*

d'une « petite Assemblée » pour obvier aux effets du *nyet* paralysant. Cet organisme, qui était établi à la limite de la légalité constitutionnelle de l'O.N.U., allait d'ailleurs être boycotté par le bloc oriental. Si la guerre froide a eu, en 1947, pour terrain principal, l'Europe, ce n'est pas dire que s'étaient coagulées les crises de régime et les guerres civiles dans un grand nombre de pays asiatiques. Le développement majeur dans cette zone s'est produit au sujet de la Chine par la décision américaine de laisser à son propre sort le gouvernement de Chang Kai-chek, à la suite de la mission et du fameux rapport du général Marshall peu de temps avant que celui-ci n'accédât au secrétariat d'État au début de 1947. La guerre civile reprenait de plus belle dont le dénouement allait se faire attendre encore deux ans.

La guerre froide ne détruisant pas toutes les interdépendances, 1947 avait vu la conclusion de nombreux accords économiques entre pays appartenant à ce qu'on commençait déjà à appeler les deux « blocs ». Staline lui-même, lors d'interviews, réaffirmait la possibilité de la coexistence des mondes communiste et capitaliste. Mais, appuyant le langage stalinien, campaient en Europe centrale et orientale les cent cinquante ou cent soixante-quinze divisions des armées soviétiques, tout comme, en sous-entendu du discours Truman, on pouvait entendre l'argument du monopole américain de la bombe atomique. Contradiction de la doctrine Monroe, la doctrine Truman comportait quelque tonalité messianique s'apparentant au *Manifest Destiny* du XIXe siècle, fort de la « sanction divine » invitant les jeunes États-Unis à propager leur exemple et à répandre leur influence. Si, de 1945 à 1947, l'U.R.S.S. avait une plus large marge d'action, après 1947 les U.S.A. auront une liberté de manœuvre de plus en plus étroite à cause de l'impératif du *containment*. 1947 : année des *retranchements* des deux camps, claironnant leur antagonisme fondamental.

1948 : RÉALIGNEMENTS

... à l'intérieur des deux camps retranchés. On se dénombre, on inventorie ses ressources plutôt qu'on suppute les intentions

maintenant bien connues de l'adversaire. On se *réaligne*. Les hési-
tants sont mis au pas. La « tête forte » (Tito) sera isolée. Les deux
camps se sont donnés mutuellement le test décisif qu'ils ne céde-
ront pas un pouce de leurs tranchées respectives au point spécialement critique des deux Berlins. Pour le reste la guerre froide suit
son cours général, prévisible à partir des prémisses claires de l'année précédente. Mais à l'autre bout de la planète, en Chine, une
autre guerre froide, parallèle à l'européenne et doublée d'une
guerre civile chaude, approche de sa phase décisive. En Europe,
crise aiguë ; en Asie, début de l'épisode final d'un « conflit prolongé », dont le dénouement n'était plus douteux.

L'année 1948 fut donc plus qu'une projection de 1947, puisque au moins deux événements d'importance majeure ont encore
précisé le tableau d'ensemble. Le premier est le blocus de Berlin
qui, en cet épicentre de la guerre froide depuis le premier jour,
allait opposer de façon immédiate et plus dangereuse les forces
armées soviétiques et occidentales à partir de la mi-juin : le premier grand risque et contre-risque depuis l'affaire iranienne de
1946 mais bien plus « dramatique », quoique moins sévère que
l'affrontement armé en Corée en 1950-1951. Le second événement
allait donner une acuité nouvelle aux affaires d'Extrême-Orient.
Coupés de l'aide américaine depuis le rapport du général Marshall
de l'année précédente, les nationalistes de Chang Kai-chek mar-
quaient de nets reculs devant les armées de Mao Tsé-toung. Ces
dernières, depuis la chute de Moukden le 31 octobre, se trouvaient à contrôler virtuellement toute la Mandchourie, la région
de beaucoup la plus riche de la Chine. Mao Tsé-toung était ainsi
à même de s'attaquer aux derniers bastions de résistance nationaliste dans le Sud du pays. La deuxième phase de la guerre chinoise,
à lointaine origine civile mais à immédiate portée internationale,
était commencée.

En Europe, à la fin de 1947, l'initiative était double sur un
objectif commun : le plan Marshall. Pour l'Ouest, il s'agit d'en
faire un succès ; et pour l'Est, une faillite. Après la réussite très
relative des grèves générales fomentées à la fin de 1947 par les
partis communistes français et italien, il semble bien que le Kominform ait, au début de 1948, subitement changé de tactique.

Au lieu de lancer à fond de train son avant-garde dans les pays
non intégrés au bloc soviétique, le Kremlin sent le besoin de consolider, au besoin par la manière forte, son propre système. D'ailleurs, les difficultés et les hésitations, aussi bien du côté américain
que du côté des États participants, sont bien suffisantes pour entraver la mise en marche rapide du plan Marshall : et déjà, beaucoup d'impatiences ne craignent pas de crier prématurément à
l'échec.

Quoi qu'il en soit, Moscou et le Kominform vont désormais
concentrer leurs efforts sur l'objectif plus pressant d'une plus ferme
intégration de l'*imperium* soviétique. Et cela débutera, à la fin de
février, par un coup de théâtre en Tchécoslovaquie : le « premier
coup de Prague ». S'ils exerçaient déjà une influence prépondérante dans tous le pays, les communistes n'étaient pas seuls au sein
du gouvernement. En quelques jours, tout change : les leviers de
commande au gouvernement, dans l'administration, dans l'industrie et les syndicats ouvriers passent exclusivement en leurs mains.
La stupeur fut d'autant plus forte du côté occidental que la Tchécoslovaquie était, jusque-là, considérée comme une espèce de pont
symbolique entre l'Est et l'Ouest. Le rideau de fer s'y était abattu
avec moins de brutalité qu'ailleurs. Il est vrai que, l'année précédente, à l'instigation de l'Union soviétique, ce pays avait dû retirer son adhésion de principe à la proposition de l'aide Marshall ;
mais cette unique *compromission* parmi les pays de l'Est montrait
sa classe à part. La Tchécoslovaquie était le pays le plus occiden-
talisé de cette région, le seul à avoir effectivement joué le jeu
démocratique dans l'entre-deux-guerres. Participaient encore au
gouvernement de grandes figures européennes comme le président
Edvard Benes et le ministre des Affaires étangères, Jan Masaryk,
fils du fondateur de la Tchécoslovaquie nouvelle en 1919 et personnalité fort populaire en Occident. On espérait que ne s'inféodât
pas définitivement au bloc soviétique ce pays hautement indus-
trialisé et dont la tradition démocratique contrastait fort avec les
anciens régimes politiques des pays de l'Europe centrale et orientale. L'aspect pathétique de la soumission forcée du président Benes, suivant la nouvelle pour le moins ambiguë du « suicide »
officiel de Masaryk, auquel il fut fait l'honneur insigne, ou l'in-

famie suprême, de funérailles nationales [36], ajoutait à l'événement une dimension humaine hautement dramatique et montrait la dextérité et la rapidité avec lesquelles un parti communiste peut faire un coup *technique* d'État. D'autres pays européens sentirent la précarité de leur régime [37]. Pour l'intelligence de l'enchaînement des événements, il n'est pas besoin de préciser si l'opération fut télécommandée de Moscou ou supervisée sur place par le vice-ministre soviétique des Affaires étrangères, V. A. Zorin [38], mais il suffira de rappeler l'influence qu'eut alors ce premier coup de Prague sur les projets collectifs de solidarité occidentale (plan Marshall, idée d'un pacte atlantique). La mesure de cette influence fut considérable, peut-être déterminante dans le second cas.

Sans subir un sort aussi cruel, la Finlande dut aussi se rapprocher de l'Union soviétique en signant, au début d'avril, un pacte d'assistance militaire. Survenant après le coup d'État tchécoslovaque et la signature de pactes identiques entre d'une part, l'Union soviétique, et de l'autre, respectivement, la Hongrie et la Roumanie, le pacte finlando-soviétique montrait l'importance que Moscou attachait, à ce moment-là, aux questions militaires [39]. Depuis lors, la Finlande a toujours maintenu une indépendance dif-

36. L'année précédente, au journaliste américain, Howard Smith, Masaryk avait confié : « Si je suis obligé de choisir entre l'Est et l'Ouest, je choisirai l'Est. Mais cela me tuera. » (Cité par Fontaine, *op. cit.,* t. I, p. 402). Pendant « le printemps de Prague », l'organe officiel du parti communiste tchécoslovaque, *Rude Pravo,* laissait entendre que les « gorilles de Beria » auraient *suicidé* Masaryk (d'après le *New York Times* du 21 avril 1968).

37. « *There was shock and warning also in the speed and smoothness with which democratic liberties has been erased in Czechoslovakia. All European began to wonder if their own communist parties might not sometime repeat the same feat.* » (Fleming, *op. cit.,* t. I, p. 396).

38. « *Once the communist party had attained the leading position in the state the revolution would have occurred under similar circumstances even if Russia had ceased to exist* », écrit Fleming qui ajoute : « *This, however, does not obviate the equally apparent fact that the stage in the Cold War had been reached where it was essential to Russian policy that Czechoslovakia should cease to be a bridge between the West and the East.* » (*Ibid.,* p. 495 et 496).

39. « Ainsi le gouvernement de Helsinki évitait et l'occupation permanente imposée à la Roumanie et à la Bulgarie et la menace d'une action soviétique unilatérale ... Nous avons commis une faute en n'occupant pas la Finlande », avait dit Djilas, en janvier 1948 ; André Jdanov : « Tout aurait été réglé si nous nous en étions chargés. » Et Molotov avait ajouté : « C'est une cacahuète. » (Fontaine, *op. cit.,* t. I, p. 413 et 415).

ficile. Jusqu'à ce jour, elle évitera le sort d'une *satellisation* que la géopolitique semblait lui destiner.

Le 28 juin 1948, nouveau coup de théâtre, même si cela était dans la logique des événements antérieurs. Le Kominform condamne formellement le maréchal Tito de Yougoslavie pour déviationnisme doctrinaire et nationalisme politique. Tito regimbe, maintient ses positions, passe même à la contre-attaque. Les puissances occidentales observent avec un intérêt croissant ce phénomène inusité d'un satellite soviétique qui refuse de se soumettre à l'ultimatum que lui sert le tout-puissant Kominform [40]. Le *titisme* désignera désormais cette politique d'indépendance à l'égard de la ligne soviétique, sans renier pour autant les principes du marxisme. Se réclamant du marxisme-léninisme intégral, officiellement neutre pour ménager son indépendance bilatérale dans la guerre froide, la Yougoslavie titiste recevra l'aide matérielle des Occidentaux, spécialement des Américains. À partir de 1948, la Yougoslavie fera une première démonstration éclatante que la guerre froide ne recouvre pas, primordialement et en toutes circonstances, des oppositions de nature idéologique. Le *titisme* annonçait le *polycentrisme* une dizaine d'années à l'avance.

Mais en attendant, des titistes réels ou présumés seront sacrifiés en d'autres pays soviétisés : Gomulka, qui réussit à sauver sa tête en Pologne mais qu'on *ressortira* plus tard fort opportunément ; le Hongrois Rajk, l'Albanais Xoxe, le Bulgare Kostov et plusieurs de leurs « complices » seront exécutés. Staline se serait vanté de faire tomber Tito rien qu' « en remuant son petit doigt » d'après le célèbre rapport de Khrouchtchev au XXe Congrès du P.C. soviétique. Dans la stratégie politico-militaire de la guerre froide, l'hérésie persistante de Tito et surtout le maintien au pouvoir de l'hérésiarque appuyé par l'ensemble du peuple yougoslave,

---

40. Le pourquoi de cet ultimatum et la relative « tolérance » dans la suite jusqu'à l'amende honorable de Khrouchtchev en 1955 est l'un des beaux sujets de la « soviétologie »... Pour l'effet de l'étonnement, contentons-nous de rappeler que la Yougoslavie avait, jusque-là, souvent été citée par Moscou comme une démocratie populaire modèle, une espèce de première de classe. Et, comme illustration de cette bonne conduite, n'était-ce pas à Belgrade qu'avait été installé il y a moins d'un an le siège du Kominform, voix de la ferveur et de l'orthodoxie du marxisme-léninisme ?

faisaient la preuve des limites du contrôle efficace de Moscou dans les pays qui n'avaient pas été libérés par l'Armée rouge. La minuscule Albanie allait le confirmer plus tard en un tout autre contexte. Dès 1948, on dut réviser le mythe de l'omnipotence staliniste hors des frontières de l'U.R.S.S.

En Europe de l'Ouest, le facteur intégratif du *réalignement* est le plan Marshall. Ici, les méthodes diffèrent si le leadership est non moins évident : les résultats sont forcément plus lents. Finalement voté par le Congrès le 2 avril après de fastidieux débats, le plan Marshall prend d'abord la forme d'une aide urgente ou de secours. Dans les trois premiers mois d'application, 70 % des exportations sont constituées de produits agricoles et alimentaires et 30 % de produits industriels ; en novembre toutefois, les proportions sont renversées. Le plan Marshall commence à répondre à son but premier de relèvement économique à long terme et de rééquipement industriel plutôt que d'aide pressante. À la fin de l'année, sans être un succès définitif, on ne s'interroge plus sur la viabilité de cette gigantesque organisation économique. Mais au degré supérieur de l'intégration d'une quinzaine de pays, à quoi devait tendre le projet en dernier ressort, on relève beaucoup de lenteurs, de difficultés insurmontables. Il ne suffit pas qu'avec leur énorme puissance les États-Unis mettent l'épaule à la roue pour que, soudainement, un continent, aussi étroitement compartimenté du point de vue économique que politique, en vienne, du jour au lendemain, à faire écrouler ces barrières, toutes conventionnelles fussent-elles. Les legs de l'histoire ne sont jamais artificiels comme on le constate encore aujourd'hui dans l'œuvre difficile de l'intégration européenne. Il y avait alors beaucoup d'illusions naïves de la part des dirigeants américains.

Du point de vue militaire, un développement d'importance avec la signature, le 17 mars, du pacte de Bruxelles, alliance militaire défensive entre le Royaume-Uni, la France et les États du Benelux. Constituant un prolongement du traité de Dunkerque, signé l'année précédente entre la Grande-Bretagne et la France, le pacte de Bruxelles préludait encore à un pacte d'alliance militaire défensive, beaucoup plus élargi, le pacte de l'Atlantique Nord, qui groupera, l'année suivante, dix nations européennes et le Canada

et les États-Unis. La résolution Vanderberg[41] fut une étape préliminaire indispensable permettant « l'association des États-Unis par
les voies constitutionnelles, à des mesures régionales ou collectives,
fondées sur une aide individuelle ou mutuelle, effective et continue ».

Le point névralgique européen par excellence restait évidemment l'Allemagne. L'année 1948 vit une intégration graduelle de
ce pays au sein de puissances occidentales ; la phase de la réhabilitation tirait à sa fin. À la suite de plusieurs conférences, l'Allemagne reçut progressivement un nouveau statut politique et économique, statut plusieurs fois remanié pour satisfaire les objections françaises, qui, d'ailleurs, ne seront pas entièrement apaisées.
La formation en une unité fédérale des trois zones d'occupation
américaine, britannique et française et la validité d'un nouveau
Deutsch Mark étendue aux deux Berlins consacraient la coupure
en deux de l'Allemagne. Cela, l'Union soviétique ne pouvait pas
le tolérer. Elle décida d'employer la manière forte : et ce fut le
blocus de Berlin-Ouest, enclavée dans sa zone. Le pari était énorme
si le but était clair : forcer les Occidentaux à quitter la ville. Toutes les communications, routes, voies de chemin de fer, canaux,
lignes téléphoniques qui, à travers la zone soviétique, se rendaient
à Berlin, furent soudainement coupées. Les Occidentaux relevèrent
le défi, acceptèrent la gageure : et ce fut le splendide coup de
force technique du pont aérien qui permit aux Occidentaux de
rester dans la ville et de ravitailler les Berlinois de leur secteur
respectif par les trois corridors aériens[42]. Les Occidentaux gagnèrent la sympathie de la population berlinoise ; les Soviétiques furent stupéfaits. En quelques mois, la technique du transport aérien
fit plus de progrès que pendant toute la guerre : la supériorité du
matériel américain se confirmait une fois de plus. Cette épineuse

41. Selon le nom de l'influent sénateur qui la patronna à la Chambre
    haute, s'appuyant sur le témoignage du secrétaire d'Etat, Marshall.
42. Si l'on considère que les avions occidentaux — principalement américains — n'avaient qu'un seul aéroport, Tempelhof, relativement petit et situé au cœur de Berlin, qu'il s'agissait aussi bien d'alimenter
    en matières premières les usines que de nourrir une population de
    plus de deux millions d'habitants, on se rend compte de l'envergure de cette *logistique* civile tout à fait inédite et qui dut s'improviser à la hâte dès les débuts et se maintenir coûte que coûte
    malgré les aléas météorologiques pendant un peu plus d'un an.

question de prestige, qui mettait en un tête-à-tête dangereux les
deux Grands, causa, sur le plan technique, beaucoup d'incidents
sérieux [43].

On n'a pas à épiloguer longtemps sur l'événement. On en
était rendu là moins de trois ans après Potsdam ! Les libérateurs
de Berlin cherchaient à affamer les Berlinois ; les avions qui, de
l'Ouest, déversaient la mort sur la ville il y a à peine trois ans,
y apportaient cette fois-ci la vie. La victoire du contre-blocus était
celle de la détermination occidentale, du perfectionnement de leur
technique du transport aérien, mais aussi de celle de la force du
statu quo dans une situation d'égalité des forces bien qu'en totale
dissymétrie. La simplification du conflit (« J'y suis, j'y reste ») ne
pouvait donner lieu qu'à une solution d'usure par l'inutilité dé-
montrée du risque et du contre-risque. La négociation de la levée
du blocus traîna d'ailleurs en longueur au niveau diplomatique
des intéressés, puis aux Nations unies. C'était évidemment la
plus aiguë, la plus potentiellement explosive des crises de la guerre
froide. Il y aura d'autres batailles de Berlin dont celle qui aboutit
au mur de 1961. Mais il faudra attendre la crise de Cuba pour un
affrontement direct et, en quelque sorte, nu entre les deux super-
Grands. Les théoriciens des crises et de la *conflictologie* internationales trouvent dans le blocus de Berlin 1948-1949 un premier
test de laboratoire à expérimenter *à reculons* [44]. L'évolution de la
crise et de son règlement à l'usure, une fois faite la preuve de
l'inutilité de la persistance des risques, illustra un comportement
duopolistique pour ainsi dire à l'état pur. Le test de force passé,
la question des deux Allemagnes et des deux Berlins apparaîtra
plus insoluble que jamais, figeant en une espèce d'immobilisme
intégral les politiques des deux camps. Il ne peut guère y avoir
d'impromptu sur un théâtre *premier* de la guerre froide.

Au Moyen-Orient, la Grèce et la Turquie étaient, à la suite
de l'application de la doctrine Truman, en meilleure posture économique et militaire que l'année précédente. Était endiguée la
pénétration communiste dans cette région. Mais le fait le plus
éclatant dans cette zone, c'est sans doute la proclamation d'un

---

43. On a estimé à une centaine le nombre des pertes de vie d'aviateurs
    pendant la durée des treize mois du pont aérien.
44. Le seul type d'expérimentation sur des faits *réels* que permette la
    science politique...

nouvel État : le 14 mai, Israël avait proclamé son indépendance
et poursuivait victorieusement une guerre contre les États arabes,
ses voisins, plusieurs fois plus nombreux. Soviétiques et Américains s'étaient trouvés d'accord à l'O.N.U. pour patronner la naissance du nouvel État juif dont le fait et le principe de l'existence
entraîneront des turbulences de plus en plus graves jusqu'à aujourd'hui.

En Extrême-Orient, hormis les affaires de Chine auxquelles il
a été fait allusion plus haut, il faut mentionner la reprise de la guerre hollando-indonésienne qui devait être le dernier épisode de
cette guerre coloniale. Au Japon, à cause précisément de l'inquiétante incidence chinoise, l'accent est mis sur le relèvement
et la stabilité économiques du pays. Dans les autres pays de ce
continent troublé, aucun dévelopement d'importance majeure en
cette année 1948 si ce n'est la proclamation des deux Corées : de
la République populaire de Corée (du Nord), le 16 février ; de
la République de Corée (du Sud), le 15 août : arrangement dualis-
te, réplique extrême-orientale du cas allemand. La péninsule allait
devenir deux ans plus tard le théâtre *premier* le plus chaud de la
guerre froide.

Un déroulement accéléré du film de 1948 donnerait l'impression d'ensemble suivante : les deux camps, en se consolidant, en
sont venus à ressembler à des «blocs», la réalité suivant de peu
l'expression ; Berlin, cœur de l'Allemagne, reste l'épicentre des
secousses sismiques de la guerre froide en ce qu'elle a de global
et d'ultimement décisif ; les questions militaires en général et le
rebondissement de la question chinoise ont eu plus d'importance
en cette année-là. Mais aucun avantage marqué de part ou d'autre, et — pour emprunter une expression au langage sportif —,
peut-être faudrait-il conclure : « match nul » ?

1949 : ASSOUPLISSEMENT

... dans les leaderships des deux blocs. L'année est moins marquante que les deux précédentes et moins dramatiquement tendue

que la suivante. N'est toutefois pas une période indifférente celle qui vit la levée du blocus de Berlin, la proclamation des deux républiques allemandes, la création de l'O.T.A.N., la prise du pouvoir de Mao à Pékin et la fin du monopole atomique américain. Mais tous ces événements étaient, pour ainsi dire, inscrits dans la « nature des choses » internationales à venir. On les attendait, ils étaient prévisibles, prévus, surtout ceux qui allaient modifier l'équilibre global des forces : en Europe, la mise au point de la bombe atomique russe plus tôt que ne l'attendaient les Américains ; en Extrême-Orient, la mainmise complète de la Chine continentale par les forces de Mao. Le début de deux initiatives occidentales d'envergure et à longue portée, en marge ou en incidence à la guerre froide, signale encore l'importance de cette année 1949 : la création du Conseil de l'Europe, prélude politique aux diverses tentatives d'intégration économique du continent ; le lancement du programme américain, dit du *Point IV,* d'aide aux régions sous-développées du monde. Enfin à certains signes, commence à se relâcher la tension internationale qui avait été presque continûment montante les années précédentes. La guerre froide continue sur sa lancée mais sans accélération particulière : elle se livre selon un style quelque peu *assoupli.*

D'abord, le ton des relations entre les deux principaux opposants de la guerre froide va s'adoucir, et cela par contraste avec les derniers mois de 1948 qui avaient vu des échanges de vues acrimonieux et parfois même violents. Au lieu de ces déclarations qui apportaient de l'eau au moulin de la suspicion mutuelle, Truman et Staline prennent, au début de 1949, un ton plutôt sympathisant, pour ne pas dire amical. Dans un premier message en date du 30 janvier 1949, Staline se déclare prêt à signer avec le gouvernement américain un pacte de paix, à accepter même un désarmement graduel, à lever le blocus de Berlin à condition que les puissances occidentales retirent leurs mesures de contre-blocus et ajournent leur décision de créer un État allemand de l'Ouest jusqu'à la convocation d'une réunion du Conseil des ministres des Affaires étrangères. Enfin, trois jours plus tard, dans une autre réponse spéciale, Staline disait regretter de ne pouvoir, pour raisons de santé, se rendre à Washington et invitait, à son tour, le président américain à le rencontrer. Dans les déclarations de Staline, il n'était question d'entretiens et de négociations qu'entre dirigeants soviétiques et américains. Une manœuvre pour établir un froid entre les États-Unis et le Royaume-Uni et la France, comme les dirigeants soviétiques l'avaient d'ailleurs tenté en mai de l'année précédente ? Quoi qu'il en soit, cette tactique de division ne fit pas long feu devant les objections des Britanniques qui craignaient de n'être pas partie à des règlements éventuellement secrets entre les deux super-Grands. Le nouveau secrétaire d'État, Acheson, clarifia tout de suite la situation en précisant qu'il n'était même pas question d'établir des pourparlers bilatéraux et que les problèmes devaient se régler par et à l'intérieur de l'O.N.U. Mais l'impression générale resta d'une modération presque inédite dans le ton des leaders soviétiques et américains.

En plus des changements d'équipe par des hommes réputés plus souples aussi bien au Kremlin qu'au State Department (Vychinski et Acheson remplaçant Molotov et Marshall), il faut encore mentionner, comme facteur d'assainissement de l'atmosphère en cette année 1949, la levée du blocus de Berlin. Il est en apparence paradoxal de constater que les pourparlers relatifs à la crise berlinoise se déroulèrent simultanément à des négociations entreprises, et elles aussi menées à bien, par les puissances occidentales pour modifier le statut de l'Allemagne de l'Ouest dans le sens d'une plus grande indépendance, et donc, d'un plus complet détachement de l'Allemagne de l'Est, déjà, il est vrai, irréversiblement intégrée au système oriental soviétique. La tension, tout autant inutile qu'indéfiniment soutenable de part et d'autre, diminuant à Berlin par la fin du blocus ne levait toutefois aucune hypothèque sur l'ensemble du problème allemand. Il n'y a déjà plus de « problème allemand » au sens de l'accord de Potsdam, mais deux États allemands[45].

À la suite de diverses tractations de couloirs, où furent mises à contribution les ressources de la traditionnelle diplomatie secrète, ces négociations aboutirent avec succès au début de mai. La levée du blocus et du contre-blocus, qui duraient depuis juin de l'année

---

45. Le 5 mai sera proclamée la constitution de la République fédérale d'Allemagne (de l'Ouest) et, le 7 octobre, celle de la République démocratique d'Allemagne (de l'Est). Deux hommes incarneront les destinées des deux Allemagnes : Konrad Adenauer et Walter Ulbricht.

précédente, fut fixée au 12 mai. Fut aussi prise la décision de convoquer pour le 23 mai une réunion du Conseil des quatre ministres des Affaires étrangères qui allait durer jusqu'au 20 juin. Elle aura pour résultat d'entraîner un *modus vivendi* entre les deux Allemagnes, et une collaboration, non sans arrière-pensées il est vrai, mais collaboration quand même entre les puissances occupantes au lieu de la lutte ouverte du blocus et du contre-blocus. Bien qu'il fût fatal qu'on n'ait pu s'entendre sur une formule d'unification de l'Allemagne, cette conférence ranimait après un an et demi d'interruption le Conseil des ministres des Affaires étrangères et apportait, en ce mois de juin 1949, la première importante détente de la guerre froide. « Personne, écrit longtemps après l'analyste André Fontaine, n'aurait osé cependant prophétiser que les positions des deux camps en Europe étaient stabilisées pour longtemps, qu'il faudrait attendre neuf ans pour que les Russes reprennent sérieusement leur effort pour faire sauter l'avant-poste berlinois et qu'alors ils y échoueraient par deux fois de nouveau [46]. » La division de l'Allemagne était désormais définitive. Les Soviétiques se contentèrent d'envoyer des notes de protestation contre la constitution de la République fédérale d'Allemagne, l'ancienne Trizone, avec Bonn comme capitale.

L'U.R.S.S. et ses satellites tentèrent d'appliquer le système de l'asphyxie graduelle à la Yougoslavie par un véritable blocus économique. Conséquence : la Yougoslavie se tourne vers l'Ouest et Washington, se rendant compte de l'importance du pion yougoslave sur l'échiquier de la guerre froide, se précipita presque pour fournir à Tito son aide économique. À la fin d'août, la propagande stalinienne qualifie Tito de « traître » et de « sauvage fasciste » et publie le dossier des griefs dogmatiques contre l'invraisemblable rebelle têtu. Pour accentuer cette nouvelle *guerre des nerfs,* d'importants déplacements de troupes soviétiques se produisent à la frontière roumano-yougoslave.

Quant au plan Marshall, il faut dire que l'année 1949 fut encore génératrice de beaucoup d'impatiences et d'illusions perdues, mais aussi... de résultats certains ! La production et le standard de vie augmentèrent considérablement, pour dépasser de beaucoup, en certains pays, les niveaux d'avant-guerre ; mais on était

46. *Op. cit.,* t. I, p. 428.

encore loin de l'objectif primordial du plan qui était la réintégra-
tion de l'économie européenne occidentale dans le circuit régulier
des échanges internationaux. Les critiques du plan disaient qu'on
tournait en rond, que le degré d'équilibre atteint était artificiel et
que, surtout, la collaboration, que reflétaient les trop nombreuses
conférences, n'était qu'une façade trompeuse à l'intention du Congrès, chien de garde du payeur de taxes américain. D'autre part,
l'année 1949 (le 25 janvier) avait aussi vu, à l'Est, la création d'un
Conseil d'aide économique mutuelle entre l'U.R.S.S. et les cinq
pays du bloc oriental, le Comecon. Donné comme une réplique
au plan Marshall, cet organisme apparaissait surtout dans l'immédiat comme une arme de combat économique contre la Yougoslavie titiste.

La grande initiative économique américaine de 1949 est le
fameux programme du *Point IV,* lancé par M. Truman, dans son
discours d'inauguration de janvier 1949. Il s'agissait d'une mesure
complémentaire à celles déjà prises ou imposées par les circonstances : soutien à fond de l'O.N.U., doctrine Truman, plan Marshall,
pacte de l'Atlantique. Mais le programme du *Point IV* était une
initiative au sens propre, sur laquelle les événements actuels n'a-
vaient qu'une incidence lointaine. Par la politique du *containment,*
les U.S.A. s'étaient portés militairement garants de tout un monde
en menace d'être soviétisé. Le *Point IV* inaugurait l'idée de développement économique à l'échelle mondiale, procédant du principe que plus de la moitié du monde vivant dans des conditions
de misère il importait de la soulager avant que ces régions, tou-
chées par la séduction communiste et l'expansionnisme soviétique,
ne tombent comme fruits mûrs. Aussi ce programme d'inspiration
hautement humanitaire s'inscrivait comme nouveau facteur dans
la dialectique des antagonismes de la guerre froide.

Sous l'angle militaire, l'année 1949 verra la cristallisation de
la solidarité nord-atlantique dont l'idée était déjà contenue en germe dans le traité franco-britannique de 1947, puis, dans son élargissement du pacte de Bruxelles de l'année précédente. À la fin
de 1948, le projet de pacte de l'Atlantique était discuté ouvertement dans les capitales des pays nord-atlantiques. À la mi-mars
1949, il était rendu public : dix pays européens, plus les États-
Unis et le Canada, se proclamaient associés sur la base du prin-

cipe de la sécurité collective. Chaque contractant s'engage à considérer comme portée contre lui-même toute attaque faite à un ou à plusieurs de ses associés. À partir de 1949, l'O.T.A.N. deviendra le lieu, le moyen d'action et le symbole de la solidarité nord-américaine-européenne occidentale. Mais le pacte de l'Atlantique, comme le programme du *Point IV,* n'existe, à la fin de 1949, que sur le papier. Il faut encore mentionner la création, en 1949, du Conseil de l'Europe, vaste organisme fédératif à pouvoirs seulement consultatifs, et comprenant dix États de l'Europe occidentale. Il ne s'agissait pas là, pour l'instant du moins, d'un facteur actif dans les relations internationales, mais bien de la première promesse institutionnelle du vieux rêve d'une Europe fédérée.

En Asie, les affaires chinoises tiennent encore le premier plan. Les communistes contrôlent maintenant la totalité de la Chine continentale. Le secrétariat d'État américain publie, en août, un Livre blanc qui constitue un historique de tout ce qui a mené à l'état de fait actuel et une déclaration de rupture des attaches traditionnelles avec Chang Kai-chek. Washington lançait par la même occasion un avertissement sévère à Mao Tsé-toung d'avoir à respecter l'intégrité de ses voisins non inféodés au système communiste. Une puissante flotte américaine, en constante patrouille dans le détroit de Formose, assurera l'*indépendance* de la seconde Chine.

En bref, la fin de 1949 fait penser aux derniers mois de 1946 : il reste encore, selon quelques indices, la possibilité d'une marche arrière dans la stratégie de la « guerre froide », malgré l'élaboration du pacte de l'Atlantique et la constitution des deux Allemagnes. Mais l'équilibre des forces, par la complète victoire communiste en Chine, est dangereusement menacé en Extrême-Orient. De plus, l'annonce officielle par le président américain que l'Union soviétique possède désormais la bombe atomique vient, tout en dissipant une dangereuse équivoque, montrer que le monde occidental est dans une moins bonne position que jamais depuis la fin de la guerre. Cette Chine communiste et cette bombe atomique soviétique constituent une modification majeure de la situation d'ensemble. C'est le préambule nécessaire à la compréhension des événements de 1950 qui mèneront à un pic de tension non encore atteint.

CHAPITRE III

DE LA TENSION EXTRÊME
DE LA GUERRE DE CORÉE
VERS L' « ESPRIT » NOUVEAU DE LA DÉTENTE :
1950-1954

1950 : REFOULEMENTS

... des forces d'agression nord-coréennes franchissant le 38ᵉ parallèle le 25 juin, par les armées sud-coréenne et américaine ; ... et de ces dernières armées, victorieuses un temps, par les forces innombrables de la nouvelle Chine, n'acceptant pas l'intolérable menace des États-Unis à sa frontière du fleuve Ya-lou. Quand l'année s'achève, le spectre d'une troisième guerre mondiale plane sur le monde. Pour la première fois dans l'histoire, l'Asie, par la colossale Chine, pèse de tout son poids dans un nouvel équilibre planétaire. La guerre froide était devenue la guerre tout court. L'année du demi-siècle sera une année charnière dans l'histoire de la guerre froide.

À partir de 1950, la situation européenne devient relativement figée ; les questions asiatiques, dans les cinq années subséquentes, vont prendre une importance déterminante. La Corée, pour des raisons analogues à l'Allemagne, deviendra un autre théâtre *premier* de la guerre froide. D'autres guerres (l'Indochine, la Malaisie, le détroit de Formose) créeront des moments d'alerte sérieuse. La guerre de Corée, limitée territorialement et d'une

stratégie assez conventionnelle, bouleverse tout à coup radicalement les données essentielles de la guerre froide que se livrent les
deux camps depuis cinq ans. Cette guerre montrait *a contrario* le
point limite à ne pas dépasser dans la guerre froide : le point, où
une tension trop vive ou mal dominée par les antagonistes, risquait de se convertir en guerre *chaude*. Même limitée initialement
par les forces en présence et les enjeux, cette guerre menaça un
temps de devenir générale, c'est-à-dire mondiale, totale, atomique.
La lutte entre les deux Corées entraînait la participation des U.S.A.,
laquelle entraînait celle de la Chine, laquelle risquait d'entraîner
en réaction en chaîne celle de l'U.R.S.S., sinon du Japon désarmé
et des pays européens ne voulant pas plus cette guerre qu'ils n'é-
taient en état de la faire. Mais était bien suffisante comme potentiel de conflagration universelle cette situation où se trouvait
la puissante armée américaine, dotée de la force atomique inutilisable en même temps qu'acculée à une précaire tête de pont par
les forces chinoises bien supérieures en nombre.

Dans la chaleur de l'événement, l'interprétation qui prévalait
généralement en Occident, et spécialement aux U.S.A., était que
les leaders communistes se servaient maintenant de l'attaque militaire ouverte pour l'accomplissement de leurs desseins, marquant
ainsi la transformation de la guerre froide par la négation de son
postulat tacite. À ce qui fut considéré comme un insupportable
défi, les dirigeants américains, grâce à leurs troupes fort opportunément stationnées au Japon, répondirent militairement et, grâce
à l'absence provisoire, également opportune pour eux, du délégué
soviétique au Conseil de sécurité[1], firent approuver leur action
par l'Organisation des Nations unies. À leurs yeux, cette affaire
de Corée était un test du communisme international qui voulait
éprouver leur esprit de détermination au sujet des engagements

1. La délégation soviétique boycottait alors les organismes des Nations
unies depuis le refus de l'Assemblée générale d'admettre la Chine de
Mao en son sein. Cette absence de l'Union soviétique allait favoriser
l'action américaine au Conseil de sécurité au début de la crise coréenne. C'est ainsi que les Etats-Unis purent faire entériner leur action par
les Nations unies, sans le veto ou le *nyet* paralysant. Mais le retour
au mois d'août du représentant soviétique allait bloquer toute action
ultérieure du Conseil. Comme c'était au tour de l'U.R.S.S. d'assumer la présidence du Conseil, ce représentant, M. Malik, pourra en-
tortiller l'action de ses collègues dans les mille liens d'une procédure
roublarde et savamment calculée.

contractés envers le monde non communiste, et plus spécialement, envers l'Europe occidentale, solidaire de la sécurité nord-américaine par le pacte de l'Atlantique depuis l'année précédente. C'est donc en pensant d'abord à la défense de l'Europe que les responsables de Washington sont intervenus si hâtivement en Extrême-Orient. Et analystes américains aussi bien qu'européens de faire des parallèles avec la situation qui prévalait en 1936, quand Hitler marcha sur la Rhénanie sans rencontrer de résistance française... S'ensuivit, de façon débridée, « la marche à la guerre... »

Mais, quand se produisit l'intervention massive des Chinois le 25 novembre, une nouvelle guerre commençait véritablement. Il ne s'agissait plus d'une expédition policière ou punitive menée au nom des Nations unies contre les « agresseurs » de la Corée du Nord. C'était la Chine, énorme dans son mystère et toute renouvelée après son interminable guerre civile, qui, à son tour, relevait ce qui lui apparaissait être un intolérable défi lancé contre son existence par les États-Unis. Dès les débuts, les gouvernants américains avaient sous-estimé le facteur chinois, la Corée étant traditionnellement considérée en Chine comme le tremplin d'une invasion de son territoire en provenance du Japon. La péninsule est au cœur du triangle géostratégique de l'Asie septentrionale, constitué de la Chine, de la Sibérie extrême-orientale et du Japon[2]. Même circonscrite, la guerre de Corée n'était déjà pas avant l'intervention chinoise une crise régionale ; en son principe, elle portait le germe d'un potentiel conflit mondial. Que ferait l'Union soviétique ? Y trouverait-elle une utile diversion pour compenser l'échec du blocus de Berlin ? Que ferait aussi le monde non communiste ? Celui-ci prenait soudain conscience de la précarité de sa situation en Europe avec ses armées sur le papier devant les quelque cent cinquante ou cent soixante-quinze divisions bien équipées des pays de l'Est. Précarité aussi de l'Alliance nord-atlantique, les partenaires européens, par la bouche du premier ministre britannique dépêché d'urgence à Washington, es-

---

2. « *When Korea has been independent, North Asia has been at peace. When Korea has been held by a dominant military power, that same power has been able to subjugate all North Asia. The Mongol hordes first demonstrated this fact in the thirteenth century...* » (Robert T. Oliver, « Why War Came to Korea », *Current History*, n° 19, septembre 1950, p. 139).

sayant de refréner les premières impulsions américaines qui n'excluaient pas le recours à la bombe atomique. La Conférence de Bruxelles, se tenant à la fin de 1950 aux pires jours du recul américain, ajourna plutôt qu'apaisa la crise de la solidarité atlantique naissante. Aux États-Unis, avec la proclamation de l'état d'urgence est établi un gigantesque organisme de mobilisation pour la défense. Un *great debate* de politique étrangère, qui allait durer de longs mois, s'était ouvert par la vigoureuse sortie de l'ancien président Hoover proposant de faire de l'Amérique du Nord un Gibraltar inexpugnable, avec quelques avant-postes dans les océans Pacifique et Atlantique. De la doctrine Truman, on retournerait à la doctrine Monroe ; du *containment* universel on se retrancherait en un néo-isolationnisme continental.

Le blocus de Berlin était potentiellement un conflit beaucoup plus dangereux pour la paix du monde, mettant en présence, sans personnes interposées, les deux Grands en un point pivot de leur rencontre victorieuse de 1945 ; les incidents technico-militaires ne manquèrent pas qui eussent pu être autant d'étincelles risquant de tout enflammer[3]. Mais le conflit coréen n'était pas contrôlé de même façon par les protagonistes et, surtout, il était ressenti avec autrement de nervosité aux U.S.A. parce que les *boys* étaient fauchés par milliers. Comble d'amertume, l'ennemie principale était cette Chine, traditionnelle zone d'influence et longtemps alliée qu'on venait de perdre dans des conditions lamentables[4], l'année précédente. Les Américains, pour la première fois de leur histoire, apprenaient d'amère façon qu'ils n'étaient pas obligatoirement vainqueurs dans une guerre.

Par deux fois, lors du déclenchement de la guerre en juin et de l'intervention chinoise massive en novembre, la guerre froide se réchauffait dangereusement, et l'ensemble des problèmes internationaux se reposaient d'une nouvelle façon en fonction des

---

3. Si une guerre véritable, chaude, était possible en Corée à la condition d'être circonscrite à la péninsule, un affrontement réel n'était pas possible en Allemagne sans que les deux Grands n'*assument tout le conflit,* — ou ne le *contrôlent,* comme ils l'avaient fait en 1948-1949, comme ils le feront entre 1958 et 1962.
4. Rendues publiques par le rapport du général Marshall dont il a déjà été question et dans un livre blanc du State Department.

aléas militaires de l'affaire coréenne. Mais, antérieurement et en marge de cette crise, se produisirent des événements d'importance qu'une époque moins bousculée inciterait à détacher.

Sur le théâtre européen en son point névralgique depuis cinq ans, les dirigeants de l'Allemagne de l'Ouest sont écartelés entre la naturelle aspiration vers l'unité nationale et leur décision encore plus ferme de ne pas se laisser intégrer au système soviétique. Les Américains, élément catalyseur pour la relance économique et élément protecteur au point de vue militaire, continuent d'exercer l'influence prépondérante. Mais c'est de la France que devait venir la proposition de beaucoup la plus intéressante au sujet de l'Allemagne en général et des rapports franco-allemands en particulier : c'est le projet d'une Communauté européenne du charbon et de l'acier (C.E.C.A.). Le noyau essentiel de cette entente à six serait constitué du *partnership* indispensable de la France et de l'Allemagne. Le plan Schuman marquait encore un nouveau départ, maintenant positif, de la politique française, jusque-là considérée comme anachronique par les alliés anglo-saxons. Pour la première fois, la France prenait une initiative sérieuse et pratique de réconciliation franco-allemande par la proposition de lier les économies des deux pays dans des secteurs de base. Malheureusement, l'étude du projet sera entravée dès le début par la chute du gouvernement Bidault et la diversion causée par la crise coréenne.

En cette année 1950, ce n'est pas tant au niveau économique, par le plan Marshall, que s'accomplit le grand effort du monde occidental, qu'au niveau militaire, par le pacte de l'Atlantique Nord. Si l'on a assez bien remarqué le déplacement du problème numéro un qui, d'économique, devient subitement militaire, on n'a peut-être pas été suffisamment conscient du fait que l'ancien problème numéro un, l'économique, s'était considérablement résolu en cette année 1950. Même si l'effort de réarmement, consécutif à la crise coréenne, en sera cause pour une bonne part, la solvabilité nouvelle de l'Europe occidentale constituait un facteur jusque-là inédit de stabilisation politique. Les membres de l'O.T.A.N., en cette première partie de 1950, s'efforcent de mettre sur pied les divers organismes grâce auxquels pourra être rendue possible la sécurité collective des pays de l'Atlantique Nord. Après

l'éclatement de la crise coréenne, on assistera à une accélération
des travaux du pacte ; mais le point crucial en cette affaire, la
participation et le réarmement de l'Allemagne occidentale, apparaîtra encore plus grave, non seulement à cause des oppositions
françaises et des réticences allemandes elles-mêmes, mais encore
parce qu'une Allemagne, ainsi divisée depuis 1945, prend de plus
en plus l'aspect d'une future Corée européenne, mais combien
plus explosive !

En Asie, à part l'affaire coréenne, il faut relever deux faits
qui déclassent tous les autres : 1) la conclusion d'un accord d'amitié et d'association mutuelle entre la Chine communiste et l'U.R.S.S.,
et 2) le lancement du plan de Colombo, à la suite de la Conférence des États du Commonwealth tenue dans la capitale de
Ceylan. L'accord sino-soviétique, quoique d'importance très relative au point de vue économique, faisait la preuve des liens naturels rattachant le régime de Mao Tsé-toung à celui de Staline.
Le plan de Colombo apparaissait comme la réplique britannique
au *Point IV* américain qu'il serait d'ailleurs appelé à dédoubler
dans le Sud et le Sud-Est asiatique, sans qu'il y ait risque de nui-
sance, tant étaient grands les besoins. Toutefois une différence
essentielle : son multilatéralisme contrastant avec le mode bilatéral
de l'aide américaine aux régions défavorisées.

Telle était la situation à la veille de la guerre coréenne. D'une
part, les affaires européennes restaient d'une importance majeure
et le nœud gordien de l'Allemagne se resserrait de plus en plus. La
Yougoslavie titiste était encore encerclée par les autres satellites
dont la politique était télécommandée de Moscou. Les travaux
pour mettre sur pied les structures de l'O.T.A.N. forçaient les puissances occidentales à un effort militaire prématuré et... réticent !
Mais, d'autre part, les questions asiatiques n'étaient plus reléguées
au second plan. Le pacte sino-soviétique avait clarifié une situation
où s'accrochaient encore des espoirs occidentaux de non-entente
entre la Chine nouvelle et l'U.R.S.S., ce qui sera pour beaucoup
plus tard. L'Indochine est en proie à une recrudescence de sa
guerre civile et coloniale [5] pendant que les troupes chinoises prendront possession du Tibet. Enfin, le projet destiné en dernier res-

---

5. Les places de Cao Bang et de Lang Son au Tonkin tomberont en octobre.

sort à endiguer le « péril rouge » en Asie, le plan de Colombo, apparaît de réalisation assez lointaine et d'une portée très relative.

Mais tout cela était rejeté dans l'ombre par l'acuité dramatique de la guerre de Corée. À la fin de l'année 1950 des commentateurs parlent de la « drôle de guerre mondiale ». Les leaders occidentaux nourrissent un vif sentiment d'inquiétude au sujet de l'action du général MacArthur. Ses aptitudes pour jouer le rôle de proconsul des Nations unies n'apparaissent pas à l'échelle de son habileté de stratège. En particulier, la poussée par-delà le 38e parallèle dépassait le but originaire de l'action policière des Nations unies, même si elle constituait un impératif stratégique. Une erreur d'une plus grande gravité encore fut le refus de s'arrêter à une lisière suffisante du fleuve Ya-lou, frontière entre la Corée du Nord et la Chine, pour établir un nécessaire *amortisseur* entre les Chinois qui allaient se sentir, à tort ou à raison, directement menacés par les armées, alors victorieuses, des Nations unies, armées constituées dans la proportion des 9/10 de troupes américaines. Mais, à la fin de 1950, les troupes de la Chine et de la Corée du Nord poussaient à la mer les forces policières des Nations unies. « Et si votre armée internationale est battue ?... », questionnait ironiquement, à l'époque de la Société des nations, le sceptique Jacques Bainville.

L'analogie avec les jours fiévreux de Munich, avec la pesante anxiété du mois d'août 1939, pouvait se soutenir d'une certaine façon qui prenait des libertés avec l'histoire. Une différence essentielle d'avec 1939 était que l'un des deux protagonistes, celui que craignait par-dessus tout le monde occidental, n'agissait plus que par personne interposée. Ce n'était pas, comme Hitler à la tête de son peuple en armes pour la protection du Dantzig de 1939, le maréchal Staline qui revendiquait en tonnant la « liberté » de la Corée. Non, silence presque total du côté du Kremlin si les seconds rôles, Malik et Vychinski, sur la scène Nations unies, prononçaient l'incisif *nyet* et le sempiternel veto. Du côté soviétique — et dans la mesure où l'agression coréenne s'était faite à l'instigation des leaders du Kremlin ou avec leur visa [6] —, la

---

6. D'après une étude de P. Devillers (« L'U.R.S.S., la Chine et les origines de la guerre de Corée », *Revue française de science politique,* décembre 1964), il semblerait plutôt que c'est la Chine, déjà adver-

stratégie de la guerre froide pouvait paraître ainsi : 1) créer autour de la périphérie du monde soviétique des sables mouvants où risquerait de s'enliser, en dix points différents, la politique militaire du *containment* américain, la Corée n'étant qu'un de ces points ; 2) laisser agir des hommes liges qui sont aujourd'hui Nam II et Mao Tsé-toung, mais aussi, dans le sud, Hô Chi Minh. Mais l'autre Grand était engagé à fond, de façon immédiate et même dramatique en Corée. Cette situation faisait à merveille le jeu soviétique qui ne pouvait être perdant et qui se ménageait même, dans l'hypothèse la pire, le rôle de conciliateur pour la paix universelle.

La crise coréenne montrait l'incommensurable difficulté et la précarité de la politique américaine en position de guerre froide avec l' « arme » — cette fois-ci au sens strict — du *containment* dont cette crise était l'ultime test [7]. La guerre de Corée faisait la démonstration que la supériorité atomique ne pourrait *dissuader* des adversaires secondaires comme la Corée du Nord, ou seconds

saire de la détente, qui aurait incité les Nord-Coréens à faire l'unité du pays au sujet duquel ni l'Union soviétique ni les Etats-Unis n'avaient tes de la guerre coréenne. Quant aux responsabilités coréennes elles-mêmes, les thèses officielles de Séoul et de Washington contrastent diamétralement avec celles que Pyongyang, Pékin ou Moscou exposaient. Les historiens « révisionnistes » de la guerre froide insistent sur l'action douteuse d'un Syngman Rhee, premier ministre de la Corée du Sud, d'un Chang Kai-chek, préparant son retour en Chine continentale, d'un John Foster Dulles, de passage à Séoul peu avant le franchissement du 38e parallèle par les troupes nordistes, d'un général MacArthur, commandant suprême des Etats-Unis au Japon et dans tout le Pacifique. Voir I.F. Stone, *The Hidden Story of the Korean War*, Monthly Review Press, 1952, et ces deux classiques de l'école révisionniste : Fleming, *The Cold War and Its Origins*, t. II, *1950-1960*, chap. XXI, « The Crucifixion of Korea, 1945-1954 », p. 589-660 ; Horowitz, *The Free World Colossus*, Londres, 1965, chap. XIII, « Containment into Liberation », p. 114-140.

7. Selon un des premiers historiens de la guerre froide, il y avait un « paradoxe ironique » dans le fait que la guerre avait éclaté dans un pays au sujet duquel ni l'Union soviétique ni les Etats-Unis n'avaient manifesté un intérêt particulier (John Lukacs, *A History of the Cold War*, New York, 1962, p. 87). La déclaration du Caire (novembre 1943) promettait l'indépendance à la Corée en termes généraux ; mais celle de Yalta n'en faisait aucune mention. A Potsdam, sur requête des Soviétiques, les Américains avaient consenti à ne pas débarquer en Corée avant l'invasion du Japon, ce qui mettait les troupes soviétiques en bonne position d'y pénétrer dès la capitulation japonaise. Le 38e parallèle fut fixé par le général MacArthur dans son *general order no 1* au Mikado, déterminant les conditions de l'acte de la reddition, disposition qu'avait acceptée Staline : « *The 38th paral-*

comme la Chine. Par-dessus tout, la guerre coréenne pouvait être considérée comme une répétition générale de l'unification forcée de l'Allemagne. Mais les deux Grands n'eurent pas la tentation, ou y résistèrent, de répéter leur dangereux face à face du blocus et du contre-blocus de Berlin 1948-1949. Le moins qu'on puisse dire c'est que la diplomatie soviétique manœuvra avec prudence et modération en cette affaire. Par son caractère non contrôlé simultanément par les deux Grands, la guerre de Corée comportait toutefois le risque de déchaîner par réaction en chaîne un cataclysme universel. Le pire qu'on pouvait craindre sera évité dans les mois suivants.

1950 était l'année de la plus forte *tension* de cette après-guerre, par l'ambiguïté des enjeux non moins que par le caractère dramatique de l'évolution de cette guerre tout court, dérogeant aux principes qu'on semblait en train de reconnaître dans la conduite de la guerre froide.

1951 : RÉARMEMENT

... du camp occidental, dans le cadre de l'O.T.A.N., comme conséquence directe de la guerre de Corée, pendant que les États-

---

lel in Korea was selected because the State Department wanted American forces to go as far north as possible but the joint chiefs did not want a line that would be beyond anticipated American capabilities in relation to Russian forces in Manchuria. It was decided that it was desirable to have the capital of Korea in our zone of surrender although some of the military representatives thought this was over-reaching. » (Herbert Feis, *The Atomic Bomb and the End of World War II,* Princeton, 1966, p. 151). La suite de l'histoire est l'incapacité de s'entendre sur une Corée réunifiée politiquement, chacun des deux Grands patronnant *sa* république. Mais il n'est pas indifférent de rappeler qu'en se retirant de la Corée du Nord, les Soviétiques n'avaient pas offert une clause d'assistance mutuelle à leur protégée, tout comme lors de son fameux discours de janvier 1950, le secrétaire d'Etat, Acheson, n'avait pas inclu la Corée du Sud (non plus que Formose) dans la zone du « périmètre défensif » des Américains dans le Pacifique. En son principe, l'agression coréenne était une affaire entre Coréens, les deux Grands ayant retiré depuis peu leurs troupes d'occupation de chaque côté du 38e parallèle.

Unis complètent leur chaîne de défense dans le Pacifique et se hâtent d'accorder au Japon un traité de paix d'allié éventuel et désirable plutôt que de vaincu. Le camp oriental, qui avait comparativement peu désarmé au sortir de la guerre, maintient sa supériorité terrestre écrasante en Europe. Dans les années qui suivront, les *retranchements* de la guerre froide prendront l'allure de deux camps militaires réarmés — pour éviter la guerre si possible, pour la faire si nécessaire. La confiance continue à ne pas régner.

L'année 1951 finira moins mal qu'elle n'avait commencé. Dans son éditorial du 30 décembre 1951, intitulé « Douze mois de grâce », le *New York Times*, connu pour son ton mesuré, écrivait : « Quoi qu'on puisse dire des douze mois de 1951, on peut faire un commentaire favorable... Si plusieurs de nos plus chers désirs ne se sont pas accomplis, il en fut de même de nos pires craintes. » L'année précédente avait, en effet, très mal fini. Presque au terme d'une victoire finale, les armées de MacArthur avaient dû retraiter devant, littéralement, la marée des troupes chinoises. L' « armée internationale » ne tiendra bientôt guère plus qu'une tête de pont au sud de la péninsule. Plus inquiets que leurs peuples, les dirigeants de l'Europe occidentale craignaient une marche éclair qui rendraient les Soviétiques maîtres de tout le continent. Du côté américain, ces gouvernants n'étaient guère plus rassurés. Ils craignaient qu'un risque mal calculé de la stratégie de MacArthur ou de la politique américaine ne portât la guerre en Chine continentale. On pouvait craindre que, par une série de contre-coups — on ne disait pas encore « escalade » — ne se déclenchât un conflit atomique universel. L'émoi était en effet à son comble à Washington : des milieux militaires et politiques influents réclamaient soit *a*) la politique du retranchement continental et la fin des alliances, laissant l'Europe occidentale à son propre sort ; soit *b*) une lutte à finir avec le colosse chinois « pendant qu'il en est encore temps ». Aucune de ces thèses extrémistes ne prévaudra. Mais c'est à partir de ce moment que le Pentagone et, à sa suite, le Président et le State Department se mirent à croire que toute défense de l'Europe sans la participation allemande serait illusoire. Allait ainsi se rouvrir, au sein de l'Alliance atlantique naissante, le délicat contentieux historique entre la France et l'Allemagne. L'option *neutraliste,* dont on discutait en Europe spécialement en France depuis quelques années, connaîtra un regain de faveur au début des années 1950 [8].

La crise coréenne évoluera en trois phases dont la dernière amènera la cessation des hostilités. Le 1er janvier 1951, les Chinois attaquaient en masse, en « flots humains » selon la formule des agences de presse. La pression des Chinois durera une couple de mois et, pendant cette période, ils croiront pouvoir rejeter les Américains à la mer. À la proposition par les Nations unies d'un cessez-le-feu et de pourparlers d'armistice, sera opposée une fin de non-recevoir de Pékin.

En une deuxième phase, le front finit par se stabiliser aux environs du 38e parallèle. Il n'allait pas sensiblement varier jusqu'à l'été 1953, au moment de la signature de l'armistice. Les pourparlers d'armistice dureront deux ans, soit deux fois plus de temps que la guerre elle-même : cas probablement inédit dans l'histoire militaire. L'événement saillant du printemps 1951, en cette deuxième phase, est le limogeage du général MacArthur. Le commandant américain avait fait une série de déclarations fracassantes qui allaient à l'encontre des directives de son Président et des résolutions des Nations unies d'avoir à circonscrire à tout prix le conflit à la péninsule. Après avoir fait mine de se solidariser avec son général, puis d'amenuiser leurs divergences de vues, le président Truman s'était finalement décidé à la solution extrême du limogeage pur et simple du glorieux général qui tenait à tout prix à porter la guerre dans le « sanctuaire » de Mandchourie [9].

8. Le journal *le Monde* était l'un des véhicules principaux de l'idée du neutralisme européen. Un mois et demi après le déclenchement de la guerre coréenne, le *Magazine* du *New York Times* exposait en parallèle au public américain les deux thèses du *neutralisme* et de l'*engagement* dans la guerre froide (13 août 1950). Le directeur du *Monde,* Hubert Beuve-Méry, y exposait la première thèse, Raymond Aron, du *Figaro,* la seconde. Cette polémique au sujet d'une option aussi fondamentale allait encore se ranimer au sujet de la querelle de la Communauté européenne de défense établissant le principe du réarmement allemand.

9. Devant l'histoire le président Truman effaçait ainsi partiellement sa responsabilité d'avoir ordonné sans la moindre hésitation les bombardements atomiques de Hiroshima et de Nagasaki pour précipiter la fin de la guerre contre le Japon.

MacArthur sera partout reçu en triomphateur aux États-Unis, et
même au Congrès. Ce sera l'occasion d'un émoi presque aussi
considérable dans l'opinion publique que lors de l'attaque de Pearl
Harbor. Suivra une enquête sénatoriale qui permit, entre autres
révélations, de se rendre compte que MacArthur n'était pas autrement inquiet du spectre d'une troisième guerre mondiale! Parmi
les dépositions des collègues militaires, celle du général Omar
Bradley vaut d'être citée, soutenant que la stratégie macarthurien-
ne « nous impliquerait, au mauvais endroit, au mauvais moment,
et avec le mauvais ennemi ». Le halo du grand général triomphateur, puis persécuté, s'effacera d'ailleurs de façon étonnamment
rapide.

Cette enquête sénatoriale s'étendit jusqu'à la troisième phase
du conflit en juin. Il ressortait clairement des témoignages des
officiels de Washington que le président Truman était bien résolu
à ne pas élargir le conflit non plus qu'à ne pas réunir les deux
Corées par la force. Cette assurance comportait implicitement une
offre de *cessez-le-feu* (*cease-fire*) sans toutefois répondre aux re-
vendications de Mao au sujet de Formose ou de l'admission de la
Chine communiste à l'O.N.U. À la mi-juin, le général Ridgway,
réattaquant en force, repassait avec ses troupes le 38e parallèle.
Une semaine plus tard, le délégué soviétique à l'O.N.U., Jacob
Malik, lançait l'idée d'une trêve, laissant percer le jugement des
maîtres du Kremlin que « cela avait assez duré ». Les pourparlers
furent longs, ardus, s'interrompirent souvent. Ce ne sera que le
29 novembre que les combattants réussiront à se mettre d'accord
sur une ligne provisoire de *cessez-le-feu*. Ils devaient encore apprendre, pendant deux autres années, qu'il n'est guère facile de
conclure un *armistice* entre belligérants dont aucun camp n'est en
position de dicter ses conditions à l'autre — surtout dans l'ambiance trouble de la guerre froide et, ajouterons-nous, en pleine
ambiguïté d'un mauvais théâtre *premier* et avec un seul des deux
protagonistes principaux.

Les pays atlantiques, sous l'aiguillon des événements de Corée, réussirent à mettre sur pied l'appareil militaire de l'O.T.A.N.
À la fin de l'année, les effectifs d'Eisenhower se montaient à
vingt divisions, dont six américaines, devant les cent soixante-

quinze divisions des pays de l'Est. Mais cet engagement militaire
des États-Unis à la défense de l'Europe créait de nouveaux problèmes. En vigueur depuis le printemps 1948, le plan Marshall
avait relativement bien réussi à stabiliser l'économie des pays de
l'Europe occidentale. L'accent mis sur le réarmement menaçait de
neutraliser les gains récents et encore précaires. Pour former un
centre sérieux de résistance de l'O.T.A.N. en Europe, les Américains estimaient indispensable la contribution de l'Allemagne de
l'Ouest. Les deux questions étaient reliées. Pour répartir de façon
équitable et sans danger pour les économies nationales les charges
du réarmement, il fallait obtenir l'objectif d'une productivité générale accrue par le moyen principal d'une plus intime intégration
de l'économie européenne. Mais une telle intégration, qui exclu-
rait l'économie renaissante de l'Allemagne de l'Ouest, serait un
contresens. Ainsi apparaissaient complémentaires le plan Schuman
(qui allait naître sous le nom de Communauté européenne du
charbon et de l'acier) et le plan Pleven de l'armée européenne
(qui, sous le nom de Communauté européenne de défense, allait
soulever d'énormes difficultés et, encore à l'état de projet, allait
mourir de sa belle mort en 1954).

L'année 1951 vit encore l'éveil des nationalismes iranien et
égyptien. La crise s'ouvrit en Iran par l'assassinat du premier ministre Ali Razmara, adversaire de la nationalisation de l'Anglo-
Iranian Oil Company. Puis apparut sur la scène le pittoresque
docteur Mossadegh qui décréta la nationalisation en octobre malgré l'opposition très vive du Royaume-Uni et l'évacuation des
ingénieurs et techniciens britanniques. En Égypte, le gouvernement nationaliste dénonça le traité de 1936 permettant le stationnement de troupes britanniques aux approches du canal de Suez.
En réponse à diverses agitations populaires au Caire, les Britanniques renforcèrent leurs effectifs dans la région du canal. Ces
deux crises d'Iran et d'Égypte n'allaient avoir leur dénouement
qu'en 1954.

L'arrêt des hostilités en Corée ne marquait pas la fin de la
guerre froide verbale. Les offensives de notes diplomatiques et de
propagande battirent leur plein. Après soixante-dix-sept séances
au palais Rose à Paris, les suppléants des quatre ministres des

Affaires étrangères ne réussirent même pas à dresser un ordre du jour de discussion pour une éventuelle rencontre de leurs patrons. L'institution, héritée des Conférences au sommet de Yalta et de Potsdam, tombait en désuétude ou en quenouille.

Une autre conséquence du conflit coréen fut le traité de paix avec le Japon, signé le 8 septembre. Ce fut l'affaire personnelle de John Foster Dulles, alors conseiller spécial de politique étrangère du parti républicain, agissant pour le compte du président Truman. C'était *a priori* la garantie de l'accord des deux partis au Congrès sur les termes du traité. Dans l'ensemble, ce traité fut considéré comme généreux à l'égard du vaincu même si le Japon se voyait confiné aux quatre grandes îles où s'entassait une population de quatre-vingts millions. Au titre des réparations, le Japon devait œuvrer des matières premières de pays anciennement occupés, comme les Philippines et l'Indonésie, rien moins qu'enthousiastes de l'inspiration générale du traité. C'était un traité de guerre froide si l'on peut dire : les trois grandes puissances asiatiques, la Chine, l'U.R.S.S. et l'Inde en étaient absentes. Moyennant un amendement à la constitution de 1946, le traité permettrait certaine forme de réarmement du Japon ; par accord séparé, les U.S.A. se faisaient octroyer des bases et le droit de stationner des troupes. Enfin le dispositif de défense dans le Pacifique se complétait par un traité d'assistance des États-Unis aux Philippines, ainsi que par un pacte à trois avec l'Australie et la Nouvelle-Zélande (*A.N.Z.U.S. Pact*), les U.S.A. prenant à nouveau la relève britannique comme protecteurs de ces dominions du Pacifique.

Sur le plan global de la guerre froide, la tension s'était sensiblement relâchée par rapport à la fin de l'année précédente. L'alerte à la guerre générale était passée ; la marche à l'abîme, enrayée. La crise coréenne était moins réglée que figée. Mais le champignon vénéneux du mccarthyisme commença à pousser aux U.S.A. sur le terreau de la crise coréenne. L'irrémédiable risquait de venir du côté américain, n'eût été le limogeage opportun de MacArthur. L'évolution des affaires européennes reste encore conditionnée par la crise coréenne durant le premier semestre et, dans la suite, à un degré bien moindre. Les Américains accordent au Japon un traité pour ménager un futur allié plutôt que pour punir leur traditionnel ennemi en Extrême-Orient. Ils complètent leur chaîne de défense dans le Pacifique avec les garanties qu'ils accordent aux Philippines, à l'Australie et à la Nouvelle-Zélande. Par les affaires d'Iran et d'Égypte, le Moyen-Orient commence à faire parler de lui comme foyer explosif en d'autres régions que les frontières d'Israël. Le réarmement de l'Europe occidentale et les séquelles asiatiques de la crise coréenne apparaissent comme des abcès de fixation de la guerre froide en 1951.

Cette année-là, comme la précédente, il y avait eu interaction très nette entre les deux théâtres *premiers* de la guerre froide : entre, d'une part, l'ancien, les deux Allemagnes et les deux Berlins, le rideau de fer et la sécurité européenne et, d'autre part, le nouveau, les deux Corées et le modèle récemment mis au point d'une nouvelle politique de sécurité dans le Pacifique, également sous le protectorat des U.S.A.

1952 : PIÉTINEMENT

... dans la conduite de la guerre froide, dirigeants soviétiques et américains étant principalement préoccupés par leurs problèmes de politique intérieure. Une année d'élections présidentielles aux États-Unis voit rarement des initiatives américaines d'importance en politique étrangère aussi bien qu'en politique intérieure. Du côté soviétique aucune décision majeure non plus, si ce n'est la tenue du Congrès du parti communiste russe, le XIXᵉ en date, qui ne s'était pas réuni depuis 1939. Le prestige d'Eisenhower permettra aux républicains de prendre la succession de vingt ans d'administration démocrate. Le gros des énergies politiques américaines se sera employé au grand cirque électoral quadriennal. Le Congrès du parti communiste russe verra proportionnellement un même battage de publicité. Staline y développera de nouvelles thèses économiques ; Malenkov — ce qui le confirme comme héritier présomptif — fera le rapport principal ; le projet du prochain plan quinquennal montrera un optimisme confiant des leaders soviétiques dans la puissance économique future de l'U.R.S.S. et la promesse de temps meilleurs pour le consommateur soviétique.

Ce n'est pas dire que la guerre froide s'est résorbée. Partout continuent à s'opposer les politiques contradictoires des deux camps qui, en Europe du moins, prennent l'allure de deux « blocs ». Ce qui est vraiment nouveau, comme les agitations anti-françaises en Tunisie et au Maroc, se déroule plutôt en marge de la guerre froide. Ce phénomène, mettant en cause une ancienne grande puissance impériale, était annonciateur d'une vague d'anti-colonialisme en Afrique dans les années qui suivront, l'Asie ayant fait sa révolte anticolonialiste dans la dernière partie de la décennie précédente. La guerre froide continue sur sa lancée mais sans accélération. Si la situation générale ne s'améliore guère, elle ne se détériore pas non plus.

L'attention mondiale se porte pour moitié sur les affaires européennes et pour moitié sur les affaires asiatiques. Au printemps, la souveraineté japonaise deviendra effective comme conséquence du traité de paix de l'automne précédent. En Corée, c'est une lutte d'endurance entre les négociateurs des pourparlers d'armistice qui s'étendent sur toute l'année sans résultat décisif. La dernière difficulté, sur laquelle butent les négociateurs, porte sur l'échange des prisonniers des deux camps. De plus, ne contribuent pas à rasséréner l'atmosphère les émeutes dans les camps de prisonniers en Corée du Sud et surtout les accusations sino-coréennes portées contre les U.S.A. qui auraient eu recours à des armes bactériologiques.

En Iran, la perte totale des revenus du pétrole entraîne une grave crise économique et de nombreuses agitations populaires. Mossadegh refuse une offre conjointe anglo-américaine de règlement de la question. Washington craint que le prolongement de cette situation ne profite ultimement aux Soviétiques, l'Iran ayant sa frontière septentrionale contiguë à celle de l'U.R.S.S. L'Égypte fait sa révolution militaire sous la direction du général Néguib. Il mène la lutte contre la royauté, forçant Farouk à démissionner ; mais sa cible principale est le vieux parti Wafd qui sombre dans la corruption et l'anglophobie. Les Égyptiens continuent à réclamer l'évacuation des Britanniques du Soudan et de la zone du canal. Le gouvernement révolutionnaire propose des réformes politiques et agraires à longue portée. Les agitations nationalistes en Tunisie et au Maroc sont épaulées par des manœuvres du bloc afro-asiatique à l'O.N.U. pour mettre la France en mauvaise posture. Les pays membres du bloc communiste ajoutent leurs voix à celles des nouveaux États ou des pays engagés dans le processus de décolonisation.

L'O.T.A.N. admet comme nouveaux membres la Grèce et la Turquie, ainsi promus pays « atlantiques », établissant la continuité avec les engagements antérieurs de la doctrine Truman de 1947. L'Organisation se donne comme objectif de lever cinquante divisions et accepte en principe l'inclusion de l'Allemagne de l'Ouest. Le traité de la C.E.D., à la suite de laborieux pourparlers qui modifient substantiellement le projet originaire, est finalement signé le 27 mai. La veille, les trois grandes puissances occidentales avaient signé un traité accordant à l'Allemagne de l'Ouest une souveraineté presque entière. Quelques jours auparavant, le 21 mai, le réarmement de l'Allemagne de l'Est avait été décidé, l'U.R.S.S. ayant vainement proposé la neutralisation de l'Allemagne le 10 mars. La division du pays était consacrée depuis longtemps à la suite de mesures successives de part et d'autre ; mais l'insertion des deux Allemagnes dans deux blocs militaires rivaux constitue maintenant une étape difficilement réversible. S'éveille d'autre part le vieil antagonisme franco-allemand au sujet de la C.E.D. et de la Sarre. Le recouvrement économique spectaculaire de l'Allemagne de l'Ouest ne laisse pas d'impressionner les dirigeants français. Le traité de la Communauté européenne du charbon et de l'acier est finalement ratifié le 10 août et l'organisme entrera en opération quelques mois plus tard. Les pays atlantiques se trouvent devant le dilemme ou de diminuer leur effort de réarmement ou d'opérer des coupes sombres dans le niveau de vie de leur population. C'est la première option qui sera prise. À la Conférence de la fin de l'année à Paris, l'O.T.A.N. doit convenir qu'elle avait fixé des objectifs trop ambitieux. Par le cessez-le-feu en Corée manquait surtout le stimulant de l'année précédente.

Dans la perspective globale de la guerre froide, l'année 1952 n'a pas un relief particulier. Les deux Grands sont principalement occupés à leurs problèmes intérieurs. L'emprise de l'U.R.S.S. sur ses pays satellites se fait plus étroite et cela se voit surtout par les spectaculaires purges de Clementis et Slansky en Tchécoslovaquie, d'Ana Pauker en Roumanie et de divers seconds rôles en Allemagne orientale. Aux pivots allemand et coréen, en Iran même qui présente un cas très spécial de guerre froide, on assiste au prolongement de tendances qui s'étaient dégagées les années précédentes. La rébellion anticoloniale enflamme trois pays d'Afrique du Nord mais le phénomène s'inscrit, pour l'instant du moins, en marge de la guerre froide elle-même.

Beaucoup plus importante dans l'immédiat est l'annonce, le 16 novembre, que les Américains ont expérimenté avec succès une première bombe à hydrogène. La tendance à la parité atomique entre les deux Grands, qui durait depuis 1949, est maintenant rompue à l'avantage des Américains. Huit mois plus tard, les Soviétiques auront aussi leur bombe H. Le monopole thermonucléaire des Américains aura été six fois plus court que leur monopole atomique. C'est en cette fin d'année 1952, pendant les élections présidentielles, que le futur secrétaire d'État, Dulles, attaque la doctrine Truman et la politique du *containment*, qui est un « ticket pour la troisième guerre mondiale ». Il va jusqu'à déclarer que « le seul moyen d'empêcher une collision frontale avec l'Union soviétique est de la briser à l'intérieur [10] ». Ce fut le premier coup de trompette de la politique du *roll-back*, révision trop ambitieuse de la maintenant traditionnelle doctrine du *containment*. Comme ses prédécesseurs au State Department, Dulles n'appliquera que cette dernière politique ; mais avant même d'être en fonction, il aura, sur le plan sémantique tout au moins, énervé la dialectique déjà peu aisée de la conduite de la guerre froide [11].

1953 : REPLIEMENTS

... des deux leaders de la guerre froide, par suite de la mort de Staline, de sa difficile succession et de ses conséquences assez longtemps imprévisibles, ainsi qu'en raison du début du règne

10. Rétablissons cette phrase en sa langue d'origine : « *The only way to stop a head-on collision with the Soviet Union is to break it up from within* » (*The New York Times*, 27 août 1952).
11. ... et aura cruellement déçu certains espoirs de la « libération » annoncée, comme allaient s'en rendre compte les révolutionnaires hongrois en 1956.

d'Eisenhower, montrant quelque hésitation malgré la détermination du secrétaire d'État, Dulles, qui ne tardera toutefois pas à conduire *en chef et en seul* la diplomatie américaine. *Repliement* aussi à cause des affaires des deux Allemagnes : le soulèvement de Berlin-Est montre la précarité du contrôle soviétique à l'Est tandis que le projet de réarmement de l'Allemagne de l'Ouest stagne, est en train de pourrir l'alliance occidentale en créant une dangereuse tension entre la France et les États-Unis. Aux *piétinements* de 1952 succèdent les *repliements* de 1953 — malgré les efforts répétés de Churchill pour une rencontre au sommet afin de ranimer la collaboration du temps de guerre.

L'événement marquant de cette année-là est la mort de Staline le 5 mars. Avec la disparition du glorieux maréchal, quasi déifié à la fin de sa vie, le style stalinien de la guerre froide évoluera fondamentalement sous Khrouchtchev, mais déjà perçaient des changements notables sous les intermèdes de Malenkov et de la direction collégiale. Aux U.S.A. commence aussi un leadership nouveau en politique étrangère. Il ne s'agit pas tant du nouveau président Eisenhower ni de son charisme paternaliste que de la personnalité forte et dominatrice de John Foster Dulles, à « la silhouette de père fouettard [12] » cherchant à imprimer à la diplomatie américaine et occidentale une allure moraliste, combative et omniprésente. Beaucoup d'analystes occidentaux axeront leurs critiques sur le paradoxe nouveau de la guerre froide : au moment où, sans rien renier des objectifs du communisme international et de l'impérialisme russe, la diplomatie soviétique se fait plus ouverte, la diplomatie occidentale, avec des hommes comme Dulles et Adenauer, s'affirme plus ferme, presque rigide, parfois cassante.

Après la mort de Staline, l'U.R.S.S. de Malenkov passe par une phase de décompression et de libéralisation de ses structures politiques et de l'ensemble de sa vie publique. Les nouveaux maîtres du Kremlin se trouvèrent devant la nécessité de faire accepter par leurs peuples leur nouveau leadership tout en assurant la continuité de l'État soviétique dans des conditions de succession dy-

---

12. Selon l'expression d'André Fontaine, *Histoire de la guerre froide,* t. II, Paris, 1967, p. 61.

nastique peu aisées. Héritier désigné l'année précédente, Gheorghi
Malenkov pratique d'abord une diplomatie souriante, presque bon
enfant, lance des offensives de paix générale. Dix jours après la
mort de Staline, il déclare avec insistance — ce qui, à la vérité,
n'était pas nouveau dans la guerre froide — qu'il n'est pas de
désaccords internationaux qui ne puissent être réglés par des
« moyens pacifiques ». Se déclarant tant de fois désenchantés par
les promesses soviétiques, les responsables de la diplomatie américaine ont d'abord un réflexe de scepticisme : n'est-ce pas là,
une fois de plus, la manifestation d'une propagande qui vise à
semer la désunion entre Occidentaux, à ralentir l'effort de coopération et de réarmement au sein de l'Alliance atlantique ? Et par
la bouche de M. Eisenhower, les Américains demandent aux Soviétiques des preuves de leur bonne foi nouvelle, des actes et
non pas des paroles (*deeds, not words*). Semblant vouloir couron-
ner sa glorieuse carrière par l'accomplissement de son « grand
dessein » qui est d'amener la fin de la guerre froide, Churchill se
fait moins sceptique ou plus sage, en tout cas plus actif, lance
l'idée de rencontres au sommet, y revient obstinément. Il importe
de recréer, non seulement l'esprit, mais encore les conditions de
la collaboration interalliée au « plus haut échelon » comme pendant la guerre. À partir de 1953 jusqu'à la Conférence de Genève
de 1955, la diplomatie personnelle des Grands au sommet sera le
leitmotiv essentiel de la guerre froide en sa phase immédiatement
poststalinienne [13].

En 1953, en dépit des nouvelles ouvertures de la récente diplomatie soviétique et des efforts continus de Churchill, cette
fameuse rencontre au sommet n'aura pas lieu. N'émergera que le
projet d'une rencontre préliminaire entre les trois Grands occidentaux, fixée pour l'été. La maladie et un repos forcé de Churchill feront ajourner cette rencontre au début de décembre. Au

---

13. Mais il y avait eu des précédents ou amorces dans les derniers mois
    de la vie de Staline. Celui-ci avait confié à un journaliste du *New
    York Times* (24 décembre 1952) qu'il était prêt à rencontrer le pré-
    sident des Etats-Unis. En réponse à un journaliste, Eisenhower disait
    le 25 février 1953 qu'il consentirait à rencontrer « n'importe qui
    n'importe où, s'il pensait que cela pût servir le moins du monde à
    faire du bien, tant que ce serait conforme à ce que le peuple améri-
    cain attend du chef de son exécutif », (*Mes années à la Maison-Blan-
    che*, Paris, 1963, t. I., p. 178).

retour de la Conférence des Bermudes, le président Eisenhower relancera le 8 décembre, devant l'Assemblée générale de l'O.N.U., les discussions sur le désarmement par le projet « atomes pour la paix » d'un *pool* mondial des matières premières atomiques à seul usage pacifique. Dans les mois précédents, des développements technico-militaires d'importance avaient été annoncés. En mai, les Américains avaient expérimenté avec succès leur premier obus atomique au Nevada. Mais surtout le 8 août, le monde avait appris par la bouche de Malenkov que les Soviétiques avaient, à leur tour et avec un faible retard de huit mois, mis au point la bombe H. La course thermonucléaire commençait presque en état de parité. La proposition Eisenhower à l'O.N.U. aura pour effet de renouveler, après des années d'interruption, l'étude de l'ensemble des questions du désarmement.

Les émeutes de Berlin-Est en juin établissaient la mesure du sourd mécontentement qui régnait non seulement en ce point crucial de la guerre froide — les Occidentaux se gardant bien de souffler sur le feu —, mais en d'autres lieux de l'*imperium* soviétique, comme en Tchécoslovaquie, où s'étaient également produits des soulèvements populaires. Par son caractère inédit la rébellion spontanée de Berlin-Est produisit un effet considérable au Kremlin qui s'apprêtait à sacrifier le régime de Pieck et de Ulbricht au projet global d'une réunification de l'Allemagne enfin d'empêcher le réarmement de la République fédérale au sein de l'alliance occidentale [14]. Du côté de l'Ouest, l'Allemagne est également pomme de discorde entre alliés. Le projet de la C.E.D. avait été ratifié par les Parlements du Benelux et de l'Allemagne de Bonn. Mais ni la France, ni l'Italie dont la ratification était conditionnelle à celle du premier État, ne semblaient pressées de donner leur accord définitif au projet. En outre des objections de fond que l'opinion française nourrissait à l'encontre de ce projet (et que le gouvernement et la Chambre des députés n'ignoraient pas tout en se refusant de prendre leur responsabilité à ce sujet), s'ajoutaient à cette difficulté les « questions préalables » du désaccord franco-allemand au sujet de la Sarre et de la dispute italo-yougoslave sur Trieste. Les Américains firent une forte pression sur le gouverne-

14. Voir à ce sujet la version d'Isaac Deutscher, *Heretics and Renegades,* Londres, 1955, p. 173 et ss.

ment français pour amener le projet à ratification. Dulles, dans une conférence de presse, déclara que si la France ne ratifiait pas le projet de la C.E.D. son pays devrait procéder à une « réévaluation angoissante » (*agonizing reappraisal*) de sa politique à l'égard de l'Europe. Cette déclaration fut jugée brutale par la majorité de l'opinion française. À l'intérieur des deux blocs, en 1953, de sérieuses crises de solidarité éclatèrent autour des Affaires d'Allemagne.

Au Moyen-Orient, si les négociations anglo-égyptiennes en sont au point mort à la fin de l'année, si la situation devient dangereusement tendue entre Israël et la Jordanie, on assiste en Iran, sinon à un dénouement de la crise, du moins à un déblocage de la situation, vraisemblablement grâce à un coup de pouce de la diplomatie américaine : Mossadegh est déposé, jugé, condamné à la peine bénigne de trois ans d'emprisonnement. Le shah, après un court exil, revient à Téhéran pendant que le nouveau gouvernement s'apprête à renouer des relations avec le Royaume-Uni.

La signature de l'armistice coréen, le 27 juillet, est l'événement asiatique marquant de 1953, avec la reprise sur une haute échelle de la guerre civile d'Indochine. Au dernier moment, la pierre d'achoppement des pourparlers entre Sino-Coréens et Américains est la question des prisonniers qui ne voulaient pas rentrer. 22 000 prisonniers restèrent en Corée du Sud ; 350 (dont 22 Américains *turn-coat*) refusèrent d'être rapatriés [15]. La guerre de Corée aura duré techniquement trois ans et un mois ; la conclusion d'un armistice aura exigé deux fois plus de temps que la guerre elle-même [16]. La Corée n'aura peut-être pas été le terrain d'expérimentation de la guerre bactérienne mais elle aura été l'occasion d'une guerre psychologique sur une haute échelle, sans exclure les techniques de lessivage de cerveaux (*brain-washing*). À tous égards, curieuse guerre que cette guerre chaude de la guerre froide... [17]

---

15. « Il faudra en effet la mort de Staline pour que les communistes se décident à céder sur la question, qui bloquait tout, du sort des prisonniers de guerre. » (Fontaine, *op. cit.*, t. II, p. 35).
16. Il aura fallu cinq cent soixante-quinze rencontres pour enfin conclure l'armistice de Panmunjon du 27 juillet 1953.
17. La « conférence politique » pour régler « au plus haut niveau... la question du retrait des forces étrangères, le règlement pacifique de la question coréenne » n'aura jamais lieu. Selon une ligne variant peu

Justement, toujours en Extrême-Orient, une guerre idéologique et coloniale, qui dure depuis huit ans, évolue vers sa phase militaire décisive tout en s'internationalisant. Les Chinois augmentent leur aide au Viêt-minh tandis que les Américains appuient les Français, allant jusqu'à supporter, cette année-là, 60 % du coût des opérations. À la fin de l'année le Viêt-minh commence à parler de paix et les Français se disent intéressés; mais la crise indochinoise n'aboutira à son dramatique dénouement que l'année suivante après le désastre de Diên Biên Phu. Enfin le neutralisme de M. Nehru, qui a toujours été assez mal compris par les Américains, évolue en une claire hostilité à l'égard de Washington à la suite des pourparlers américano-pakistanais en vue d'une aide militaire au gouvernement de Karachi. En plus de l'affaire pendante du Cachemire et des fleuves indiens, cette nouvelle affaire contribuera à tendre encore les relations entre les deux grands États sortis du partage des Indes britanniques en 1947.

En 1953 deux nouveaux leaders essaient de s'affirmer aux U.S.A. et en U.R.S.S. Mais ces leaderships ne s'exercent pas avec la fermeté attendue. L'héritier désigné de Staline rompt tant qu'il peut avec la tradition du « sphinx » ou de l' « homme de fer » du Kremlin. Mais, à plusieurs signes, dont l'arrestation et l'exécution de Beria ne sont que les plus éclatants, on sent que l'héritage de Staline n'est pas définitivement dévolu. Eisenhower, général triomphateur des plus grandes armées du monde, apparaît davantage un médiateur entre forces rivales, se tenant autant que possible au-dessus de la mêlée, qu'un leader dynamique visant à entraîner derrière lui les énergies politiques de la nation américaine. Cette attitude modeste, presque de déférence, servira en particulier le secrétaire d'État, Dulles, qui sera de plus en plus libre de mener la diplomatie américaine comme il l'entend. L'ère du populaire Président commençait sous d'heureuses auspices : l'économie, dans son ensemble, ne fléchissait pas ; du sang républicain nouveau revitalisait certains secteurs de l'administration ; l'armistice coréen était enfin signé. Mais le changement d'administration n'avait pas, au gré de l'aile droite républicaine, apporté

---

du fameux 38e parallèle, les choses étaient remises en l'état où elles étaient avant l'agression de juin 1950 — sauf que les deux républiques coréennes étaient bien plus fortement armées.

une modification substantielle aux politiques intérieure et extérieure des démocrates. Les agriculteurs voyaient leurs revenus baisser. L'épreuve la plus sérieuse pour Eisenhower fut la perte du
sénateur Taft, son rival malheureux à la candidature pour la présidence, qui avait su tenir en main les factions rivales du parti
républicain. La disparition d'une telle puissance politique était
d'autant plus vivement ressentie que la force politique plutôt sinistre du *mccarthyisme* s'affirmait de plus en plus. Vu en rétrospective, le mccarthyisme apparaît comme la crise aiguë de la
conscience démocratique américaine pendant les années troubles
de la guerre froide [18]. Le sénateur démagogue du Wisconsin, Joe
McCarthy, ne se contentait pas de multiplier les procès de tendances contre des responsables de l'administration précédente ; il
s'attaquait de front à la politique actuelle de son propre parti en
politique étrangère, allant jusqu'à traiter le général Marshall de
« communiste » ! Eisenhower hésita, temporisa, n'engagea pas le
combat contre McCarthy.

En bref, les nouveaux opposants de la guerre froide en 1953,
Malenkov et Eisenhower, n'étaient pas en position de déclencher
des opérations diplomatiques majeures. L'Indochine relaie la Corée
comme point de fixation de la guerre froide en Extrême-Orient ;
ce conflit tendait à s'internationaliser comme la guerre de Corée :
derrière les adversaires, se retrouvaient les mêmes forces, éventuellement décisives, des Chinois et des Américains. Dans l'Inde, le
neutralisme officiel évolue en anti-américanisme à cause de l'aide
militaire projetée des U.S.A. au Pakistan. L'Allemagne reste le
théâtre majeur de la guerre froide en Europe : les émeutes de
Berlin-Est en juin et la crise de la C.E.D. étaient des indices éclatants de la difficulté d'intégrer les deux segments de l'Allemagne
à chacun des blocs rivaux. L'impasse où en était arrivé le projet de
la C.E.D. fait passer la solidarité atlantique par sa plus sérieuse
crise depuis la fin de la guerre. Au Moyen-Orient, l'évolution de
l'Égypte révolutionnaire laisse présager des crises encore plus
graves.

---

18. La perte de l'alliée chinoise et les soubresauts de la guerre de Corée
avaient, pour ainsi dire, traumatisé la conscience collective américaine. Des réflexes de peur, succédant au cruel désenchantement de la
guerre froide elle-même, soutenaient et alimentaient les pires abus
du mccarthyisme.

En 1953, la mise au point par les Soviétiques de la bombe H, à peine trois mois après les Américains, impliquait un « passage du quantitatif au qualitatif [19] ». Avec la permanente question allemande et les nouvelles perspectives d'une rencontre au sommet, cette question allait constituer la trilogie essentielle de la guerre froide pendant les prochaines années.

1954 : RÈGLEMENTS

... d'une série de problèmes non pas secondaires mais seconds dans la guerre froide, c'est-à-dire qui en découlaient ou qui présentaient quelque inférence à la rivalité inter-blocs : la fin de la guerre d'Indochine ; l'enterrement du projet de la C.E.D. ; la solution en principe des questions de Trieste et de la Sarre ; le pacte d'évacuation des troupes britanniques de la zone du canal de Suez ; le rapprochement soviéto-yougoslave ; la fin de la crise iranienne causée par la nationalisation du pétrole en 1951.

Peut-on parler d'un relâchement de la tension ? Sans doute. Le règlement de toute une série de questions, qui évoluaient dangereusement depuis plusieurs années en marge de la guerre froide fondamentale, enlève autant de risques sérieux dans le face à face des deux blocs. La guerre froide continue mais dans une ambiance un peu plus propice à la détente générale. Malenkov et Eisenhower réaffirment leur conviction que la guerre reste bannie comme moyen de règlement des différends internationaux. « Le gouvernement soviétique a soutenu et soutient encore que les systèmes capitaliste et socialiste peuvent très bien coexister pacifiquement, en concurrence économique l'un avec l'autre » (Malenkov). « Reconnaissons que nous devons cela à nous-mêmes et au monde d'explorer tous les moyens pacifiques possibles, de régler les différends avant même que de penser à cette chose qui est la

---

19. Selon l'expression de Jean Laloy, affirmant encore : « L'arme nucléaire appartient en effet à une catégorie spéciale. Par ses origines et par ses effets, elle se distingue de toutes celles qui l'ont précédée » (*Entre guerres et paix : 1945-1965*, Paris, 1966, p. 169-170), y compris la presque dérisoire bombe atomique en comparaison...

guerre » (Eisenhower). Ces professions de foi, si souvent réaffir-
mées de part et d'autre, ne suffisent pas à créer à elles seules ce
qu'on appelle le *new look* de la politique des Grands. Contribuent
encore à clarifier l'atmosphère les règlements successifs d'une série
de problèmes que nous venons de qualifier de « seconds « dans la
guerre froide.

L'armistice indochinois est le règlement majeur de cette
année-là. Depuis huit ans, la France menait en Indochine une
guerre impossible, y engouffrant les crédits Marshall et y sacrifiant chaque année autant d'officiers que Saint-Cyr en formait.
Depuis l'année précédente, la guerre avait repris sur une haute
échelle. Les troupes françaises étaient mal en point surtout depuis
la chute décisive de Diên Biên Phu. C'est alors qu'entra en scène
Pierre Mendès-France, l'« homme au calendrier », qui, à la date
exactement prévue par lui, obtient un armistice estimé dans les
circonstances, honorable... Comme l'Allemagne, la Corée, le Viêt-
nam sera artificiellement divisé en deux. Il y avait bien eu *in
extremis* une tentative assez imprécise aux U.S.A. [20] de prendre la
relève française contre les forces d'agression communiste. Le souvenir du guêpier coréen était encore frais et il ne s'y trouvait
aucune ardeur à répéter l'expérience du corps expéditionnaire de
Corée. Le président Eisenhower prit une décision négative, presque aussi importante que celle du président Truman en limogeant
MacArthur. Il ne fallait pas internationaliser le conflit indochinois [21].

La Conférence de Genève fut dominée par les deux figures
contrastantes de Mendès-France et de Chou En-lai, premier ministre de Chine. Le coprésident de la conférence avec Molotov,
Anthony Eden, observera quelques années plus tard que son homologue était « visiblement désireux d'aboutir à un accord [22] ».
L'attitude grincheuse de Dulles qui « évitait scrupuleusement de

20. Le vice-président Nixon prônant la relève militaire des Etats-Unis et
    le secrétaire d'Etat, Dulles, la déclarant « improbable » (Sherman
    Adams, *First-Hand Report*, New York, 1961, p. 122).
21. Mais à la fin d'octobre, le président américain assurait le régime de
    Ngô Dinh Diem, président du Conseil du Viêt-nam du Sud depuis le
    16 juin, du soutien total des Etats-Unis. Un accord franco-américain
    prévoyait l'assistance militaire au Viêt-nam du Sud le 13 décembre.
22. Dans ses mémoires, *Full Circle*, Londres, 1960, p. 121.

seulement regarder dans la direction du premier ministre de la Chine communiste[23] » et qui quitta la conférence au milieu des négociations n'empêchera pas son pays d'apposer sa signature aux accords[24]. La réponse américaine au recul d'Indochine se fera par l'idée chère à Dulles de la conclusion d'un traité de l'Asie du Sud-Est (O.T.A.S.E.), groupant sept États dont trois seulement sont asiatiques. De plus, Washington, par un pacte formel d'assistance avec Taipeh, s'imposera l'obligation juridique de défendre Formose. À quoi, le gouvernement de Mao répliquera en menant ce qu'on appellera une « petite guerre » contre les îlots du détroit encore détenus par les nationalistes de Chang : ces incidents, qui se répéteront quelques années plus tard, ne sont pas de nature à détendre les relations entre Washington et Pékin. L'emprisonnement d'aviateurs américains accusés d'espionnage ajoutera un supplément passionnel à cette situation tendue. Bien que la Chine ait déjà été accusée d'agression par l'O.N.U., le secrétaire général, Dag Hammarskjöld, ira à Pékin plaider la cause des aviateurs américains. De l'ambiance de la Conférence de Genève et de l'économie générale des accords se dégagea l'impression nette que Chinois et Soviétiques étaient désireux d'en arriver à un arrangement sans profiter indûment de la victoire des forces d'Hô Chi Minh.

L'autre règlement important de 1954, le rejet par la France du traité de la C.E.D., doit être placé dans le contexte plus général de l'ensemble de la question européenne. La Conférence des quatre ministres des Affaires étrangères de Berlin (fin janvier-février) qui devait être un test mutuel de la possible flexibilité des nouveaux régimes Eisenhower et Malenkov au sujet de l'Allemagne, avait été, à l'instar des précédentes conférences, un fiasco complet. Si la question des traités de paix allemand et autrichien n'avança pas d'un pas, cette conférence avait quand même été l'occasion, grâce à une habile manœuvre de M. Molotov, d'une

---

23. Selon le journaliste américain, Marquis Childs (*Eisenhower : Captive Hero,* New York, 1958, p. 149).
24. Grâce à l'entente des deux coprésidents de la conférence, Molotov et Eden, ainsi que le rapporte ce dernier, « *in order to eliminate the problem of signature, the declaration should have a heading in which all the participating countries would be listed* » (*op. cit.,* p. 142), ce qui incluait les Etats-Unis.

bifurcation vers les problèmes d'Extrême-Orient spécialement d'Indochine et de Corée. Il avait lancé la balle de pourparlers désirables avec la Chine communiste et les gouvernants français l'avaient saisie, ce qui avait été le prélude à la Conférence de Genève sur l'Indochine, tout en facilitant la conclusion de l'armistice en Corée le 20 juillet.

Toute l'année, la politique soviétique visait à contrecarrer l'intégration de l'Allemagne de l'Ouest au dispositif militaire de l'Occident. Cette même question mettait dangereusement en péril la solidarité atlantique et, en particulier, les relations franco-américaines. Sous l'impact de la guerre de Corée, les Américains avaient décidé depuis longtemps du principe du réarmement allemand. Pressé par cette inquiétante perspective, le gouvernement français avait sorti le projet d'une armée européenne, où devaient être fondus et, en quelque sorte, dénationalisés les contingents allemands. Le traité de la Communauté européenne de défense avait finalement vu le jour en 1952. Mais la phase plus laborieuse encore des ratifications n'avait pas abouti deux ans après la signature du traité. Les États du Benelux et l'Allemagne de l'Ouest avaient ratifié le traité ; mais ni la France, ni l'Italie, dont l'accord était conditionnel à l'assentiment français, n'avaient encore procédé à la ratification. Successivement, les divers gouvernements français n'avaient pas osé, contre des majorités parlementaire et populaire défavorables, amener la question au vote à la Chambre des députés. Avec son esprit de décision, qui était devenu légendaire depuis le règlement de la guerre indochinoise, Mendès-France permit que la question fût posée à la Chambre française. Comme prévu, elle refusa son adhésion. Le projet fut renfloué par la garantie militaire du gouvernement anglais, ouvrant ainsi la voie à la conclusion du pacte de l'Union européenne occidentale, qui allait permettre, sous une forme nouvelle, le réarmement allemand et l'entrée de plein droit de l'Allemagne fédérale dans l'O.T.A.N.

Le règlement du contentieux italo-yougoslave au sujet de Trieste allait aussi faciliter la conclusion du pacte des Balkans entre la Yougoslavie, la Grèce et la Turquie. Ainsi se trouvait complété l'arc de cercle défensif qui, de la Norvège à la Turquie, devait contenir la pression soviétique en Europe. Et, sans être intégrée à l'O.T.A.N., la Yougoslavie « déviationniste » devenait une pièce du dispositif général de la défense commune des pays occidentaux.

Au Moyen-Orient, le Royaume-Uni devait enfin abandonner une de ses positions stratégiques traditionnelles en concluant avec l'Égypte un traité prévoyant l'évacuation des troupes britanniques de la région de Suez. L'Égypte poursuit sa révolution des colonels. Le colonel Nasser, puissance réelle depuis quelque temps déjà, dépose le général Néguib. Deux ans plus tard, il nationalisera la Compagnie du canal de Suez. En Iran, la remise en marche de l'industrie pétrolière se fait grâce à une entente avec un consortium de sept grandes entreprises internationales.

Année de règlements, 1954 est aussi une année qui marque une pause de la guerre froide en Extrême-Orient en dépit de l'attaque chinoise contre les îlots que les forces de Chang tenaient encore dans le détroit de Formose. Au Moyen-Orient, les Britanniques doivent se replier d'une position depuis longtemps privilégiée. Plus que jamais, la question allemande s'éloigne de la solution de l'unification. La solidarité des pays occidentaux est dangereusement mise en péril par la détermination américaine de faire participer à tout prix l'Allemagne de l'Ouest à la défense commune de l'Occident. C'est aussi une année de nouveaux pactes militaires de colmatage : U.S.A. et Formose, O.T.A.S.E., pacte des Balkans. C'est encore l'année où Dulles lance, après l'*agonizing reappraisal* (« révision déchirante » de notre diplomatie), cette autre formule frappante de la *massive retaliation* [25] (des « représailles massives »), en attendant celle du *brinkmanship* (« politique au bord du gouffre »). C'est le moment de rappeler que la guerre froide a toujours été portée par des considérations de stratégie militaire globale.

En 1954, persiste encore la crise de la conscience politique américaine comme reliquat des années troubles qui avaient précédé. Le mccarthyisme continuera à sévir jusqu'à ce que le fougueux sénateur du Wisconsin reçoive à la fin de l'année une gifle de ses

---

25. «... *to depend primarily upon a great capacity to retaliate instantly by means and at places of our choosing* ».

collègues du Sénat lui infligeant enfin un vote de désaveu de 67
contre 22. Le mccarthyisme mourra de ses excès mêmes. La position du Président s'en trouvera renforcée. Après l'échec de la
ratification de la C.E.D., les Américains vont comprendre qu'il
est un point limite de pression à ne pas dépasser dans la solidarité
interalliée. Ils vont adopter à l'avenir une attitude un peu plus
compréhensive et tolérante à l'égard de leurs alliés européens,
mais sans étendre cette tolérance aux États sud-américains comme
l'avait démontré le cas du Guatemala [26].

En 1954, sans se résorber en ses points essentiels, la guerre
froide ne se sera pas intensifiée grâce aux *règlements* de beaucoup
de problèmes seconds. Année aussi de colmatages de brèches et de
solutions de rechange. L'*éclaircissement* général par une explication au sommet ne se produira que l'année suivante.

---

26. Le colonel Arbenz, élu président du Guatemala en 1951, commit le
crime de lèse-majesté de vouloir exproprier, pour sa réforme agraire,
une centaine de milliers d'hectares, propriété de la United Fruit mais
qu'elle n'exploitait pas. Selon le rapport de l'ambassadeur américain,
Peurifoy, qui avait eu l'occasion de se faire la main en Grèce, Arbenz
« pensait comme un communiste..., parlait comme un communiste...,
ferait le communiste jusqu'à l'arrivée d'un authentique communiste »,
ce qui ne manquerait pas d'arriver « dans les six mois » (Fontaine,
op. cit., t. II, p. 422). Le State Department, aidé d'hommes de main
de la C.I.A., provoqua et soutint la rébellion du colonel Castillo Ar-
mas. Le putsch réussit et Arbenz s'enfuit en Tchécoslovaquie, pays
d'où étaient parties des armes pour son pays (ce que Dulles avait révélé la veille du coup d'État). « A présent l'avenir du Guatemala
sera l'œuvre du peuple guatémaltèque lui-même » (*ibid.*, p. 423),
conclua Dulles au sujet de ce cas ultra-clair d'intervention américaine.

CHAPITRE IV

DE LA DÉTENTE DE L'«ESPRIT DE GENÈVE» VERS LA TENSION INATTENDUE AU SOMMET : 1955-1959

1955 : ÉCLAIRCISSEMENT

... dans la conduite de la guerre froide par la Conférence au sommet de Genève dont l'«esprit» n'était rien d'autre — mais tout cela! — que la reconnaissance mutuelle qu'on ne pourrait déplacer la ligne du rideau de fer sans guerre, mais qu'en même temps, à l'époque de la parité thermonucléaire, elle n'était plus pensable. Non pas «année d'armistice» comme on l'a dit, mais année d'un nouveau départ[1], en quoi elle fait penser à 1945 après un cycle entier de dix ans de guerre froide se subdivisant, par la crise coréenne, en deux phases égales, d'abord d'une marche à la *tension* croissante, puis d'une descente vers la seule *détente* à laquelle on pouvait aspirer.

La conférence au sommet permit de faire l'inventaire d'une situation globale dont le bilan apparaissait flagrant : en ses termes essentiels on ne pourrait modifier cette situation; il ne restait plus qu'à s'en accommoder mais avec une plus claire conscience de la règle première devant présider aux ajustements futurs. Année

---

1. Fleming opère une coupure identique en datant de 1955 (après la Conférence au sommet de Genève) le début de la «seconde guerre froide» (1955-1959). Voir *The Cold War and Its Origins, 1917-1960*, t. II : *1959-1960* New York, 1961.

point de départ aussi parce qu'elle date le début de l'ère de
Khrouchtchev qui se fera le chevalier servant de l'inévitable
« coexistence pacifique », et aussi parce qu'elle inaugure la première prise de conscience collective du monde afro-asiatique, du
« tiers monde », comme on l'appellera bientôt, qui dira bien haut
à Bandung qu'il ne se considère ni comme enjeu, ni comme
monnaie d'échange entre les opposants du système bipolaire de
l'équilibre instable du monde d'après-guerre. Sans doute pour la
première fois dans l'histoire de l'humanité, la politique internationale devenait, au double sens de la stratégie globale et de
l'universalité des participants, proprement mondiale.

L'ère de Khrouchtchev commence tandis que disparaissent
de l'avant-scène de grands leaders occidentaux : Churchill, Attlee,
Mendès-France, et que le président Eisenhower subit sa première
crise cardiaque. Pendant que s'affirme, après le limogeage de
Malenkov [2], le leadership du bloc oriental, le camp occidental
est sous la direction d'un leader physiquement diminué et d'autres
chefs qui n'ont pas la couleur de vedettes mondiales comme
Churchill et Mendès-France. Ce sont Anthony Eden et Edgar Faure
qui représentent le Royaume-Uni et la France à la Conférence de
Genève. Enfin deux problèmes qui pourrissaient depuis une huitai-
ne d'années se règlent d'une façon toute inattendue : la réconciliation entre l'U.R.S.S. et la Yougoslavie (« M. Khrouchtchev allant
à Canossa... »), et le traité de paix avec l'Autriche, terminant
l'occupation quadripartite qui durait depuis la fin de la guerre. On
avait cessé de faire de l'impossible paix avec l'Allemagne un
préalable au traité de paix avec l'Autriche qui obtiendra un statut
de neutralité satisfaisant tout le monde y compris les Autrichiens.
On était tellement habitué à ces problèmes que leur règlement
apparaissait à peine un élément de détente de la guerre froide. Mais
les deux faits essentiels de cette année 1955 restent la Conférence

---

2. Dès la nomination de Khrouchtchev comme premier secrétaire du parti
communiste le 3 septembre 1953, commença son irrésistible ascension.
Il assumera le leadership suprême en deux temps, faisant d'abord rem-
placer Malenkov par Boulganine le 8 février 1955 comme chef du gouvernement. Mais à la Conférence de Genève de juillet, l'on put se rendre compte que, si Boulganine parlait, c'était Khrouchtchev qui
soufflait. Il n'assumera toutefois la présidence du Conseil que le 7
mars 1958.

au sommet de Genève, de laquelle sortit telle chose qu'on baptisera
l'« esprit de Genève », et ce qu'on pourrait aussi appeler l'« esprit
de Bandung » par lequel s'exprima, non pas l'éveil, qui commençait dès 1945, mais la présence active au monde des peuples de
couleur des régions afro-asiatiques. Ces deux événements servent
de trame essentielle à la signification de l'année 1955.

Comme conséquence de la guerre des petites îles chinoises,
Eisenhower s'était fait octroyer par le Congrès, au début de l'année,
des pouvoirs spéciaux pour parer aux éventualités dans le détroit
de Formose. En février, la VIIe flotte américaine servait à l'évacuation des îles Tachen. Le traité d'assistance avec Taipeh renforçait encore la détermination de Washington de protéger Formose. L'année avait mal commencé. Le danger que la petite guerre
au sujet des petites îles de Quemoy et Matsou évoluât en une plus
grande guerre était réel. Des éléments de droite du parti républicain opinaient qu'il était temps que les États-Unis administrassent
à la Chine la leçon atomique qu'elle n'avait pas eue à l'époque
de la guerre de Corée ; le chef d'état-major de la marine américaine, l'amiral Carney, était à l'origine d'une information selon
laquelle les Chinois attaqueraient en masse les deux îles du détroit ;
il importait « de détruire le potentiel militaire de la Chine rouge
et de mettre un terme à ses tendances expansionnistes » avec des
armes atomiques d'autant que, l'U.R.S.S. pouvait aider la
Chine, elle « ne devait pas intervenir directement[3] ». Déjà, le 13
mars, le premier ministre Menzies d'Australie s'était rendu à
Washington pour dire que son pays et les autres alliés du Pacifique s'opposaient à l'évolution de cette petite guerre en guerre
générale contre la Chine. Graduellement un certain sens des proportions gagna les milieux gouvernementaux de Washington. De
Quemoy et Matsou l'intérêt se déplaça vers un autre point du
Pacifique, vers Bandung en Indonésie.

Du festival des peuples de couleur, convoqué à Bandung à la
mi-avril, et auxquels s'étaient joints Philippins et Turcs, sortit une
seule idée claire, mais unanimement partagée : l'ère du colonialisme est terminée et, ce n'est plus qu'une question de temps, l'Euro-

---

3. *New York Times*, 26 mars 1955.

péen devra partir de toutes les terres où il tient encore des positions anachroniques et inadmissibles. Sur toutes les autres questions, on pouvait retracer, selon les cas, trois, quatre ou même cinq alignements différents dans une rencontre très bigarrée qui groupait un Chou En-lai [4] aux côtés de chefs politiques farouchement anticommunistes ou simplement réactionnaires. En dépit de ces divisions, le front afro-asiatique allait faire cause commune aux Nations unies au moment du vote sur l'Algérie [5]. Le rapport des forces au sein de l'Assemblée générale allait d'ailleurs se modifier par l'admission, à la fin de l'année, de seize nouveaux membres ; mais le Japon, comme conséquence du veto russe, devra se contenter de rester à la porte. Le vent est à l'indépendance dans toute l'Afrique ; et les années suivantes accéléreront le mouvement : la Tunisie obtient son autonomie intérieure ; au Maroc, qui recevra son indépendance en 1956, le sultan revient sur son trône ; la révolte algérienne, qui avait débuté le 1er novembre 1954, prendra de l'ampleur ; le Soudan obtient son indépendance ; la Gold Coast, qui jouit déjà d'un gouvernement autonome, proclamera son indépendance complète en 1956 sous le nom de Ghana, la Nigeria devant, en principe, suivre ; en Ouganda, le roi, déposé, sera lui aussi restauré.

Des pays européens s'accrochent toutefois à des positions traditionnelles : les Portugais à Goa, les Britanniques à Chypre. Après tant de reculs au Moyen-Orient depuis la fin de la guerre, le Royaume-Uni prend maintenant à son compte le projet d'une annexe moyen-orientale à l'O.T.A.N. et au pacte des Balkans. Il en sort le plus artificiel peut-être des pactes militaires d'après-guerre, le pacte de Bagdad, qui groupe, en outre du Royaume-Uni, l'Irak, l'Iran, le Pakistan. Les Américains assistent en spectateurs intéressés mais sans adhérer formellement au pacte. La paix pré-

---

4. La très grande vedette de la rencontre. Selon l'analyste britannique, Vernon Bartlett, « ç'avait été la conférence de Chou En-lai... Il vint, il sourit, il conquit » (*The Manchester Guardian Weekly*, 28 avril 1955). Pendant la conférence, Chou En-lai, après avoir affirmé l'amitié de son pays pour le peuple américain, avec lequel il ne voulait pas entrer en guerre, se dit prêt à se mettre à table pour discuter avec le gouvernement américain des moyens « de relâcher la tension dans la région de T'ai-wan » (ou Formose).

5. La rébellion algérienne était déjà la plus dure lutte de décolonisation à se livrer à travers le monde.

caire du Moyen-Orient reçut un coup dangereux quand on apprit soudainement que l'inquiétant colonel Nasser échangeait avec la Tchécoslovaquie le coton égyptien contre des armes lourdes et même des chasseurs à réaction. Ainsi se trouvait mis en péril le principe de l'équilibre militaire qu'avait posé l'engagement anglo-franco-américain de 1950, prévoyant des livraisons d'armements égales entre Israël et ses voisins arabes. L'année s'achève sans que les puissances occidentales n'aient pu vraiment s'adapter aux conditions nouvelles dans cette région. La crise aiguë de Suez, l'année suivante, sera pour Israël l'occasion de déborder de ses propres frontières.

1955 vit aussi le début de la diplomatie itinérante de M. K... Le tandem Boulganine-Khrouchtchev fit une spectaculaire tournée dans l'Inde, en Afghanistan, en Birmanie dans les deux derniers mois de l'année. L'effet de propagande de la « diplomatie du sourire » fut certain. Cette région, située entre celles des pactes de l'O.T.A.S.E. et de Bagdad, n'était pas sans trouver quelque mérite à cette nouvelle politique soviétique qui ne pratiquerait pas la *pactomanie* occidentale à la Dulles. L'aide économique soviétique à ces pays était insignifiante à côté de celle que les U.S.A. leur consentaient depuis des années. Mais la propagande qui accompagna la visite fut suffisamment bien orchestrée pour que l'U.R.S.S. apparût comme une puissance « pacifique » et ne craignant pas la compétition économique. D'ailleurs, à l'intérieur de l'U.R.S.S., on pouvait noter à plusieurs signes que le régime de style stalinien était bien fini sous un gouvernement Boulganine-Khrouchtchev qui s'essayait à diverses mesures de libéralisation. Même l'imperméable rideau de fer laissait de plus en plus passer, dans les deux sens, des touristes, des hommes de science, des artistes, des sportifs, etc. Les Soviétiques pouvaient prétendre donner l'exemple de la « coexistence pacifique » tant de fois proclamée.

Deux jours avant l'arrivée de MM. Boulganine et Khrouchtchev dans l'Inde, s'était achevée, le 16 novembre, dans une impasse la Conférence des quatre ministres des Affaires étrangères, qui montrait bien que l'« esprit de Genève » n'avait pas réussi à dissoudre magiquement les difficultés majeures de la guerre froide. Ce qui ne faisait pas la preuve que l'« esprit de Genève » était mort depuis l'été, car une telle proposition impliquait une profonde méprise sur les résultats de la conférence au sommet[6].

La Conférence au sommet de Genève reposait sur le principe que des rencontres personnelles entre chefs d'État permettent, au minimum, un rafraîchissement des problèmes. On retournait, dix ans après Potsdam, à la diplomatie directe « au plus haut échelon » selon l'expression de Churchill. Une fois décantée la part de l'illusion et de l'optimisme officiel, la conférence au sommet contribua à créer une atmosphère générale plus favorable à la détente, mais non à engendrer les fruits qu'une détente plus complète eût permis[7]. L'idée la plus claire qui s'en dégagea, négative et peut-être trop globale pour être perçue comme un résultat concret[8], fut que, des deux côtés, on était devenu conscient qu'on serait désormais prisonnier de l'« équilibre de la terreur ». C'était la reconnaissance officielle et franche de la convention essentielle de la guerre froide nouvelle manière : la parité thermonucléaire étant atteinte entre les deux Grands, la guerre ne serait plus pensable que comme une codestruction. L'« esprit de Genève » repoussait cette vision d'apocalypse. L'hostilité générale et la méfiance mutuelle ne pouvaient fondre du jour au lendemain ; mais les principaux opposants de la guerre froide consentaient à admettre qu'elles étaient déjà débordées par un sentiment plus fort : la

---

6. « ... the hards on both sides could take satisfaction in the fact that the slight mollification of the Cold War produced by the meeting between the heads of government had now been undone by the foreign ministers. These is a sense in which we may say that, at the Geneva Conferences of 1955 Dulles and Molotov defeated Eisenhower and Khrushchev.» (Louis J. Halle, The Cold War as History, New York, 1967, p. 355). Mais nous reviendrons dans un instant sur cette conférence après avoir analysé l'apport de la conférence au sommet et de son « esprit » particulier.

7. « The four days of the Geneva « summit » conference, at which Dulles and Molotov remained in the background, brought no substantial agreement, but they were not therefore without value. The fact that the principal spokesmen of East and West dealt quietly, courteously, respectfully, and humanly with each other, instead of shouting abuse at each other like primitive warriors about to enter the battle, was of the utmost importance. This marked an end to the unlimited violence of language that the Russians had adopted in the fall of 1947, and that had inevitably provoked some response in kind by the West, intensifying the whole conflict. » (Ibid., p. 334).

8. « This was a strange conference : not a success, not a failure ; it was, really, nothing. » (John Lukacs, A History of the Cold War, New York, 1961, p. 116).

crainte commune de la guerre thermonucléaire. En particulier, Soviétiques et Américains crurent en leur bonne foi réciproque quand ils affirmaient le rejet inconditionné du recours à la bombe H et à d'autres armes plus terrifiantes encore. La discussion n'aboutit pas à une querelle ouverte mais aucune des questions figurant à l'ordre du jour ne reçut de début de solution nouvelle : 1) réunification allemande ; 2) sécurité européenne ; 3) désarmement ; 4) échanges Est-Ouest. Peut-être eût-il été préférable d'inverser l'ordre de discussion des problèmes en ne s'appliquant pas d'abord aux questions estimées prioritaires comme l'Allemagne ? La proposition américaine dite des « cieux ouverts » aura quelque retentissement [9] et rebondira cinq ans plus tard après l'avortement de l'autre Conférence au sommet, celle de 1960. L'« esprit de Genève » n'est guère plus qu'une paix froide dans une guerre froide, mais admettant clairement ses règles du jeu, du moins en son théâtre européen [10], car la conférence ne s'occupa pas des affaires extrême-orientales et, plus généralement, asiatiques. C'était l'acte II, longtemps ajourné, d'une pièce dont la Conférence de Potsdam avait été l'acte 1er.

Pour le reste, la guerre froide continuerait avec ses phases prévisibles de tension et de détente ; ses armes seraient encore celles de la propagande, de la compétition économique, de l'aide

---

9. Boulganine trouvant de « réels mérites » à la proposition américaine, Khrouchtchev prit à part le président Eisenhower pour lui dire son désaccord d'avec le chef officiel de la délégation soviétique. « Tous les efforts déployés ultérieurement pour convaincre le premier secrétaire des avantages du projet américain furent vains. A l'entendre il n'avait d'autre but que de légaliser et d'intensifier l'espionnage contre l'U.R.S.S. » (Fontaine, *Histoire de la guerre froide*, Paris, t. II, 1967, p. 150). Prémonition de l'affaire de l'U2 ?...

10. « *The Geneva summit conference of 1955, although officially branded as a failure because no formal agreements were reached, at least informally ratified two conclusions : first, European affairs were not to cause a war ; second, the problems of Europe were a fit subject for discussion rather than vituperation. The drift toward negotiation that began at this time was never to stop. The state treaty with Austria that ended the quadripartite occupation of that liberated nation was signed in 1955 as well, the first time in the Cold War that the Soviet Union proved willing to negotiate a European question to an acceptable end.* » (Charles O. Lerche, jr., *The Cold War... and after*, Englewood Cliffs, 1965, p. 84-85).

militaire; les points d'affrontement se déplaceraient de temps à
autre; mais il serait illusoire de prétendre débrider d'un coup les
abcès de fixation comme l'Allemagne, le rideau de fer, la course
aux armements.

L'«esprit de Genève» fut plus fluide que ses minces résultats
concrets et plus durable que les quelques jours que dura la conférence au sommet. Il faut évoquer rapidement le contexte international, avant et après la rencontre. Il y avait eu, le 14 mai, la
signature du pacte de Varsovie, dont l'organisation se donnait
comme la réplique orientale à l'O.T.A.N., mais qui n'avait pas
empêché la signature du traité d'État avec l'Autriche dès le lendemain. Il faudrait remonter encore plus loin jusqu'au discours du
11 mai 1953 de Churchill réclamant un nouveau «sommet» —
discours aussi célèbre que celui de Fulton de 1946 sur le rideau
de fer, dont il était comme le verso de fin de carrière. Il faudrait
rappeler l'ambiance générale qui avait permis les *règlements* de
1954; l'insistance de Churchill pour réclamer le sommet avant de
devoir prendre sa retraite; l'écho qu'avait eu ce projet chez
Khrouchtchev, déjà puissance réelle au Kremlin, et qui avait célébré sa réconciliation avec Tito à Belgrade même à la fin juin;
l'opportune volte-face d'Eisenhower, pressé par le parti de la guerre
à Washington de «faire la leçon» aux Chinois, préférant plutôt
«faire la paix» avec les Soviétiques en Europe et rappelant à la
fin mai la correspondance échangée avec son vieil ami, le maréchal Joukov, etc. Le sommet servait aussi bien la diplomatie américaine et la politique intérieure du Royaume-Uni, alors en période
électorale, que la paix du monde. Par une bifurcation brusque, il
permettait à Eisenhower de désamorcer la dangereuse, bien qu'artificielle, crise du détroit de Formose, de calmer la crainte que les
jongleries atomiques de ceux qu'on appellera plus tard les «vautours» de Washington, qui n'étaient pas perchés qu'au Pentagone,
alimentaient de par le monde. Surtout, le sommet fournirait aux
deux principaux intéressés l'occasion de poser la question cruciale
de l'impasse atomique et thermonucléaire qui allait être la condition
permanente des temps nouveaux. Aussi, à la Conférence de Genève,
Eisenhower apparut-il le grand monsieur de la paix, dépouillé de
la livrée de l'ancien généralissime prestigieux d'une guerre ter-

minée depuis dix ans[11] . Tandis que les *Izvestia* présentent sous ce jour favorable le président américain et proclament en éditorial qu'« une ère nouvelle est commencée dans les relations internationales », le *New York Times* observait que les leaders soviétiques étaient venus à Genève « sérieusement désireux d'améliorer l'atmosphère internationale ». Un autre « presque miracle[12] » se produisit dans les semaines suivantes par la Conférence internationale scientifique sur les usages pacifiques de l'énergie atomique *(Atoms for Peace Conference),* également tenue à Genève, à partir du 8 août. Tout cela faisait l'effet d'un vent nouveau, chassant passablement de bourrasques des années précédentes par la multiplication de divers signes de *détente*[13] .

La conférence des ministres des Affaires étrangères, qui devait donner de la substance à l'« esprit de Genève », allait toutefois démontrer que, relancée et non morte, la guerre froide continuerait à se livrer autour d'enjeux décisifs en des théâtres *premiers* immuables — ou comme en une espèce de *revanche* des ministres des

---

11. Fleming, critique peu complaisant de la diplomatie américaine dans la guerre froide, reconnaît que « *all accounts agree that he* [Eisenhower] *was the outstanding leader of the conference... he called off the Cold War, temporarily at least, and relieved us of the deadly incubus of being its chief promoter, in the minds of the world's peoples... The greatness of spirit in which Eisenhower performed this immense service to us, and to all mankind, was reflected in his July address on the conference to the nation.* » (*Op. cit.,* t. II, p. 750 et 752).

12. L'expression est de Fleming qui observe : « *In its own way the August conference was as important as its illustrious predecessor in July. Some 1 260 scientists and officials were present from 73 countries. The Americans were the most numerous, and they demonstrated our atomic primacy in their share of the scores of papers read and in the models of reactors and other atomic equipment displayed. But the Russians and satellite scientists were there in force also, starved for the international exchanges which so fructify science. They were shy about mixing at first and language was a difficulty, but soon the older Russian and American scientists were conversing in German, while the younger ones talked in English... President Eisenhower gave his warmest sponsorship to this conference, since his long campaign for the peaceful use of atomic energy was the nearest thing to a crusade during his first Administration.* » (*Ibid.,* p. 752 et 753-754).

13. Réduction de 640 000 hommes dans les effectifs de l'Armée rouge ; fin à peu près complète de la «guerre des ondes» des deux côtés du rideau de fer ; restitution à la Finlande de la base navale de Porkkala ; ouverture des pourparlers sino-américains à Genève pour le repatriement des civils, etc.

Affaires étrangères sur les chefs de gouvernement. Au début septembre, il y avait bien eu la visite d'Adenauer à Moscou dont le résultat fut d'accorder à la République fédérale une reconnaissance jusque-là refusée par les Soviétiques. La force même de l'U.R.S.S., non moins que le désir sincère des leaders soviétiques de réduire leurs dépenses militaires, avaient convaincu le chancelier de la nécessité de ne pas refuser l'offre soviétique d'établir des relations diplomatiques normales. La rencontre des ministres des Affaires étrangères à l'automne n'allait pas être facile avec un Dulles, pas tellement persuadé du caractère bénéfique de l'« esprit de Genève [14] » et un Molotov pas plus convaincu et peut-être nostalgique des jours de la ligne dure staliniste. Par-delà les dispositions subjectives des hommes, il y avait surtout le dilemme allemand qui n'avait fait que se resserrer depuis dix ans. Dans les années précédentes, Américains et Occidentaux (au nombre desquels Adenauer) n'avaient guère pris au sérieux les ouvertures soviétiques pour une Allemagne réunifiée et désarmée — quitte, semblait-il logiquement, à sacrifier l'Allemagne de l'Est. L'« esprit de Genève » était bien insuffisant à recréer une situation objective nouvelle. Les deux parties se virent enfermées dans leur position initiale de *statu quo*. Obsédés par l'intégration de l'Allemagne de l'Ouest à l'O.T.A.N., les Soviétiques, après avoir mis sur pied l'organisation du pacte de Varsovie, pouvaient prôner le plan d'une ceinture de neutralité qui, autour du rideau de fer, relierait la Suède à la Yougoslavie. Seulement pour le chaînon d'une Allemagne unifiée et neutralisée, il eût fallu consentir à la perte de l'Allemagne orientale.

Il était trop tard, Soviétiques et Occidentaux ayant déjà cristallisé leur option pour le *statu quo* européen et allemand. Aux « deux tu l'auras » (la neutralisation de l'Allemagne et la sécurité européenne), les deux parties préféraient « un tiens » (chacune son Allemagne), l'autre branche de l'alternative comportant un risque trop grand. L'impasse restait la même au sujet du désarmement. On butait toujours sur la sempiternelle question du contrôle que les Occidentaux depuis 1946 voulaient voir s'instituer avant l'interdiction, par traité, des armes nucléaires, prônée par les

14. Et qui a encore plus de coudées franches pour mener la diplomatie américaine depuis la première crise cardiaque d'Eisenhower (annoncée par le *New York Times* du 25 septembre). Voir plus haut, note 6.

Soviétiques. Les travaux de la Conférence du désarmement et de la
Conférence atomique de Genève vont continuer à entretenir l'illusion, peut-être nécessaire, que le désarmement à l'époque de la
bombe thermonucléaire était moins théoriquement impossible qu'à
l'époque des armes conventionnelles ou atomiques de type courant.
L'échec de la Conférence des ministres des Affaires étrangères
montrait que les deux camps n'avaient pas une intention réelle de
négocier. Une telle volonté eût impliqué deux capitulations simul-
tanées au sujet de l'Allemagne, ce que ne postulait pas, ni même
ne promettait l'« esprit de Genève ». Après un nouveau départ, la
guerre froide continuerait... On avait du moins l'assurance que
le *statu quo* serait garanti par l'« équilibre de la terreur » que
l'« esprit de Genève » reconnaissait.

Mais, dans l'ensemble, 1955 était à verser à l'actif de la paix
dans le sens d'une *détente* psychologique et « spirituelle » justement. Le traité de paix avec l'Autriche montrait en particulier [15]
après la levée du blocus de Berlin, les armistices coréen et indochinois, que, dans la dialectique de la guerre froide, il pouvait
arriver un moment où l'intérêt contradictoire des opposants à ne
pas composer pouvait subrepticement se transformer en intérêt
commun à négocier ou à conclure. Les pactes de Varsovie et de
Bagdad semblaient durcir les alignements militaires. Pourtant ils
n'ajoutaient rien de fondamental à la situation qui prévalait avant

---

15. Pour les « calculs » de la diplomatie soviétique en l'occurrence, voir
R.L. Ferring, « The Austrian State Treaty of 1955 and the Cold War »,
Western Political Quarterly, décembre 1968. Il n'en reste pas moins
que, globalement, la conclusion de ce traité restaurait la diplomatie.
« *The way to this agreement had been effectively paved by the signing
of a truce in Korea and by the Geneva Agreement on Indo-China, in
a word, by the growing restoration of diplomacy to its proper place
and function.* » (Horowitz, *The Free World Colossus,* Londres, 1965,
p. 305). Du point de vue du statut de neutralité de l'Autriche, Ghita
Ionescu soutient que ce traité de paix se situe au « carrefour de deux
développements contradictoires ». « *Although it was used by the
U.S.S.R. as an example and an encouragement for a neutral solution to
the problem of Germany, it coincided with the end of the long specu-
lation on whether neutrality could be applied to Germany. But the
theme, proposed by the U.S.S.R. for western Europe, was on the contrary heard more often in eastern Europe, leading to situations with
such different connotations as Hungary in 1956, Rumania in 1963, or
Czechoslovakia in 1968.* » (« The Austrian State Treaty and Neutrality in Eastern Europe », *International Journal,* été 1968, p. 408-409).

leur conclusion. Le pacte de Varsovie ne faisait que consacrer formellement un état d'intégration militaire déjà très poussé. Le pacte de Bagdad, dont le caractère contre nature était dès sa naissance évident, se voulait davantage une alliance psychologique dont la portée militaire serait minime. La diplomatie personnelle de la Conférence au sommet, de la visite de B... et K... dans le Sud de l'Asie montrait que le monde désirait ardemment entendre parler d'autre chose que de la surenchère militaire réciproque. La Conférence des vingt-neuf pays afro-asiatiques à Bandung, l'accession d'une dizaine d'États africains à l'indépendance s'inscrivaient dans un processus inédit et plus large de *planétarisation* de la politique internationale.

Ce sont sans doute les événements marquants de cette année 1955 que ces émergences, pour la première fois dans l'histoire de l'humanité, d'une opinion publique mondiale qui, unanimement applaudissait à l'« esprit de Genève » en son rejet de la guerre thermonucléaire [16] et, de façon presque uniforme, repoussait les formes de l'impérialisme traditionnel à la suite des hérauts de Bandung. Mais, dans la guerre froide seconde manière, des incidents de parcours restent toujours possibles qui n'allaient pas tarder à se produire... dès l'année suivante.

1956 : CRAQUEMENTS

... dans chacun des blocs par suite des deux crises les plus aiguës des grandes alliances depuis l'après-guerre. Ce qui ajoutait encore au dramatique et au spectaculaire de la situation était la simultanéité, mais sans corrélation, des crises de Hongrie et de Suez évoluant en affrontements militaires sérieux quoique de courte durée. Pendant qu'en Hongrie se déroulait la première grande

16. « *Of course, at the rhetorical level neither government pretends to take the other's word seriously, but operationally each counts upon at least this measure of restraint in estimating its opponent's intentions* » (Lerche, *op. cit.*, p. 32), ce qu'en notre premier chapitre nous appelions la « double hypocrisie dans les leaderships officiels de l'U.R.S.S. et des U.S.A. » s'analysant en une « cohérence foncière sur le plan réel » (cf. p. 20-21).

révolution populaire antisocialiste de l'histoire, l'attaque de Suez
par les Franco-Britanniques apparaissait comme la dernière manifestation de l'impérialisme, à l'occasion belliqueux, de l'Occident.
Ce « colonialisme », tant décrié hier à Bandung, recourait à l'anachronique « diplomatie des canonnières ». Les leaders des deux
camps se trouvaient placés en pleine dissymétrie de situation :
tandis que les Soviétiques, mis en accusation pour leur ingérence
brutale dans les affaires de Hongrie, s'efforçaient de faire dévier
les accusations contre l'entreprise colonialiste des Israélo-Franco-
Britanniques à Suez, les Américains, tout à la phase finale de leur
élection présidentielle en cette fin d'octobre et ce début de novembre, condamnèrent tout autant leurs principaux alliés occidentaux
pour leur entreprise hasardeuse que leur opposant principal pour
la brutalité de sa répression armée en Hongrie. Des grandes puissances, seuls les États-Unis sortaient de ces crises avec un prestige
intact et même grandi. L'autre Grand, en son inconfortable position
de coupable et de redresseur des torts des autres, ne dut qu'à la
concomitance des deux affaires de ne pas subir les opprobres uni-
versels — les peuples de la grande famille afro-asiatique de
Bandung ne portant qu'une attention distraite, ou ne faisant aucun
cas, de la répression soviétique en Hongrie pour vouer aux gémo-
nies ce relent de l'impérialisme européen traditionnel, ou ce réveil
d'un « néo-colonialisme » désormais aussi anachronique qu'inad-
missible.

Crises non pas *de* la guerre froide, mais crises *dans* la guerre
froide, ou mieux, à l'intérieur de chacun des deux camps qui la
livraient depuis une dizaine d'années. Aussi 1956 est-elle une année
importante, quoique moins décisive que d'autres, dans l'évolution
de la guerre froide, mais c'est plutôt par les origines et séquelles
des deux crises que par leur nature et leur déroulement mêmes.
Il n'y eut pas vraiment affrontement inter-blocs, quoiqu'il y eût
confrontation sévère a l'O.N.U. (qui connaîtra le plus fort *suspense*
de son histoire depuis l'affaire coréenne jusqu'à celle des fusées
soviétiques à Cuba en 1962) entre les Américains, condamnant
l'intervention armée des Soviétiques en Hongrie avec une conviction encore plus grande que celle qu'ils mettaient à dénoncer
l'équipée franco-britannique de Suez, et les Soviétiques, soutenant

qu'il s'agissait là d'une affaire de leur « domaine réservé », interne
à leur *imperium*. L'autre grande confrontation opposait Israël, la
France et le Royaume-Uni à ce qu'on pourrait dire le reste du
monde, y compris les États-Unis se dissociant de l'initiative risquée de leurs principaux alliés européens après avoir « jugé ne
rien pouvoir faire pour l'empêcher [17] ». Ce n'est pas dans la lutte
inter-blocs mais à l'intérieur de chaque bloc qu'on sortait des
conventions non écrites de la guerre froide. Les deux crises, jumelles dans le temps [18], mais sans autre lien de parenté, montraient soudainement un double phénomène d'extra-polarisation
ou sortie violente des deux pôles d'attraction de l'Union soviétique
et des États-Unis. Encore une fois, année importante dans la guerre
froide mais non déterminante dans l'évolution de la guerre froide,
puisque les deux blocs qui avaient *craqué* allaient se *recoller* en un
temps remarquablement court et comme imposé par *la nature des
choses* politiques depuis ces dix années de guerre froide.

Les processus qui avaient conduit à des crises de cette gravité
avaient eu, de part et d'autre, des précédents qui ne semblaient
toutefois pas postuler des événements de cette ampleur et, surtout,
de cette soudaineté. Les tragiques événements de Hongrie apparaissaient tout à coup comme l'inattendu point culminant de diverses
rébellions larvées : d'abord le *non possumus* de Tito en 1948 ; les
multiples procès de tendance pour « déviationnisme » dans divers

---

17. « Bien qu'avertis de l'agression, les Etats-Unis ont jugé ne rien pouvoir faire pour l'empêcher. » (Andrew Tully, *C.I.A.*, Paris, 1962, p.
113).
18. L'imbrication chronologique des crises est saisissante par les dates de
leurs événements essentiels : 18 juillet : démission de Rakosi à la direction du parti communiste de Hongrie — 19 juillet : retrait de l'offre américaine pour une aide économique au financement du barrage
d'Assouan — 26 juillet : nationalisation de la Compagnie du canal
de Suez par Nasser — 22 octobre : entrevues secrètes à Sèvres entre
Ben Gourion et les ministres français et britannique des Affaires
étrangères, Christian Pineau et Selwyn Lloyd — 23 octobre : début
de l'insurrection à Budapest — 24 octobre : Imre Nagy devient premier ministre hongrois — 25 octobre : Janos Kadar est nommé premier secrétaire du parti communiste hongrois — 28 octobre : cessez-
le-feu à Budapest ; la révolution est victorieuse — 29 octobre : début de l'offensive des troupes israéliennes dans le Sinaï : ultimatum
franco-britannique à l'Egypte et à Israël — 30 octobre : déclaration
soviétique sur l'égalité des droits de tous les pays socialistes — 4 novembre : intervention militaire soviétique en Hongrie — 5 novembre :
débarquement de troupes franco-britanniques à Port-Saïd.

pays de l'Est autour des années 1950 ; les « mouvements divers »
en Georgie et en Tchécoslovaquie immédiatement après la mort
de Staline ; les troubles sanglants de Berlin-Est en juin 1953 ; enfin, peu auparavant en juin de cette année-là, les émeutes de Poznan, annonciatrices de troubles plus graves en Pologne que « le
printemps éclatant en octobre [19] » avec ses « trois glorieuses » des
19, 20 et 21 octobre jugulait à temps, grâce à l'élargissement de
l'ancien « titiste » Gomulka. Mais c'est à Budapest qu'allait éclater
la révolution armée qui tiendra le pays pendant quelques jours
avant l'invasion de l'Armée rouge.

Dans le camp occidental, diverses forces qu'on ne saurait
toutefois qualifier sans exagération de « centrifuges » avaient contesté, sinon le leadership des États-Unis, du moins certains de ses
objectifs et plusieurs de ses moyens : si l'Europe occidentale, sur-
montant la tentation neutraliste, avait accepté finalement, et même
avec quelque soulagement, la garantie américaine dans le cadre de
l'O.T.A.N., la France venait de regimber contre la hâte et surtout la manière avec lesquelles les Américains avaient forcé le
réarmement allemand, amenant l'écroulement du projet de la Communauté européenne de défense ; des chancelleries européennes
avaient freiné certaines ardeurs belliqueuses à Washington qui ris-
quaient, aux jours sombres de la guerre de Corée, de précipiter la
guerre générale ; plus récemment, les alliés européens, canadiens
et australiens n'admettaient pas les risques inutiles au sujet de
Formose et des petites îles du détroit, d'autant qu'au début de
l'année John Foster Dulles avait accordé à un grand magazine
américain une interview exposant sa doctrine du *brinkmanship* [20]
dont l'économie générale n'avait rien de rassurant.

19. « Il y a dix ans, Radio-Varsovie découvrait que sur les bords de la
    Vistule « le printemps éclatait en octobre ». Au terme de trois jour-
    nées glorieuses, sans avoir eu à tirer un coup de feu, les Polonais
    avaient arraché le droit de mettre à la tête du pays l'homme qu'ils
    avaient eux-mêmes choisi et de suivre la voix nationale du socialisme.
    Dans les villes et les campagnes, le peuple s'enivrait de la liberté re-
    trouvée. Les prisonniers politiques revenaient. Une période nouvelle
    commençait. » (Bernard Féron, « Il y a dix ans à Varsovie, « le prin-
    temps éclatait en octobre », *le Monde*, 10 octobre 1966).
20. Dans le numéro du 16 janvier 1956 du magazine *Life*. Le passage es-
    sentiel se lisait comme suit : « *You have to take chances for peace,
    just as you must take chances in war. Some say that we were brought
    to the verge of war. Of course we were brought to the verge of war.*

Le parallélisme d'exposition ne doit pas laisser entendre que le *craquement* du bloc de l'Ouest fut aussi grave que celui qui se produisit dans l'autre ; mais c'est un paradoxe, au moins apparent, que la plus rapide récupération de son unité dans ce dernier bloc que dans l'autre — le *bip-bip* de certain spoutnik aidant...

Une libéralisation graduelle, mais non radicale et sans ampleur, caractérisait la politique intérieure de l'U.R.S.S. depuis la mort de Staline. Mais le discours dit de la « déstalinisation » de Khrouchtchev au XXᵉ Congrès du P. C. soviétique en février avait pris tout le monde par surprise. Personne n'eût pu penser, à part l'auteur du discours, que le successeur de Staline déboulonnerait d'une façon aussi soudaine, violente et même rageuse la statue du « grand, génial, etc., père des peuples ! ». Cette véhémente diatribe avait causé une forte impression partout dans le monde, mais davantage peut-être dans les pays soviétisés de l'Europe de l'Est, qui avaient connu la lourde main du stalinisme conquérant d'après-guerre, qu'en Union soviétique même. En Pologne, Gomulka, emprisonné sous l'accusation de titisme depuis 1949, regagnait sa liberté le 6 avril [21]. En juin, parachevant le rapprochement avec la Yougoslavie, Khrouchtchev ne craignait pas d'apposer sa signature à côté de celle de Tito dans un texte affirmant les « différentes voies d'accès au socialisme ». Trois mois plus tard, les mêmes leaders se consultaient en Crimée pour faire un tour d'horizon de la situation des pays de la démocratie populaire. Lors des émeu-

---

The ability to get to the verge without getting into war is the necessary art. If you cannot master it, you inevitably get into war. If you try to run away from it, if you are scared to go to the brink, you are lost. We've had to look it square in the face — on the question of enlarging the Korean war, on the question of getting into the Indo-China war, on the question of Formose. We walked to the brink and we look it in the face. We took strong action. »

21. Rappelons quelques faits importants se situant à cette période mais qui doivent être évoqués en dehors de notre présent contexte. Dans la dernière quinzaine d'avril, après la dissolution du Kominform, le tandem Boulganine-Khrouchtchev renouait avec sa diplomatie itinérante de l'année précédente, mais cette fois en Occident, par une visite de dix jours au Royaume-Uni. A la mi-mai, le Kremlin avait annoncé une réduction de 1 200 000 hommes dans les effectifs de ses forces armées, réduction double de celle de 1955. Nous sommes évidemment entrés dans l'ère de la parité thermonucléaire, les forces conventionnelles devenant une surcharge budgétaire...

tes de Poznan le 28 juin, des ouvriers affrontèrent les forces de
répression aux cris de « liberté » et « paix » ! Des centaines d'émeutiers perdirent la vie. Les hommes qui s'étaient identifiés avec le
stalinisme durent quitter leurs postes au gouvernement et dans le
parti durant l'« octobre polonais ». Khrouchtchev se précipita à
Varsovie pour mettre un terme à une libéralisation jugée excessive, ce qui ne devait pas empêcher deux jours plus tard la nomination de Gomulka au poste de premier secrétaire du P. C. polonais
et de devenir la première — la seule — puissance politique à
pouvoir maintenir l'unité précaire du pays. À la fin de l'année,
les Polonais obtinrent même un droit de contrôle sur les forces
soviétiques stationnées dans le pays.

La rébellion hongroise de fin octobre avait eu comme signe
précurseur principal le 18 juillet, le limogeage de Rakosi, le staliniste numéro un, et, comme son idole, mégalomane et paranoïa-
que. L'ampleur, la durée et surtout la ferveur collective de l'insurrection hongroise, surprirent douloureusement le monde entier. Les
dirigeants soviétiques, qui n'avaient pas prévu que le courant de
déstalinisation irait aussi loin, et surtout pas en ce pays, se virent
placés devant un dilemme : ou laisser la révolution suivre son
cours en temporisant, en permettant que la libéralisation s'accom-
plisse quitte à arrêter l'incendie aux frontières ; ou la réprimer
d'un coup par la force brutale de l'Armée rouge selon la dogmatique du stalinisme intégral. Dans le premier cas persistait le danger d'une décommunisation du pays dont l'exemple risquait de
contaminer les pays voisins et spécialement l'Allemagne orientale,
centre explosif entre tous et qu'il fallait moins que jamais lâcher.
Khrouchtchev choisit la manière forte et s'en expliquera plus tard
à un ambassadeur neutre : « Nous aurions accepté une autre Finlande, mais les Hongrois étaient en train de ramener le fascisme [22].» L'action brutale des Soviétiques en Hongrie, le cruel
destin qu'ils imposèrent à Imre Nagy [23] annulèrent en grande par-

---

22. Cité par Fontaine, *op. cit.,* t. II, p. 256.
23. Après des états de service, commençant lors de son emprisonnement
    en Russie en 1917-1918 alors qu'il devint communiste, jusqu'à des
    postes de ministre (Agriculture en 1944, Intérieur en 1945), il fut
    destitué en 1947. Mais à sa rentrée à l'époque poststaliniste, il avait
    été chef du gouvernement hongrois en 1953-1954-1955, puis rappelé
    le 24 octobre au lendemain de l'insurrection. S'étant prévalu du droit

tie l'avantage qu'ils auraient pu tirer de la désapprobation générale que s'étaient méritée les Anglo-Français pour leur expédition de Suez.

Eisenhower, qui terminait sa campagne électorale, s'était déclaré « de cœur avec le peuple hongrois [24] », le 25 octobre. Deux jours plus tard, Dulles rendait hommage « au peuple héroïque » de Hongrie pour le défi qu'il avait lancé « au feu meurtrier des tanks de l'Armée rouge [25] ». Bref, après avoir proclamé depuis quelques années une politique de libération des peuples soumis à l'esclavage soviétique, ils n'avaient pas, l'heure de l'insurrection venue, de politique autre à offrir que celle « de la propagande et de la charité [26] ». La responsabilité d'organismes américains de propagande comme *Voice of America* et *Radio Free Europe* est très lourde devant l'histoire, non seulement pour avoir entretenu de vains espoirs de libération mais pour avoir littéralement gâté la sauce aux jours où la rébellion hongroise était victorieuse (après le 28 octobre) en compliquant la tâche ultra-délicate d'Imre Nagy [27]. À sa conférence de presse du 14 novembre, Eisenhower justifiait la politique d'inaction de son pays en affirmant que « nous n'avons jamais poussé... à quelque forme de révolte armée que ce soit qui pourrait apporter un désastre à nos amis ».

La politique du *roll-back* et de la *liberation* sombrait dans le pathétique désastre hongrois. La campagne présidentielle n'était pas plus un alibi qu'une « circonstance atténuante » ; de toute façon

---

d'asile dans une ambassade lors de l'intervention soviétique du 4 novembre, il avait lancé au monde des appels pathétiques. Le 25 novembre on l'enlevait et le 6 janvier 1957, une déclaration commune soviético-hongaro-roumano-tchécoslovaque le condamnait pour « trahison ». On l'exécutera le 17 juin 1958 en même temps que Maleter, le chef de l'insurrection.
24. *Le Monde*, 27 octobre 1956.
25. *La Révolution hongroise*, Paris, « Tribune libre », 1957, p. 7.
26. Selon le mot de Richard Löwenthal, « Hungary — were we Helpless ? », *The New Republic*, n° 153, 26 novembre 1956, reproduit dans Young Hum Kim, *Twenty Years of Crises : The Cold War Era*, Englewood Cliffs, 1968, p. 126.
27. Un témoin oculaire de la révolution cite des passages précis de messages de *Radio Free Europe* après le cessez-le-feu de Budapest le 28 octobre. Voir Tibor Meray, *Thirteen Days That Shook the Kremlin*, Londres, 1959. Fleming (*op. cit.*, t. II, p. 814) conclut : « *Propaganda had failed to liberate Hungary. On the contrary, it had helped strongly to make her revolution abortive.* »

les États-Unis ne seraient pas intervenus dans la chasse gardée de
l'autre Grand. Une politique doit avoir les moyens de sa propagande. Si l'on n'est pas déterminé à faire la première, il faut faire
taire la seconde.

Pour leur indispensable pétrole, les pays de l'Europe occidentale dépendent étroitement de la région proche ou moyen-orientale, foyer bouillonnant du nationalisme arabe qu'exacerbe l'existence même d'Israël depuis 1948. Un homme fort, Gamal Abdel
Nasser, vient de s'affirmer en Égypte, qui symbolise déjà et vise à
diriger un panarabisme nouveau. Pour les Français, c'est l'âme de
la rébellion nord-africaine, le soutien efficace de l'insurrection algérienne, que claironne la Voix des Arabes sur les airs. Il n'inquiète
guère moins les Anglais qui ont dû évacuer récemment leur zone
de contrôle du canal de Suez. Israël, la France et le Royaume-Uni
ont tous, de leur point de vue, de bonnes raisons d'en finir avec
le nassérisme [28]. Tout juste avant la Conférence de Bandung, le
Kremlin avait rendu publique une déclaration donnant à entendre
qu'il ne considérait pas la région comme une chasse gardée occidentale : « Le gouvernement soviétique sauvegardant l'œuvre de
la paix défendra la liberté, l'indépendance et le principe de non-
ingérence dans les affaires intérieures du Proche et du Moyen-
Orient [29].» L'avertissement était clair à l'autre Grand qui pourrait
être tenté d'y relayer l'influence traditionnelle des Anglo-Français.
    L'origine de la crise remontait d'ailleurs à une décision néga-
tive de la diplomatie américaine. Le 19 juillet, Dulles avait retiré
l'offre américaine d'une aide économique à l'Égypte pour la construction du barrage d'Assouan prétextant l'incapacité du pays à
entreprendre un travail aussi gigantesque. S'ajoutait au motif officiel du retrait de l'offre le calcul de faire perdre la face aux Soviétiques à la suite de leurs propositions récentes au tiers monde.
Dans le même temps, Nasser faisait mine d'accepter une aide du
gouvernement soviétique qui semblait par ailleurs peu pressé de se
compromettre à ce sujet. Pour se venger du lâchage des deux
Grands, Nasser nationalisait, le 26 juillet, la Compagnie du canal

---

28. Son ouvrage, *la Philosophie de la révolution,* était assimilé au *Mein
    Kampf* de Hitler.
29. *Le Monde,* 19 avril 1955.

de Suez, faisant ainsi subir aux intérêts franco-britanniques, majoritaires, les conséquences de son ressentiment. Pendant les longues négociations qui s'ensuivirent, Nasser fut intraitable. Les gouvernements français et britannique ne reçurent pas le support qu'ils attendaient de Washington. Ils profiteront de l'attaque éclair d'Israël à travers la péninsule du Sinaï pour lancer leur folle équipée contre Port-Saïd à la suite d'un « scénario... d'une telle mauvaise foi... qu'il en est presque naïf[30] ». Le canal fut bloqué. Comme avant Ferdinand de Lesseps, il faudra emprunter la longue route du Cap. Le cabinet Eden devenait la proie de violentes critiques venant de tous côtés, les unes, pour s'être embarqué dans une folle aventure, les autres, pour ne pas l'avoir menée à bien, pendant qu'en France, sous le gouvernement « socialiste » de Guy Mollet, une vague nouvelle d'arabophobie amortissait plutôt mal que bien la déception.

La plus grave conséquence de la déroute des *vainqueurs* de Port-Saïd était la crise de confiance au sein de l'unité occidentale qui était, cette fois-ci, mise en péril bien plus gravement que lors des crises de Corée et de la C.E.D. Les Franco-Britanniques eurent l'impression d'avoir été lâchés et même « trahis[31] » par le gou-

30. « Un scénario a été mis au point, à la demande des Britanniques, d'une telle mauvaise foi, il faut bien le dire, qu'il en est presque naïf. Il est entendu que lorsque les Israéliens auront attaqué l'Egypte, la France et la Grande-Bretagne prendront prétexte de ce que la sécurité du canal est en péril pour adresser aux deux belligérants un ultimatum les invitant à retirer leurs troupes, sans quoi elles occuperont la zone du canal. C'est la première fois dans l'histoire qu'on menace un pays d'envahir, au cas où il ne se soumettrait pas, le territoire... de son ennemi. » (Fontaine, *op. cit.*, t. II, p. 268-269). Dix ans après l'événement, le général israélien Moshe Dayan déclarait au journaliste Eric Rouleau : « Bien que je ne l'aie pas écrit, je ne nie pas qu'il y ait eu une alliance politique entre les deux parties. Nous avons, certes, fourni le prétexte aux Français et aux Anglais, mais ne pensez-vous pas qu'ils en auraient trouvé un autre si nous avions refusé de marcher ? C'est une conjonction d'intérêts différents qui a donné naissance à cette alliance de fait. Il serait très naïf de croire que la France et surtout la Grande-Bretagne ont attaqué l'Egypte pour défendre les intérêts d'Israël. » (*Le Monde*, 30 avril 1966).
31. Christian Pineau, dans un article « Si j'avais à refaire l'opération de Suez... » (*le Monde*, 4 novembre 1966), portait le jugement global : « Dans cette affaire, les Français ont eu et ont conservé l'impression d'avoir été non seulement abandonnés mais trahis par leurs alliés américains... les Anglais et les Français, engagés dans un pénible conflit, ont été condamnés par leur principal allié du pacte atlantique... Le refroidissement des relations franco-américaines et l'affaiblissement du

vernement américain qui avait bel et bien été informé sur ce qui
se tramait entre Israéliens et Franco-Britanniques [32] . « Nous ne
vous demandons rien, avait dit à Robert Murphy Eden lui-même,
mais nous espérons que vous surveillerez l'Ours [33].» L'Aigle sur-
veillera l'Ours mais ce ne sera certes pas pour valider devant l'opinion mondiale une entreprise conjointe de néo-colonialisme, contradiction d'une constante de la politique étrangère des États-Unis
depuis toujours. Au « risque calculé » — selon une autre expression chère à Dulles — du retrait de l'offre économique pour la
construction du barrage d'Assouan, les Américains en assumèrent
un second en condamnant l'expédition franco-britannique à
l'O.N.U. En défendant l'intégrité des principes de la charte, la
diplomatie américaine jonglait déjà avec l'idée d'une doctrine
Eisenhower qui affirmerait une nouvelle forme de présence américaine dans la région afin d'empêcher l'U.R.S.S. de tirer seule les
marrons du feu [34]. Elle ne semblait pas outre mesure s'inquiéter
du futur replâtrage en quelque sorte fatal, puisque nécessaire, de
la solidarité entre les trois grands occidentaux.

Lors de ces crises parallèles l'attention oppressée du monde
se partageait alternativement entre Budapest et Suez. Aux Nations
unies se déroulèrent des débats toujours passionnés parfois acrimonieux, d'une intensité dramatique qu'on n'avait pas encore vue.

---

pacte atlantique constituent, à mon avis, le poste le plus lourd du bilan de l'opération de Suez. La moindre honnêteté intellectuelle voulait qu'il fût franchement évoqué. »

32. D'après le témoignage d'Allen Dulles, frère du secrétaire d'Etat américain et responsable des services secrets (David Wise et Thomas
Ross, *le Gouvernement secret des U.S.A.*, Paris, 1966, p. 133). Voir la
note 17 plus haut.

33. Cité par Fontaine, *op. cit.*, t. II, p. 198. Boulganine avait fait parvenir à Guy Mollet et à Anthony Eden des messages personnels contenant des menaces imprécises et destinés à faire peur. Au premier, il était
dit : « Dans quelle situation se trouverait la France si elle était atta-
quée par un pays disposant de moyens de destruction terribles et modernes ? » ; au second : « Il y a des pays qui n'ont pas besoin d'envoyer des forces aériennes ou navales sur les côtes de Grande-Bretagne mais pourraient utiliser d'autres moyens, tels que des fusées. »
(*Ibid.*, p. 279).

34. « *Thus far the West has failed to meet or turn back his challenge*
[de Nasser], *which Russia, by giving him support that so far costs
Moscow next to nothing, is able to utilize against the West in other
parts of the world as well.* » (Vera M. Dean, *Foreign Policy Bulletin*, n° 36, 15 octobre 1956).

L'organisation fut bien impuissante à faire quoi que ce soit pour les Hongrois. Mais des débats sur l'affaire de Suez sortira la formule de l'U.N.E.F. [35], qui sera un facteur provisoire de stabilité relative dans la région. Elle servira de modèle à d'autres opérations de maintien de la paix *(peace-keeping operations)* à l'avenir dégagées de la massive ambiguïté de l'armée dite « internationale » des Nations unies en Corée.

Insurgés hongrois, d'une part, et gouvernants franco-britanniques, de l'autre, avaient prétendu s'émanciper de la tutelle exclusive des leaders des deux camps de la guerre froide. Le régime de Nagy avait trop osé en annonçant son intention de quitter l'organisation du pacte de Varsovie pour adopter une attitude de neutralité à l'autrichienne. Les gouvernements Eden et Mollet avaient mal parié sur la connivence tacite des États-Unis : de façon cuisante pour leur prestige personnel et les orgueils nationaux, ils seront rappelés à l'ordre. Et c'est dans le sang, comme jadis à Varsovie, que « l'ordre règne à Budapest ».

Les États-Unis ne pouvaient rien faire pour la libération des pays de l'*imperium* soviétique ; leur inaction même y garantissait la domination inconditionnée de Moscou, ce dont étaient sûrs les maîtres du Kremlin. Comment, du reste, auraient-ils pu la contester efficacement, lors de ces événements tragiques de Hongrie, sans courir le risque du déclenchement d'une troisième guerre mondiale ? Les événements de Suez montraient pour leur part que les principaux alliés européens de Washington ne pouvaient pas non plus, sans son visa explicite, faire cavaliers seuls dans des entreprises risquées, surtout de type « colonialiste ». Même s'ils étaient à certains égards victimes d'un « risque (pas tellement bien) calculé » de la diplomatie de Dulles et qu'ils pouvaient se considérer comme des fers de lance de la guerre froide à la suite des livraisons d'armes soviétiques à l'Égypte, leur action militaire dans des circonstances pour le moins ambiguës allait être formellement condamnée par Washington.

_____

35. United Nations Emergency Force. Le rôle important que joua en cette occasion le ministre canadien des Affaires extérieures du Canada, Lester B. Pearson, lui vaudra le prix Nobel de la paix. Pearson deviendra plus tard premier ministre du Canada entre 1963 et 1968.

La *bipolarité* trop simplifiante des alignements de la guerre froide allait devoir être révisée ; mais les comportements *duopolistiques* des Grands continuaient à suivre la logique de situation de la guerre froide elle-même[36]. Le bilan de la double crise ne se soldait pas par un équilibre des profits et pertes pour les deux Grands. Les Soviétiques subissaient l'odieux de leur répression brutale en Hongrie sans compenser par leur désapprobation, en l'occurrence assez pharisaïque, de l'expédition franco-britannique à Suez. Les Américains gagnaient un prestige nouveau pour s'être désolidarisés de l'entreprise commune de leurs deux principaux alliés, que n'entamait guère leur responsabilité morale pour avoir alimenté, par leur propagande, les espoirs illusoires des révolutionnaires hongrois.

Ces deux terribles accidents de parcours allaient élucider pour la première fois la règle majeure des comportements intra-blocs dans une guerre froide se perpétuant entre les blocs, ou, conviendrait-il mieux de dire à l'avenir, entre les coalitions ou alignements, car les « blocs » n'auront plus la densité de naguère, tout au moins celle que la simplicité du langage courant impliquait.

1957 : RECOLLEMENTS

... de chacun des deux blocs fissurés par les dramatiques événements de l'automne précédent. En l'an XII de l'ère atomique, débute l'an premier de l'ère sidérale. La position relative des deux Grands est exactement inversée : le prestige des U.S.A. si haut à la fin de 1956 est sérieusement entamé quand s'achève 1957 ; l'U.R.S.S. voit le sien restauré d'éclatante façon par le lancement du premier Spoutnik le 4 octobre et par les grandes fêtes de famille de la célébration du quarantième anniversaire de la révolution d'Octobre. Il y avait eu la guerre froide du monopole américain

---

36. « *From the blows it suffered in 1956 the bipolar view of the cold war has never recovered... the bloc leaders still thought that in its essentials the cold war remained unchanged. Individual states or small blocs might break away from the embrace of one or the other of the giants, but both felt that the logic of bipolarity remained as inexorable as ever.* » (Lerche, *op. cit.*, p. 106).

de la bombe atomique et de l'écrasante supériorité terrestre soviétique entre 1945 et 1949 ; celle de la tendance à la parité des
armes atomiques de 1949 à 1953 ; puis la troisième guerre froide
du fait de la parité thermonucléaire (le monopole américain de la
bombe H n'ayant duré que huit mois) depuis 1953. Nous entrions
maintenant dans une nouvelle phase qui sera marquée par la supériorité balistique des Soviétiques. La stratégie globale de la guerre
froide allait s'en trouver toute transformée, tout au moins son
langage usuel et certains de ses postulats mal fondés.

À la fin de l'année, les Soviétiques ont donc le vent en poupe :
le leadership de Khrouchtchev s'était raffermi par la liquidation
du groupe « anti-parti », suivie de celle du maréchal Joukov ; le
lancement du Spoutnik, idéalement programmé comme pour servir
de prologue aux fêtes de la révolution d'Octobre, avait attiré l'attention sur l'avance technologique des Soviétiques et réussissait à
estomper ce qui restait du souvenir de la « boucherie de Budapest ». Les Américains voient leur orgueil humilié d'être ainsi
devancés d'autant qu'ils avaient pris avec un grain de sel l'annonce
que les Soviétiques possédaient depuis la fin août des fusées intercontinentales. Le *missile gap* leur sera une préoccupation majeure
pour des années. Sérieusement ébranlée par la crise de Suez, l'alliance occidentale est de nouveau menacée par une grave crise de
conscience dans le leadership américain dont la Conférence de
l'O.T.A.N. en décembre allait révéler l'ampleur. Des vastes mondes
non engagés et, en leur plus grande partie, sous-développés, habitués à considérer les U.S.A. comme le pays réalisant le plus haut
stade du progrès scientifique et technique, étaient littéralement
sidérés par cette prouesse inattendue de la « patrie du socialisme ».
Comme si tout cela ne suffisait pas, la politique intérieure américaine présentait d'autres sujets graves d'inquiétude : début d'une
nouvelle récession économique ; éclatement de la crise sociale de
Little Rock ; annonce d'une nouvelle maladie du président Eisenhower.

Dans les neuf mois précédant le lancement du Spoutnik, les
deux Grands s'étaient employés à remettre de l'ordre dans leur
propre maison tout en s'efforçant de maintenir leur situation de
force relative dans le monde. L'année avait débuté avec le lance-

ment de la doctrine Eisenhower le 5 janvier. Elle n'aura pas la même fortune historique que la doctrine Truman de 1947, paraissant n'en être qu'une adaptation, dix ans après coup, dans une région contiguë. Séquelle à l'affaire de Suez, c'était la réponse improvisée à la menace d'une pénétration soviétique au Moyen-Orient à la suite du retrait du Royaume-Uni et de la France. Officiellement, elle n'était rien d'autre que l'offre d'aller au secours de tout pays de la région qui se trouverait menacé de subversion, « étant entendu que cette assistance pourrait comporter l'emploi de forces armées américaines » selon la précision qu'avait donnée Eisenhower au Congrès. C'était encore un moyen à peine déguisé de contrer l'influence grandissante de Nasser, et, si possible, de l'isoler. Quelques pays acceptèrent l'offre de secours dont le Liban, ce qui était assez étonnant en ce pays à disposition neutraliste ; dont aussi la Jordanie, où le roi emprisonna quelques ministres à fortes sympathies égyptiennes sous la protection de la marine américaine et sans qu'un seul coup de feu n'ait été tiré. En Syrie la situation était plus confuse. En dépit de la « doctrine », un groupe militaire de gauche prit le pouvoir, qui, tout en acceptant une aide militaire et économique de l'U.R.S.S., poursuivra une politique plutôt neutraliste. Par mesure de précaution, la Jordanie reçut des armes mais le roi Hussein tint à proclamer que les armes arabes ne seraient employées que contre Israël et jamais contre les pays frères. Quand s'achève l'année, la doctrine Eisenhower apparaît un instrument diplomatique bien inapte à stabiliser une région aussi diversifiée et troublée que le Moyen-Orient. L'hypothèque du support américain fourni à Israël depuis sa création continuera de peser lourdement sur les chances de la diplomatie américaine en cette région.

L'U.R.S.S. avait réagi à la doctrine Eisenhower en réclamant un débat à l'O.N.U. sur cette « menace à la paix » et en proposant aux États-Unis, à la France et au Royaume-Uni, une déclaration équivalant à la neutralisation de la région (accord pour ne pas livrer d'armes, retrait des troupes, liquidation des bases étrangères, etc.). Le 11 mars, les trois Occidentaux avaient rejeté cette proposition en imputant à l'Union soviétique la responsabilité première de l'instabilité par ses livraisons d'armes tout en ne manquant pas de faire le rappel de leur intervention brutale en Hongrie. Dans les mois suivants, les dirigeants soviétiques reviendront à la charge, mais en vain.

Les U.S.A. sont plus intéressés à célébrer la réconciliation avec leurs grands alliés européens. En février, Mollet avait été reçu à la Maison-Blanche et le communiqué déclarait l'intention des deux pays de « traiter d'un commun accord les problèmes soulevés par la menace de l'impérialisme communiste ». Devant son impopularité croissante, Eden avait dû céder sa place le 10 janvier à Harold Macmillan à la tête du parti conservateur et du gouvernement britannique. À la Conférence des Bermudes de mars, Macmillan obtiendra d'Eisenhower un accord portant sur la livraison de fusées téléguidées pour alléger le budget militaire du Royaume-Uni en armements conventionnels. La brouille entre les trois grands occidentaux n'aura duré que quelques mois. Pour profonde qu'ait été la fissure dans la solidarité occidentale, elle n'aura pas eu le temps de s'élargir avec le temps.

Année faste pour l'U.R.S.S., 1957 le fut également pour Khrouchtchev, l'« homme de l'année » selon le magazine américain *Time*. Ce risque-tout est en train de recueillir de l'héritage global de Staline ce qui ne lui a pas encore été dévolu. En déboulonnant si rudement la statue du Maître l'année précédente, il avait suscité une remontée des éléments stalinistes [37]. Il eut raison, en juillet, du groupe dit « anti-parti », de MM. Molotov, Malenkov, Kaganovitch, Chepilov : « Nous avons pris les moutons noirs par la queue et les avons jetés dehors », commentait abruptement M. K... Il réussit cette manœuvre par son contrôle personnel sur l'appareil du parti et, au moment décisif, avec l'appui du maréchal Joukov et de l'armée [38]. À l'automne, le populaire maréchal était

37. Il avait même dû leur donner quelque satisfaction en déclarant à la réception officielle de fin d'année au Kremlin : « Staline était un grand marxiste. Il a commis des erreurs et nous sommes responsables des erreurs faites à cette époque... Nous pouvons être fiers d'avoir coopéré à la lutte contre nos ennemis pour les progrès de notre grande cause. Sous cet angle, je suis fier que nous soyons des staliniens. » (*Le Monde*, 3 janvier 1957).
38. Les avions militaires, nolisés, ayant ramené de toutes les régions de l'U.R.S.S. et même de certains pays étrangers les membres du comité central du parti, la décision favorable à Khrouchtchev dans cet organisme à plus large représentativité renversait celle du Præsidium qui venait de mettre Khrouchtchev en minorité. Véritable coup de maître...

démis à son tour sans qu'on ne sût clairement si c'était parce que
M. Khrouchtchev craignait un bonapartisme à la russe, ne pouvant
tolérer de tant devoir à un seul homme, ou si ce n'étaient pas plutôt
les stanilistes, encore influents, qui avaient exigé sa démission, —
auquel cas, Khrouchtchev se serait fait son défenseur. Quoi qu'il
en fût, la sortie du glorieux maréchal fut bien étouffée par le
tumulte qu'avaient causé le Spoutnik et l'exaltation des fêtes du
quarantième anniversaire de la Révolution. À la fin de l'année,
l'autorité, et la popularité de M. K... était incontestables. Le
« style » très particulier de Khrouchtchev continuait à s'affirmer
en politique intérieure [39] aussi bien qu'étrangère.

Sa politique conciliante et presque trop repentante à l'égard
de la Yougoslavie titiste avait soulevé bien des réticences dans les
cercles dirigeants du parti et du gouvernement. L'heure était aussi
à la « libéralisation » en Chine depuis le slogan des « Cent Fleurs »
de l'année précédente [40], qui apparaissait de l'extérieur comme une
espèce de version poétique des « différentes voies d'accès au socialisme » de la fameuse déclaration conjointe Khrouchtchev-Tito.
Mais l'opération « libéralisation » suscitait de l'agitation qui
entraînait à son tour la répression. Les « Cent Fleurs » furent vite
fanées... Mao lui-même déclarait à la fin de février que « les plantes
de serre sont généralement fragiles. La mise en œuvre de l'orientation que les Cent Fleurs s'épanouissent, que de multiples écoles
rivalisent, ne saurait aucunement affaiblir la position dirigeante du
marxisme dans le domaine idéologique [41]. » Tout en émettant de
fortes réticences sur l'opération déstalinisation par Khrouchtchev
au XXe Congrès, Pékin avait appuyé la répression militaire de
Budapest. De passage à Moscou, au début janvier, Chou En-lai avait
prononcé ce qu'André Fontaine appelle « le discours le plus incon-

39. En mai, il avait annoncé un vaste programme de décentralisation éco-
    nomique dans toute l'Union soviétique.
40. « Le 2 mai 1956 Mao tenait un grand discours dont, à ma connais-
    sance, le texte ne fut jamais publié. Cependant quinze jours après,
    Lou Ting-yi, chef du département de la Propagande, en communi-
    quait le contenu : « Nous disons aux artistes et aux écrivains : Lais-
    sez les Cent Fleurs s'épanouir. Nous disons aux savants : Laissez les
    Cent écoles rivaliser entre elles. C'est la politique du P.C. chinois, tel-
    le que l'a proclamée le président Mao à la Conférence suprême de
    l'Etat. » (Klaus Mehnert, *Pékin et Moscou,* Paris, 1962, p. 196).
41. *People's China,* no 13, 1957. Cité par Fontaine, *op. cit.,* t. II, p. 308.

ditionnellement prorusse jamais entendu dans la bouche d'un diri-
geant de Pékin [42] ». On ne saura, par les Chinois, qu'en 1963 que
c'est le 15 octobre de cette année que la Chine et l'U.R.S.S. avaient
conclu un accord secret sur la coopération en matière de recherches
atomiques — point de départ du malaise qui allait conduire au
schisme entre Pékin et Moscou. Mais pour l'instant, ce qui perce
c'est l'aide efficace que Pékin offre à Khrouchtchev dans le rétablissement de l'unité du bloc communiste. La Hongrie est bien
tenue en main par le régime de Kadar, pouvant du reste s'appuyer
sur la menace toujours présente d'une intervention militaire des
Soviétiques. La Pologne de Gomulka, qui avait été triomphalement
plébiscité aux élections de janvier, avait bien eu des velléités
d'opter pour un neutralisme à la yougoslave. Mais cela n'avait
pas fait long feu. Le pays était repris en main. Les leaders polonais
manœuvraient avec infiniment de précaution pour donner au peuple les satisfactions indispensables tout en renforçant graduellement l'autorité du régime. Le *gomulkisme* ne ferait pas école ;
l'Octobre polonais n'était pas un modèle exportable.

Quand parvint la nouvelle du lancement réussi du premier
Spoutnik le 4 octobre, les Occidentaux comprirent que Khrouchtchev ne bluffait pas lorsque l'agence Tass avait annoncé à la fin
août que son pays avait mis au point des fusées intercontinentales,
donc susceptibles d'atteindre sans coup férir le territoire des États-
Unis. Bien qu'il fût exact que, selon Eisenhower, « le spoutnik
n'a aucune valeur militaire », il était évident que la force et la
précision de la fusée porteuse constituaient une prouesse technico-militaire d'une importance toute capitale. L'échec lamentable
du « pamplemousse » américain, le lancement également réussi de
Spoutnik II portant une chienne, Leïka [43], ajoutaient encore à
l'état de prostration des dirigeants militaires aux États-Unis. Avec
un optimisme, teinté de sadisme, Khrouchtchev proclamait que
« les spoutniks prouvent que le socialisme a gagné la compétition
entre les pays socialistes et capitalistes... que l'économie, la scien-

---

42. Chou En-lai disait entre autres : « L'unité et le renforcement du
camp socialiste, avec la grande Union soviétique à sa tête, représentent la plus importante forteresse pour la cause de la paix dans le
monde et pour le progrès de l'humanité. » (Fontaine, *op. cit.*, t. II,
p. 306-307).
43. Dont le sort avait ému les membres de la Société britannique de protection des animaux...

ce et la culture et le génie créateur du peuple dans toutes les sphè-
res de la vie se développent mieux et plus vite sous le socialisme [44] ». (Quand les Américains feront la conquête de la lune en
juillet 1969, ils tiendront un langage plus mesuré...) Ce fut dans
une ambiance d'optimisme conquérant que se tinrent quelques
jours après les grandes fêtes du quarantième anniversaire de la
révolution d'Octobre, auxquelles avait participé tout le gratin des
partis communistes du monde, y compris Mao qui n'allait, du reste,
plus retourner à Moscou. Le communisme international, tout à son
allégresse nouvelle, non seulement affirmait agir « dans le sens de
l'Histoire », mais prenait la tête de cette Histoire, la ferait de
plus en plus. La déclaration de novembre des douze partis communistes au pouvoir d'un État socialiste devenait l'expression d'une
espèce de lyrisme de défi au capitalisme impérialiste [45], tonalité
qui était absente du Manifeste de 1948 des neuf partis communistes se refusant à l'encerclement capitaliste. Mao n'était pas le dernier à attacher le grelot du prophétisme conquérant : « La carac-
téristique de la situation actuelle est que le vent d'Est l'emporte
sur le vent d'Ouest. Ce qui signifie que les forces du socialisme
ont acquis une supériorité écrasante sur les forces de l'impérialisme.» Et si, malgré tout, « au pire la moitié de la population du
monde était anéantie, il resterait encore l'autre moitié. Mais alors

44. Cité par Fontaine, *op. cit.*, t. II, p. 317. Cinq jours après le lancement du spoutnik, il évoquait l'argument des fusées à l'encontre de
Foster Dulles au sujet des difficultés entre la Syrie et la Turquie :
« Si la guerre est déclarée nous sommes tout près de la Turquie, tandis que vous [les Américains] ne l'êtes pas. Lorsque les canons se
mettent à tonner, les fusées peuvent commencer à voler, et alors il
sera trop tard pour réfléchir. » Quinze jours plus tard, à l'ambassade
de Turquie comme pour se faire pardonner cette diplomatie de rodo-
montade, il s'écriait dans la ferveur d'un toast : « Que soit damné
celui qui parle de guerre ! Qu'il combatte tout seul ! Mais pourquoi
parlons-nous de guerre d'ailleurs ? Il n'y aura pas de guerre. — Mais
la Syrie ? », lui dit-on. La réponse vient aussitôt : « Plus on parle de
guerre, et moins elle a de chance d'éclater. » (*Ibid.*, p. 292-293 et
295).

45. « *The Declaration was above all a declaration of ideological warfare
in the non-Communist world in which Khrushchev's theses were
not so much central, as they had been at the 20th Party Congress,
but rather qualifying clauses. The Chinese, it is important to remember, not only signed this Declaration, they acted with the Russians as
cosponsors of it.* » (Edward Crankshaw, *The New Cold War* : Moscow v. Pekin, Baltimore, 1963, p. 65).

l'impérialisme serait liquidé et le monde entier deviendrait socialiste[46].»

Relance d'une nouvelle guerre froide? Effacement définitif de l'essentiel de l'« esprit de Genève » ? On pouvait le croire dans l'immédiat. Mais ce qui reste sûr c'est que les spoutniks ont marqué la fin du complexe de supériorité technico-militaire des Américains, cette espèce de « maladie de l'esprit courante aux États-Unis au milieu du XXᵉ siècle, assez apparentée à une maladie du sommeil[47] ». Les fondements de la diplomatie américaine qui avaient noms doctrine Truman, *containment*, stratégie des bases périphériques, *massive retaliation* (pour ne pas rappeler les variantes dullésiennes de *roll-back* et de politique de *liberation*, de *brinkmanship*) se trouvèrent rudement remis en question. Ce sera le début de ce qu'un critique modéré de la politique américaine appellera « une longue période d'alarme à l'Ouest[48] ». Le 6 novembre, devant le Soviet suprême, Khrouchtchev demandait une nouvelle rencontre au sommet pour mettre un terme à « la guerre froide et à la course aux armements », pressant les États-Unis d'abandonner leur ancienne « position de force » et de commencer « une nouvelle coopération sur une base d'affaires ». Le 16 novembre, il répétait sa proposition en l'assortissant de la menace que l'U.R.S.S. avait maintenant les moyens de pulvériser les bases de l'O.T.A.N. ainsi que de frapper tous les centres vitaux des États-Unis.

Après ces deux mois agités, la Conférence annuelle de l'O.T.A.N. en décembre se transformait naturellement en une rencontre « au sommet ». Elle se tint dans un climat de tension dramatique par suite de la crise de confiance des Occidentaux dans le leadership américain et à cause du courage déployé par Eisenhower qui fit le voyage, à peine remis d'une récente maladie grave. Les Américains firent pression sur les alliés pour un réarmement plus intensif, pendant que ceux-ci défendaient plutôt la thèse de la nécessité plus grande que jamais de relancer les négociations du

---

46. Cité par Fontaine, *op. cit.*, t. II, p. 318.
47. « *A disease of the mind common in the United States in the middle of the 20th Century, not unlike sleeping sickness.* » (James Reston, *New York Times*, 10 novembre 1957).
48. Louis J. Halle, *The Cold War as History*, New York, 1967, p. 347.

désarmement qui s'étaient terminées de nouveau par une impasse au début de septembre. Il sortit de la conférence la solution de compromis suivante : les Américains offriront aux alliés consentants des fusées à moyen rayon d'action (I.C.B.M.) ; mais l'O.T.A.N. rouvrirait de nouveaux pourparlers avec les Soviétiques sur la question du désarmement. Cependant tout le monde pensait aux spoutniks et surtout à la force de propulsion de leur fusée porteuse.

1955 avait été l'année des deux Grands, l'année suivante avait été favorable aux États-Unis ; mais 1957 fut l'année soviétique par excellence. « Pour endiguer cette marée, écrivait *le Monde* du 1er janvier 1958, l'Occident s'en est tenu cette année encore aux vieilles recettes. Obsédé par un danger militaire pourtant fort improbable, il n'est pas parvenu plus qu'auparavant à forger l'arme de la victoire qui est avant tout psychologique. Il continue de présenter au monde le visage d'une famille inquiète et divisée, ce qui lui laisse peu de chances de remonter la pente, à moins que le camp d'en face n'étale à son tour les contradictions qu'il est habile à masquer.» Trouvant peu d'écho à ses offensives de paix, l'U.R.S.S. prendra des initiatives de force.

1958 : REBONDISSEMENT

... de la crise chronique des deux secteurs de Berlin et des deux Allemagnes en cette année chargée qui avait commencé par une campagne de Boulganine pour la tenue d'une rencontre au sommet et qui s'achevait avec l'ultimatum de Khrouchtchev pour la transformation de Berlin-Ouest en ville libre. On n'ose presque plus se demander ce qui reste de l'« esprit de Genève » en ce début de l'ère spatiale qui reportait la guerre froide dix ans en arrière, à la période tendue du blocus de 1948-1949. À défaut d'une rencontre entre les Grands de ce monde, leurs délégués discutent à l'automne de questions dont le caractère angoissant enveloppe la haute technicité : l'arrêt des expériences nucléaires et la prévention des attaques par surprise.

Au début de 1958, l'U.R.S.S. a de bonnes raisons de réclamer une nouvelle conférence au sommet : ses engagements militaires en Europe de l'Est sont lourds à porter en dépit des importantes réductions de ses forces militaires de 1955 et 1956 ; il y a l'attente bien insuffisamment satisfaite des citoyens soviétiques pour plus de biens de consommation et de meilleure qualité ; par-dessus tout, elle se sent en force pour négocier des arrangements au sujet de l'Allemagne et pour freiner la folle course aux armements. Les États-Unis ont des raisons inverses de ne pas entrer dans des pourparlers à l'heure d'une phase de rattrapage de leur puissance balistique[49]. C'est pendant que le premier ministre Macmillan réclame un « pacte solennel de non-agression » et qu'« un courant virulent d'anti-américanisme[50] » est perceptible en Grande-Bretagne que Boulganine propose le 9 janvier dans une note diplomatique, envoyée à toutes les capitales des pays de l'O.T.A.N., la tenue d'une conférence au sommet. Comme proposition d'ordre du jour, elle faisait mention des essais nucléaires, d'une zone dénucléarisée au centre de l'Europe, de négociations entre les deux Allemagnes. Deux jours plus tôt, Dulles s'était appliqué à démontrer devant la commission des Affaires étrangères de la Chambre des représentants la « futilité » d'une conférence au plus haut échelon avec les Soviétiques. En retard d'une réponse — Eisenhower n'ayant pas encore répondu à une note de Boulganine du 10 novembre —, le président américain ne se faisait guère engageant sur le principe d'une rencontre au sommet et prônait plutôt des élections libres pour toute l'Allemagne, la *self-determination* des pays d'Europe orientale, une limitation du droit de veto à l'O.N.U. dont la charte était justement le plus solennel pacte de non-agression. Autant dire une fin de non-recevoir.

La diplomatie occidentale se trouvait en pleine confusion. Pendant que Washington n'entrebâillait que très légèrement la porte, Londres voulait l'ouvrir largement, les autres capitales européennes soutenant qu'il valait au moins le coup de sonder plus sérieuse-

49. A Washington on était surtout préoccupé par la nécessité d'expérimenter des fusées à ogives nucléaires et à trouver la formule miracle de missiles antimissiles, sujet qui deviendra d'une brûlante actualité une dizaine d'années plus tard sous Nixon.
50. D'après le journaliste du *New York Times*, Drew Middleton, cité par Fleming, *op. cit.*, t. II, p. 905.

ment les intentions de Moscou. Le lendemain de la réponse d'Eisenhower, une voix collective d'autorité s'était fait entendre pour
attirer l'attention sur les dangers des essais atomiques et des retombées radioactives. Une pétition de 9 000 hommes de science
de quarante-trois pays, adressée au secrétaire général de l'O.N.U.,
réclamait l'arrêt des essais nucléaires, « comme premier pas vers
un accord plus général de désarmement[51] ». Dulles opéra une
manœuvre de diversion en proposant des pourparlers pour... le
contrôle de l'espace à des fins pacifiques ! Le 21 janvier, Eisenhower répondait à la seconde note de Boulganine par un laconique
message de quarante-quatre mots se contentant de référer à sa note
du 13 janvier. Le 26 janvier, Khrouchtchev revenait à la charge
pour réclamer en même temps que l'arrêt des expériences nucléaires la liquidation des bases américaines. L'offensive diplomatique
des Soviétiques en ce premier semestre s'achèvera par leur déclaration *unilatérale* de suspendre leurs essais nucléaires. Bref, dans
ces échanges, les États-Unis n'avaient pas eu le beau rôle, Dulles
ne voyant « que de la propagande » dans la déclaration soviétique
que le Président dévalorisait encore en la qualifiant de *gimmick*
ou « truc ». À la vérité, les Soviétiques venaient de conclure
une longue série d'expériences apparemment réussies, tandis que
les Américains s'apprêtaient à en commencer une pour rattraper
leurs retards réels ou présumés. Cette conscience d'une infériorité
objective ou simplement crainte n'en produisait pas moins des
effets politiques réels.

Comme l'année précédente, la région du globe la plus agitée
en 1958 fut le Moyen-Orient. À l'été, ce fut le chaos, d'abord au
Liban, puis en Syrie[52]. Au Liban, les partis d'opposition s'étaient
élevés contre la politique prooccidentale du président Chamoun.
L'année précédente, le gouvernement avait peut-être imprudem-
ment adhéré à la doctrine Eisenhower. Cette guerre civile larvée
de cinq mois vit l'armée plus préoccupée de protéger la frontière
pour bloquer l'aide syrienne que de prendre parti en faveur de l'un

---

51. Rappelons encore que beaucoup de milieux scientifiques et stratégiques en Occident réfléchissaient à cette époque sur les risques d'une
« guerre par erreur » (technique).
52. Rappelons que c'est le 31 janvier qu'avait été proclamée la République arabe unie d'Egypte et de Syrie.

ou l'autre camp. Les Américains, pour ne pas provoquer une intervention soviétique, se contentèrent d'assurer le Président qu'ils ne lui porteraient secours que si sa position devenait intenable. Dans certains pays du pacte de Bagdad, on parlait de contraindre, par les armes, la Syrie à ne pas intervenir en faveur des insurgés. Au mois de juillet, Kassem et Aref font leur coup d'État en Irak ; la populace, déchaînée, met à mort le jeune roi Faïçal et le premier ministre Noury Saïd. Tout de suite, les Américains, répondant à l'appel de Chamoun et sans consulter leurs alliés britanniques et français, donnent l'ordre aux *marines* de débarquer à Beyrouth. Les Britanniques jugèrent la situation suffisamment précaire en Jordanie pour y intervenir militairement. Le roi Hussein, qui venait de se proclamer roi de l'Union fédérale hachémite, créée quelques mois auparavant, dès la mort de son cousin Faïçal, était depuis longtemps la cible de la propagande du Caire. Mais on se rendit tôt compte que le régime de Noury Saïd n'avait guère de partisans et que la révolution avait des origines purement locales.

Poursuivant sa campagne pour une rencontre au sommet, M. Khrouchtchev, grâce à la crise du Moyen-Orient, était presque arrivé à son but. Il venait justement de passer trois jours en conférence avec Mao Tsé-toung à Pékin (fin juillet, début août). Ayant d'abord posé comme condition indispensable à une rencontre au sommet sous l'égide de l'O.N.U. la participation de la Chine à la place de celle de Formose, Khrouchtchev retraita devant l'éventualité de siéger avec des représentants de Chang Kai-chek. La crise moyen-orientale allait plutôt, à sa propre suggestion, être débattue à une session extraordinaire de l'Assemblée générale. L'Occident parut assez heureux de se sortir de la crise sans trop de mal : une motion arabe modérée confiait à M. Hammarskjöld la mission d'obtenir l'évacuation des troupes américaines du Liban et des troupes britanniques de la Jordanie (le 21 août), ce qui allait se faire dans un délai relativement court. L'Irak était perdu à l'influence occidentale ; le Liban retournait à sa neutralité de naguère ; la révolution n'avait pas eu lieu en Jordanie. Dans les autres pays arabes, les Américains ne pouvaient guère compter que sur une neutralité sans bienveillance. S'il y eut jamais telle chose qu'un « bloc » arabe, il n'en subsistait plus grand-chose maintenant : la Tunisie rompait les relations diplomatiques avec l'Égypte ; Kassem contestait le leadership de Nasser, etc. Le jeune dictateur égyptien ne cherchait toutefois pas à rompre avec l'Occident, tentant même de nouveau de faire participer les U.S.A. au financement du barrage d'Assouan auquel contribuait déjà l'U.R.S.S. Le neutralisme du Moyen-Orient, qui n'avait jamais été pur d'influences étrangères, devenait de plus en plus un neutralisme d'équilibre entre des forces extérieures rivales, sporadiques comme les interventions réelles des États-Unis ou diffuses comme la présence informe de l'Union soviétique.

Des coups d'État se produisirent au Pakistan, en Thaïlande, en Birmanie, au Soudan, donnant d'autres exemples que la démocratie à l'occidentale n'était pas aisément praticable sous tous les climats. Une nouvelle canonnade sur Quemoy et Matsou pouvait bien n'être qu'une diversion à la crise du Moyen-Orient en même temps qu'une occasion pour les Chinois de tâter à nouveau la détermination américaine de défendre Formose. 1958 fut l'année de l'instauration du système des *communes* chinoises et du fantastique « bond en avant », mobilisant toutes les ressources humaines d'un quart de l'humanité. On interprète comme un acte de sagesse de vieux révolutionnaire vieilli sous le harnais la soudaine décision de Mao Tsé-toung de prendre une demi-retraite pour pouvoir se consacrer à ses travaux de doctrine idéologique. L'autre maître du communisme international, le *junior* s'embarrassant peu de « théorie », Khrouchtchev, cumulera à l'inverse toute l'autorité gouvernementale en mettant fin (le 1er mars) au duumvirat avec Boulganine. Il aura pris cinq ans pour s'affirmer le légataire universel de l'héritage politique de Staline.

La pathétique histoire de la révolution hongroise s'achevait par l'exécution, contre toutes les promesses, d'Imre Nagy et de Pal Maleter, le 17 juin. En Europe de l'Ouest, s'opposaient les partisans du Marché commun, déjà bien lancé, avec ceux qui, la Grande-Bretagne en tête, prônaient l'hypothétique association d'une zone de libre-échange. Enfin les émeutiers d'Alger du 13 mai auront raison de la chancelante IVe République. Sous de Gaulle, la France exercera une plus grande influence, critique d'abord, puis freinante, et finalement perturbatrice au sein de l'Alliance atlantique.

C'est en deux temps que Khrouchtchev ouvre la question du statut de Berlin-Ouest à l'automne. D'abord le 10 novembre, il déclare que « manifestement, le moment est venu pour les signataires des accords de Potsdam [53] d'abandonner les vestiges de ce qui reste du régime d'occupation à Berlin... L'Union soviétique de son côté transférera à la souveraineté de la R.D.A. les fonctions qu'exercent encore à Berlin des organes soviétiques. Que les États-Unis, la Grande-Bretagne et la France traitent directement avec la R.D.A. et se mettent d'accord avec elle s'il y a à Berlin des questions qui les intéressent. » L'intention était claire : après avoir abandonné Berlin-Ouest, les puissances occidentales auraient ensuite à renégocier les conditions de leur accès avec la R.D.A. La note du 27 novembre reprenait la même argumentation en y ajoutant la solution intermédiaire du statut de ville libre et démilitarisée pour Berlin-Ouest, ainsi transformée « en une ville libre, dans la vie de laquelle aucun État, y compris aucun des deux États allemands existants, ne s'immiscerait ». Khrouchtchev proposait encore des négociations avec les puissances occidentales mais si, dans six mois, rien n'était réglé, l'Union soviétique de concert avec la R.D.A. exécuterait « les mesures prévues ». L'ampleur de l'enjeu et l'audace du procédé n'échappèrent à personne. Socialistes allemands, britanniques et français, fort critiques de la rigidité américaine et tout dévoués à l'esprit de la détente, se trouvèrent cette fois-ci du côté des durs de la diplomatie occidentale, Dulles, Adenauer, de Gaulle. Il ne saurait être question d'abandonner les Berlinois de l'Ouest, pas plus qu'en 1948, si les conditions techniques d'un nouveau pont aérien ne rendaient guère l'expédient possible [54]. Cette proposition était *prima facie* aussi bien irrecevable à Bonn qu'aux trois grands occidentaux, qu'aux

53. « C'est évidemment faire bon marché de l'article 1er du protocole anglo-soviético-américain du 12 septembre 1944, confirmé à Yalta — donc bien avant Potsdam — complété le 26 juillet 1945 pour faire sa place à la France, et ainsi libellé : L'Allemagne, à l'intérieur de ses frontières du 31 décembre 1937 sera, pour les besoins de l'occupant, divisée en trois zones qui seront chacune attribuée à l'une des trois puissances et en une région spéciale de Berlin qui sera placée sous l'occupation conjointe des trois puissances. » (Fontaine, *op. cit.*, t. II, p. 349-350).

54. D'autant qu'une dépêche de l'agence Tass du 12 décembre précisant que toute tentative occidentale pour forcer un blocus de Berlin serait considérée comme un acte de guerre par les membres du pacte de Varsovie.

quinze membres de l'O.T.A.N. Réuni à Paris à la mi-décembre, le Conseil atlantique déclarait que ses membres sont toujours disposés « comme auparavant, à discuter de ce problème, ainsi que du désarmement et de la sécurité européenne », mais seulement « dans le cadre d'un accord avec l'U.R.S.S. sur l'ensemble du problème allemand ». Le 31 décembre, les trois Grands répondirent enfin à la note du 27 novembre dans des textes disant en substance : négociation d'ensemble oui, mais non sous la menace d'un ultimatum. Une fois de plus, il faudrait sans doute consentir à s'en remettre à une nouvelle Conférence des ministres des Affaires étrangères...

On s'interrogeait dans toutes les chancelleries occidentales sur les motifs qui avaient pu pousser Khrouchtchev à créer artificiellement cette crise par des propositions aussi inacceptables. Était-ce un moyen d'épauler à fond le régime de Pankow qui trouvait de plus en plus intolérable cette enclave toute rutilante de néon et de luxe occidental [55] tout à côté de la grisaille stalinienne de Berlin-Est ? Ou une nécessité pour Khrouchtchev de raffermir sa position au Kremlin auprès des « durs » de la tradition staliniste, appuyés par ceux de Pékin admettant difficilement la pusillanimité du chevalier servant de la « coexistence pacifique » ? Peut-être aussi n'était-ce qu'une manœuvre de grand style en se servant du préalable de Berlin, cette « espèce de tumeur cancéreuse » comme il la qualifiait, pour forcer une révision enfin radicale de l'ensemble du problème allemand alors que le réarmement de la République fédérale allait bon train ? Sans doute que toutes ces raisons avaient leur part relative de vérité. Bien qu'il ait dit « nous ne posons pas la question sous forme d'ultimatum », Khrouchtchev précisait qu'il passerait outre aux objections américaines à ses propositions, estimant sans doute que le statut de ville libre pour Berlin-Ouest était le maximum que son libéralisme permettait. Seul le délai de six mois imparti par Khrouchtchev lui-même empêchait la crise de prendre dès l'origine un tour aigu, mais six mois c'est si vite passé...

---

55. Les Etats-Unis avaient injecté $600 millions d'investissements *voyants* à Berlin-Ouest qui produisait alors pour plus d'un milliard et demi de dollars de biens dont les deux tiers retournaient en Allemagne occidentale. Berlin-Ouest était devenue la première ville industrielle des deux Allemagnes.

Après s'être livrée sur différents théâtres, de la péninsule coréenne à l'indochinoise en passant par le détroit de Formose, la guerre froide qui venait de transporter son ambiguïté à la très instable région moyen-orientale de nouveau se fixait à la fin de 1958 en son épicentre de Berlin et pour quelques années à venir.

1959 : ACCOMMODEMENTS

... dans la guerre froide s'intensifiant depuis la fin de l'année précédente. Si aucun des problèmes, insolubles par hypothèse de la guerre froide, ne se règle, ils ne se détériorent pas non plus. En 1959, les Grands semblent vouloir se donner du champ diplomatique pour une considération plus attentive et sans précipitation : relaxation psychologique plutôt que détente objective avec résultats concrets.

Les signes majeurs en sont la prolongation du *modus vivendi* au sujet de Berlin-Ouest jusqu'à la dissolution, sans règlement toutefois, de la crise, aboutissant à une espèce de moratoire sans délai fixe [56] ; les voyages de Mikoyan aux États-Unis, de Macmillan et de Nixon à Moscou ; la tournée, haute en couleur et à épisodes percutants, de Khrouchtchev aux États-Unis, dont le point culminant sera sa rencontre du camp David avec le président américain ; la visite triomphale de ce dernier dans onze pays répartis sur trois continents en décembre ; enfin la décision prise de tenir enfin la rencontre au sommet au printemps 1960 et le projet d'un

---

56. Le 10 janvier, Moscou avait proposé aux alliés un projet de paix avec l'Allemagne dans une note au ton moins dur que celui de la déclaration du 27 novembre de l'année précédente. Il n'y était pas fait mention du délai ultimatum de six mois et le Kremlin précisait qu'il ne considérait pas « sa proposition au sujet de la ville libre de Berlin-Ouest comme excluant toutes contre-propositions et amendements ». Contrairement au projet identique de 1954, cette fois-ci l'Union soviétique proposait un traité de paix avec les deux Républiques allemandes et non avec une Allemagne réunifiée. Les Occidentaux, qui avaient toujours prôné la réunification de l'Allemagne comme préalable au traité de paix, rejetèrent une fois de plus la proposition. Ajoutons que les vingt-huit puissances, invitées à participer à la Conférence de paix avec l'Allemagne, devaient inclure la Chine de Mao.

voyage d'Eisenhower en U.R.S.S. rendant la politesse à Khrouchtchev. Divers accommodements ne réglant, encore une fois, rien
d'essentiel mais permettant un assouplissement général. Entre 1958,
qui avait vu une intensification de la tension par l'offensive
khrouchtchévienne au sujet de Berlin-Ouest, et 1960, qui verra
la seconde conférence au sommet avorter cinq ans après celle de
Genève, 1959 peut paraître comme une *année tampon* si la métaphore géostratégique n'est pas trop forcée.

Jamais autant qu'en 1959, la diplomatie personnelle des leaders
de peuples n'aura été une pratique courante. Innovant par rapport
à ses successeurs, Khrouchtchev avait déjà fait des visites à Belgrade, dans le Sud-Est asiatique, au Royaume-Uni, en Pologne,
voyages qu'il avait dû interrompre à cause de la révolution hongroise. Mais, enfin seul au sommet de l'autorité politique de son
pays, il avait plus solidement en main que jamais la politique
étrangère de l'U.R.S.S. En janvier, il avait décidé d'envoyer aux
États-Unis, Mikoyan, cette espèce de Talleyrand arménien survivant à tous les soubresauts du régime, visiblement pour atténuer
ou même commencer à liquider en douce la menace ambiguë de
l'*ultimatum* du 27 novembre précédent au sujet de Berlin-Ouest [57].
Pour sa part le bras droit d'Eisenhower, le vice-président Nixon,
visitait Moscou en juillet, porteur du même message essentiel de
la concurrence pacifique entre les deux Grands [58]. L'héritier présomptif de Khrouchtchev, Kozlov, qui mourra prématurément,
viendra inaugurer l'exposition soviétique de New York et rece-

---

57. Partout Mikoyan présenta un visage plus amical qu'antagoniste,
comme le rapportait Harrison Salisbury du *New York ·Times,* 12
janvier 1959 : « *By his smiling, cool demeanor, Mr. Mikoyan has
won the acclaim of citizens in each of the United States cities he has
visited thus far.* »
58. Extraits typiques de discours des deux hommes : « *Capitalism
exists ; it is extant, and it has had substantial successes in America —
serious ones... We would like to overtake the Americans, but this su-
rely is no threat to you... Therefore, let us compete with and emulate
each other* » (Mikoyan) ; « *Let us compete not in how to take lives
but in how to save them... To me the concept of two worlds is basi-
cally negative and wrong. What we should all work for is* one world
*in which each people has the choice of the political and economic sys-
tem which it wants, and what is more important is that, despite
what differences we have, we should find areas to cooperate to-
gether in peaceful pursuits* » (Nixon). Cité par Fleming, *op. cit.,* t.
II, p. 953 et 971.

vra du président Eisenhower l'invitation faite à M. Khrouchtchev de visiter les U.S.A. à l'automne. Cette visite de l'héritier de Staline, à travers la grande république américaine, sera, avec les entretiens du camp David qui la couronnent, le grand fait international de 1959. Depuis la mort de M. Dulles (le 24 mai), le président américain remplissait activement son rôle de premier responsable de la diplomatie américaine. Après le tête-à-tête du sommet du camp David, sa tournée mondiale à la fin de l'année sera considérée comme un succès de propagande personnelle, discrète et efficace.

Confirmé depuis peu par un nouveau mandat des électeurs britanniques et pour répondre de façon positive aux attaques des travaillistes, Macmillan avait pris, dès le mois de février, l'initiative de faire son voyage à Moscou. Cette entreprise hasardeuse se justifiait pour montrer au monde que *quelque chose* devait être tenté pour empêcher une intensification de la guerre froide en prévenant en particulier les Soviétiques des risques de mauvais calculs [59]. En fait, le *dégel* de l'été fut probablement dû en grande partie à cette initiative du *Premier* britannique agissant comme une espèce d'émissaire non mandaté des pays de l'Europe occidentale. Quant au général de Gaulle, sa conception du rôle de chef d'État lui faisait accorder une importance prioritaire à la politique étrangère en même temps qu'à la crise algérienne et aux affaires de la communauté. Par l'évolution de la politique interne de leurs pays respectifs, les quatre hommes d'État, Khrouchtchev et Eisenhower, Macmillan et de Gaulle étaient ainsi amenés à jouer un rôle de plus en plus personnel dans la politique mondiale. Cette personnalisation récente de la diplomatie des grandes puissances ne comportait certes pas la promesse certaine d'une détente. La Conférence au sommet n'aura pas lieu en 1959 mais dans les derniers mois de l'année on se sera mis d'accord pour sa convocation à Paris au printemps suivant.

Le fait marquant de l'année fut évidemment le voyage de Khrouchtchev aux U.S.A. à l'automne. « Montrer » à Khrouchtchev le vrai visage des U.S.A. pour lui faire perdre quelques-uns

---

59. « *It is not that we fear calculated acts of aggression — and I hope you do not... but a war by miscalculation or muddle.* » (Fleming, *op. cit.*, t. II, p. 957).

de ses préjugés [60] n'était pas la raison principale de cette invitation dont le State Department avait eu l'initiative. Il y avait, d'une part, l'ultimatum soviétique au sujet de Berlin-Ouest qui se terminait le 27 mai et les réclamations soviétiques pour la conférence au sommet; il y avait, d'autre part, la $n^{ième}$ Conférence des ministres des Affaires étrangères et la Conférence sur l'arrêt des expériences nucléaires qui, toutes deux, piétinaient désespérément à la recherche d'un impossible accord... En invitant le leader soviétique à pratiquer du grand tourisme transaméricain et en promettant de lui rendre la pareille plus tard, le président Eisenhower effaçait le délai de l'ultimatum au sujet de Berlin-Ouest et offrait, en contrepartie, l'acceptation de la conférence au sommet. Pour Khrouchtchev, amateur de voyages, le caractère inédit jusqu'à l'invraisemblable de celui-ci n'était pas pour lui déplaire, qui lui offrirait en outre l'occasion d'un « sommet » à deux.

Diplomatie personnelle que cette visite de M. K... aux U.S.A., mais aussi, pourrait-on ajouter, diplomatie balistique. Le 2 janvier, les savants soviétiques avaient déjà lancé leur première fusée lunaire qui gravitera autour du Soleil. Mais juste avant l'arrivée de Khrouchtchev aux U.S.A., les Soviétiques faisaient alunir le premier projectile lancé par des Terriens. Trois semaines plus tard, le Lunik III contournera la Lune pour en photographier la face cachée. À côté de ces spectaculaires réussites apparaissaient bien pâles les performances techniques, pourtant non négligeables, des U.S.A. : le sous-marin atomique *Skate* faisant surface au pôle Nord après en avoir percé la calotte ; les deux guenons recueillies vivantes d'une fusée Jupiter après un voyage dans l'espace. Les éclatants succès de la balistique soviétique, si bien synchronisés avec la visite de Khrouchtchev, visaient à démontrer à tout l'Occident et au monde entier que l'U.R.S.S. était désormais la première puissance scientifique. Le leader soviétique trouvait encore le moment favorable pour lancer un plan général de désarmement contrôlé à la tribune de l'O.N.U. Le projet qui faisait retourner aux jours de Litvinov à la Société des nations apparut plutôt simpliste

---

60. Après une visite dans des aciéries de Pittsburgh, Khrouchtchev allait déclarer : « Je suis venu voir comment vivaient les esclaves du capitalisme. Eh bien ! je dois dire qu'ils ne vivent pas mal. » (Cité par K.S. Karol, *Khrouchtchev et l'Occident*, Paris, 1960, p. 100).

et n'eut guère de suite positive, si ce n'est des effets de propagande d'ailleurs limités.

Par-delà les aspects spectaculaires et même pittoresques de la visite de M. K... (sa discussion passionnée avec un maire américain [61], avec des journalistes, des leaders syndicaux), cette visite reportait à plus tard les difficultés fondamentales, et ainsi les atténuait pour l'instant du moins. Les entretiens du camp David enterraient l'ultimatum au sujet de Berlin-Ouest et se trouvaient à confirmer une fois de plus les conventions de la guerre froide [62]. C'était le résultat global le plus certain de la visite du diable — ou de l'ange — bolchevique dans le ciel ou l'enfer — capitaliste.

À peine rentré des U.S.A., Khrouchtchev s'envole vers Pékin pour la célébration du dixième anniversaire de la République populaire de Chine. D'après les commentateurs, le leader soviétique aurait tenté d'aligner la Chine sur sa politique générale d'un certain relâchement de la tension avec l'Ouest. Il déclarait dès son arrivée que ce n'est pas par la force qu'on devra éprouver la solidité du capitalisme. Les leaders de Pékin n'auraient pas aisément accordé leur approbation à cette visite plutôt incongrue ni encore moins accepté le principe de la future conférence au sommet dont ne ferait pas partie la Chine. Ne manquaient pas non plus les points de friction sur des problèmes de politique interne (le style des deux révolutions étant tellement différent) ou sur des applications idéologico-économiques concrètes (les communes chinoises) qui, autant que les problèmes de la politique étrangère, ont dû alimenter les discussions dont on sait maintenant qu'elles furent tendues.

---

61. Qui faillit mal tourner ! Au maire de Los Angeles qui n'avait pas prisé le défi assez inopportun : « Nous vous enterrerons tous », Khrouchtchev lui répondit avec hargne : « Si vous voulez entrer en compétition avec nous dans le domaine des armements, alors tant pis, si l'on m'a invité pour me montrer la force des Etats-Unis, je peux repartir aussi vite que je suis venu. » (Le Monde, 22 septembre 1959).
62. Au dîner d'apparat à la Maison-Blanche, Khrouchtchev, portant un toast, déclarait : « Nous estimons que notre système est le meilleur — et vous pensez que le vôtre est le meilleur... Nous ne devons pas transformer cette querelle en une lutte ouverte... si nous nous querellons, non seulement nos pays subiront des pertes colossales, mais les autres pays seront aussi entraînés dans l'anéantissement du monde.» (Ibid., 17 septembre 1959).

Quoi qu'il en fût, après le passage de M. K... à Pékin, la politique chinoise se fait moins agressive aux marches de l'Inde ; mais la rébellion tibétaine avait déjà été mâtée en mars par la manière forte, à la hongroise. Pékin reconnaît encore au maître du Kremlin le rôle de leader officiel du bloc communiste, mais Khrouchtchev sent le besoin d'aller prendre l'avis des gouvernants chinois sur ce qu'il a fait ou entend faire comme stratège en chef de la guerre froide sans, apparemment, avoir réussi à persuader ses interlocuteurs [63].

La visite asiatique du président Eisenhower à la fin de l'année servit à atténuer l'image de rigidité manichéenne que le style Dulles avait imprimée à la diplomatie américaine depuis cinq ou six ans. Non seulement les pays du C.E.N.T.O. (Turquie, Iran, Pakistan) figurent à l'itinéraire mais aussi les pays du neutralisme comme l'Afghanistan et l'Inde. Le Président semble valider cette forme de neutralisme qui, comme celui de Nehru, défend les frontières et freine ou réprime les entreprises de subversion interne. Tout au long de cette tournée, le président américain prononce des paroles d'humanisme pacifique en déployant son sourire irrésistible [64] qui semble dire : « Non, mais ai-je vraiment la tête d'un impérialiste, d'un belliciste ? » Le style diplomatique d'Eisenhower avait aussi contribué à assouplir les rapports diplomatiques à l'intérieur de l'alliance occidentale. Avant de recevoir Khrouchtchev aux U.S.A., le président américain avait tenu à visiter Bonn, Paris et Londres. À la fin de l'année, une Conférence au sommet atlantique avait lieu à Paris après la tournée asiatique du Président. Son résultat principal fut l'acceptation des demandes répétées de Khrouchtchev pour une Conférence au sommet Est-Ouest, prévue pour le printemps prochain. Mais ces manifestations, répétées à l'échelon suprême, de la solidarité atlantique recouvraient

---

63. « Certes Chou En-lai félicite... l'orateur du succès de son voyage aux Etats-Unis « effectué en tant que messager de la paix », mais il est par trop évident, rien qu'à voir les visages figés des dirigeants chinois, que le cœur n'y est pas. Khrouchtchev repart d'ailleurs quatre jours plus tard sans qu'un communiqué soit publié, contrairement aux usages, et sans que la foule soit mobilisée pour lui dire adieu. » (Fontaine, *op. cit.*, t. II, p. 370).

64. Comme illustration de ce charme opérant, Fleming, alors professeur invité à la New Delhi, dit se rappeler « *the deep sigh of one of his students as he said after the President's visit* : « *He has taken a part of our hearts.* » (*Op. cit.*, t. II, p. 983).

mal certaines graves dissensions intra-occidentales, comme, en matière économique, le risque de brisure entre les six du Marché commun et les sept de la zone du libre-échange, et, surtout en matière militaire, la nouvelle politique atlantique du général de Gaulle qui s'esquissait déjà au sujet de la non-intégration des forces françaises sous le commandement de l'O.T.A.N.

Sur les théâtres *seconds* de la guerre froide, certaines explosions qu'on craignait en 1959 ne se sont pas produites : dans le détroit de Formose, aux frontières de l'Inde et du Laos, au Moyen-Orient. Des accords mirent un terme à des difficultés pendantes depuis des années dans d'autres régions : règlement du conflit cypriote, reprise de relations diplomatiques entre l'Égypte et le Royaume-Uni. Si la solution de la crise algérienne apparaît à la fin de l'année plus bloquée que jamais, le fameux discours du général de Gaulle du 16 septembre, prônant le principe de l' « autodétermination » à partir duquel trois solutions pouvaient être envisagées, avait toutefois relancé l'ensemble du problème. Au Moyen-Orient, l'Irak tenait encore le premier plan de l'actualité : d'abord en se retirant du pacte de Bagdad, ensuite, par le putsch pronassérien de Mossoul et la tentative d'assassinat de Kassem. Les relations entre l'Irak et la République arabe unie devenaient des plus tendues. On observe avec quelque satisfaction dans les puissances occidentales que, non pas un, mais deux hommes forts sont maintenant susceptibles de polariser les énergies politiques du monde arabe et que ces deux leaders apparaissent rien moins que disposés à se livrer pieds et poings liés à Moscou. En Asie, les événements du Tibet avaient terni chez les pays neutralistes, en particulier dans l'Inde qui se sent immédiatement menacée, le prestige, jusque-là à peu près intact, du gouvernement de Pékin. La politique chinoise sera désormais grevée de l'hypothèque tibétaine en Asie, comme la politique soviétique l'était depuis 1956 de l'hypothèque hongroise. Et ces deux brutales répressions, qui ne profitaient pas directement aux politiques occidentales, ne servaient certes pas les intérêts immédiats des deux grandes puissances communistes.

Mais c'est en Amérique latine que se produisit l'événement le plus lourd d'avenir. L'année s'était ouverte par le succès éclatant

de la révolte des barbus cubains de Fidel Castro qui prennent le
pouvoir le 1ᵉʳ janvier après une offensive finale éclair qui avait
fait s'écrouler le régime corrompu et honni de Batista. À une
centaine de milles du territoire américain, une révolution populaire idéologique venait de réussir, contrastant si radicalement avec
le type traditionnel des rébellions de l'Amérique latine. La jeune
révolution n'aura pas un an qu'elle aura été passionnément dis-
cutée à travers le monde : l'anti-américanisme virulent qu'elle
prendra progressivement laisse à penser que le « communisme international » vient peut-être de prendre pied aux approches méri-
dionales des U.S.A. Une telle révolution, en un tel moment et
dans un tel contexte, défiait toutes les catégories. On saura bientôt
qu'aux portes mêmes des U.S.A. un nouveau théâtre d'opérations
de la guerre froide venait de s'ouvrir [65]. En beaucoup de pays des
Caraïbes, de l'Amérique du centre et du Sud, ce qu'on commence
d'appeler le « castrisme » a, dès 1959, valeur de symbole et peut-
être d'exemple contagieux ; mais ce n'est pas encore l'heure de la
rupture d'avec l'ancien libérateur [66]. Elle n'avait encore rien de
fatal, si n'allaient pas s'accumuler très tôt d'évitables maladresses
de part et d'autre.

L'année des *accommodements* annonçait, avec la promesse du
printemps prochain, celle d'une *détente* prévisible, prévue et sans
doute souhaitée des deux côtés. À l'opposé, 1960 sera une année
de *tension* aiguë, de relance dans la guerre froide par des *affrontements* d'une extrême violence pendant et après le sommet de
Paris qui allait être saboté. L' « esprit de Paris » 1960 sera l'anti-
« esprit de Genève » 1955.

---

65. Le journaliste Ted Szulc du *New York Times* écrivait, dans une
    dépêche de La Havane du 13 décembre 1959, que Castro appa-
    raissait déjà « *the sorest thorn in the United States in the free
    world, the hero of all the anti-American, ultranationalistic move-
    ments in the hemisphere and an inspiration for all the acts of mis-
    chief directed against the United States in this vast region* ».
66. On oublie souvent que Cuba fut arraché à la domination espagnole
    lors de la guerre hispano-américaine de 1895-1898. Mais à cette
    occupation politique succéda, en ce pays à monoculture, la domina-
    tion économique des Etats-Unis, uniques acheteurs du sucre cubain.

CHAPITRE V

LES DEUX CRISES DE LA TENSION PROLONGÉE
JUSQU'AU RISQUE D'ÉCLATEMENT DE LA GUERRE
GÉNÉRALE : 1960, 1961, 1962 (CUBA)

1960 : AFFRONTEMENTS

... dans l'évolution de la guerre froide après les *accommodements* divers de l'année précédente. Année surprise comme celles de 1950 (Corée) et 1956 (Hongrie et Suez), mais, plutôt que l'inattendu qui arrive, ce fut l'attendu qui ne se produisit pas ou tout le contraire qui arriva ! Une Conférence au sommet, prévue pour amener, par diverses clarifications réciproques, une certaine détente, s'acheva avant de s'être vraiment tenue dans un climat de tension extrême. Il ne restait plus rien de l'« esprit du camp David » qui, neuf mois auparavant, avait sur le tard relayé tant bien que mal l' « esprit de Genève ». Les deux interlocuteurs du tête-à-tête cordial du camp David s'affrontèrent à Paris en un antagonisme, aussi bien personnel que fondamental et désormais irréversible, devant un Macmillan, anxieux jusqu'à l'angoisse, et un de Gaulle, ému comme un roc [1].

Année surprise, aussi, par l'événement corrélatif de l'éclatement public de l'opposition latente entre Moscou et Pékin. Année

---

1. « *De Gaulle was like a rock* », par contraste avec Eisenhower et Macmillan, commentait le *columnist* Joseph Alsop (*New York Herald Tribune*, édition européenne, 24 mai 1960).

enfin du processus généralisé de la décolonisation en Afrique mais phénomène sans surprise puisque depuis quelques années de multiples signes précurseurs l'annonçaient [2]. Année au total qui verra la guerre froide évoluer sur des théâtres répartis sur quatre continents : affaires d'Allemagne et sécurité européenne ; crise grave au Laos ; accession tumultueuse et désordonnée du Congo ex-belge à l'indépendance ; début du *protectorat* soviétique sur Cuba.

La décennie 1960 s'ouvrait par une intensification de la guerre froide, dont elle inversait brusquement le rythme, pour donner cours à une *tension* prolongée de plus de deux ans jusqu'au dénouement de la crise des Caraïbes en octobre 1962 qui fera frôler l'abîme.

Raisons d'espérer et motifs d'inquiétude s'entremêlaient au sujet du sommet de Paris ; mais les premières l'emportaient car la seule tenue de la rencontre devenait un fait positif d'une portée considérable. En janvier, un communiqué conjoint de Washington et de Moscou annonçait la visite d'Eisenhower en U.R.S.S. entre les 10 et 19 juin, moins d'un mois après le sommet de Paris. Les leaders des deux Grands poussaient même la courtoisie jusqu'à s'échanger des cadeaux [3]. Après une tournée en Inde et en Extrême-Orient, Khrouchtchev vint rendre visite à de Gaulle le 23 mars. Rencontre cordiale pendant laquelle les deux chefs politiques célébrèrent une « même mère, l'Europe » (de Gaulle), qui « peut et doit devenir une zone de coexistence pacifique et fructueuse » (Khrouchtchev) [4]. L'Europe sans *rideau de fer,* « de l'Atlantique à l'Oural... » quoi ! Ce n'était certes pas que Khrouchtchev s'apprêtait à lâcher le paquet. Mais il se satisfaisait de l'opinion du président de la République sur l'improbabilité, sinon sur l'impossibilité, d'une réunification de l'Allemagne, sur son acceptation de la

---

2. Le 1er janvier, le Cameroun proclamait son indépendance. Allaient suivre dans le cours de l'année les indépendances de la plupart des anciennes colonies françaises d'Afrique ainsi que de Madagascar. Faisaient encore exception l'Algérie et la Côte française des Somalis. Rappelons que, dès le 2 octobre 1958, la Guinée de Sékou Touré s'était déclarée indépendante de la communauté.
3. Du caviar à Eisenhower par l'intermédiaire du populaire ambassadeur « Smiling Mike » (Mikaïl) Menshikov ; un taureau et une génisse de grande race, que le président américain fit expédier à Moscou par un turboréacteur de la force de l'Air américaine.
4. *Le Monde,* 27, 28 mars 1960.

ligne Oder-Neisse comme frontière définitive, après avoir réitéré
sa menace d'un traité de paix séparé avec la R.D.A. si les puissances occidentales ne se faisaient pas plus conciliantes au sujet
de ses propositions antérieures. Un mois plus tard, de Gaulle se
rendait à son tour à Washington et disait au Président son espoir
qu'une « atmosphère nouvelle » serait éventuellement favorable à
des « solutions qui pour le moment sont impossibles [5] ». Le State
Department avait fait montre d'un optimisme un peu plus mitigé
en rappelant, en avant-propos à une série de documents qu'il venait d'émettre, que « ce serait manquer de réalisme que de s'attendre à voir réglés les grands problèmes actuellement en suspens
au cours d'une seule conférence des chefs de gouvernement [6] ».

Mais c'est à partir du début d'avril que la politique américaine de fermeté commencera à vicier l'atmosphère. Dans un discours prononcé le 4 avril à Chicago, le secrétaire d'État, Herter,
resserrait par avance le champ des négociations à venir le mois
suivant. Le successeur de Dulles attaquait la position du Kremlin
refusant d'accorder leur liberté de choix aux Allemands de l'Est
par des élections libres, risquant ainsi de compromettre les chances du sommet de Paris [7]. Le 21 avril, le sous-secrétaire d'État,
Dillon, répétait pour sa part qu'il ne saurait être question d'accepter « quelque arrangement qui pourrait devenir un premier
pas vers l'abandon de Berlin-Ouest ». La réplique de Khrouct-
chev n'allait pas tarder qui serait assez vive. Lors d'un discours à
Bakou trois jours plus tard, Khrouchtchev prévint les Occidentaux
de ne pas s'attendre à trop de concessions de sa part et d'être bien
conscients qu'après la signature du traité séparé avec la R.D.A.,
celle-ci serait en position d'interdire l'accès de quiconque à Berlin.
Devant le Soviet suprême, à douze jours de l'ouverture du sommet de Paris, il se porta garant de la bonne foi d'Eisenhower tout
en avouant son inquiétude au sujet des membres de son entourage

5. *Le Monde,* 26 avril 1960.
6. *Le Monde,* 13 avril 1960.
7. « *This return to arguing about East Germany, instead of West Berlin, indicated a decision to maintain firmly the Western foot in the
door of the East at West Berlin.* » (Fleming, *The Cold War and
Its Origins,* New York, 1961, t. II, p. 996). L'ambassadeur Menshikov confia en privé que ce discours de Herter semblait indiquer
l'intention du State Department de relancer la guerre froide.

qui « peuvent contrecarrer son action [8] », d'autant qu'un avion américain, en violation de l'espace aérien de l'U.R.S.S., venait d'être abattu le 1er mai. Il s'agissait d'un avion du type U2, conçu pour planer à très haute altitude hors de la portée des chasseurs ou fusées soviétiques : un avion espion, admettra plus tard Eisenhower, le promoteur du plan des « cieux ouverts... ». Ce banal accident d'espionnage aérien allait entraîner le fiasco monumental de la Conférence au sommet. Mais on pouvait dès lors constater que, de part et d'autre dans les semaines précédant la conférence, les positions fondamentales au sujet des deux Allemagnes et des deux Berlins ne s'étaient guère assouplies.

La conférence elle-même pourrait-elle créer cette « atmosphère nouvelle » dont avait parlé de Gaulle ? C'est l'un des chapitres les plus passionnants — et passionnés — de l'histoire de la guerre froide que ce *suspense* du sabordage de la rencontre au sommet par un Khrouchtchev exploitant, après apparemment quelque hésitation, la malencontreuse affaire de l'U2 en un scénario qui semblait s'improviser au jour le jour. Lors de son discours au Soviet suprême du 5 mai, Khrouchtchev remarqua avec ironie que l'avion étranger descendu n'avait certes pas été envoyé par le gouvernement de l'Afghanistan, « un pays qui nous est amical ». Il ne s'en était pas d'abord pris au président Eisenhower mais aux « milieux impérialistes américains » désireux de « saper le sommet — ou tout au moins entraver tout accord qui pourrait en sortir [9] ». Le 7 mai, le State Department admet qu'un vol a probablement eu lieu par un U2 non armé. Contre « les militaristes du Pentagone... incapables de marquer une pause dans leur effort de guerre », Khrouchtchev se dit « tout disposé à croire que le président Eisenhower ne savait rien de l'envoi de l'avion à l'intérieur de l'Union soviétique. Mais cela devrait nous alerter encore plus. » C'est alors que le State Department crut plus habile de jouer l'honnêteté que l'astuce en révélant que le gouvernement américain et son Président étaient bien au fait de ces missions de reconnaissance qui duraient depuis quatre ans. Selon Herter, « le gouvernement américain manquerait à ses responsabilités non seu-

8. *Le Monde*, 6 mai 1960.
9. *Twenty Years of Crises : The Cold War Era*, sous la responsabilité de Young Hum Kim, Englewood Cliffs, N.J., 1968, p. 154-155.

lement envers le peuple américain mais envers tous les peuples
libres, si, en l'absence de coopération soviétique, il ne prenait pas
les mesures unilatérales de nature à diminuer et à surmonter les
dangers d'une attaque par surprise ». Et comme le fait était bien
connu des dirigeants soviétiques, la question se posait de savoir
quel but Khrouchtchev poursuivait « en exploitant le présent incident comme une bataille de propagande dans la guerre froide ».

Eisenhower se décida à jouer la *candor* jusqu'au bout. Il ex-
pliqua à la télévision américaine, avec renfort de cartes et graphi-
ques de quoi il s'agissait pour montrer que les Américains n'avaient
pas le choix de ne pas assurer ainsi leur sécurité et celle des pays
libres, les Soviétiques n'ayant pas à surmonter de tels handicaps
pour leur propre espionnage... Il s'engagea encore à défendre les
populations de pays d'où partent de tels vols que Khrouchtchev
avait menacées deux jours plus tôt de ses fusées offensives. Le 11
mai, M. K... s'en prit à la politique des impérialistes américains
qui se présentait enfin sans maquillage et dit sa déception de ne
pouvoir compter sur la bonne foi du Président. On est à cinq
jours de l'ouverture de la conférence et, loin de la remettre en
cause, il déclare qu'il arrivera à Paris avec quelques jours d'avance
pour « s'acclimater un peu ».

Flanqué de son ministre de la Défense, le maréchal Malinowsky, énorme et tout médaillé, il descend à Orly le 14 mai. Après
une allusion oblique à l'affaire de l'U2, il réassure tout le monde
qu'il fera tout ce qui est en son pouvoir pour que la conférence
soit un succès puis, après un déjeuner à l'ambassade soviétique, va
prendre l'air de la campagne... À son arrivée, Eisenhower évoque
les « espoirs de l'humanité qui reposent sur nous quatre pour pur-
ger de nos esprits les préjugés et de nos cœurs la rancœur », et dit
le « plaisir » qu'il éprouvera à rencontrer ses « vieux amis », de
Gaulle et Macmillan sans mentionner Khrouchtchev. À l'entretien
que de Gaulle accorde au premier ministre soviétique à sa demande, celui-ci explose ! De Gaulle confiera plus tard à Eisenhower :
« J'ai été obligé de lui demander de baisser la voix[10]. » Même
scène lors de l'entretien avec Macmillan qui suit aussitôt. Le

---

10. Cité par David Wise et Thomas B. Ross, *The U-2 Affair,* New
    York et Montréal, 1962, p. 99.

Premier britannique ne peut faire plus que de promettre d'inciter le président américain à la conciliation. Dès avant l'ouverture de la conférence, M. K... avait dit aux hommes politiques français et britanniques son intention d'exiger des excuses du président américain pour l'affaire de l'U2 et des punitions sévères pour les coupables, ainsi qu'une promesse formelle que de tels vols ne se répéteraient plus. De Gaulle n'avait pas caché à son hôte que de telles conditions condamneraient la conférence à l'échec avant même qu'elle ne débute.

À l'ouverture officielle de la rencontre à l'Élysée, ce fut épique. Les chefs des gouvernements soviétique et américain ne daignent pas se saluer[11]. Khrouchtchev s'empare littéralement de la parole[12]. « Il lit le document dont de Gaulle puis Macmillan ont eu connaissance la veille. Il assortit ensuite ce texte, violent mais correct, d'un complément injurieux pour Eisenhower, avec proposition d'ajournement de la conférence à six ou huit mois. Au passage, il prend à témoin le maréchal Malinowsky de la véracité de ces dires lorsqu'il souligne la force de l'aviation soviétique et la violence des coups qu'elle saurait, si nécessaire, infliger aux agresseurs[13]. » Sachant par Macmillan que les Américains ont déjà annulé la continuation des vols de U2, Khrouchtchev pose à Eisenhower la question frontale : « Pour combien de temps est valable la suspension des vols ? — Pour aussi longtemps que je serai président », c'est-à-dire jusqu'aux élections de novembre ou à l'inauguration de son successeur en janvier 1961. La tentative de de Gaulle de faire inscrire cette question de l'espace aérien national

---

11. « *Precisely at 11 : 00 A.M., Eisenhower and his advisers arrived. Macmillan arose and murmured a word of greeting. But Khrushchev remained seated at the table. The President did not greet Khrushchev and the Russian gave no sign of recognition, either.* » (*The U-2 Affair*, p. 103).

12. « *As chief of state, Eisenhower outranked Khrushchev and Macmillan, who were both Prime Ministers.* « *We shall hear* », de Gaulle *began, in his correct, sononorous French,* « *from the President of the United States* — Just a minute... said Khrushchev, I asked first, and I have some thing to say. »
« *Without waiting for any further permission, the Soviet leader put on his glasses and began to read. His first words made clear what was coming.* « *A provocative act, he declared, is known to have been committed with regard to the Soviet Union by the American Air Force... a specific espionage mission... etc.* » (*Ibid.*, p. 104).

13. Fontaine, *Histoire de la guerre froide*, Paris, 1967, t. II, p. 382.

à l'ordre du jour de la conférence échoue. Khrouchtchev ne veut
rien entendre « puisque les États-Unis n'ont pas le désir de parvenir à un accord... la conférence serait une perte de temps inutile
et une duperie de l'opinion publique de tous les pays ». Est vain
aussi l'effort ultime de conciliation de Macmillan entre les deux
Grands. Le prologue impromptu de la conférence qui n'a pas eu
lieu aura duré trois heures et cinq minutes. Un naufrage avant
le lancement...

Avant d'annoncer le lendemain qu'il rentrera à Moscou en
passant par Berlin, Khrouchtchev tient une conférence de presse
au palais de Chaillot dans une ambiance de meeting politique
plutôt houleuse de quelque 2 000 participants où les journalistes
n'étaient probablement pas en majorité... Trois extraits typiques
méritent d'être reproduits. Le ton de l'*amertume* pour n'avoir pas
été soutenu par les leaders des puissances européennes car « s'ils
ne s'étaient pas laissés entraîner par leurs liaisons d'alliés, s'ils
avaient fait preuve d'une plus grande volonté, il est possible que
les dirigeants des États-Unis auraient été amenés à condamner leurs
actes d'agression ». Le ton du *défi* à la suite de ce qu'en langage
de chronique parlementaire on appelle des « mouvements divers » :
« Si les restes des envahisseurs fascistes qui ont survécu se mettent
à nous « huer » comme l'avaient fait les brigands hitlériens, s'ils
préparent de nouveau une attaque contre l'Union soviétique et les
autres pays socialistes, nous les « huerons » de telle façon qu'ils ne
trouveront plus leurs os. » Le ton de l'*espoir,* par une ouverture
sur l'avenir : « L'Union soviétique se prononce fermement pour la
coexistence pacifique, pour les pourparlers et pour les accords
basés sur le bon sens et mutuellement acceptables. C'est dans ce
sens que nous allons travailler. Nous voudrions croire que c'est
dans ce sens que travaillent également les dirigeants des puissances
occidentales et que dans six à huit mois nous allons nous rencontrer
de nouveau avec nos partenaires dans une situation nouvelle et plus
favorable pour examiner et résoudre des problèmes internationaux
venus à maturité. » La suggestion du nouveau délai était translu-
cide : Khrouchtchev sabordait la conférence avec l'idée d'une partie
remise, lorsque John Kennedy, selon une possibilité qui se confirmait de plus en plus serait élu à la présidence des États-Unis en
novembre prochain. (Il allait du reste rencontrer ce nouvel inter-

locuteur valable à Vienne le 3 juin 1961.) Cette porte sur l'avenir
s'entrebâillait un peu plus largement lors de son escale à Berlin-
Est par cette réassurance qu'« il faudra vraisemblablement maintenir l'état de choses actuel jusqu'à la rencontre des chefs de gouvernement [14] ».

Pourquoi Khrouchtchev sabota-t-il pour ainsi dire si allégre-
ment le sommet qu'il avait si obstinément recherché ? Bien sûr, il
pouvait douter de l'esprit de négociation réelle des Américains
(les déclarations de Herter et de Dillon en avril) et pouvait
soutenir en l'occurrence que ce n'était pas lui qui avait commencé à semer le trouble (cette histoire de l'U2). Sur le dernier point, ne manquèrent pas de se faire entendre des flots de
critiques, aussi bien aux États-Unis que de par le monde, sur cette
gaffe monumentale d'avoir permis, à une quinzaine de jours du
sommet, le survol de l'U2 qui comportait tout de même un certain
risque. D'autre part, Khrouchtchev amplifiait exagérément l'incident, fâcheux en définitive pour les deux pays, et qui, fort mal
synchronisé il est vrai, n'était toutefois pas plus un fait unique
qu'il ne constituait un acte belliqueux [15]. Ces vols répétés étaient
connus des dirigeants du Kremlin et le magazine *Aviation soviétique* en avait fait souvent mention. À sa conférence de presse,

---

14. Les citations des participants au sommet manqué de Paris sont, sauf
    indication particulière, de l'ouvrage de Fontaine, *op. cit.*, t. II, p.
    378-386.
15. Le magazine *U.S. News and World Report*, nullement « officiel »
    et d'ailleurs sujet à caution pour ce type de renseignements, soutenait
    dans son numéro du 25 juillet 1960 que les Soviétiques auraient
    abattu, à partir d'avril 1950 jusqu'à l'affaire de l'U2, dix avions
    américains, en auraient attaqué plusieurs autres, causant en tout la
    mort de soixante-sept Américains. Pour la même période, les Amé-
    ricains avaient descendu deux avions soviétiques. L'affaire de l'U2
    n'aurait donc été que le dernier d'une longue série d'incidents sem-
    blables. Quant à l'efficacité de ces missions de reconnaissance ris-
    quées, Telford Taylor écrivait dans le *New York Times Magazine*
    du 24 juillet 1960 : « ... *it is being out, not so much by official
    statements as by anonymous « background » informants, that the
    U-2 photographs show soviet missile emplacements to be far less
    formidable than had been previously supposed. The U-2 overflights
    are described as a « milk run », and their success is taken to prove
    that Soviet aircraft and antiaircraft rocket defenses are far inferior
    to our own, and quite incapable of defending Soviet territory
    against attack by the Strategic Air Command. Soviet rocketry is
    said to be superior only in the field of propellants, and to lag bad-
    ly in electronic control.* »

Khrouchtchev avait fourni à un journaliste, qui lui demandait s'il n'avait pas protesté au sujet des vols de l'U2 lors de la rencontre du camp David, une explication assez bizarrement sentimentale : « J'ai presque ouvert ma bouche pour le faire. Mais l'atmosphère était d'une telle bonne humeur, avec le Président me demandant de l'appeler *my friend* en anglais, et m'appelant moi-même *moi drug* en russe... [16]. »

Il y avait donc des raisons politiques fondamentales. Le très voyant maréchal Malinowsky ne quittait pas Khrouchtchev d'un pas [17] comme pour rappeler à tous la puissance éventuellement implacable de l'Armée rouge surtout à l'heure où s'affirmait sa supériorité balistique réelle ou présumée. Et puis, les « durs » du Kremlin [18], pour ne pas parler de ceux de Pékin qui vont bientôt se déchaîner, n'étaient précisément pas enthousiastes au sujet de la croisade persistante que Khrouchtchev poursuivait sous l'oriflamme de la coexistence pacifique avec les « impérialistes capitalistes ». L'incident de l'U2 arrivait à point nommé pour que le Chef du gouvernement soviétique fasse la démonstration — qu'il poursuivra l'année durant — qu'il pouvait être « un dur de dur » et nullement le dupe de son idée fixe. Refuser d'aller à Paris c'eût été se priver d'une occasion unique de faire le tapage idoine à l'effet recherché ! Si, d'autre part, il allait recueillir avec la magnanimité qui eût convenu les excuses du président américain, il remportait la plus éclatante victoire personnelle de la guerre froide et confirmait son leadership à Moscou et dans tout le camp socialiste. Seulement, le président de la plus grande puissance politique

16. Cité par Wise et Ross, *op. cit.*, p. 117.
17. « *Khrushchev was flanked on the right by Gromyko and on the left by Malinovsky, the only person in the room to wear a uniform. The Defense Minister gave an impression of enormous physical power. Across the green cloth of the conference table, one of the United States officials noticed that Malinovsky was wearing among his thirty-four medals the white, green and red American Legion of Merit.* » (Wise et Ross, *op. cit.*, p. 105).
18. Avant l'incident de l'U2, des « indices montraient suffisamment que Khrouchtchev était loin d'être le « maître absolu » qu'on imaginait, malgré l'assurance du personnage et le « culte » qui l'entourait », écrit Michel Tatu qui soutient par ailleurs, qu'« il nous paraît clair que Khrouchtchev fut mis en minorité au présidium et critiqué pour sa politique passée de rapprochement avec les Etats-Unis » (*le Pouvoir en U.R.S.S. : Du déclin de Khrouchtchev à la direction collective*, Paris, 1967, p. 126 et 178).

au monde ne pouvait permettre au modeste citoyen « Ike », né à Denison, gloire locale d'Abilene, Texas, etc., de faire des excuses [19] au sujet d'un « crime » dont les responsabilités étaient pour le moins enchevêtrées... À partir de l'admission par Eisenhower qu'il s'agissait bien d'un survol d'espionnage, Khrouchtchev ne pouvait guère faire autrement non plus, surtout si l'on considère la triple pression qu'il subissait des stalinistes du Kremlin, des maréchaux soviétiques et des durs de Pékin. Par-delà leurs dispositions subjectives faites d'autant de réticences que d'espoir, les leaders des deux camps de la guerre froide se trouvaient débordés par leur gigantesque machine militaire [20].

On peut dater du pic de cette nouvelle tension entre Moscou et Washington le début officiel de cette autre guerre froide entre Pékin et Moscou. Dès le 20 mai, le *Quotidien du peuple* ne s'étonnait pas de ce sabotage du sommet « par les impérialistes », ses rédacteurs se déclarant du camp de « ceux qui regardent la situation internationale du point de vue de l'analyse de classe et ne se laissent pas abuser par certains phénomènes superficiels ». À la rencontre de Pékin du Conseil de la fédération syndicale mondiale, les Chinois critiquèrent âprement le rapport du secrétaire général, Louis Saillant, prônant la nécessité du désarmement pour affecter des sommes ainsi économisées à l'aide aux pays en voie de développement. Le vice-président de la fédération syndicale de Chine proclame la dogmatique que Pékin affirmera de plus en plus ouvertement : « Il est entièrement faux de croire que la guerre peut être éliminée pour toujours aussi longtemps que l'impérialisme existe. Répandre de telles illusions... conduira à des conséquences fâcheuses et en fait, nous pouvons déjà constater de telles conséquences à l'heure actuelle. » Au Congrès du parti ouvrier de Rou-

19. Ce qui n'était pas l'avis du sénateur John Kennedy, futur candidat démocrate aux élections présidentielles de novembre : « *I certainly would express regret at the timing and give assurances that it did not happen again. I would express regret that the flight did take place.* » (Cité par Fleming, *op. cit.*, t. II, p. 1015).
20. « *At any rate, the events of May 1960 revealed how, for different reasons, neither the American President nor the Russian Prime Minister was in full control of his enormous and complex military machine.* » (John Lukacs, *A History of the Cold War*, New York, 1961, p. 181).

manie à la fin juin, Khrouchtchev prit une position ouvertement
révisionniste en déclarant que si « les thèses de Lénine sont toujours valables », il n'en reste pas moins qu'elles « ont été formulées
et développées il y a des dizaines d'années, alors que le monde
n'avait pas connu bien des choses aujourd'hui décisives ». Khrouchtchev est sur la défensive ; on retourne contre lui son « triomphe »
de Paris, en l'accusant de son attitude « patriarcale, arbitraire et
pacifique » et ne respectant pas « le principe du règlement des
problèmes communs par voie de consultation entre partis frères ».
En août, Khrouchtchev sonne le rappel des techniciens soviétiques
en Chine. Mais c'est à la Conférence des quatre-vingt-un partis
communistes à Moscou en novembre que l'arbitrage entre les deux
« partis frères » tendra plutôt à se transformer en affrontement
idéologique. Khrouchtchev maintient tant bien que mal un ordre
relatif dans la famille turbulente. On se donne du dogmatisme,
du révisionnisme, du déviationnisme tant qu'on peut. Pour disci-
pliner le nain albanais, dont le premier ministre Hodja est une
espèce de mystique staliniste comme au premier jour, Khrouchtchev le menace de sanctions économiques comme le Kremlin les
avait servies naguère à la Yougoslavie et, hier, à la Chine. Conséquence, l'Albanie deviendra maoïste et le restera jusqu'à aujour-
d'hui [21]. Le communiqué final de la Conférence s'efforça de con-
cilier les deux thèses contraires de Moscou sur la non-fatalité de
la guerre et de Pékin sur la nature toujours agressive de l'impérialisme capitaliste. C'est déjà le schisme sans son aveu [22]. Il y aura
désormais deux *métamodèles* du système socialiste et deux Rome
du communisme international. Par son « numéro » au sommet de
Paris, Khrouchtchev n'aura pas récupéré les récalcitrants de Pékin
et aura perdu à sa cause leurs émules récents de Tirana.

Il fera d'autres numéros assez vertigineux dans le courant de
l'année dont le plus diversement apprécié, celui du soulier sur la

---

21. Un an plus tard, après le Congrès du P.C. soviétique. Moscou et Tirana rompront leurs relations diplomatiques et l'Albanie sera exclue de l'organisation du pacte de Varsovie.
22. « Dans ces conditions, le passage de la déclaration commune adop-
tée le 1er décembre par les quatre-vingt-un partis suivant laquelle
« les spéculations des impérialistes, des renégats et des révisionnistes sur la possibilité d'une scission au sein du camp socialiste sont bâ-
ties sur le sable et vouées à l'échec », ne manquait évidemment pas
d'humour », note André Fontaine (*op. cit.*, t. II, p. 397).

table à l'Assemblée générale des Nations unies qui est passé au folklore diplomatique de l'époque. Après le fiasco du sommet, la propagande de Moscou se fait plus que jamais rageuse contre Washington où les esprits maléfiques du Pentagone préparent la guerre bactériologique sous la présidence d'un homme, selon Khrouchtchev, tout au plus capable de diriger un jardin d'enfants. Diplomates et touristes occidentaux sont en proie à mille tracasseries en Union soviétique. Tournées et échanges culturels sont annulés par Moscou. L'U.R.S.S. et les membres de la famille boycottent le Comité des dix pour le désarmement, qui, depuis le climat de demi-euphorie du voyage de M. K... aux États-Unis, avait fait de l'excellent travail à partir des plans soviétique et britannique pour un désarmement général en trois phases. Moscou tente de rééditer une deuxième affaire d'espionnage lorsqu'un avion américain est descendu au-dessus de la mer de Barents. L'affaire est portée au Conseil de sécurité : Washington soutient que l'avion survolait à ce moment les eaux internationales. Les non-engagés du Conseil, la Tunisie et Ceylan, appuient la thèse américaine. Khrouchtchev condamne à nouveau les politiques de Londres et de Paris qui suivent de trop près la ligne de Washington, etc.

Mais c'est à l'Assemblée générale de l'O.N.U. en septembre, rencontre *ad hoc* au sommet [23] à cause des circonstances très spéciales, que Khrouchtchev donne à fond dans la démogagie outrancière et parfois grossière. À la tribune de l'Assemblée, il attaque le « brigandage » et la « perfidie » de la politique américaine qui ne respecte plus le droit international ni les « pourparlers honnêtes entre États souverains et égaux ». Il s'attaque ensuite à l'Organisation dont le siège devrait se situer en dehors du territoire américain. Un acharnement particulier contre le secrétaire général Hammarskjöld, dont il n'aime pas l'attitude au sujet de l'affaire

---

23. A laquelle participèrent nombre de chefs d'Etat ou de gouvernement des pays membres. Les principaux porte-parole du neutralisme sont présents, Nehru, Nasser, Tito ; parmi les membres de la famille socialiste sont en vedette Gomulka, qui avait pu désamorcer *in extremis* la révolution polonaise, Kadar, l'homme lige de la répression politique en Hongrie, et Castro, la nouvelle recrue, entourée du contingent de ses *barbudos* logeant dans le quartier noir de Harlem.

congolaise, ne lui vaut guère de sympathie auprès des membres afro-asiatiques tout dévoués à l'O.N.U., grâce à laquelle ils accèdent en quelque sorte à la pleine *existence internationale*. Est spécialement jugée farfelue sa proposition de substituer au poste unique de secrétaire général une *troïka* de secrétaires représentant respectivement les blocs socialiste, occidental et neutre. Quand M. H... (comme on appelle familièrement avec un brin d'affection le secrétaire général) pose son cas à la tribune, il est ovationné pendant que M. K... fait éclater sa rage à coups de poing sur son pupitre. Il emprunte le langage de la foire d'empoigne : « Si vous voulez rivaliser avec nous dans le domaine des armements nous vous battrons, notre économie est florissante, nous produisons des fusées comme des saucisses à la chaîne... la course aux armements va conduire à un dénouement et, dans cette guerre, nous vous écraserons.» Une autre fois, il passe à l'esbroufe devant un journaliste cubain : « Selon nos calculs, nous dépasserons les États-Unis pour la bataille essentielle de la production par habitant en 1970... D'après les calculs des économistes en 1980 nous produirons par habitant beaucoup plus que les États-Unis d'Amérique.» Khrouchtchev en a trop mis... son attitude de matamore produit auprès du tiers monde non engagé des effets contraires à ceux qu'il escomptait obtenir. Sa tentative de relayer la diplomatie au sommet par celle de l'O.N.U., où venaient d'entrer dix-sept nouveaux membres, est un ratage qui n'allait pas renforcer sa position lorsqu'il devra, quelques semaines plus tard, s'expliquer au Congrès du P. C. roumain puis au Congrès des quatre-vingt-un partis communistes (dont nous avons parlé précédemment).

L'histoire lamentable à tous égards de l'indépendance du Congo à l'été 1960, la situation inextricable du Laos à l'automne sous ses trois princes prooccidental, prosoviétique et neutre [24] font rebondir la guerre froide sous les climats, nouveau de l'Afrique noire, ancien de l'Indochine relativement stabilisée depuis les ac-

---

24. Rappelons la très précaire situation géostratégique du Laos contigu à des pays communistes (Chine et Viêt-nam du Nord), neutres (Cambodge et Birmanie), prooccidentaux (Viêt-nam du Sud et Thaïlande).

cords de 1954 [25]. Mais c'est aux Caraïbes qu'il faut porter une
attention particulière. Théâtre *tiers* de la guerre froide, Cuba est
devenu un théâtre *second* en cette année 1960. La détérioration des
relations entre La Havane et Washington qui avait commencé lors
de la première année du régime castriste [26] s'accentue au point de
prendre un cours irréversible. L'opinion s'accrédite aux États-Unis
que si Castro n'est pas communiste, il est tout au moins « prisonnier des communistes » selon l'expression du vice-président Nixon.
Castro veut bien accepter l'aide de Washington mais non plus selon
le mode bilatéral et inégal du passé — l'Alliance pour le progrès
ne sera lancée que deux ans plus tard sous Kennedy. Après le
fiasco du sommet de Paris, Khrouchtchev courtise Castro. Washington n'améliore rien en maniant l'arme à double tranchant des
représailles économiques : cessation de l'aide économique, réduction des achats de sucre cubain — « acte aveugle et stupide » dit
Castro, rageur.

Khrouchtchev n'est pas lent à profiter d'une occasion dont il
n'osait pas encore rêver. Le 9 juillet, il assure la protection de Cuba
par « le feu de ses fusées, au cas où les forces agressives de Washington oseraient déclencher une intervention contre Cuba ». Le
président américain réplique que son pays ne permettrait pas
l'installation à ses portes d'« un régime dominé par l'Internationale communiste ». L'U.R.S.S. se déclare prête à acheter les trois

25. Nous nous excusons de ne pouvoir évoquer plus longuement ces affaires complexes auxquelles il faudrait consacrer de nombreuses pages pour les rendre intelligibles avant de voir les rôles respectifs
des deux Grands. Nous devons consentir à ce sacrifice d'exposition
pour ne pas hypertrophier ce développement de l'année 1960. Le
Congo et le Laos sont, en cette année-là, des théâtres *seconds* plutôt
que *premiers* de la guerre froide. Contentons-nous du rappel de
quelques dates essentielles : 30 juin : proclamation de l'indépendance du Congo — 8 juillet : intervention belge au Congo — juillet : sécession de la province du Katanga avec Moïse Tshombé; décision du Conseil de sécurité d'envoyer les Casques bleus au Congo —
5 septembre : révocation de Lumumba — 9 décembre : demande
d'aide soviétique au Laos par le prince Souvanna Phouma — 20 décembre : fondation du F.N.L. (Front national de libération) du
Viêt-nam du Sud.
26. Et dès les premières semaines suivant la prise du pouvoir. L'exécution de deux cents « batististes » avait paru une mesure aussi brutale qu'expéditive aux Etats-Unis. Réponse de Castro le 14 janvier
1959 : « Les assassins seront fusillés jusqu'au dernier... Les Etats-
Unis auraient pu s'inquiéter des exécutions qui eurent lieu lorsque
le tyran était au pouvoir avec leur appui. »

quarts de million de tonnes de sucre que Washington vient de refuser. À la fin août, la Conférence de l'Organisation des États américains (O.E.A.), sous la houlette du géant du Nord, condamne à l'unanimité « toute ingérence ou menace d'ingérence, même conditionnelle, de puissances extra-continentales dans les affaires des républiques américaines ». Ce rappel de l'impératif de l'antique doctrine Monroe n'inquiète guère Khrouchtchev qui dit abruptement qu'elle est « morte de mort naturelle » et qu'il n'y a qu'à en « enterrer les restes [27] ». À New York, lors de l'Assemblée générale de l'O.N.U., Khrouchtchev presse Castro sur son cœur, ce fils adoptif aussi inattendu que prometteur qui le console déjà de ses déboires avec les membres plus décevants de la grande famille socialiste qui contestent son autorité de *pater familias*. Dans un « bref » discours de plus de quatre heures à la tribune de l'Assemblée, Castro fait une charge à fond contre l'impérialisme américain, doublée d'un éloge inversement proportionnel pour le désintéressement de la patrie des socialismes. Le bloc soviétique a maintenant un avant-poste à moins de cent milles du territoire américain. Castro dit qu'il n'aura de cesse que lorsque la Cordillère des Andes sera devenue une Sierra Maestra [28]. Deux ans plus tard, cette tête de pont, avec ses installations de fusées soviétiques dirigées contre le ventre mou des États-Unis, deviendra le plus chaud des théâtres *premiers* de la guerre froide. Incandescence soudaine qui *tuera* la guerre froide, du moins en son modèle jusque-là classique.

Khrouchtchev n'avait certes pas réclamé à cor et à cri une rencontre au sommet avec l'arrière-pensée de la saboter. Eisenhower et ses alliés européens n'avaient pas accepté le principe de la conférence pour qu'elle serve à rien. Mais les uns et les autres s'y rendirent avec les réticences du scepticisme : « Il est maintenant trop tard pour reculer. » « Cette chance doit être au moins tentée. » Quinze ans après Potsdam, le *statu quo* allemand, souvent remis en question et contesté pour se refiger toujours dans la suite, s'était finalement cristallisé par l'existence viable des deux Allemagnes, sans réussir toutefois à dédouaner le statut, à la fois monstrueux

---

27. Les citations d'hommes politiques insérées dans les développements précédents sont tirées de l'ouvrage de Fontaine, *op. cit.*, t. II.
28. Massif montagneux de Cuba où Castro avait installé son maquis.

et nécessaire, des deux Berlins. Forçant la question de Berlin-Ouest, cette « arête dans sa gorge », Khrouchtchev entraînait la réaction naturelle des Occidentaux devant cet élargissement de la question à l'ensemble du problème allemand. Adenauer d'un côté, Ulbricht de l'autre incarnaient le manque de souplesse que la situation objective, par l'accumulation des impasses passées sur cet éternel problème, allait de toute façon imposer aux négociateurs.

Par ce durcissement nouveau des positions fondamentales, aucun des protagonistes de la guerre froide ne se renforçait relativement à l'autre, ni même absolument. De novembre 1958 à avril 1959, Khrouchtchev avait cherché à obtenir une victoire à Berlin-Ouest, reprise au niveau diplomatique du blocus de 1948-1949. D'avril 1959 à mai 1960, il essaie de suppléer à cette défaite par défaut par le succès d'une *détente* avec les puissances de l'Ouest, y engageant gros de son autorité politique et de son prestige personnel. Il sent que ses chances sont, une fois de plus, fort minces. Un nouvel « esprit de Paris » devait engendrer des résultats objectifs dont l'« esprit de Genève », qui était en soi un résultat, avait pu se passer cinq ans auparavant. La rigidité des structures intra-blocs était peut-être la cause profonde et globale de l'échec monumental même si l'on pouvait déjà retracer des tendances à la pluripolarité [29].

Aussi l'affaire de l'U2 n'était-elle pas ce nez de Cléopâtre diplomatique qu'elle semblait de prime abord. Si ce n'avait été de ce prétexte, il s'en serait trouvé d'autres peut-être tout aussi incongrus. Il n'eût même peut-être pas été besoin de prétexte. Chacune des parties était en situation de force pour empêcher l'autre à l'amener à résipiscence, bien que les Soviétiques aient été ou se soient crus en état de supériorité balistique. Le *missile gap* était ressenti comme un problème majeur aux États-Unis mais, depuis la fin de 1957, les Américains s'employaient fébrilement à le combler. Ce qui les inquiétait surtout, c'était le degré d'imprécision de cette supériorité relative, d'où leur justification de risques d'opé-

29. Le cas de Pékin est clair. Mais rappelons que 1960 est aussi l'année des premières expériences de bombes atomiques françaises dans le Sahara et de l'affirmation d'un courant nouveau au sein de l'O.T.A.N. pour avoir un *deterrent* atomique distinct de celui des U.S.A.

ration comme ceux des survols de l'U2 [30]. Passés les jours palpi-
tants de mai à Paris, la *tension* prit un caractère plutôt généralisé
qu'aigu. C'était Potsdam à l'époque thermonucléaire et balistique,
ou multiplié cent ou mille fois. Un rayon d'espoir subsistait par
une reprise du sommet raté de Paris lorsque, dans six à huit mois
avait précisé Khrouchtchev, les Américains allaient se donner un
nouveau Président. Ce n'était pas un délai comme l'*ultimatum*
sans le mot de la fin de 1958 : plutôt un ajournement pour le
prochain round. Mais, dans cet intervalle, au lieu de s'assouplir, la
situation générale se durcira.

1961 : DURCISSEMENT

... inévitable dans un état de tension qui perdure par l'opposition continue d'antagonistes refusant, ou ne pouvant s'accorder, quelque nouvelle liberté de manœuvre. Ce n'est désormais
plus le problème des deux Allemagnes, avec les deux Berlins, en-
clavés dans l'une d'elles. Jusque-là pivotant est maintenant devenu
englobant le problème d'une troisième Allemagne, mettant en
cause l'existence et la sécurité des *insulaires* de Berlin-Ouest. Crise
d'insularité politique, comme celle de cet autre avant-poste de
Cuba, dans un *environnement* évidemment tout autre et qui allait
être l'occasion de l'équipée désastreuse de la baie des Cochons.

Les morts tragiques de Lumumba et de Hammarskjöld symbolisent les deux pôles du destin dramatique d'un Congo en proie
à de cruelles dissensions qu'agitent encore des forces obscures
tandis que la « pagaille » du Laos, selon le mot d'Eisenhower, persiste jusqu'au moment où la Conférence de Genève en mai, après

---

30. « *There is no substantiated evidence of any sort of conspiracy to
scuttle the summit. But it is clear that many important persons in
the intelligence field were more concerned with the U-2 as a va-
luable instrument of espionage than with its possible effect on
summit. In other words, they worried not so much that the U-2
might endanger the summit as that the summit might endanger the
U-2. By May 1960, intelligence had come to dominate policy in the
U-2 program. Instead of serving as a basis for policy-making,
intelligence gathering, had become an end in itself.* » (Wise et
Ross, *op. cit.*, p. 180).

l'incertain cessez-le-feu, piétine à n'en plus finir pour tâcher de stabiliser le pays déchiré par trois factions.

Pour affronter ces situations, étant du reste autant conditionnés par elles que les conditionnant, on retrouve le truculent Khrouchtchev, toujours en apparence sûr de lui mais qui doit continuer à raffermir son leadership contesté au XXIIᵉ Congrès du P. C. de l'U.R.S.S., et le dynamique jeune président américain, Kennedy, dont l'élection a soulevé beaucoup d'espoir aux États-Unis et dans le monde pour un dégel dans la guerre froide. À leur rencontre de Vienne en juin, les deux K..., dans une ambiance pourtant cordiale, ne pourront qu'enregistrer une fois de plus l'antinomie des positions fondamentales de leur pays respectif. Après une première ceinture de barbelés, le mur bétonné entre les deux Berlins deviendra à partir du mois d'août le sinistre monument de l'opposition diamétrale entre deux mondes au point central de leur querelle, inchangé depuis seize ans.

La crise de Berlin passera par trois phases : de l'inauguration du président Kennedy en janvier à la rencontre des deux K... à Vienne en juin ; de ce sommet à deux à l'édification du « mur de la honte » en août ; puis une certaine relaxation à l'automne que ponctue en octobre la déclaration de Khrouchtchev de ne pas forcer un traité de paix séparé avec la R.D.A. si l'Ouest manifeste enfin sa volonté d'une négociation véritable.

Le 6 janvier, Khrouchtchev ouvrait l'année en force par son fameux discours sur « les peuples qui luttaient pour leur libération », définissant au passage la coexistence pacifique comme « la forme de lutte intensive, tant économique que politique et idéologique entre le prolétariat et les forces agressives de l'impérialisme » : une espèce de décalque inversé de la doctrine de *liberation* de Dulles... Ce discours répétait la menace que, si les Occidentaux continuaient à ne pas « tenir compte de la situation réelle [31] », l'Union soviétique signerait le traité de paix avec la R.D.A. Le premier discours sur l'« état de l'Union » du nouveau Président lui donnait naturellement la réplique trois semaines plus tard. Rappelant les « ambitions de domination mondiale » de l'Union sovié-

---

31. *Nouvelle revue internationale,* janvier 1961.

tique et de la Chine, Kennedy lançait un pressant appel à leurs dirigeants pour « prouver que des relations fructueuses sont possibles même avec ceux avec qui nous sommes le plus profondément en désaccord ». Bien qu'on doive prévoir « de nouveaux reculs avant que le courant de la marée se renverse... ce renversement nous devons le provoquer [32] » pour inverser le cours de la guerre froide. En une formule frappante, le nouveau Président définissait ainsi la règle première de la diplomatie américaine : « Ne négocions jamais par peur ; mais n'ayons jamais peur de négocier [33]. » À la mi-février, Kennedy acceptait en principe de rencontrer Khrouchtchev en réponse à son désir d'une réunion à deux le plus tôt possible. L'affaire de la baie des Cochons en avril allait ajourner l'exécution de ce projet jusqu'au début juin. Il était entendu qu'à l'ordre du jour, la question de Berlin serait tout à fait prioritaire sinon exclusive. Dans la note que le Kremlin avait fait tenir à Adenauer le 17 février, Khrouchtchev n'avait pas dévié d'un iota de ses propositions antérieures : reconnaissance des deux Allemagnes au traité de paix ; en cas de refus, traité séparé avec la R.D.A. qui contrôlerait ainsi toutes les voies d'accès à Berlin ; démilitarisation de la ville libre de Berlin-Ouest. Le communiqué du Conseil ministériel de l'O.T.A.N., réuni à Oslo du 8 au 10 mai, prenait le contre-pied de ces propositions et réaffirmait la détermination des membres de l'organisation de sauvegarder la liberté des habitants de Berlin-Ouest.

En route pour Vienne, Kennedy fait escale à Paris pour saluer de Gaulle, le dernier des Grands du conflit mondial dont la personnalité, à la vérité, le fascinait plus qu'elle ne l'attirait. Vif succès populaire, triomphal même, du jeune homme d'État à la fois élégant et dégingandé, qui se présentait à la presse comme « l'homme qui accompagne à Paris Jacqueline Kennedy ». De Gaulle en profite pour confier à Kennedy ses grands desseins de politique étrangère (lorsque sera extirpé le cancer algérien) : retrait de la France de l'O.T.A.N. ; constitution d'une force de frappe nationale puisqu'il est convaincu que les U.S.A. ne se serviront de leur puissance atomique que lorsque leur territoire sera attaqué ; refus

32. *Documents U.S.A.*, 31 janvier 1961.
33. *Documents U.S.A.*, 20 janvier 1961.

à l'admission du Royaume-Uni dans le Marché commun. Kennedy
rectifie sur tel ou tel point mais ne bronche pas devant l'ampleur
des buts de la nouvelle politique étrangère française. Sa pensée
est déjà avec l'autre homme mystère qu'il va rencontrer dans quelques jours à Vienne. Il retient surtout la conviction du Président
que Khrouchtchev ne prendra pas le risque ultime d'une guerre
générale pour la *conquête* de Berlin-Ouest. De Gaulle semble avoir
toisé l'homme d'État sous le *wonder boy* au destin politique fabu-
leux [34].

La rencontre des deux K... à Vienne ne fut pas moins haute
en couleur, la presse photographique distribuant à travers le monde
l'image de madame Khrouchtchev au bras du Président et celle du
chef de gouvernement soviétique accompagnant une « Jackie »,
plus sémillante que jamais, à la réception officielle... Si Kennedy
ne se faisait pas d'illusion sur son opposant « rusé, coriace, vi-
goureux, bien informé [35] », il est fort possible que Khrouchtchev
ait d'abord sous-estimé ce jeune politicien arriviste, son contraste
diamétral, qui s'était laissé embarquer dans la désastreuse équipée
de la baie des Cochons.

D'entrée de jeu, les deux hommes vont au cœur du problème.
Comme le Président évoque le « plus grand danger » consistant en
une « erreur de calcul si l'une des deux puissances se fait une idée

---

34. « Un mot confié à l'ambassadeur d'Angleterre, au lendemain de la
    tragédie de Dallas, résume sans doute sa pensée : « Au fond, c'était
    un Européen. » Dans sa bouche, il ne pouvait pas y avoir de beau-
    coup plus grand compliment. » (Fontaine, *op. cit.*, t. II, p. 463).
35. « Il y a quelques années, au cours d'une réception diplomatique à
    Moscou, Khrouchtchev raconta aux invités rassemblés autour de
    lui l'histoire d'un Russe qui s'était mis tout à coup à courir dans
    les couloirs du Kremlin en criant « Khrouchtchev est fou !
    Khrouchtchev est fou ! » Il fut, dit-il, condamné à vingt-trois ans
    de prison : trois pour insulte au secrétaire du Parti, et vingt pour
    avoir révélé un secret d'Etat.
    « Mais M. Khrouchtchev n'est pas fou... Il est rusé, coriace, vigou-
    reux, bien informé et confiant... Or le Khrouchtchev que j'ai rencon-
    tré, quand il a été reçu par la commission des Affaires étrangères
    du Sénat, était le porte-parole bien armé, agile et raisonneur d'un
    système qu'il connaissait parfaitement bien et dans lequel il croyait
    sans réserves. Il n'était pas le prisonnier d'un vieux dogme ou d'une
    doctrine à courte vue. Et il ne jouait pas, il ne se livrait à aucune
    vantardise frivole quand il parlait du triomphe inévitable du systè-
    me communiste ... » (John F. Kennedy, *Stratégie de la paix*, Paris,
    1961, p. 14-15).

fausse des intérêts et de la politique de l'autre », Khrouchtchev
explose : « Voulez-vous dire que le communisme ne devrait exister
que dans les pays communistes et que son développement ailleurs
serait considéré comme un acte hostile ? Vous voudriez que
l'U.R.S.S. se tienne sagement, comme un écolier, mais il n'existe pas
d'immunisation contre les idées. Elle défendra ses intérêts même si
les États-Unis devaient y voir une erreur de calcul [36]. » Kennedy
s'efforce de calmer son bouillant interlocuteur en lui rappelant
que lui-même vient de faire une erreur de calcul au sujet de
l'affaire de la baie des Cochons. À l'allusion au discours du 6
janvier sur les guerres de libération nationale, Khrouchtchev lui
répond que c'est rien moins qu'un « devoir sacré » pour l'Union
soviétique. Après une bifurcation sur les problèmes du Congo et
du Laos, la conversation se fixe sur l'objet principal de la rencontre : le statut de Berlin-Ouest. Khrouchtchev répète ses propositions antérieures pour changer cette situation de plus en plus
intolérable. « Je veux la paix, mais si vous voulez la guerre, c'est
votre affaire, dit-il avec force. Notre décision de signer en décembre est irrévocable. — Ce sera un hiver très froid [37] », se
contente de répondre placidement Kennedy. « Ne jamais fixer de
date », devait se dire le chef de gouvernement soviétique, lui qui
avait déjà, sur le même sujet, allongé puis relevé un délai ultimatum. Dans l'aide-mémoire soumis au Président après la rencontre,
il n'était toutefois pas fait mention de cette « décision irrévocable... » d'une date limite. Pour un temps indéfini, M. K... devra endurer cette « arête dans sa gorge... », qu'est pour lui la
question de Berlin-Ouest.

La période suivant la Conférence de Vienne sera marquée
par le coup de force, encore inconnu mais probable, que Khrouchtchev prépare à Berlin et par les préparatifs des Américains pour
y parer. La mésentente de Vienne se prolongea par des menaces
qui n'avaient rien de voilé. Aux nouveaux officiers qui graduent
des académies militaires, Khrouchtchev dit, en leur annonçant la
fin de la réduction des effectifs de l'Armée rouge et l'augmentation

---

36. Arthur Schlesinger, jr., *les Mille Jours de Kennedy,* Paris, 1966, p.
    328-329.
37. *Ibid.,* p. 341.

d'un tiers du budget militaire : « ... il vous faudra ... donner la riposte aux forces agressives au cas où elles voudraient faire échouer par les armes le règlement pacifique ». Kennedy répliqua quelques semaines plus tard sur les ondes de la télévision américaine : « Si la guerre éclate, elle aura commencé à Moscou et non à Berlin. » La liberté des Berlinois de l'Ouest n'est strictement « pas négociable », ce qui n'interdit pas de « prendre en considération tout arrangement ou traité sur l'Allemagne compatible avec le maintien de la paix, de la liberté et avec les intérêts légitimes de toutes les nations ». Ce qu'il faut craindre à l'époque des engins nucléaires, c'est « toute fausse interprétation faite par l'une des parties au sujet des intentions de l'autre partie [qui] pourrait en quelques heures provoquer plus de dévastations qu'il n'y en eut dans toutes les guerres de l'histoire réunies ». À supposer que Khrouchtchev bluffe et qu'en bluffant il n'interprète que comme un contre-bluff la détermination de Kennedy de défendre à tout prix Berlin-Ouest, nous aurions là l'éventuel Dantzig d'un troisième conflit mondial dont les dévastations seraient plus sévères que celles « de toutes les guerres de l'histoire réunies ».

À Washington, deux écoles, les durs et les conciliants [38], tentent d'influencer Kennedy qui opte finalement pour la solution intermédiaire d'un langage énergique ne fermant pas la porte à l'esprit de négociation mais ponctué de mesures militaires limitées pour renforcer la faible garnison occidentale à Berlin-Ouest. Mais à la suite de la déclaration du sénateur Fulbright : « Je ne comprends pas pourquoi les Allemands de l'Est ne ferment pas leurs frontières, car je crois qu'ils ont le droit de les fermer [39] », on va bientôt se rendre compte qu'effectivement aucun accord international ne statuait sur l'accès des Allemands de l'Ouest à Berlin. Mais le phénomène inverse, osmotique ou plutôt hémorragique, se développait avec une ampleur accélérée depuis quelques mois. Non seulement de Berlin-Est la grise mais de toute la R.D.A.,

---

38. Parmi les « durs » au loin, Adenauer et de Gaulle ; Macmillan et ses opposants travaillistes, ainsi que beaucoup d'Allemands de l'Ouest, y compris beaucoup de membres du parti d'Adenauer se rangent dans le camp des « conciliants ».
39. Schlesinger, *op. cit.*, p. 359.

affluaient des milliers de réfugiés [40], à Berlin-Ouest, oasis de liberté en même temps que poste avancé de la guerre froide. Tout
État est spécialement jaloux de ses nationaux surtout lorsque, en
situation de crise, ce sont « les meilleurs » qui partent [41].

Berlin-Est se barricade : d'abord derrière une ceinture de
chevaux de frise et de barbelés, puis par l'édification d'un mur
bétonné dans la dernière quinzaine d'août. Les incidents se multi-
plient aux alentours de ces retranchements à mesure que les contrô-
les se font de plus en plus sévères. C'est comme un nouveau
blocus mais où les assiégés volontaires se comportent en assié-
geants... Tanks américains et soviétiques sont nez à nez. Kennedy
ordonnait le 19 juillet à 1 500 hommes de troupes de rejoindre
par l'autobahn Helmstedt-Berlin les 5 000 militaires américains
cantonnés à Berlin-Ouest. Ils purent sans coup férir franchir les
110 milles (180 kilomètres) de l'autobahn sans être inquiétés aux
divers points de contrôle. Le 31 août, le général Lucius Clay, commandant des troupes américaines lors du blocus de 1948-1949,
arrivait à Berlin. L'homme, qui avait tenu bon, treize ans auparavant, symbolisait à nouveau la détermination américaine de rester
à Berlin.

Deux jours auparavant, Khrouchtchev avait lancé l'ordre de
reprendre les essais nucléaires, rompant ainsi le moratoire qui
durait depuis l'automne 1958, annonçant par la même occasion que
la panoplie nucléaire des Soviétiques comprenait des bombes de
cent mégatonnes ! Négocier ? — Oui, mais pas par crainte selon

40. « Despite the new curbs, over 1 000 East Germans requested asy-
lum in West Berlin on July 27th, raising to 26 500 the total of
East German refugee fleeing to the West during July. It made July
1961, the biggest refugee month since October 1955, when the Foreign Ministers meeting in Geneva failed to agree on a solution
on German Problems. » (Deane et David Heller, The Berlin Crisis : Prelude to World War III ?, Derby, Connecticut, 1961, p.
169).
41. « Le chiffre des passages s'est élevé à 15 000 du 1er au 10 août.
Dans la seule journée du 12, veille du bouclage de la ligne de démarcation, on a dénombré plus de 4 000 réfugiés. Parmi ceux-ci,
quantité de cadres techniques, de médecins, d'étudiants, d'ouvriers
qualifiés. Si cette hémorragie devait continuer, c'en serait fait de
tous les plans quinquennaux de Walter Ulbricht. » (Fontaine, op.
cit., t. II, p. 469). La population de l'Allemagne de l'Est. loin de
croître normalement, avait diminué de quelque deux millions depuis la période du blocus de 1948-1949.

Kennedy, car les Soviétiques « veulent flanquer une peur bleue au monde entier avant d'entreprendre une négociation, et la marmite ne bout pas encore assez fort. Il n'y a pas encore assez de gens qui ont la frousse [42]. » Pour de Gaulle, la crise étant « artificielle », donc elle n'est pas dangereuse, donc elle n'existe pas [43]. L'insistance répétée de contrôler les vols civils en provenance de la R.F.A. détermine les trois puissances à opposer une catégorique fin de non-recevoir. « Khrouchtchev, cette fois, comprend qu'il est temps de descendre d'un ton s'il veut profiter des bonnes dispositions de Kennedy. — J'ai été métallurgiste, avait-il dit quelques semaines plus tôt. Je sais comment il faut s'y prendre pour faire refroidir un métal chauffé à blanc... [44]. »

La crise se désamorcera mais très lentement — ou pas complètement. Au ministre des Affaires étrangères de Belgique, Paul-Henri Spaak, Khrouchtchev, le 19 septembre, se met à parler le langage de la « compréhension » : « J'ai compris que les Occidentaux ne signeraient pas le traité de paix, contrairement à ce que j'avais espéré... Tôt ou tard vous y viendrez parce que vous n'êtes pas sincères lorsque vous parlez de réunification. Mais je comprends que cela vous soit difficile. Moi-même, je ne cherche pas à vous mettre dans une situation impossible ; je sais très bien que vous ne pouvez vous laisser écraser les orteils [45]. » Le chef de gouvernement soviétique va même jusqu'à confier à l'homme qui avait incarné la solidarité occidentale comme secrétaire général de l'O.T.A.N. dans les années 50 : « Vous savez, Berlin ce n'est pas un tel problème pour moi : qu'est-ce que deux millions d'individus au sein d'un milliard de communistes ? » En effet, mais tout de mê-

42. Schlesinger, *op. cit.*, p. 472.
43. « Il y a dans ce tumulte d'imprécations et de sommations organisé par les Soviets quelque chose de tellement arbitraire et de tellement artificiel qu'on est conduit à l'attribuer, ou bien au déchaînement prémédité d'ambitions frénétiques, ou bien à un dérivatif à de grandes difficultés. » C'est la dernière hypothèse qui apparaît la plus « plausible » au Général, ainsi qu'il s'en exprimait à une conférence de presse (*le Monde,* 7 septembre 1961).
44. Fontaine, *op. cit.,* t. II, p. 472.
45. Cet amateur de paraboles et d'anecdotes savoureuses raconte à son invité l'histoire d'un pêcheur poursuivi pour avoir déboulonné des rails de chemin de fer. « Je voulais simplement lester mes filets en me servant des boulons. — Mais ne rendez-vous pas compte que vous pouviez faire dérailler les trains? — Je laissais assez de boulons pour qu'ils ne déraillent pas... » (*Ibid.,* p. 473).

me... Bien que ne se disant lié « par aucune date » — à Kennedy lors de la rencontre de Vienne, il avait fixé l'échéance à la fin de l'année — « je ne peux laisser la négociation traîner indéfiniment ». À une date indéfinie, cette question devrait être reprise dans le contexte plus général du désarmement, de la sécurité européenne sans exclure la réunification, en somme l'ordre du jour du sommet de Paris... S'il a ordonné la reprise des essais nucléaires c'est que les militaires l'y ont forcé [46].

S'ouvre alors la troisième phase des négociations sans menaces directes en intégrant la question de Berlin dans un contexte plus large. Gromyko rencontre son homologue américain, Rusk, à la fin septembre puis le Président une semaine plus tard. En novembre, Kennedy convaincra Adenauer, réélu depuis le 17 septembre mais qui doit désormais s'appuyer sur une coalition avec les libéraux, d'accepter une négociation au moins limitée. Dans l'intervalle, Khrouchtchev avait levé la fatidique échéance du 31 décembre 1961 dans son rapport général au XXIIe Congrès du P. C. soviétique, les Occidentaux ayant fait « preuve d'une certaine compréhension ». Mais quand, sur proposition du secrétaire d'État, Rusk, le Conseil ministériel de l'O.T.A.N. acquiesce au projet d'une autre Conférence à quatre, c'est de Gaulle qui s'objecte en des circonstances que Kennedy du reste n'oubliera pas [47]. Les incidents continuant à Berlin, le mur se faisant plus imperméable que jamais, on ne peut parler d'un dénouement de la crise ; mais, tout au moins au niveau diplomatique, la phase aiguë était passée. À la fin de l'année, les puissances de l'O.T.A.N. s'en remettront à des sondages par l'intermédiaire de leurs ambassadeurs à Moscou pour tâcher de *débipolariser* le conflit.

---

46. Fontaine se réfère à des « notes personnelles » pour appuyer cette assertion (*op. cit.*. t. II, p. 474 et 481).
47. « Mais de Gaulle ne veut rien entendre, malgré un coup de téléphone de Kennedy, dont celui-ci conservera un si mauvais souvenir qu'évoquant devant nous, dix-huit mois plus tard, les moyens de reprendre avec le chef de l'Etat français des contacts complètement rompus, il déclarera : « En tout cas, pour rien au monde je ne lui retéléphonerai. » (Fontaine, *op. cit.*, t. II, p. 476). Dans le développement précédent les citations de déclarations politiques, sauf indication spécifique, sont tirées de l'ouvrage de Fontaine.

Kennedy avait négocié dans une situation qui n'était pas celle de la faiblesse ni de l'indécision[48] ; Khrouchtchev avait su laisser échapper de la vapeur en ancien « métallurgiste », conscient qu'on l'avait enfin pris au sérieux. L'intransigeance fut plutôt du côté d'Adenauer et de de Gaulle. La majorité moins monolithique et la retraite prochaine du premier ne lui permettaient pas de forcer Kennedy à une ligne encore plus dure. Mais de Gaulle, déjà engagé sur la pente de l'indépendance nationale, se durcissait, se faisait « plus catholique que le pape », ou, ce qu'on pourrait traduire ironiquement, plus américain que son Président. À la Conférence de l'O.T.A.N. en décembre, Couve de Murville avait cherché à atténuer la portée du *new look* de l'équipe Kennedy en matière de politique étrangère.

Dans son discours du début de l'année sur l'état de l'Union, Kennedy avait mis en garde les puissances d'agression et de subversion. Dès les premiers mois de son gouvernement il avait lancé un gigantesque programme de développement balistique dont la conquête de la lune en juillet 1969 sera le symbole spectaculaire de la réussite. Progressivement le *missile gap* cessera d'être une préoccupation majeure au Pentagone. Dans la présente crise de Berlin, Khrouchtchev avait plutôt fait porter ses menaces d'attaque par fusées contre les puissances européennes de l'O.T.A.N.[49] que contre le territoire américain même. Quant aux forces de subversion, c'était de loin Cuba qui inquiétait le plus les dirigeants de Washington. Avant même l'inauguration du Président, le State Department avait rompu le 3 janvier ses relations diplomatiques avec Cuba. Pour lutter efficacement contre la subversion, il n'est certes pas besoin de fusées mais d'aide économique. Kennedy lançait le 15 mars un nouveau programme d'aide aux pays latino-américains sous le nom d'une « nouvelle Alliance pour le progrès »,

48. « *I hear it said that West Berlin is militarily untenable. And so was Bastogne. And so, in fact, was Stalingrad. Any dangerous spot is tenable if men — brave men — will make it so* », avait déclaré Kennedy le 25 juillet (cité par les Heller, *op. cit.*, p. 176).
49. Faisant part, par exemple, au premier ministre italien de cette gentillesse qu'il avait en main le double de bombes atomiques qu'il serait nécessaire pour détruire les pays européens membres de l'O.T.A.N.

en partie inspirée par le plan Marshall, en plus grande partie par
le programme du *Point IV* mais d'une application concentrée à
l'hémisphère occidental. Impliquant au départ des crédits de l'ordre
de $500 millions, ce plan s'étalerait sur dix ans. Mais la triste af-
faire de la baie des Cochons allait tout de suite estomper le caractère bien structuré et l'inspiration généreuse du nouveau projet.
La C.I.A. [50] estimait de sa compétence et de son devoir de ren-
verser Castro, comme on avait « réglé son compte » à Arbenz au
Guatemala en 1954. Des exilés cubains s'entraînaient fébrilement
au Guatemala justement pour tenter le coup de main qui renver-
serait le régime du tyran. Ils affirmaient que, dès leur arrivée sur
les plages cubaines, le peuple en armes se soulèverait pour chasser
Castro du pouvoir. Contre l'avis de conseillers libéraux, son ami
Schlesinger, le sous-secrétaire d'État Bowles, le sénateur Fulbright [51], le jeune Président se laissa convaincre que l'expédition
valait d'être tentée pourvu qu'en aucun cas, les *marines* ni aucune
force américaine ne soit engagée. Le chef de la C.I.A., Allen Dulles
— le frère de l'autre — avait réussi à fléchir le Président avec des
arguments du type : « Allez-vous dire à ce groupe de jeunes gens
admirables qui n'ont rien demandé d'autres que les moyens d'essayer de rétablir un gouvernement libre dans leur pays... qu'ils
ne bénéficieront ni de la sympathie, ni de l'appui, ni de l'aide des
États-Unis [52] ? » En effet, et si l'opération réussissait ? C'était une
victoire à bon compte. Si elle échouait ? Ce n'était pas le gouvernement américain qui était en cause, qui n'avait fait que l'autoriser.
Après l'échec lamentable [53], Kennedy se rendit compte que sa
compromission était déjà trop grande. Il assuma avec courage la

50. Central Intelligence Agency — agence d'espionnage officiel des
Etats-Unis.
51. « *In perhaps the single most perceptive and courageous action of
his distinguished career, Senator Fulbright bluntly told the President that he was mistaken on moral and pragmatic grounds... Fulbright's
performance was a magnificent display of statesmanship — both
absolutely and by comparison with the performance of such liberals
as presidential assistant. Arthur M. Schlesinger, Jr. As with others,
Schlesinger in the crisis valued his future influence more than his
present morality.* » (William A. Williams, *The U.S., Cuba and
Castro.* New York, 1962, p. 152).
52. Theodore Sorensen, *Kennedy,* Paris, 1966, p. 245.
53. Les forces de Castro tuèrent 300 des 1 400 insurgés ; les autres
furent faits prisonniers — qui seront plus tard l'objet d'un troc contre des tracteurs et des médicaments.

responsabilité du ratage[54] et tint tête aux chefs d'état-major qui
lui enjoignaient de reprendre l'opération avec des moyens militaires proportionnés à la force des États-Unis.

La politique internationale audacieuse de la *nouvelle frontière* commençait mal ; l'Alliance pour le progrès naissait sous de
mauvais auspices. Khrouchtchev avait promis toute l'assistance nécessaire au régime Castro. Le Président, qui venait de connaître
des jours d'angoisse suivis d'amère déception, répondit d'un ton
cassant à celui qui avait réprimé l'insurrection de Budapest que si
« ce qu'il faisait chez lui ne regardait que lui, ce qu'il faisait à
l'extérieur regardait le monde entier [55] » — surtout dans la chasse-
gardée américaine ! L'affaire, portée à l'attention de l'Assemblée
générale de l'O.N.U., mit la délégation américaine en bien piètre
posture devant les représentants du tiers monde et singulièrement
auprès de ceux des États latino-américains. Le lancement de l'Alliance pour le progrès à la Conférence des ministres des Finances
à Punta Del Este en août était encore hypothéqué par le souvenir
du désastreux fiasco de la baie des Cochons [56]. Cette expédition
était pour Castro une raison de plus de s'intégrer plus intimement
au bloc soviétique. Ayant déclaré le 1er mai, moins de quinze jours
après ces événements, Cuba « État socialiste », il confirme son
inféodation au monde marxiste en proclamant le 7 décembre le
dominio del proletario, la « dictature du prolétariat ». Une question purement académique se pose : si l'expédition des rebelles
cubains avait réussi, les Américains auraient sans doute passé
derrière ; et qu'aurait alors fait Khrouchtchev qui s'était déjà déclaré protecteur de l'île ? Un an et demi plus tard, la question ne

---

54. Il confiera à Sorensen : « La victoire a cent frères et la défaite
    est orpheline. » (Sorensen, *op. cit.,* p. 257).
55. *Année politique,* 1962, p. 514.
56. Reliés à cette affaire, des troubles éclatèrent au Brésil une semaine
    après la Conférence des ministres des Finances de l'O.E.A. La droite
    et les militaires brésiliens s'opposèrent au président Quadros qui
    venait de décerner la plus haute décoration du pays à « Che » Guevara, alors directeur général de la Banque cubaine et dont la mythologie de guérillero allait grandir jusqu'à sa fin encore mal éclairée. Quadros dut démissionner. Son remplaçant, l'ancien vice-président Goulart, réussira à imposer une solution de compromis dont
    un des éléments consistera, à la fin novembre, à renouer des relations diplomatiques avec Moscou. Depuis lors, le malaise économique et social persiste au Brésil, que rend encore plus aigu une instabilité politique chronique.

sera plus « académique » — alors que le « protecteur » se sera
fait offensif pour d'autres raisons que la sauvegarde de la sécurité
du protégé, à ce moment-là non immédiatement menacée...

En 1961, le marasme congolais évolua de façon dramatique :
le martyre de Lumumba, après avoir été trahi le 14 février ; la
mort mystérieusement accidentelle du secrétaire général de l'O.N.U.,
Hammarskjöld, « à qui la tragédie congolaise était en train de
faire perdre à la fois son sang-froid et la conscience des limites de
sa charge [57] », le 15 septembre. Entre les deux tragédies personnelles, le drame de la sécession du Katanga avec Moïse Tshombé,
« Monsieur Tiroir-caisse », qui voulait échapper à l'autorité centrale pour s'aligner plutôt avec la Rhodésie du Nord. Ce théâtre
tiers de la guerre froide reste en 1961 un théâtre *second* par
l'acharnement que la délégation soviétique à l'O.N.U. mettait à
démolir littéralement l'autorité et l'influence du secrétaire général
et par le soutien moral et financier des États-Unis aux Casques
bleus. Les deux grandes puissances allaient tout de même après
de très longues négociations se mettre d'accord sur le choix de
U Thant de Birmanie comme nouveau secrétaire général, héritier
d'une situation lamentablement confuse et qui allait évoluer de mal
en pis encore toute l'année suivante.

La situation laotienne pourrissait également. Soviétiques et
Américains soutenaient deux factions rivales mais sans s'engager
à fond. La crise de Berlin était d'une importance telle en comparaison ! Kennedy donna son accord à la proposition soviétique du
mois de décembre précédent de réunir une nouvelle Conférence
sur l'Indochine à la condition préalable d'un cessez-le-feu. S'ouvrit
à la mi-mai la Conférence de Genève réunissant, en plus des cinq
grandes puissances, les États voisins du Laos, les trois factions
rivales, ainsi que les membres de la Commission internationale de
contrôle, le Canada, la Pologne et l'Inde. Conférence interminable
qui butera longtemps sur la difficulté de constater l'efficacité du
cessez-le-feu. Le traité de neutralisation du Laos se fera attendre
jusqu'au mois de juillet de l'année suivante.

Par-delà la frontière, le régime Diem, que les Américains
soutenaient au Viêt-nam du Sud depuis 1954, est en difficulté. Il

57. Fontaine, *op. cit.,* t. II, p. 441.

réclame l'aide de Washington, qu'approuvait le vice-président
Johnson dépêché sur place et qui conclut à l'urgence d'un « très
grand effort » pour soutenir ce pays en proie à l'aggression extérieure et à la subversion intérieure. Écartant « la seule idée raisonnable [58] », Kennedy se décide à envoyer en décembre 15 000
conseillers techniques et militaires à Saigon. Ce premier engagement allait entraîner l'inextricable situation et l'enlisement pro-
gressif que nous savons depuis lors. Comme pour l'affaire de la
baie des Cochons, le président américain avait « mal calculé », lui
qui avait pourtant prôné dès l'origine la *vietnamisation* du conflit,
politique qu'adoptera neuf ans plus tard le président Nixon, son
rival malheureux à la campagne présidentielle de l'année précédente. Le cancer vietnamien allait s'avérer à longue portée plus
grave pour la conscience américaine que le défi cubain accroché
au flanc de la plus grande puissance militaire du monde.

Pour l'intelligence des crises de tension aiguë de la guerre
froide, il faudrait toujours pouvoir se référer avec suffisamment
d'attention au facteur de l'aménagement des influences en politique intérieure. C'est non moins vrai pour la politique interne
soviétique que pour l'américaine. Le jeune Président commet une
erreur réparable dans l'immédiat en donnant le feu vert quoique
avec réticence à l'équipée de la baie des Cochons ; il en commet
une autre, plus grande, à longue portée, en validant le principe
de l'intervention militaire même limitée, au Viêt-nam. Mais il est
à la hauteur de la situation aux diverses étapes de la guerre des
nerfs qu'on lui impose au sujet de Berlin-Ouest.

Contré, Khrouchtchev ne fait aucun *forcing* qui eût pu entraîner l'irrémédiable. La crise berlinoise continuera à pourrir
jusqu'à l'alerte combien plus chaude de Cuba l'automne suivant.
Les deux hommes à Vienne n'avaient pu faire qu'enregistrer, avec
une franchise qui excluait toute élégance, leur opposition diamétrale. Mais Khrouchtchev, pour se maintenir en selle, dut affronter

---

58. « Il écarte la seule idée raisonnable, celle du sous-secrétaire d'Etat,
Chester Bowles, qui voulait créer une ceinture d'Etats neutres, sur le
modèle adopté pour le Laos, sous la garantie de l'U.R.S.S., de la
Chine, du Japon, de l'Inde et des pays de l'O.T.A.S.E. » (Fontaine,
op. cit., t. II, p. 457).

une fois de plus ses propres opposants. En octobre au XXIIᵉ Congrès du P. C. soviétique, il répond que la levée de l'échéance du 31 décembre n'est pas un « recul », que l'U.R.S.S. ne perd pas la face. Gomulka l'approuve mais l'albanais Hodja l'attaque avec vigueur. « Que demandent ces camarades ? Que nous menions une politique d'aventure comme nous le recommandent avec tant de légèreté les dirigeants albanais [59] ? » Même le vieux Molotov, en exil en Mongolie après sa demi-disgrâce pour être ensuite assigné à un poste administratif à l'agence atomique internationale de Vienne, montre la tête et accuse ouvertement le révisionnisme du peu orthodoxe maître du Kremlin. Il ne sera exclu du parti que plus tard et de façon toute discrète [60].

Pour l'instant, si Khrouchtchev n'a pas gagné Berlin-Ouest, il n'a pas non plus perdu l'Allemagne de l'Est par des élections libres dans une Allemagne réunifiée. Non pas traqué mais devant se défendre contre trois fronts intérieurs (les « durs » du Kremlin, ceux de Pékin et de Tirana, les maréchaux soviétiques), Khrouchtchev trouvera une diversion du côté des Caraïbes l'automne suivant, ce qui allait être le plus audacieux risque de sa carrière — qu'il perdra, mais honorablement. Car, ayant joué avec la paix du monde, il l'aura *in extremis* sauvée.

1962 : ÉCLATEMENT

... de la *tension* de la guerre froide, ou de la *crise prolongée* dans la guerre froide depuis le fiasco du sommet de Paris 1960, ou du *système* de la guerre froide elle-même. Pendant les dix der-

---

59. Fontaine, *op. cit.*, t. II, p. 477.
60. Khrouchtchev a toujours eu beaucoup de respect pour Molotov, ainsi qu'en témoigne Averell Harriman. Contrairement à l'opinion qu'il avait de Malenkov qui, « quand il prit le commandement fut en-dessous de tout », Khrouchtchev disait de Molotov : « On doit le respecter. Il a de fermes convictions, et il ne veut pas en démordre, bien que je sois souvent en désaccord avec lui. » Après avoir cité une appréciation de Mikoyan dans le même sens, Harriman conclut : « On n'eût guère imaginé Staline faisant preuve d'une telle générosité, même à l'égard du plus insignifiant de ses prétendus adversaires. » (*Paix avec la Russie*, Paris, 1960, p. 137).

niers jours d'octobre, le monde fut conduit à deux cheveux de la
guerre totale entre les deux grands protagonistes s'opposant pour
la première fois en stricte immédiateté et avec la plénitude de
leurs moyens nucléaires ou balistiques. Un tel affrontement ne
pouvait se résoudre que par la retraite stratégique, autant que
possible honorable, de l'un d'eux. Ce recul fut exactement évalué
ou tout au moins correctement enregistré par l'autre partie. Celle-
ci ne chercha pas à profiter du maximum d'avantage qui aurait pu
devenir intolérable à la première partie qui avait forcé la situation
au-delà du plafond de la tolérance mutuelle, en deçà duquel le jeu
duopolistique de la guerre froide s'était livré jusque-là.

Cette crise fut si sévère qu'elle ne pouvait avoir qu'un dénouement aussi soudain et décisif que l'alerte qui l'avait déclenchée. Cette opposition fut si aiguë, qui frôla le risque de l'explication ultime, que la guerre froide allait se transformer dans la
suite en *quelque chose d'autre,* que l'indigence du langage non
moins que l'ambiguïté persistante d'une *paix* également *froide*
suggèrent d'appeler tout uniment l'*après-guerre froide.* La solution rapide, décisive, de la crise de Cuba inaugurera une phase
nouvelle de l'histoire des relations internationales. On pourrait
caractériser cette période où nous sommes comme celle où les
deux Grands, ayant enfin pris une claire conscience du caractère
à la fois vain et potentiellement explosif de leur querelle fondamentale, doivent accepter enfin les conséquences de la Seconde
Guerre mondiale en ce qu'elles ont d'irréversible. À partir de cette
acceptation, la rivalité fondamentale subsiste mais les règles du
jeu antagonique vont se modifier pour permettre divers accommodements tactiques auxquels les joueurs se refusaient antérieurement ou qu'ils n'acceptaient pas avec la même clarté.

La crise de Cuba s'étale entre le 13 septembre (mise en
garde américaine contre l'installation d'armes offensives soviétiques à Cuba) jusqu'au 20 novembre (levée de la « quarantaine »
autour de Cuba et retrait des bombardiers soviétiques). Les treize
jours chauds — ou « les plus longs » — de la crise commencent par
l'identification certaine des fusées soviétiques dans l'île le 16
octobre et s'achèvent par le consentement donné par Khrouscht-
chev de démanteler les installations balistiques et de retirer ses

fusées le 28 octobre. La gravité de l'événement est telle qu'elle
relègue dans l'ombre tous les autres faits internationaux de cette
année-là. Mais il importe d'en faire une évocation rapide, non pas
tellement parce qu'ils donnent à l'événement capital son relief dominant, que parce qu'il convient de lier sans hiatus les éléments
de la *crise prolongée* dont la crise de Cuba marque à la fois le
paroxysme et la fin. À la vérité, c'est sur le fond global de la guerre
froide depuis une quinzaine d'années, dont nous avons relevé les
phases *tension-détente-tension,* qu'il convient de considérer la crise
aberrante de Cuba dans la dynamique de la guerre froide — ce qui
n'est pas signifier qu'elle ait été, par son caractère protubérant,
hors tendance.

L'année 1962 s'était ouverte avec la relance du conflit hollan-
do-indonésien. Le 1er janvier, Sukarno réclamait la Nouvelle-
Guinée hollandaise ; six jours plus tard, une tentative d'assassinat
contre le président indonésien échouait. Le 15 du même mois la
marine néerlandaise envoyait par le fond un torpilleur indonésien
et en dispersait plusieurs autres au large de la Nouvelle-Guinée.
Pendant des mois, divers incidents alimenteront la tension entre
l'ancienne métropole et la jeune république indonésienne, en proie
elle-même à une instabilité chronique qui allait finir par submer-
ger l'autorité longtemps charismatique de Sukarno. Le 15 août,
un accord entre les deux pays réglait enfin le contentieux de la
Nouvelle-Guinée. D'une tout autre importance avait été le règlement de la tragédie algérienne par les accords d'Évian du 18
mars qui allaient préluder à la proclamation de l'indépendance de
l'Algérie le 3 juillet. Enfin délestée du dernier et du plus dramatique épisode de la *liquidation* de son empire colonial, la France
pourra rallier progressivement les nouveaux États africains et faire
entendre une voix plus forte dans les grands conseils internationaux. 1962 date le début de la politique étrangère, pour ainsi dire
à l'état pur, de la France gaullienne. La Conférence de Genève
sur les affaires laotiennes aboutissait enfin, après de longs mois de
piétinement, au traité de neutralisation du Laos (le 23 juillet)
donnant une satisfaction relative, mais convergente, à toutes les
parties en cause. Sur « le toit du monde », les deux géants asiati-

ques se prenaient de querelle pour une question de bornage. Le
20 septembre, le gouvernement chinois accusait des troupes in-
diennes d'avoir ouvert le feu sur certains de leurs postes frontières.
Le 10 octobre, la « drôle de guerre » sino-indienne éclatait. Le
26, à la phase la plus aiguë de la crise des Caraïbes, Nehru demandait à ses troupes de résister jusqu'au dernier homme contre
les envahisseurs du Nord. Mais l'attention haletante du monde se
portait plutôt vers la crise qui, aux antipodes, risquait d'entraîner
une conflagration universelle.

Avant leur affrontement de l'automne les deux Grands continuaient d'exhiber la puissance de leurs *muscles* balistiques [61] et
nucléaires, pendant que la Conférence du désarmement s'appli-
quait vainement à sortir des impasses passées. Le 26 août, les
États-Unis et le Royaume-Uni y proposaient à l'Union soviétique
le choix entre une interdiction totale ou partielle des essais nucléaires. La délégation de l'U.R.S.S. proposait pour sa part une
interdiction, mais sans la clause d'inspection, et qui deviendrait
effective le 1er janvier 1963. L'offre soviétique fut jugée inacceptable par les Américains et Britanniques ; la Conférence du
désarmement s'ajourna le 7 septembre en enregistrant une fois de
plus un désaccord fondamental sur le point qui, depuis seize ans,
continuait d'opposer les deux thèses diamétrales. Le climat international était fort brouillé depuis la rupture de l'espèce de moratoire sur la suspension des essais nucléaires par l'U.R.S.S. au plus
fort de la crise de Berlin l'année précédente.

61. Rappelons quelques prouesses balistiques des deux Grands. L'astro-
naute américain John Glenn accomplissait trois orbites autour de
la Terre le 20 janvier, répétant l'exploit de Gagarine de l'année précédente. Le 26 avril un navire spatial américain atteignait la Lune.
Après trois orbites autour de la Terre, Scott Carpenter était retrouvé
sain et sauf après un bain forcé lors de l'amerrissage de sa capsule
le 24 avril. Le 10 juillet, le satellite Telstar était mis en orbite pour
servir de relais au-dessus de l'Atlantique aux émissions de télévision transocéaniques et aux appels téléphoniques. Le 3 septembre,
Walter Schirra accomplissait six orbites autour de la Terre. Mais
ces prouesses, qui mettaient les Etats-Unis dans la course pour la
supériorité balistique, restaient estompées par les exploits encore
plus spectaculaires des Soviétiques : le vol en duo de Nikolayev et
Popovitch dont les vaisseaux spatiaux atterrissaient à six minutes
d'intervalle à la mi-août ; comme pour compenser le recul stratégique à Cuba, les savants soviétiques lanceront dès le 1er novembre
un navire de l'espace qui devait atteindre la planète Mars après un
voyage de sept mois.

Le 8 février, les États-Unis et le Royaume-Uni avaient annoncé la reprise de leurs propres essais nucléaires. Cette nouvelle
rejetait dans l'ombre le marchandage auquel les deux Grands
venaient de se livrer en s'échangeant leur espion vedette [62]. Les
25 et 27 avril, les Américains reprenaient leurs explosions nucléaires au-dessus de l'île Christmas dans le Pacifique, entraînant de
vives protestations à Tokyo particulièrement où des étudiants se
portèrent à l'assaut de l'ambassade américaine. Le 10 juillet, la
même journée que les savants américains mettaient sur orbite le
célèbre satellite à transmission *Telstar,* une bombe à hydrogène
américaine éclatait à deux cents milles au-dessus de l'île Johnson
dans le Pacifique, illuminant le ciel sur tout l'espace compris entre
Hawaii et la Nouvelle-Zélande. Pour n'être pas en reste, Khrouchtchev affirmait six jours plus tard que les fusées soviétiques avaient
atteint un tel degré de précision qu'elles pourraient avoir pour cible
une mouche dans l'espace extra-atmosphérique! Au début d'août
les savants soviétiques inauguraient une nouvelle série d'expériences atomiques en Sibérie.

Alors qu'ils jouaient de plus belle aux maîtres artificiers les
deux Grands affrontaient à l'intérieur de sérieuses difficultés économiques [63]. Lorsque éclatera la crise d'octobre, c'est du côté de
l'Allemagne qu'on attendait une relance de la guerre froide. Une
manifestation monstre avait éclaté à Berlin-Ouest le 13 août, à
l'occasion de l'anniversaire de l'érection du « mur de la honte » ;
une autre, encore plus violente, se déroulait quatre jours plus tard,
à la suite de l'acte particulièrement odieux de la police de Berlin-

---

62. Le pilote de l'U2, Gary Powers, jugé et condamné en U.R.S.S.,
contre l'espion soviétique Rudolf Abel.
63. En avril, le président Kennedy avait mâté la United Steel Corporation qui dut renoncer à une augmentation de six dollars la tonne
d'acier. Les autres entreprises sidérurgiques durent faire de même.
Le 14 juin, la Bourse de New York vit ses cours tomber à un niveau inférieur à celui du « lundi noir » du 28 mai précédent. Ces
« accidents de parcours » — comme on le dit maintenant à tout
propos — étaient suffisamment graves pour permettre d'évoquer le
grand krach de 1929... En mars, devant le Comité central du P.C.
soviétique, Khrouchtchev déclarait que l'économie soviétique devait
augmenter considérablement sa production de denrées alimentaires
pour pourvoir adéquatement aux besoins d'une population de 200
millions d'habitants. Trois mois plus tard, il s'en prenait presque
rageusement aux pays du Marché commun dont les progrès lui faisaient sans doute envie.

Est, qui avait abattu un jeune fuyard et le laissait, sans soin, agoniser à la vue des Berlinois de l'autre côté du mur.

De son côté, la situation cubaine n'était pas devenue dormante dans les huit premiers mois de l'année. Au début de février, le gouvernement américain avait imposé un embargo sur le commerce avec l'île, à l'exception des médicaments et des denrées alimentaires. Cinq jours plus tard, le 8, l'Argentine rompait ses relations diplomatiques avec Cuba. Ce même jour à l'O.N.U., le délégué soviétique accusait le gouvernement américain de s'apprêter à envahir Cuba, accusation formellement démentie par le représentant des États-Unis. Une semaine plus tard, la commission politique de l'Assemblée générale rejetait une résolution du bloc communiste répétant la même accusation. Au début juillet, le voyage à Moscou de Raul Castro, frère de Fidel et le plus prestigieux des leaders cubains avec « Che » Guevara, n'était qu'une nouvelle confirmation de l'unité de l'axe La Havane-Moscou. La question se posait plus que jamais : « Que ferait Moscou si Washington tentait une expédition militaire contre Cuba ? » L'hypothèse restait plausible *malgré* la désastreuse équipée de la baie des Cochons, ou, d'autant plus, d'un autre point de vue, *à cause* de ce fiasco dont les Américains avaient recueilli le discrédit sans participation active. Même la Washington de Kennedy et de la nouvelle frontière pourrait-elle subir indéfiniment le défi que représentait à son flanc la seule existence d'un État « marxiste-léniniste » qui, en outre, se liait de plus en plus étroitement à l'autre grand protagoniste de la guerre froide ? Il y avait eu la déclaration ambiguë de Khrouchtchev du 9 juillet 1960, lors de la crise du sommet de Paris, menaçant de ses fusées « les forces agressives du Pentagone » si jamais elles « osaient prendre l'initiative d'une intervention contre Cuba [64] ». Déclaration en soi très claire, mais pourtant énigmatique du fait que Khrouchtchev avait précisé qu'il parlait « au figuré... » Différentes versions ont été avancées sur la question de savoir quand et pourquoi Khrouchtchev, qui avait assuré Kennedy peu après l'affaire de la baie des Cochons qu'il n'avait pas l'intention d'établir des bases à Cuba, a changé d'avis ; ou sur cette autre question complémentaire à la précédente : les Sovié-

---

64. Theodore Draper, *la Révolution de Castro*, Paris, 1963, p. 224-225.

tiques ont-ils offert leurs fusées aux Cubains ou ceux-ci en ont-ils
fait la demande à leur puissant allié [65] ? Chose certaine, les services
américains d'intelligence étaient bien au fait, à l'été 1962, que
d'importantes livraisons de matériel militaire arrivaient à Cuba
dont s'occupaient sur place nombre de techniciens soviétiques.

On n'a pas à charger la narration des faits essentiels de la
crise de Cuba par des évocations de suspense à la docteur Folamour,
à la Topaz, ou même à la James Bond. Le film de l'événement, en
son schématisme chronologique, est suffisamment haletant.

SEPTEMBRE : PROLOGUE

Le 1er : Le sénateur Keating de New York rapporte que 1 200
militaires soviétiques s'affairent à Cuba.

Le 3 : À l'occasion du séjour de « Che » Guevara à Moscou,
un communiqué annonce l'augmentation de l'aide militaire de
l'U.R.S.S. à Cuba pour faire face « aux menaces impérialistes ».

Le 4: Kennedy déclare qu'à sa connaissance, il n'y a pas d'armes offensives soviétiques à Cuba, mais l'hypothèse contraire soulèverait « les plus graves problèmes ».

Le 9 : En annonçant qu'un avion américain U2 vient d'être
abattu au-dessus de la Chine orientale, Pékin accuse Washington
de « préparer une nouvelle guerre ».

Le 11 : Un communiqué émis de Moscou avertit Washington
que toute attaque contre Cuba marquerait « le début du déclenchement d'une nouvelle guerre ».

Le 13 : Kennedy déclare, lors d'une conférence de presse, que
« les États-Unis prendraient les mesures nécessaires le jour où les
installations communistes à Cuba menaceraient leur sécurité. Cependant, dans les circonstances actuelles, une intervention militaire

---

65. Sans prétendre élucider ces questions, nous estimons devoir repro-
duire le témoignage de Castro au journaliste Claude Julien :
« Nous avions envisagé entre nous la possibilité de demander à
l'U.R.S.S. de nous fournir des fusées. Mais nous n'étions parvenus
à aucune décision lorsque Moscou nous les a proposées... Et parce
que nous recevions une aide importante du camp socialiste nous
avons estimé ne pas devoir nous dérober... Telle est la vérité, même
si d'autres explications sont fournies ailleurs. » (*Le Monde*, 22
mars 1963).

unilatérale ne serait ni nécessaire ni justifiée.» Autre extrait:
« Si Cuba devient une base militaire offensive, les États-Unis in-
terviendront.»

Le 14 : Kennedy obtient du Congrès les pouvoirs spéciaux
l'autorisant à rappeler 150 000 réservistes (au cas d'une aggravation de la crise berlinoise plutôt que pour parer au danger de la
situation cubaine).

Le 21 : Les services de la C.I.A. prétendent avoir repéré à
Cuba une « fusée plus grosse que les autres ».

OCTOBRE : ACTE I : ACTION

Le 7 : Partisans et adversaires du castrisme se livrent à une
violente bataille près du siège des Nations unies à New York.

Le 9 : Kennedy se rend à l'insistance de McCone, chef de la
C.I.A., en ordonnant une reconnaissance aérienne au-dessus de
Cuba.

Le 14 : Ajournées à cause du mauvais temps, les missions de
reconnaissance des U2 reprennent.

Le 15 : Les photographies rapportées par les pilotes des U2
sont examinées par les spécialistes.

Le 16 : Le résultat concluant de ces photographies est porté
à l'attention de Kennedy. Il convoque le comité exécutif du Conseil national de sécurité (une quinzaine de personnes), dit ExCom
qui se réunira plusieurs fois par jour jusqu'à la fin de la crise.

Le 18 : Kennedy rencontre Gromyko, venu à New York pour
l'Assemblée générale de l'O.N.U., qui avait demandé plusieurs
jours auparavant une audience au président américain pour discuter
de... la question de Berlin. Le ministre soviétique des Affaires
étrangères lui affirme que l'U.R.S.S. ne vise qu'à « contribuer au
potentiel défensif de l'île ».

OCTOBRE : ACTE II : RÉACTION

Le 22 : En soirée, Kennedy s'adresse au peuple américain par
le truchement de la télévision : des « preuves indubitables » établissent que les fusées soviétiques installées à Cuba peuvent atteindre
la capitale américaine, le canal de Panama ou Mexico ; des fusées

à plus long rayon d'action pouvant toucher la baie d'Hudson ou Lima semblent être en cours d'installation. Devant cette « menace explicite à la paix et à la sécurité de toutes les Amériques» et en « contradiction avec les assurances répétées des porte-parole soviétiques», les États-Unis se trouvent devant une « duperie délibérée..., une modification délibérément provocatrice et injustifiée du *statu quo*». Le Président ordonne donc en conséquence l'établissement d'une *quarantaine* autour de Cuba [66] comme la première d'une série de mesures à prendre « immédiatement». Après avoir déclaré qu'il saisirait l'Organisation des États américains et le Conseil de sécurité de l'O.N.U., il fait un appel pressant à Khrouchtchev d'« abandonner cette entreprise de domination mondiale» pour plutôt « mettre un terme à la périlleuse course aux armements et transformer l'histoire de l'homme [67]».

Le 23 : L'agence Tass publie un communiqué mettant en garde le gouvernement américain « pour la grave responsabilité qu'il assume pour les destinées du monde en appliquant les mesures annoncées par le président Kennedy... Le gouvernement soviétique rejette résolument les prétentions du gouvernement des U.S.A.» au sujet du droit « d'exiger des pays qu'ils lui rendent compte de l'organisation de leur défense et lui fassent savoir ce qu'ils transportent sur leurs bateaux en haute mer». Castro s'élève contre la « déclaration de pirate» du président américain. Le monde apprend que vingt-six navires soviétiques se dirigent vers Cuba.

---

66. « *Acting, therefore in the defense of our own security and of the entire Western Hemisphere, and under the authority entrusted to me by the Constitution as endorsed by the resolution of the Congress, I have directed that the following initial steps be taken immediately* :
« *First: To halt this offensive build-up, a strict quarantine on all offensive military equipment under shipment to Cuba is being initiated. All ships of any kind bound for Cuba, from whatever nation or port, will, if found to contain cargoes of offensive weapons, be turned back. This quarantine will be extended if needed, to other types of cargoes and carriers. We are not at this time, however, denying the necessities of life as the Soviets attempted to do in their Berlin blockade of 1948.* »

67. « *Seventh and finally : I call upon Chairman Khrushchev to halt and eliminate this clandestine, reckless and provocative threat to world peace and to stable relations between our two nations. I call upon him further to abandon this course of world domination, and to join in an historic effort to end the perilous arms race and transform the history of man.* »

Le 24 : La quarantaine est mise en vigueur autour de Cuba. Le secrétaire général de l'O.N.U. demande à Khrouchtchev de suspendre volontairement tous les envois d'armes à Cuba, et à Kennedy de lever les mesures de blocus pour que « le temps soit laissé aux parties intéressées de se réunir en vue de résoudre pacifiquement la crise actuelle... »

Le 25 : Le pape Jean XXIII lance un vibrant appel à la paix.

OCTOBRE : ACTE III : INTERACTION

Le 25 : On apprend que douze des vingt-quatre navires soviétiques en route pour Cuba se sont immobilisés ou ont fait demi-tour. Kennedy donne l'ordre de ne pas arraisonner les navires qui continuent leur route mais de les suivre lorsqu'ils pénétreraient dans la zone du blocus. Un pétrolier soviétique passe la ligne de contrôle sans subir d'inspection. Dans sa réponse au message du secrétaire général de l'O.N.U., Kennedy dit que son représentant auprès de l'organisme, Adlai Stevenson, est prêt à « discuter rapidement » de ses propositions de la veille. Khrouchtchev, pour sa part, accepte la trêve de deux ou trois semaines proposée par U Thant. Échange d'une extraordinaire densité dramatique entre les représentants soviétique et américain au Conseil de sécurité [68].

---

68. Fontaine en cite le passage épique (*op. cit.*, t. II, p. 504-505) : « Zorine ayant affirmé que les preuves sur lesquelles Washington s'était appuyée pour décréter le blocus de Cuba étaient « truquées », Stevenson, qui a mangé du lion, lui dit : « Laissez-moi poser une seule question. Niez-vous, Monsieur Zorine, que l'Union soviétique installe des fusées stratégiques à Cuba ? Répondez-moi par oui ou par non. N'attendez pas la traduction.
« Zorine éclate d'un rire nerveux qui gagne ses collègues et répond : « Je ne me trouve pas devant un tribunal américain. Vous n'êtes pas un procureur et je n'ai pas à répondre à vos questions.
« — Vous vous trouvez devant le tribunal de l'opinion publique.
« — Je répondrai au moment opportun. Vous attendrez votre réponse jusqu'au moment où je serai prêt à vous la donner. Vous pouvez continuer.
« — J'attendrai votre réponse jusqu'à ce que l'enfer gèle ! » hurle alors Stevenson qui fait amener des chevalets auxquels sont accrochés des agrandissements des photographies prises par les U2. Avec le concours d'un expert, il commente ces documents avant de conclure : « Notre tâche dans cette enceinte ne consiste pas, Monsieur Zorine, à marquer des points dans un débat mais à sauver la paix. Si vous êtes prêt à essayer, nous le sommes également. »

Le 26 : Un destroyer américain arraisonne un cargo neutre mais affrété par les Soviétiques. L'inspection se déroule sans le moindre incident. La cargaison ne comprenant aucune « arme offensive », le cargo reçoit l'autorisation de passer outre. Khrouchtchev transmet, via l'ambassade américaine à Moscou, un message confidentiel qui n'a pas encore été publié mais qui contenait selon un des conseillers de Kennedy, l'« embryon d'une solution raisonnable [69] ».

Le 27 : Message, public cette fois, de Khrouchtchev à Kennedy proposant l'évacuation simultanée des bases américaines en Turquie et des bases soviétiques à Cuba sous le contrôle des Nations unies. La Maison-Blanche émet un communiqué disant que « la condition préliminaire à la prise en considération des propositions est que les travaux sur les bases de Cuba doivent cesser. Les armes offensives doivent être rendues inopérantes et l'acheminement vers Cuba d'armes offensives doit cesser.» Un avion U2 est porté manquant au-dessus du territoire de l'U.R.S.S. ; il réintègre sa base sans avoir été intercepté. Un autre avion du même type est abattu au-dessus du sol cubain. Kennedy répond, non pas au message public, mais à la première communication secrète de Khrouchtchev en faisant état des « éléments acceptables tels que je les comprends » : démantèlement des bases de fusées à Cuba, levée de la quarantaine, promesse américaine de ne pas envahir Cuba.

OCTOBRE : ACTE IV : DÉNOUEMENT

Le 28 : Khrouchtchev câble à Kennedy qu'en contrepartie de l'acceptation américaine de ne pas envahir Cuba, « il a donné l'ordre que l'armement offensif à Cuba soit démonté et ramené en U.R.S.S. » sous contrôle des Nations unies.

---

69. « Ce document n'a jamais été publié et des bruits divers ont couru quant à son ton « incohérent » et « décousu », selon les journalistes James Daniel et John Hubbell ; « cri d'épouvante d'un homme prisonnier d'un cauchemar », selon Elie Abel ; « pas exalté, mais écrit sous l'influence d'une émotion profonde », pour Schlesinger, qui l'a sûrement lu ; « plein de détours et de polémiques, mais contenant l'embryon d'une solution raisonnable », pour Sorensen qui l'a lu aussi. En tout cas on en connaît les thèmes essentiels. » (Fontaine, op. cit., t. II, p. 506).

Le 30 : U Thant se rend à La Havane pour faire admettre le contrôle par l'O.N.U. du démantèlement des bases soviétiques. Tout en refusant « la demande d'inspection [qui] avait pour but, une fois de plus, d'humilier son pays », Castro déclare son accord officiel à la « politique de principes de l'Union soviétique ».

Le 31 : Mikoyan s'envole de Moscou pour La Havane avec mission de faire accepter à Castro l'entente que les deux Grands ont négociée entre eux. Il y passera vingt-quatre jours, sans même rentrer à Moscou pour les obsèques de sa femme, décédée le 3 novembre.

NOVEMBRE ET DÉCEMBRE : ÉPILOGUE

Novembre, le 1er : Lancement d'un engin spatial soviétique en direction de Mars, à l'aide d'un « satellite porteur ».

Le 2 : Le gouvernement américain dit avoir des preuves certaines du démantèlement des bases de fusées soviétiques à Cuba. Khrouchtchev reçoit Ulbricht et d'autres gouvernants de la R.D.A. ; la dépêche de l'agence Tass ne fait aucune allusion au traité de paix séparé dont il avait été tellement question depuis quelques années.

Le 5 : La commission politique de l'O.N.U. se prononce par 81 voix contre 0 pour l'arrêt de tous les essais nucléaires à partir du 1er janvier 1963. Le *Quotidien du peuple* de Pékin publie un article dont le thème est que « conclure un compromis avec Kennedy ou accepter ses exigences brutales ne peut qu'encourager l'agresseur ». La *Pravda* en écrit un somme toute plus favorable à l'Inde qu'à la Chine au sujet du conflit de l'Himalaya. Le gouvernement suédois décide de ne pas décerner de prix Nobel de la paix cette année.

Le 7 : Accord entre les deux Grands pour la vérification en mer du nombre des fusées soviétiques quittant Cuba.

Le 8 : Le secrétariat à la Défense des États-Unis communique qu'une reconnaissance aérienne a permis de constater la disparition de toutes les bases de fusées de portée intermédiaire à Cuba.

Le 9 : L'équipage d'un navire de guerre américain découvre des fusées dans la cale d'un cargo soviétique parti de Cuba en direction de l'Union soviétique.

Le 14 : Le chancelier Adenauer rend visite au président Kennedy à Washington.

Le 15 : Dans une communication au secrétaire général de l'O.N.U., Castro menace de faire abattre les avions de reconnaissance des États-Unis. Le *Quotidien du peuple* dirige une attaque *anonyme* contre les « révisionnistes modernes » qui cèdent à la « pression impérialiste » et encouragent ainsi l'« impérialisme à accentuer sa politique d'agression et de guerre ».

Le 16 : Le gouvernement américain annonce que les vols de reconnaissance au-dessus de Cuba continueront en dépit des menaces de Castro.

Le 20 : Castro accepte le retrait des bombardiers soviétiques de Cuba. Kennedy annonce la levée de la quarantaine autour de Cuba et le maintien des reconnaissances aériennes. Après une forte avance des troupes chinoises dans l'Himalaya, Pékin ordonne le repli de ses troupes et un cessez-le-feu qui deviendra effectif deux jours plus tard.

Du 20 au 24 : De nombreuses critiques se font entendre contre les Chinois et les Albanais au Congrès du P. C. hongrois.

Le 26 : Le gouvernement de La Havane demande une « inspection sur une base de réciprocité » sous le contrôle de l'O.N.U. Mikoyan quitte Cuba pour se rendre aux États-Unis.

Le 30 : U Thant est désigné à l'unanimité secrétaire général de l'O.N.U.

Décembre, du 4 au 8 : Novotny, réélu premier secrétaire du Comité central du P. C. tchécoslovaque, attaque la Chine et l'Albanie et annonce la révision des procès politiques de 1949 à 1954.

Du 4 au 20 : Voyage de Tito en U.R.S.S.

Le 10 : Moscou accepte le principe de l'installation sur son sol de « stations automatiques enregistreuses » pour le contrôle des essais nucléaires.

Du 10 au 13 : À la réunion du Soviet suprême, Khrouchtchev défend sa politique dans la crise des Caraïbes et répond aux attaques chinoises. Tito s'adresse aux députés du Soviet suprême.

Le 12 : Kennedy se prononce en faveur d'une ligne téléphonique directe entre le Kremlin et la Maison-Blanche.

Du 13 au 15 : Le Conseil de l'O.T.A.N. se félicite du succès de la politique américaine lors de la crise de Cuba.

Le 15 : Ulbricht déclare à Leipzig que « les tâches économiques [de la R.D.A.] passent avant la solution du problème de Berlin ». Le *Quotidien du peuple* dénonce Khrouchtchev, à nouveau sans le nommer, pour son « aventurisme » et son « défaitisme ».

Du 17 au 21 : Rencontre Kennedy-Macmillan aux Bahamas : pour l'abandon de la fusée Skybolt, les Américains s'engagent à pourvoir de fusées Polaris le Royaume-Uni qui devra fabriquer les têtes thermonucléaires et les sous-marins porteurs. Proposition conjointe à de Gaulle pour la création d'une force nucléaire multilatérale.

Le 22 : Le message de Noël de Jean XXIII relève divers indices d'une nouvelle paix sociale et internationale.

Le 31 : Le *Quotidien du peuple* s'élève contre le « sacrifice de la souveraineté d'un autre pays comme moyen de parvenir à un compromis avec l'impérialisme ».

À la fin de l'été 1962, c'est à Berlin qu'on attendait l'« initiative la plus risquée du Kremlin depuis la guerre », selon l'expression du planificateur Rostow [70] : après deux ans de tension aiguë dans une situation globale explosive divers indices l'annonçaient. C'est à Cuba qu'elle se produisit. Ce théâtre *tiers* de la guerre froide, pour ainsi dire promu théâtre *second* depuis l'affaire de la baie des Cochons et l'embargo américain, devenait tout à coup le plus dramatique des théâtres *premiers* — les Grands s'y défiant comme en un match décisif longtemps différé, tels deux colosses à la foire d'empoigne. On comprenait assez aisément les raisons de cette tentative de diversion dans l'entourage de Kennedy à Washington, dans les chancelleries ou dans les milieux de presse : provoquer Washington en son point le plus sensible, viser à faire un martyr de Castro pour détériorer le prestige de Kennedy dans le monde latino-américain — pendant que les Soviétiques *passeraient à l'action* à Berlin-Ouest [71]. Car, c'est à Berlin et aux

---

70. Walt Rostow, *View from the Seventh Floor,* New York, 1966, p. 9.
71. Entre autres ouvrages qui évoquent ce pressentiment, voir le *Kennedy* de Theodore Sorensen, déjà cité.

deux Allemagnes, croyait-on à Washington, que pensaient primordialement, pour ne pas dire exclusivement, Khrouchtchev et compagnie. Si l'on règle la question de Berlin sans guerre, Cuba n'a
que peu d'importance ; si la guerre se produit, elle n'en a pas du
tout. L'île, sans les installations de fusées soviétiques à moyen ou
long rayon d'action, ne présentait aucun avantage stratégique pour
l'un ou l'autre des Grands, pour les deux l'un en face de l'autre.
Sur le plan symbolique et idéologique il en était tout autrement :
défaite majeure pour les U.S.A., gain énorme et à bon compte
pour l'U.R.S.S. Aussi, pour débloquer l'impasse s'épaississant à
Berlin, Khrouchtchev était-il en position privilégiée pour faire
rebondir la tension du côté des Caraïbes.

L'étonnement, qui ira de l'incrédulité jusqu'à l'ahurissement
dans les milieux intéressés à Washington, ne portait pas sur la
nature ni sur les raisons de cette diversion qui n'était après tout
que « de bonne guerre » (froide). Mais on se rendait difficilement à la reconnaissance de l'ampleur et de l'acuité du risque
que Khrouchtchev avait pris en installant en direction du ventre
mou des États-Unis des armes offensives de cette puissance, et,
surtout, sans soin particulier pour en camoufler l'installation...
Donc, Khrouchtchev se plaçait délibérément en situation de chan-
tage, de défi sans l'intention de l'honorer jusqu'au bout. *Donc,*
Khrouchtchev, ne voulant pas la guerre, ne cherchait pas à la
gagner en frappant un premier coup décisif. Que cherchait-il ?
Consacrer à la face du monde l'U.R.S.S. comme première puissance
balistique ? Des milieux gouvernementaux à Washington l'admettaient assez généralement *à ce moment-là*. Faire de Cuba une monnaie d'échange pour le démantèlement des bases américaines en
Turquie ou en Italie ? C'était un pari un peu gros pour le gain
escompté puisqu'il était assez notoire que ces bases étaient déjà
désuètes *à ce moment-là*. Mettre Washington devant le fait ac-
compli pour pouvoir marchander au sujet de la sécurité européenne
en général ? Assez vraisemblablement, mais plus probablement
pour couvrir une opération de force à Berlin, en « une initiative
la plus risquée du Kremlin depuis la guerre ».

C'est le trait principal de cette affaire cubaine qu'elle fut
comme une crise *par procuration* de l'impasse berlinoise presque

une crise *par erreur* : Khrouchtchev devant admettre qu'il avait trop osé. Peu de temps auparavant Khrouchtchev avait confié au poète américain Robert Frost que les démocraties occidentales étaient trop libérales pour combattre. Tout au long de la crise, de son *prologue* au *dénouement,* les dirigeants américains étaient hantés par la préoccupation de jouer Cuba en pensant Berlin ; l'inquiétude causée par la menace objective des fusées offensives à Cuba venait en second [72]. Tout comme leurs prédécesseurs, en 1950, pensaient le blocus de 1948 et le projet de l'O.T.A.N. pour la défense de l'Europe en décidant l'intervention massive en Corée.

Seulement dans cette dernière crise *par procuration* il n'y avait plus possibilité d' « *erreur* sur la personne ». Pas de personnes interposées cette fois comme, naguère, Coréens du Nord, Coréens du Sud, puis les Chinois. C'était un affrontement direct, immédiat, en un défi mutuel entre les deux Grands et entre eux seuls. Les objets, Castro et son régime, furent précisément *agis* et non pas *acteurs* — comme les Berlinois de 1948-1949, de 1961-1962, et davantage encore que les populations des deux Corées après l'intervention chinoise de fin novembre 1950. Castro ne cachera pas son amertume d'avoir été ainsi *agi* [73]. Les grands alliés

---

72. L'assistant secrétaire à la Défense, Gilpatric, déclarait à la télévision américaine le 11 novembre 1962 : « *I don't believe that we were under any greater threat from the Soviet Union's power, taken in its totality, after this than before.* » (*New York Times,* 12 novembre 1962).

73. A Claude Julien, Castro confiait : « Khrouchtchev n'aurait pas dû retirer ses fusées sans nous consulter. Cuba ne veut pas être un pion sur l'échiquier mondial... Nul n'a le droit de disposer de la souveraineté cubaine... Le peuple cubain était très hostile à la décision de Khrouchtchev. Sa fureur était bien naturelle et j'ai compris que j'apaiserais la colère populaire en exprimant publiquement ce que chacun pensait. » (*Le Monde,* 22 mars 1963). Quatre ans plus tard, dans sa célèbre interview au magazine *Playboy,* il déclarait : « Je puis vous dire qu'il y a eu d'autres accords que celui entre Washington et Moscou, des accords sur lesquels on n'a pas encore dit un mot... Je ne doute pas un seul instant que monsieur Khrouchtchev ait eu des sympathies à l'égard de la révolution cubaine, mais il s'est trouvé devant un choix difficile, confronté entre la guerre et la paix... Le climat de méfiance créé par la suite entre Khrouchtchev et nous-mêmes n'a jamais pu être complètement surmonté. » Robert McCloskey, porte-parole du State Department, déclara en réponse à ces prétentions de Castro : « Il n'y a pas et il n'y a jamais eu entre les Etats-Unis et Cuba d'accords qui n'aient été rendus publics, que ce soit en relation avec la crise des missiles ou avec toute autre question. Il n'y a jamais eu non plus d'accords secrets avec l'U.R.S.S. » (*Le Monde,* 14 décembre 1966).

occidentaux ne furent, eux, qu'*informés* quelques heures avant le
discours de Kennedy à la télévision américaine le 22 octobre,
alors que la décision américaine était prise d'imposer la quarantaine ou blocus comme on dira plus communément dans la suite :
Macmillan, de Gaulle, Adenauer et Diefenbaker, premier ministre
du Canada. Ne furent même pas *informés* encore moins consultés,
les alliés de l'Union soviétique. Le schisme, jusque-là latent, avec
Pékin et Tirana devint patent pendant la crise même et ne tardera pas à éclater d'une façon presque rageuse dans la période subsé-
quente. Si l'organisation du traité de Varsovie fut mise en état
d'alerte, ce fut en même temps et pour les mêmes raisons que
l'O.T.A.N. se tenait prête à toute éventualité... du côté de Berlin.
De même l'O.E.A. prenait partie en entérinant la position américaine déjà annoncée par Kennedy dans son discours télédiffusé
du 22 octobre. Les « durs » des deux Allemagnes, Ulbricht et
Adenauer, n'étaient pas « dans le coup » de la diversion non plus
que de la réaction qu'elle avait suscitée. Ils n'eurent qu'à accepter
a posteriori les décisions des deux Grands confirmant le *statu quo*
allemand et berlinois pour une période indéfinie.

La crise, se déroulant en situation strictement duopolistique,
fut contrôlée à toutes les étapes de son déroulement. Au moment
crucial, elle sembla un moment s'affoler (le message secret de
Khrouchtchev du 26 octobre ; la réponse de Kennedy à ce message secret et non pas à la communication publique qui l'avait
suivi de peu) ; mais, après coup, apparut plutôt claire l'intention
réciproque de communiquer simultanément à différents niveaux
pour ne rien perdre d'un contact incessant estimé essentiel par les
deux parties. Elles étaient tout à fait conscientes d'être engagées
dans un *showdown*, à chaque heure qui passait, de plus en plus
angoissant. La paix du monde fut sauvée parce que Khrouchtchev
sut reconnaître que son risque pouvait être jugé exorbitant par
Kennedy, que celui-ci par le contre-risque qu'il lui opposait sut
ne pas « pousser les Soviétiques un pouce de plus qu'il n'était nécessaire », selon son expression même rapportée dans le document
que son frère a publié sur ces *Thirteen Days*[74]. La modération
dans la décision irréversible de Washington se voit à des signes

74. Ouvrage mis au point par Robert Kennedy peu de temps avant son
assassinat, New York, 1968.

aussi divers que la décision de ramener la zone du blocus de 810 milles à 500 milles[75], qu'à la recommandation pressante du secrétaire d'État, Rusk, aux journalistes américains de ne pas parler de « capitulation » ni de faire de « commentaires ironiques » à l'égard du recul de Khrouchtchev[76]. Pour le dire en bref, la porte restait entrebâillée par la latitude que s'accordaient les deux parties pour prendre le temps de s'y retrouver[77]. Ce n'était pas qu'un esprit de *compromis* au sens du langage courant ni au sens plus technique des négociations conflictuelles. Il s'agissait d'éviter, en un scénario s'improvisant d'heure en heure, une escalade par inadvertance, de ne prendre aucun risque d'essuyer une défaite de prestige tout en épargnant un tel sort à l'opposant, de ménager enfin les amorces d'un possible accommodement. Il serait sans doute exagéré de voir dans la solution de la crise un triomphe de la diplomatie secrète *à la moderne,* encore qu'une espèce de code opérationnel semble avoir été en action par personnes officieuses ou même par des espions[78]. Enfin, il est possible que la version nou-

---

75. Selon l'ouvrage de Robert Kennedy, cette limite avait été fixée par la marine américaine afin que ses navires intercepteurs soient hors de la portée des Migs basés à Cuba. Sur la recommandation de l'ambassadeur britannique, Ormsby-Gore, « vieil ami en qui il avait entière confiance », le Président fit ramener cette ligne à 500 milles afin que les navires soviétiques aient plus de temps devant eux pour analyser leur situation à la suite de la proclamation de la quarantaine.

76. « Il est possible qu'au Kremlin cette question soulève d'âpres débats, qu'elle donne lieu à toutes sortes de contestations entre factions rivales. C'est pourquoi nous vous demandons de ne pas parler de « capitulation », de ne pas assortir votre satisfaction de commentaires ironiques... » (Cité par Abel, *op. cit.,* p. 213).

77. Comme l'a remarquablement résumé un analyste des crises internationales, la crise fut contrôlée par l'habileté de Kennedy se manifestant à trois niveaux : « 1) *To maintain multiple options for both the United States and the Soviet Union;* 2) *to lengthen decision time, again for both the United States and the U.S.S.R.; and* 3) *to use effectively multiple channels of communication.* » (Ole R. Holsti, « The 1914 Case », *American Political Science Review,* vol. LIX, 1965).

78. Exemples : le rôle d'un conseiller soviétique à l'ambassade de Washington, « généralement considéré comme le chef des services de renseignements russes aux Etats-Unis » (Fontaine, *op. cit.,* t. II, p. 506), donnant un rendez-vous au commentateur, John Scali, de l'American Broadcasting Corporation ; ou celui de l'espion Oleg Vladimorovich Penkovsky, exécuté par les Soviétiques en 1963, et qui aurait fourni à l'entourage du président Kennedy l'assurance que l'U.R.S.S. n'était pas prête à la guerre nucléaire à l'automne 1962.

velle de la *dissuasion,* qui était en train de s'affiner à Washington, ait permis un calcul plus rationnel sinon plus raisonnable des risques à encourir [79].

La crise s'achevait avec un gagnant qui ne se proclamait pas ni se comportait en vainqueur, et avec un perdant qui avait opéré un recul sans se considérer comme un vaincu : il n'y eut pas de combat qui avait été évité de justesse. Test d'intention plutôt qu'épreuve de force [80] qui s'acheva en un débat où les débattants se mettront à parler enfin le même langage fondamental [81]. Dans son grand discours au Soviet suprême du 12 décembre, Khrouchtchev synthétisait ainsi la portée de l'événement : « Le monde, on le sait, a été littéralement aux limites de la guerre... Il n'est pas exclu qu'un dément déchaîne la guerre. Cependant si cette folie furieuse a été évitée, c'est que nous avons réussi à conjurer la guerre... au moyen d'un compromis raisonnable. Le gouvernement des États-Unis d'Amérique était conscient du développement éventuel des événements... Au moment décisif de la crise, le gouvernement des U.S.A. a fait preuve de bon sens. Proposant une solution mutuellement acceptable, nous avons tenu compte des circonstances, et la guerre a été évitée. » Et de s'en prendre, en un autre passage de son discours, aux « militaristes fieffés et aux orduriers haineux » qui, « seuls, sont restés mécontents de cette réussite ». Réussite, en effet, que d'avoir conjuré la vision apocalyptique de la guerre nucléaire. Par les multiples témoignages que

---

79. Rappelons que c'est à la Conférence d'Athènes de l'O.T.A.N. que le secrétaire à la Défense, McNamara, exposa (le 4 mai précédent) la doctrine dite de « la réponse flexible » ; qu'à l'été précédent (le 19 juillet) un missile antimissile américain du type Nike-Zeus réussissait, pour la première fois, à intercepter un engin intercontinental.

80. Selon l'expression imagée d'un journaliste canadien, « c'était comme si, en plein cœur d'une poudrière, deux porteurs de torches avaient songé à régler leur querelle particulière dans un pugilat » (André Laurendeau, « Une lueur d'espoir », *le Devoir,* Montréal, 29 décembre 1962).

81. « La dissuasion cessait d'être une abstraction. Les dirigeants soviétiques découvraient, peut-être avec surprise, qu'en certaines circonstances le président des Etats-Unis ne reculerait pas devant les périls d'une confrontation directe... M. Khrouchtchev tira la leçon de la crise et de la défaite... et il tint désormais, sur le sujet de la guerre atomique, le même langage que J. F. Kennedy. » (Raymond Aron, « A l'ombre de l'Apocalypse », *Figaro littéraire,* 29 septembre 1966).

l'assassinat du président américain suscita, nous savons bien davantage ce qui s'est passé à Wahsington pendant ces jours fiévreux qu'à Moscou, mais Michel Tatu nous assure « qu'ils furent au moins aussi agités que dans l'entourage du président Kennedy. Ils le furent probablement davantage encore si l'on songe que les dirigeants soviétiques se trouvaient sous la menace de leur adversaire et non dans le cas inverse comme cela leur était arrivé si souvent dans le passé ; de plus, si Kennedy avait le droit au dernier mot en matière de décision, on ne peut en dire autant de Khrouchtchev dont le présidium, très visiblement, ne se borna pas à un rôle consultatif [82]. »

Les spécialistes de la *conflictologie* et des crises internationales, pour valider ou étoffer leurs schémas interprétatifs, se trouvent devant un cas prototype : nombre restreint d'opposants, faible durée de la crise en son intensité croissante, enjeu ultime qui pouvait mettre en cause à sa limite pensable rien moins que la disparition de l'espèce humaine. Ou, à l'inverse, le sujet incitant à l'expression superlative, ne peut-on pas qualifier l'alerte d'octobre 1962 de « supercrise » de la guerre froide, cas *sui generis* plutôt qu'*ideal type,* peu susceptible de féconder des typologies de conflits internationaux et encore moins de trouver place dans des taxonomies qu'on pourrait inventer ? Faut-il voir le « résultat d'un certain laisser faire contrôlé » [83], ou l'explication du modèle en deux temps du stimulus et de la réponse [84], ou une « leçon » imposée de « coexistence paficique [85] » ou encore une « signifi-

---

82. *Le Pouvoir en U.R.S.S.* : *Du déclin de Khrouchtchev à la direction collective,* Paris, 1967, p. 293.
83. « Du côté américain comme du côté soviétique, la montée de la crise apparaît comme le résultat d'un certain laisser faire contrôlé par les deux gouvernements, des actions projetées des extrémistes des deux camps, grâce à une très mauvaise communication [au moins publique] entre les deux gouvernements, entretenue jusqu'à l'extrême limite et jusque pendant la crise chaude. » (Alain Joxe, « La crise de Cuba : entraînement contrôlé vers la dissuasion réciproque », *Stratégie,* n° 1, été 1964).
84. Voir l'article de O. R. Holsti, R. A. Brody, R. C. North, « Measuring Effect and Action in International Reaction Models : Empirical Materials from the 1962 Cuban Crisis », *Journal of Peace Resolution,* n°s 3-4, 1964.
85. « *In Berlin, as in Cuba, we have tried to teach them [the Russians] a lesson about what might be called « peaceful coexistence », if the term had not already been discredited by soviet use.* » (Thomas C. Schelling, *Arms and Influence,* New Haven, 1966, p. 280).

cation analogue à celle que la Phénoménologie de l'Esprit confère à la Terreur Jacobine », soit la mort qui « impose aux factions rivales une discipline commune [86] » ? Ce sont là autant
d'hypothèses ou d'outils analytiques dont notre propos doit se
borner à souligner l'intérêt sans pouvoir y sacrifier.

Contentons-nous de référer à notre introduction à cette année
frontière. La *guerre froide* reste une commodité du langage. Mais
à partir de 1963, l'expression ne recouvrira plus le même objet
ou le même objet devra être perçu différemment. La guerre froide
évoluera vers *autre chose* qui tiendra d'elle suffisamment pour
qu'on continue d'en parler comme d'une après-guerre froide, ou
même, en purgeant l'expression d'une connotation dont l'ironie ne
serait pas de mise, comme d'une guerre froide inachevée...

86. André Glucksman, *le Discours de la guerre*, Paris, 1967, p. 184.

CHAPITRE VI

UN MODÈLE CYCLIQUE
DES RYTHMES DE LA GUERRE FROIDE

Des cheminements, d'année en année, de la guerre froide, se dégage sa ligne rythmique générale [1] : 1) une tendance à la tension jusqu'à 1950, une tendance inverse à la *détente* menant à 1955 — ce qui constituerait un premier cycle complet de dix ans ; 2) une nouvelle tendance, s'étalant aussi sur cinq années, vers la *tension* jusqu'à 1960 — ou relance d'un nouveau cycle, mais s'arrêtant à mi-chemin —, qui prolongerait le cycle antérieur complet pour donner à la totalité de la période de quinze années la configuration d'un cycle et demi de *tension-détente-tension* ; 3) après 1960, ne se produit pas d'inversion de la tendance vers la *détente* ; mais la tension persiste, augmente jusqu'au point du presque *éclatement* de la « supercrise » d'octobre 1962. Cette tension prolongée de trois années met un terme au mouvement oscillatoire des trois phases quinquennales précéden-

---

1. Ce chapitre reprend l'analyse de la guerre froide au point où notre premier chapitre l'avait laissée. Il serait indiqué d'y référer, surtout en sa cinquième partie de la *dynamique* à triple motricité de la guerre froide. L'hypothèse, ensuite proposée, de la *cyclicité* de la guerre froide est ici reprise sous la forme d'une tentative d'interpréter ce que nous appelions la « cohérence foncière sur le plan réel » de la guerre froide par opposition à son « incohérence systématique » en apparence « sur le plan officiel » (p. 21). L'étude des cheminements annuels de la guerre froide nous permet d'élaborer maintenant cette quatrième dimension — et la plus englobante — de la dynamique du régime duopolistique de la guerre froide.

tes, brise ou change les rythmes de la guerre froide. Elle deviendra
alors quelque chose d'autre, mais en un processus de transformation plutôt que de mutation qui la rendrait entièrement différente
de ce qu'elle avait été jusque-là.

I. QUATRE LIGNES DE RECHERCHES

Rythmes ou mouvements oscillatoires dans la guerre froide ?
Sûrement, à peu près tout le monde qui l'étudie dans son ensemble en relève d'après des critères plus ou moins précis ou de
simples vues impressionnistes ou intuitives de classement. Ces
rythmes et mouvements oscillatoires pendant une quinzaine d'années constituent-ils des fluctuations *cycliques* d'une durée totale,
en l'occurrence, d'un cycle et demi ? C'est beaucoup moins certain, mais, en apparence du moins, la presque trop belle périodicité[2] des tendances *tension-détente-tension* pendant trois phases,
étrangement égales d'une soixantaine de mois, incite tout au moins
à pousser plus à fond l'examen d'une virtuelle nature *cyclique* de
la guerre froide. Ainsi posée, la problématique indique les lignes
de recherches suivantes :

1. La division proposée dans les quatre chapitres précédents rend-
elle compte des *rythmes* de la guerre froide jusqu'à 1962 ?

2. Ces mouvements généraux correspondent-ils à des fluctuations
cycliques que, de sa nature même, la dynamique de la guerre froide propulserait ?

3. Sinon, ou s'il n'était pas possible d'en faire une preuve rigou-
reuse, serait-il quand même d'une méthode pertinente d'analyser
la guerre froide *comme si* elle était cyclique ?

4. Serait-il de quelque utilité de procéder à cette analyse : *a*) pour
proposer des subdivisions de l'historique de la guerre froide qui,
non seulement en valent d'autres, mais leur seraient supérieures
comme fil d'intelligibilité du phénomène global ; *b*) pour opérer

---

2. Signalons qu'en quelque domaine que ce soit des cycles se reprodui-
sant à périodicité stricte sont plutôt rares. Mais pour qu'il y ait *cyclicité,* il suffit qu'il y ait récurrence dans les phénomènes sans alternan-
ce nécessaire de stricte périodicité des phases du cycle.

une saisie plus en profondeur du *comment,* et peut-être aussi du *pourquoi* de la guerre froide en sa dynamique propre ; *c)* pour permettre de mieux rendre compte de la portée et des conséquences de phénomènes qui semblent en contredire le modèle proposé pour la période en cause ; *d)* pour caractériser de façon analogique d'autres périodes comparables, comme celle qui la continue (1963-1970) ou celle dont elle est, après le hiatus profond du deuxième conflit mondial, le prolongement (1919-1939) ?

C'est parce que nous croyons à cette utilité minimale, aux niveaux taxonomique et heuristique, que nous avons écrit ce livre dont le présent chapitre devient ainsi la plaque tournante. Quand une hypothèse, fût-elle de simple classement, ne peut être validée ou invalidée à cause de la nature de l'objet auquel elle s'applique, ou/et de l'infirmité de nos moyens d'investigation, le modèle qu'elle suggère n'est pas indifférent dès lors qu'on peut s'en servir comme *référentiel* pour des éclairages nouveaux dont on n'aurait pas eu l'idée autrement. Ces nouvelles perspectives peuvent complexifier, brouiller le modèle proposé ou même le contredire jusqu'au rejet de son idée directrice et à la suggestion d'un autre point de départ — ce qui est déjà un résultat qui ne pouvait être acquis autrement. Tel est le risque inévitable de toute démarche scientifique tâtonnante. Autrement dit, il vaut mieux, pour un temps, travailler avec une hypothèse qu'on ne peut valider de façon satisfaisante, qui serait même au départ aisément démentie si on s'y enfermait étroitement, que pas d'hypothèse du tout. Il s'agit, à partir d'une hypothèse plausible de faire découler un modèle éventuellement fécondant pour la recherche, mais à l'intérieur de limites dont l'analyste est conscient au départ. En sa période « classique », la guerre froide peut n'avoir pas été *cyclique,* de tels ordres de phénomènes ne pouvant guère être portés par des régularités oscillatoires.

Nous ne soutenons pas que la guerre froide fut cyclique, encore moins que l'ensemble de phénomènes internationaux qu'elle recouvre devait être fatalement cyclique. Nous disons qu'elle *semble* avoir obéi à des fluctuations cycliques et qu'à ce titre il vaut de l'étudier comme telle. Ce qui nous amènera à mieux découper ses phases pour ensuite les interrelier en un processus global évolutif qui s'arrête abruptement en octobre 1962. *Si* la guerre froide a semblé suivre des fluctuations cycliques, sa dynamique profonde fut conditionnée en profondeur par d'autres ordres de facteurs [3] que les critères analytiques par lesquels nous croyons reconnaître et identifier les phases de cette tendance cyclique hypothétique. Ajoutons finalement que les raisons positives contre la *possibilité* d'une telle tendance, comme l'argument de la pure coïncidence, seraient peut-être plus arbitraires que les arguments en faveur de sa seule *plausibilité*. Seules comptent, à notre avis, les raisons négatives contre cette plausibilité, qui ne permettraient du reste que de la nuancer ou de l'atténuer, à supposer qu'un certain optimisme d'écriture simplifiante nous incite à exagérer cette plausibilité pour en parler comme d'une *réalité* certaine ou d'une *nécessité*.

La guerre froide fut-elle cyclique ? — Il ne peut y avoir de réponse par « oui » ou par « non ». Il n'y a qu'une ligne de recherche selon laquelle la guerre froide a « peut-être » été cyclique. Le fondement de cette plausibilité réside dans la rétrospective à laquelle nous venons de nous livrer et qui nous apparaît suffisante pour traiter désormais de la guerre froide comme si elle avait été cyclique. Précisons encore que la capacité prédictive du modèle proposé est très faible, non pas tellement à cause de son seul caractère de plausibilité sur lequel nous insistons, que parce que nous sommes, depuis 1963, dans une nouvelle période d'*expectative* dans la guerre froide depuis la sortie brusque de la tendance oscillatoire à la moitié du second cycle. Cette constatation comporte au moins l'intérêt de nous rendre compte de la portée globale de la crise des missiles à Cuba, ligne de partage entre la guerre froide et la paix froide qui lui a succédé.

En théorie politique générale, les théoriciens du développement, de la *modernisation* ou de toutes espèces de *social* ou *political engineering* élaborent des projets cycliques, et apparaissent cousins au moins par l'intention des plus hardis mages de la *prospective* — les uns et les autres sacrifiant d'habitude trop peu aux conditions préalables d'une *rétrospective* suffisamment exi-

---

3. La « triple motricité » de la guerre froide dont nous parlions en notre premier chapitre — et dont la *cyclicité* de la guerre froide serait une conséquence ou un reflet plutôt qu'une cause.

geante. Nous n'interrogerons pas un futur aléatoire, où passent en mystérieux enchaînements autant de craintes que d'espoirs comme pour se rassurer de celles-là, mais un passé certain de politique internationale et ses cheminements relativement bien connus afin de nous rendre compte que, si les conditions de récurrence relevées n'existent plus, c'est *quelque chose d'autre* qui se produira mais qu'on pourra imaginer par contraste au fond du modèle dynamique de la guerre froide classique. Devenu en partie désuet, ce référentiel reste encore utile pour de nouveaux propos sur la période incertaine qui la prolonge.

II. OBJECTIONS DE MÉTHODE

Appliquée à la guerre froide, la recherche cyclique pose deux problèmes : d'objet et de méthode. Notre premier chapitre aura tenté de démontrer qu'on ne peut attacher une valeur conceptuelle très précise à une notion aussi floue que la *guerre froide* qui recouvre un ensemble de faits internationaux très divers et presque indéfiniment extensibles dès lors que les deux Grands, en leur querelle fondamentale, sont en cause d'une façon ou de l'autre. Nulle comme concept théorique ou opératoire, la *guerre froide* n'a qu'une portée analytique très restreinte, celle qui qualifie un *objet* historique à l'analyse sans déterminations très exactes. À vouloir être plus rigoureux conceptuellement on risquerait de faire de cet objet, très large et à prolongements multiples quoique de brève durée, quelque chose d'évanescent, car le contenu d'ambiguïté soigneusement alimenté de l'expression est « un des ressorts de la guerre froide elle-même... [4] ». C'est d'autres dimensions et caractères de la guerre froide que le présent chapitre et le suivant veulent s'appliquer à fixer.

L'analyse cyclique comme *méthode* pose deux types d'objections : celles qu'on peut adresser à l'encontre de toute présentation cyclique et celles, plus sérieuses, qui viennent naturellement à l'esprit en l'application qui en est faite ici à la politique interna-

---

4. Expression qui terminait la cinquième partie (*La dynamique*) du premier chapitre (cf. p. 21).

tionale d'après-guerre. S'imposent deux séries de remarques correspondant à ces deux types d'objections.

1. L'objection qu'une présentation cyclique de la guerre froide n'ait pas encore, sauf erreur, été tentée n'est pas *a priori* inhibitive. Partout dans la nature, il y a des phénomènes de récurrence cyclique et ils existaient bien avant que le perfectionnement des sciences ne permette de les découvrir et de les analyser comme tels. Les sciences biologiques, spécialement en génétique, après l'astronomie et avant l'économie, la démographie et la psychologie, continuent à faire un large usage de l'analyse cyclique. Plus d'un millier d'hommes de sciences sont engagés dans la recherche de quelque phénomène cyclique, naturel ou humain [5]. Il ne nous apparaît pas plus déraisonnable *a priori* de se poser la question si la période de la guerre froide ne semble pas épouser les contours des fluctuations cycliques que de rechercher les cycles de la pêche du saumon, du taux d'ozone sur Paris ou Londres, de l'intensité variable du magnétisme terrestre, de la reproduction de la souris, du lynx ou de tel insecte, du retour des comètes, des variations de certaines émotions humaines, des morts par pneumonie, de la récurrence saisonnière de l'ulcère à l'estomac, ou du taux de nuptialité dans les périodes d'après-guerre, etc.

Le cycle est *une représentation moyenne et abstraite d'une réalité multiple et concrète,* mais il *ne la détermine causalement en aucun cas.* L'étude des rythmes cycliques généralement acceptés n'a guère progressé au-delà des faits de corrélation, même dans les sciences de la nature — ce qui, sur le plan de l'explication

---

5. « *Probably more than thousand scientists, the world over, have studied rhythmic behaviour of one sort or another. They have reported over 500 different sorts of phenomena which have been alleged to fluctuate rhythmically, i.e. in cycles or waves of reasonable regularity.* » (E. R. Dewey, « The Need for Interdisciplinary Cycle Research », *Journal of Interdisciplinary Cycle Research,* Swets et Leitlinger, Amsterdam, vol. 1er, no 1, mai 1970, p. 3). La création récente d'une telle publication fait la preuve de l'actualité toujours grande des recherches cycliques et du besoin ressenti de rapprochements et confrontations interdisciplinaires. Signalons que dans la liste impressionnante de l'*éditorial board,* on relève les noms de praticiens de la science économique, de la psychiatrie et de la psychologie. Rappelons enfin qu'a été fondé à Leiden en 1969 l'International Institute for Interdisciplinary Cycle Research, division de la Foundation for the Study of Cycles de Pittsburgh.

scientifique, reste un résultat assez mince [6]. Les cycles *n'agissent pas* sur les facteurs ou agents qui sembleraient être agis par eux ; *on agit* sur les cycles une fois qu'on les a détectés, qu'on veut ou peut, à l'intérieur de certaines limites, les modifier pour les aplanir ou les neutraliser, les activer ou les ralentir. Contrairement à ce qu'on croit généralement, la notion de *cycle* n'implique pas nécessairement récurrence à intervalles réguliers. Par exemple, le cycle à deux phases de la prospérité et de la récession économiques n'a que rarement une périodicité régulière. S'ils présentent par définition des phénomènes récurrents, les cycles ne sont pas obligatoirement d'une stricte périodicité : à un cycle de quatre ans, peut succéder un autre de sept, douze ans. Kondratieff et Schumpeter ont montré que la vie économique présente des phénomènes cycliques de longue durée, de cinquante ans et plus ; mais la durée de la plupart des cycles économiques est beaucoup plus courte : les plus usuels sont ceux de trois ans et demi [7], neuf ans, dix-huit ans. Divers instruments plus délicats d'analyse ont atténué un certain optimisme procyclique qu'on partageait naguère en science économique [8]. De même que la théorie sociologique a emprunté aux méthodes anthropologiques et aux travaux psychologiques quel-

---

6. « *The study of rhythms has not yet proceeded beyond problems in correlation. Even to this point our progress has been wavering and uncertain... With the discovery of rhythm in economic phenomena some economic inquiry immediately changed direction. The question was no longer why we have business cycle, and why we meet recurrent economic slumps. Now the fundamental question was simply : Are the cycles really rhythmic ? And if so, does the rhythm spring from within or without the economic ?* » (Edward R. Dewey et Edwin F. Dakin, *Cycles, the Science of Prediction*, New York, 1947, p. 141).

7. Exemples de courts *business cycles* aux Etats-Unis : 1919-1922, 1928-1932, 1936-1938, 1948-1950, 1952-1955, 1955-1958, etc. ; de récessions économiques au Canada en 1954, 1957, 1960, suivies des reprises de 1955, 1958, 1961, etc. Au printemps 1970, des milieux économiques américains annoncent une récession de quatre ans jusqu'en 1973. Selon l'économiste Gordon Shilling, « une véritable récession — d'une amplitude identique à celles de 1954 et de 1958 — sera plus favorable à long terme au commerce qu'une simple stagnation des affaires » (d'après une analyse de la Presse associée, *la Presse*, Montréal, 13 avril 1970).

8. « *As we moved forward into examining some major rhythms which research has revealed at work in the economic life of our society, we shall do well to remember that we are adventurers in a field of new knowledge. We must be scientifically aware that all our conclusions are to be qualified by the knowledge that they are tentative.* » (Dewey et Dakin, *op. cit.*, p. 135).

ques-unes de ses hypothèses les plus fécondes, la science politique et, singulièrement, les recherches « préthéoriques [9] » en relations internationales regardent souvent du côté de la théorie économique pour trouver inspiration et renouvellement, comme nous le faisons par notre double approche *duopolistique* et *cyclique* à l'étude de la guerre froide.

2. Les faits de politique internationale n'étant pas de nature quantitative, du moins pas immédiatement ou pas immédiatement perçus comme tels, ils ne sont pas mathématiquement mesurables et ne donnent pas prise à des vérifications statistiques. Cette objection n'a pas une portée absolue, car, à moins de rejeter tous les phénomènes dits « qualitatifs » hors du champ de la science, nous ne saurions l'accepter intégralement. Schumpeter lui-même, à qui il a été reproché d'avoir basé sa théorie des *business cycles* sur des éléments purement statistiques, a répondu que les cycles économiques sont autant d'ordre qualitatif que quantitatif [10] et qu'on pouvait difficilement séparer une théorie cyclique de celle du développement économique [11].

9. Selon l'expression de James N. Rosenau, « Pre-Theories and Theories of Foreign Policy », dans R. Barry Farrell, *Approaches to Comparative and International Politics,* Evanston, 1966, p. 27-96.

10. Le titre entier de l'ouvrage de Schumpeter : *Business Cycles : A Theoretical, Historical and Statistical Analysis of the Capitalist Process,* montre assez que l'auteur se faisait une conception non étroitement statistique du phénomène cycle, qui va jusqu'à affirmer : « ... *it is absurd to think that we can derive the contour lines of our phenomena from our statistical material only. All we could ever prove from it is that no regular contour lines exist... General history (social, political, and cultural), economic history, and more particularly industrial history are not only indispensable but really the most important contributors to the understanding of our problem. All other materials and methods, statistical and theoretical, are only subservient to them and worse than useless without them* » (p. 13). De John Stuart Mill, qui soutenait que les facteurs psychologiques étaient davantage causes des crises que les pratiques économiques (dont le titre de l'essai était révélateur : *On Credit Cycles and the Origin of Commercial Panics*), à A. C. Pigou qui signalait l'*error of pessimism* comme faux correctif à l'*error of optimism,* presque tous les économistes qui se sont occupés des phénomènes cycliques ont fait usage de bien d'autres instruments que les quantités mathématiquement mesurables.

11. En fait, il les associe dans une explication commune. Mais la liaison peut être moins intime. On peut encore partir d'« une analyse de croissance pour en extraire le cycle », ou d'« un modèle de cycle [statique] pour y incorporer une tendance » (Emile Lévy, *Analyse structurale et méthodologie économique,* Paris, 1960, p. 262).

En outre, il n'est pas si sûr que nous ne puissions pas faire état de divers indices quantitatifs dont la recherche occupe déjà un certain nombre de théoriciens en relations internationales dans le champ des *data analyses* et de divers indicateurs numériques. Comme exemples, citons la fréquence des sessions et débats spéciaux ou d'urgence à l'O.N.U., des débats parlementaires de politique étrangère, des consultations extraordinaires entre chefs d'États ou de gouvernements, des missions spéciales d'envoyés extraordinaires ou d'*ambassadors at large,* le volume des notes diplomatiques et de diverses communications entre chancelleries. Une autre source d'information statistique pour la mesure des événements clés que nous avons choisis pour déterminer les pics de *tension* et les seuils de *détente,* consisterait dans le calcul de l'espace consacré à la nouvelle et du nombre des grandes manchettes, des éditoriaux, des bilans analytiques sur les thèmes « guerre-paix », « tension-détente », « guerre froide-coexistence pacifique », etc., dans les journaux du monde entier et surtout dans les quotidiens des grandes capitales, non seulement ceux qui sont des organes officiels comme la *Pravda* ou le *Quotidien du peuple* mais encore ceux qui remplissent un rôle officieux comme le *Washington Post* ou le *New York Times,* le *Guardian* ou le *Times* de Londres, *le Monde* de Paris. Un relevé statistique [12] des prises de position d'associations ou de mouvements populaires spontanés ou non, réclamant une meilleure entente internationale ou prenant partie pour l'un et l'autre camp de la guerre froide, nous fournirait une troisième série d'indices quantitatifs, que compléterait utilement, en ce dernier cas comme dans les autres, une étude qualitative de contenu.

Ne manquent donc pas d'indices quantitatifs qui permettraient de rendre compte mathématiquement d'états variables de *tension* et de *détente.* Précisons que ces indices mesureraient moins le degré même de la tension ou de la détente que les expressions formelles de leurs manifestations et conséquences politiques et psychologiques. Un projet de cette ampleur dépasserait les possibilités d'investigation d'un seul homme et requerrait les ressources

---

12. Comprenant le nombre de leurs membres, de la fréquence et des manifestations, du degré de participation des membres ou sympathisants, etc.

d'une équipe assez nombreuse pendant une longue période de temps. Même s'il est hors de nos possibilités de constituer ces indices, nous opinons qu'une analyse quantitative de ce genre tendrait probablement à confirmer plutôt qu'à infirmer notre sélection des points saillants de la guerre froide. Nous soutenons encore que, même idéalement faite, cette analyse quantitative selon les trois lignes indiquées devrait pour être véritablement significative, être pondérée par des critères d'évaluation qualitative [13]. Le plus ou moins grand degré de tension et de détente se voit, se *sent* à mille et un signes qualitativement identifiables : le ton et le contenu des discours et déclarations des hommes d'État, ainsi que des délibérations et des négociations dans les grands conseils internationaux, les fluctuations perceptibles d'une opinion publique mondiale exprimant ses craintes ou son angoisse (à l'occasion de la crise de Cuba), ou passant à d'autres préoccupations plus immédiates lorsqu'un assouplissement se produit. L'analyste ne doit pas avoir à rougir de devoir s'en remettre à ses moyens du bord dès lors que les moyens de contrôle statistique dont il disposerait auraient encore besoin de subir un non moins sévère traitement de critique qualitative pour avoir signification réelle et portée politique exacte.

Beaucoup plus sérieux à notre avis est l'argument d'une trop courte série chronologique d'une quinzaine d'années et l'insuffisant caractère répétitif de trois phases constituant un cycle et demi seulement. Ainsi posée, cette objection nous laisse sans défense — si ce n'est de dire que nous ne proposons pas ici une théorie générale des relations internationales, mais un simple modèle interprétatif d'une tranche d'histoire internationale récente. Ce modèle ne prétend pas du reste rendre compte de toutes les relations internationales importantes à l'intérieur de cette période, mais seulement de celles qui, fort nombreuses et extensibles, sont pertinentes à l'analyse de la guerre froide.

Il ne s'agit certes pas de géométriser à tout prix la politique internationale contemporaine. S'il y a eu des phases cycliques

---

13. Pour évaluer, par exemple, les crises courtes de Suez et de Hongrie en 1956 ou l'affaire interminable du Viêt-nam qui sont peut-être moins des faits *de* la guerre froide que des phénomènes *dans* la guerre froide.

tension-détente-tension dans la guerre froide, nous les traitons par des procédés de repérage pour l'analyse dont l'utilité fonctionnelle aurait pu être de prévoir des évolutions de courte durée un peu avant qu'elles ne se produisent — s'il ne s'agissait pas d'une période déjà écoulée... Pour pouvoir identifier chaque phase comme telle, de la distinguer avant que de l'articuler à une autre phase antérieure ou postérieure, l'attention doit se porter sur le facteur d'intégration qui confère une unité configurative à la période considérée. Ce facteur globalisant c'est évidemment, comme l'hypothèse de fluctuations cycliques à valider pendant la période sous considération, l'état de la plus ou moins grande *tension* et *détente* de la rivalité inter-Grands. Il fallait donc lire le contexte des conjonctures particulières que ces tendances, se confirmant ou s'inversant, prenaient à tel moment donné en rapport à une évolution générale dont il s'agit précisément de reconstituer la *trame* séquentielle que nous refuserions d'appeler la *structure* de la guerre froide.

III. SIMILITUDES ET CONTRASTES
À L'INTÉRIEUR DES PHASES QUINQUENNALES

Vers 1957-1958, entre le Spoutnik Ier et l'*ultimatum* de Khrouchtchev au sujet de Berlin, une double constatation nous retenait. L'histoire encore jeune de la guerre froide se divisait en articulations maîtresses déterminant des périodes égales d'une soixantaine de mois, chacun des événements marquants s'étant produit à la mi-année de chaque période quinquennale : mai-août 1945, fin de la guerre ; juin 1950, guerre de Corée ; juillet 1955, Conférence au sommet de Genève. Selon le schéma ultra-simple du langage courant d'alors, ces périodes semblaient indiquer des périodes, alternativement, de *tension* et de *détente*[14]. Dans la suite, le ratage, aussi imprévu que spectaculaire, du sommet de Paris en mai 1960 nous frappait encore plus en semblant marquer un nouveau pic de *tension* à la fin, également, d'une autre pé-

---

14. Sur la signification théorique de ces termes, voir nos explications de la note 27 du chapitre premier.

riode quinquennale. Ainsi confirmée par ce prolongement fort inattendu, nous avons fait de cette observation chronologique une hypothèse de travail [15]. Le schéma trouvait une plus longue application et semblait rendre compte, de façon grossière, des trois phases principales de la guerre froide : 1945-1950, montée vers la *tension* ; 1950-1955, descente vers la *détente* ; 1955-1960, remontée vers une nouvelle *tension*.

Cinq ans après Potsdam et l'armistice avec le Japon, une guerre *chaude*, localisée à la péninsule coréenne, causait des alertes suffisamment graves pour faire craindre pendant quelques semaines le risque d'une conflagration mondiale. Cinq ans plus tard, à l'époque de la prise de conscience du danger de la codestruction thermonucléaire, on confirmait officiellement les choses en l'état où elles étaient à l'époque de Potsdam. Encore cinq ans plus tard, tout était remis en question : une conférence au plus haut échelon pour augmenter les chances de la paix et ranimer, en un nouvel « esprit de Paris », l' « esprit de Genève » qu'on ne célébrait plus, échouait lamentablement et accroissait de façon aiguë la *tension* au début d'une nouvelle phase incertaine. Et ce sera la tension prolongée de deux ans et demi, rompant ce cycle et demi jusqu'au risque d'*éclatement* final. Octobre 1962 marquait une sortie violente de ces tendances oscillatoires, qui, nous le savons maintenant, ne se reproduiront plus du moins pas selon les mêmes aspérités ni, encore moins, selon quelque périodicité.

Nous avons déjà indiqué que les trois périodes quinquennales de ce cycle et demi avaient d'autres caractères propres que les pentes de la *tension* et de la *détente* : déplacements des centres géographiques de la guerre froide et priorités changeantes accordées aux questions soit économiques soit militaires [16]. S'impose maintenant de centrer l'analyse à l'intérieur de chacune des trois phases cycliques. Des similitudes entre chaque année correspon-

---

15. Qui fut d'abord *rodée* dans un mémoire inédit, fait en qualité de boursier spécial de l'O.T.A.N. à l'été 1960 : « La guerre froide, ses cheminements et ses cycles », Québec, 1960. Une adaptation de la thèse centrale de ce mémoire fut publiée sous le titre : « La guerre froide serait-elle *cyclique ?* », dans le recueil *les Écrits du Canada français*, vol. XV, Montréal, 1963. Le présent ouvrage est une reprise, refonte et extension de ces deux textes maintenant périmés du point de vue de leur auteur.
16. Voir p. 23.

dante d'une phase à l'autre sont peut-être encore plus étonnantes que l'égalité des intervalles séparant les trois phases du cycle et demi.

L'année qui ouvre une phase en inversant la tendance précédente mérite une attention particulière. 1945, point de départ, ne cause pas de difficulté spéciale : la guerre froide est née de l'incapacité de faire la paix après les *effondrements* des deux centres européen et asiatique de puissance. 1950, l'année des *refoulements* américain et chinois, guère plus de difficulté, puisqu'il y a un consensus très large sur la gravité de l'affaire coréenne, la plus sérieuse jusqu'à l'alerte d'octobre 1962 [17]. 1955, année d'*éclaircissement,* nous apparaît l'année type de détente généralisée [18] pour les raisons et à l'intérieur des limites indiquées au passage où nous en traitions. 1960, année des *affrontements* verbaux, peut soulever plus d'objections comme pic de *tension.* On pourrait opposer que l'affaire de l'U2, le battage forcené de propagande de Khrouchtchev en mai à Paris jusqu'au « soulier sur la table » à l'O.N.U., le procès du pilote Gary Powers à Moscou, sont bien insuffisants pour établir que 1960 est un pic de la *tension* à ranger sur le même plan que la guerre de Corée en 1950-1951. Nous répondons qu'un vulgaire incident d'espionnage aérien eût été la cause du fiasco du sommet de Paris en juin 1960, ou qu'il en eût simplement été le prétexte opportun, cela ne fait évidemment pas la preuve qu'il y avait des tendances cycliques dans la guerre froide ! Mais le caractère fortuit et presque insignifiant de l'incident [19] inclinerait à croire qu'au printemps de 1960 des forces

----

17. Dans une revue bibliographique critique des nombreux ouvrages écrits en anglais sur la guerre froide, Geoffrey Williams et Joseph Frankel observent : « *All authors agree that the two high points of the confrontation were the outbreak of the Korean War in June 1950 and the Cuban Missile Crisis in October 1962.* » (« A Political Scientist's Look at the Cold War as History », *Political Studies,* juin 1968).

18. Quoique en soi, une *détente* assez diffuse, et même assez trompeuse si l'on y tient ; mais en guerre froide, pouvait-on connaître d'autres types de détente ? Et d'autre part, ce seuil de *détente* se mesure en dénivellement des pics de *tension* de 1950 et de 1960.

19. Le pilote Francis Gary Powers (en collaboration avec Curt Gentry) a publié l'histoire de son aventure aérienne et du procès subséquent : *Operation Overflight : the U-2 Spy Pilot Tells his Story for the First Time,* New York, 1970. Des « bonnes feuilles » qu'a reproduites le *New York Times Magazine,* 19 avril 1970, nous

internationales [20] jugeaient la *détente* indésirable dans la conjoncture et forcèrent assez probablement la main à Khrouchtchev pour qu'il se montrât dur en suscitant artificiellement une *tension* véritable. Tension si réelle qu'elle fut la plus longue et peut-être la plus hargneuse de toute la guerre froide pour s'achever à deux cheveux de l'explication ultime, ou de l'*éclatement,* une autre année après l'âpre *durcissement* au sujet de Berlin en 1961.

La deuxième année de chaque phase quinquennale prolonge la tendance inversée de l'année précédente mais sans accélération particulière : 1946, *tiraillement* ; 1951, *réarmement* ; 1956, *craquements,* cette dernière année ne dérogeant à ce caractère qu'en apparence. Les affaires de Hongrie et de Suez ne furent pas des crises *de* la guerre froide, mais *dans* la guerre froide, ou à l'intérieur des deux camps qui la livraient depuis une dizaine d'années, car, comme nous l'établissions encore, ce n'était « pas dans la lutte inter-blocs, mais à l'intérieur de chaque bloc qu'on sortait des conventions non écrites de la guerre froide ». Aussi, les deux blocs allaient-ils « se *recoller* en un temps remarquablement court et comme imposé par *la nature des choses* politiques depuis ces dix années de guerre froide [21] ».

Toujours en se référant aux descriptions analytiques de chaque année, on observera que les troisième et quatrième années de chaque phase signalent des poussées d'ascension ou des pentes d'infléchissement, selon que la tendance de la phase est à la ten-

---

extrayons le passage suivant. Au sujet de la question de ses juges lui demandant si le survol était une « tentative délibérée » pour saboter la rencontre de Paris, Powers écrit : « *That caught me off guard. The Summit hadn't even crossed my mind. I replied I was sure the flight had nothing to do with the Summit, that had the United States wanted to wreck the talks they had only to fail to appear. The Russians refused to believe that the sabotage of the Summit was not one of the purposes of the flight, just as they refused to believe I was not military.* »

20. Agissant sur Khrouchtchev : les stalinistes du Kremlin, les maréchaux soviétiques, les durs de Pékin. Mais on ne peut pas exclure l'hypothèse que d'autres forces à Washington aient, selon la thèse soviétique, tenté de saboter le sommet de Paris par un vol aussi inopportun à quinze jours de la rencontre et qui risquait de ne pas réussir... Qu'il y ait eu ou non conjonction de ces deux facteurs, notre assertion générale garde sa validité. Cf. chap. v, p. 141-157.
21. Cf. chap. IV, p. 107-109.

sion ou à la détente. Les années 1947, *retranchements,* et 1948, *réalignements,* du premier cycle correspondraient à 1957 et 1958, années de *recollements* et de *rebondissement.* 1952 et 1953 présentent des caractères opposés, *piétinement* et *repliements,* s'inscrivant dans une tendance inverse vers la détente. La cinquième année semble, au contraire, ralentir la tendance de cette phase, si elle est vers la tension, et contraste ainsi fortement avec la suivante qui en ouvre une nouvelle : 1949, *assouplissement* (1950, *refoulements*) ; 1959, *accommodements* (1960, *affrontements*). Mais si la tendance est à la *détente,* comme dans le premier lustre des années 50, cette année terminale, 1954, *règlements,* annonce l'*éclaircissement* de 1955.

IV. *REPRÉSENTATION GRAPHIQUE DU CYCLE DE DÉTENTE ET TENSION*

Nous ne nous dissimulons pas ce que peut présenter d'artificiellement nominal le présent développement. Serait bien superflu toute espèce d'argument autre que la plus ou moins grande exactitude de notre rétrospective en découpages annuels. La représentation graphique des cycles *détente-tension* épouserait la configuration générale de tous les cycles à périodicité régulière (de 1945 à 1960). À la partie supérieure du graphique, la ligne pleine représente la *guerre* qu'aucun point du courant oscillatoire n'atteindrait même s'il s'en approche dangereusement tout à la fin (en 1962) par une sortie brusque de la tendance cyclique ; une ligne parallèle en pointillé, un peu au-dessous, symbolise le plafond de la *tension* et n'a été crevée qu'une seule fois lors de cette alerte chaude de 1962. Dans la partie inférieure du graphique, les lignes *paix* et *détente* symbolisent les états inverses.

La série chronologique de dix-sept ans se subdivise en trois périodes quinquennales régulières, constituant un cycle et demi, que prolonge pendant deux ans un plateau de tension avant qu'elle ne se termine en risque de guerre générale en octobre 1962. Le deuxième cycle ne dépasse pas sa première phase. Le premier cycle d'une durée totale de dix ans commence par la

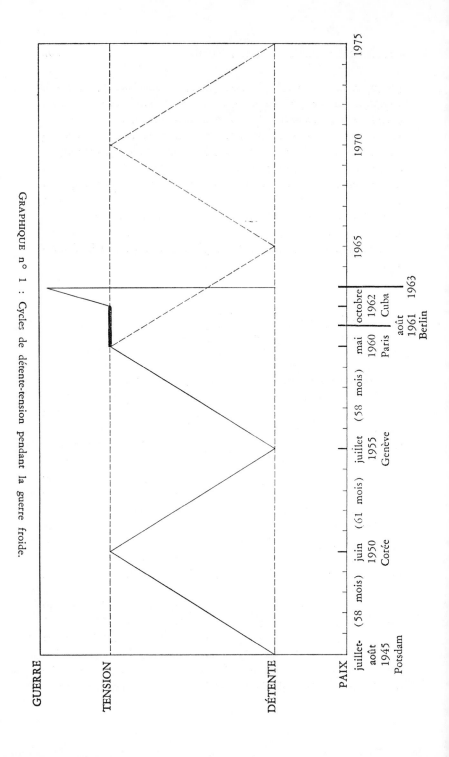

GRAPHIQUE n° 1 : Cycles de détente-tension pendant la guerre froide.

Conférence au sommet de Potsdam et s'achève par celle de Genève. Il est divisé, en son milieu, par la guerre de Corée qui fait atteindre la ligne de la plus forte tension. Les deux phases de ce cycle sont sensiblement égales : cinquante-huit et soixante et un mois. Davantage : si l'on veut bien se rappeler que les prémisses de la guerre froide étaient posées dès avant la Conférence de Potsdam[22] et que l'armistice de Reims se produisit au début de mai 1945, on pourrait conclure à une exacte égalité pour les deux phases du premier cycle. Le sommet de Genève en juillet 1955, au creux *détente* de la vague, est le point de départ d'un second cycle dont le pic de la *tension* a été atteint cinquante-huit mois plus tard par l'échec du sommet de Paris de 1960. Ce second cycle ne reproduit le précédent qu'en sa première moitié. Il s'*affole* alors et, au lieu de s'infléchir, stabilise pour ainsi dire son instabilité pendant plus de deux ans avant la sortie violente qui fait crever le plafond de la ligne *tension*. Si le second cycle avait reproduit exactement le premier, une *détente* se serait produite une soixantaine de mois plus tard et 1965 aurait pu marquer le départ d'un troisième cycle régulier s'achevant en 1975 (selon la ligne oscillatoire en pointillé sur le graphique).

Mais la *détente* brusque s'est produite dès la fin de 1962, en une descente raide du point ultime de la *tension* frisant la ligne *guerre*. 1963 pourrait être le point de départ d'un nouveau cycle

---

22. Plusieurs analystes de politique internationale et historiens de la guerre froide datent la naissance de celle-ci à l'entrevue tumultueuse que Molotov eut avec le nouveau président Truman le 23 avril 1945, onze jours après la mort de Roosevelt. Au sujet du désaccord sur le soutien que Moscou apportait au gouvernement de Lublin, Truman dit son fait au ministre soviétique en des termes qui inspirèrent à celui-ci la remarque : « Personne ne m'a encore parlé sur ce ton-là. — Faites honneur à vos engagements, et personne ne vous parlera plus ainsi. » (Truman, *Mémoires*, Paris, 1955, t. I, p. 106). Fleming (*op. cit.*, t. I, p. 268) écrit : « *There are some who think the Cold War did not begin until around 1947, but it is clear from this episode that President Truman was ready to begin it before he had been in office two weeks.* » Pour Fontaine (*op. cit.*, t. I, p. 283), « ce n'était pas encore la guerre froide ; c'était déjà son langage ». Enfin, « s'il fallait assigner une date au commencement de la guerre froide, il semble bien que c'est cette date qu'il faille choisir : le 23 avril 1945, onze jours juste après la mort de Roosevelt » (Fred J. Cook, *les Vautours de la guerre froide*, Paris, 1964, p. 106 : traduction de l'ouvrage publié deux ans plus tôt à New York sous le titre, *The Warfare State*).

dont nous ignorerions la nature, la configuration, la durée; mais
rien ne permet d'étayer une telle supposition qui n'a même pas
une apparence de fondement hypothétique, comme nous allons le
démontrer au chapitre suivant par l'étude de l'après-guerre froide
depuis 1963.

Notre graphique sursimplifié ne tient pas compte des creux
ou des pics mineurs ou intermédiaires sur les lignes droites et
lisses. Par exemple, la phase *détente-tension* de 1945-1950 pourrait être représentée par une ligne en dents de scie qui s'élèverait
légèrement pendant les deux premières années pour monter de
façon plus abrupte en 1947 (doctrine Truman, rejet soviétique du
plan Marshall, établissement et cri de guerre du Kominform) et
surtout en 1948 (le premier coup de Prague, le blocus de Berlin,
prémisses de l'O.T.A.N.), pour s'infléchir avec le relatif *assouplissement* de 1949 avant de s'élever de nouveau en arête vive avec
le conflit de Corée, marquant le pic de *tension* pour l'ensemble
du cycle. Les deux autres phases de la *détente* 1950-1955 et de la
tension 1955-1960 pourraient être ainsi représentées par des lignes
dentelées à fluctuations brèves et à faible durée. La représentation
la plus exacte possible des fluctuations mineures à l'intérieur de
chaque phase présenterait l'intérêt au moins illustratif des similitudes déjà relevées entre les années correspondantes d'une phase
à l'autre ; mais, à cause de la grossièreté des moyens d'évaluation
des événements une illustration qui se voudrait trop précise risquerait de déborder en pure fantaisie graphique. Et qui veut trop
prouver... D'ailleurs ce qui importe, c'est la tendance générale
(*trend*) : l'indigence de nos moyens, surtout en une matière semblable, doit nous retenir d'être plus ambitieux que les représen-
tations des cycles économiques qui ont tout de même la partie
plus belle...

V. REPRÉSENTATION GRAPHIQUE
DU CYCLE DE SUPÉRIORITÉ TECHNICO-MILITAIRE
ENTRE LES U.S.A. ET L'U.R.S.S.

À la vérité, tout à notre étonnement devant cette trop belle
régularité du cycle et demi *tension-détente-tension,* nous avons re-

fusé d'y céder trop volontiers. En poursuivant deux autres démarches distinctes : la première pour pondérer cette oscillation tension-détente ; la seconde pour tenter d'insérer cette période de la guerre froide classique dans un éventuel cycle plus large dont elle ne serait qu'un moment peut-être typique, permanent tout au moins de présumer quelque spécificité de la guerre froide en comparaison d'autres époques. Disons dès l'abord que la première recherche s'est avérée plus féconde que la seconde.

En une première démarche, nous avons essayé de déborder l'interprétation du *comment* et du *quand* se sont produites les fluctuations tension-détente pour tenter l'explication du *pourquoi* de telles tendances. Nous avons fait intervenir le facteur du développement technico-militaire relatif des deux Grands dans cette lutte pour la puissance globale. Cette force militaire comparée, qui ne peut être exactement mesurée, n'est pas que simplement présumée non plus. Perçue à diverses étapes de la guerre froide par des observateurs attentifs avec des degrés assez convergents de précision, cette puissance comparée des deux Grands s'établissait d'abord sur la base de constatations flagrantes ou d'admissions en clair par les dirigeants soviétiques et américains eux-mêmes. L'appel à des critères grossiers n'est pas fautif en l'occurrence puisqu'il n'en existe pas d'autres. Il conviendrait tout de même de les relativiser par la considération des facteurs d'incertitude sur la capacité réelle (en grande partie inconnue) et sur les intentions (qui ne peuvent guère qu'être présumées), ou des facteurs de propagande (à l'adresse de l'opposant ou d'alliés) ou de persuasion (afin d'influer sur l'opinion publique et les législateurs nationaux) pour l'affectation de crédits à la recherche et la production militaires. De ce point de vue, on aurait alors la division suivante :
1) 1945-1949 : période du monopole atomique américain ;
2) 1949-1953 : période de la tendance à la parité atomique entre Soviétiques et Américains ;
3) 1953-1957 : période de la parité en armes thermonucléaires entre les Grands [23] ;
4) 1957-1961 : période de la supériorité relative des Soviétiques en fusées à long rayon d'action et en satellites artificiels ;

---

23. Rappelons que le monopole américain en matière thermonucléaire n'a duré que huit mois, chevauchant sur 1952 et 1953.

5) 1962-... : période de la tendance à la parité balistique générale entre les deux Grands [24].

Deux constatations s'imposent : nous avons maintenant quatre et non pas trois phases, si l'on exclut la cinquième qui annonce au moins autant l'après-guerre froide qu'elle ne ferme la période de la guerre froide classique ; ces phases ont une durée de quatre ans et non pas de cinq. La question fondamentale qui se pose est : ce nouveau cycle technologique modifie-t-il substantiellement le cycle *tension-détente-tension* ? Il ne semble pas. Ce nouveau cycle serait plutôt une dimension nouvelle de causalité, au moins partielle peut-être, du cycle précédent. Les conséquences politiques, tendances pendant cinq ans à la *tension* ou à la *détente*, seraient le prolongement des changements technico-militaires en produisant un effet d'étirement de ces dernières phases quadriennales.

1949, c'est l'année de la première bombe atomique soviétique, mais, dans le même temps, Mao étend son contrôle définitif sur toute la Chine continentale : ces deux faits concomitants peuvent avoir un lien corrélatif avec le déclenchement de la guerre de Corée [25] *l'année suivante*. 1953, une fois atteinte la parité atomique entre Soviétiques et Américains, la parité thermonucléaire, qui s'établit très tôt, crée les circonstances favorables à l' « esprit de Genève » *deux ans plus tard*. 1957, le lancement de Spoutnik Ier établit la première supériorité relative des Soviétiques en matière technico-militaire, consolidant l'optimisme khrouchtchévien [26]

---

24. Cette subdivision, moins évidente que les précédentes, pose la question du fameux *missile gap* — sur lequel nous reviendrons plus loin (cf. note 30).
25. Voir l'article « L'U.R.S.S., la Chine et les origines de la guerre de Corée » (*Revue française de science politique*, décembre 1964), de Philippe Devillers qui remet en question « l'opinion générale [qui] prévaut encore aujourd'hui en Occident que le déclenchement de la guerre de Corée, le 25 juin 1950, est d'inspiration ou au moins d'autorisation soviétique et que l'U.R.S.S. a été en conséquence la responsable principale du conflit », car, soutient-il plus tôt, « d'entrée de jeu, la Chine nouvelle a... entraîné l'U.R.S.S. dans l'activisme... ». Il va jusqu'à conclure que « c'est en Corée en 1950-1951, que s'est manifesté pour la première fois l'affrontement sino-soviétique. Sur la première phase de ce conflit capital, le travail des historiens ne fait que commencer. » (Cf. p. 1179-1180 et 1194).
26. « Lorsque le premier satellite soviétique fut lancé le 1er octobre 1957, c'est lui [Khrouchtchev] plus que tout autre qui bénéficia de l'énorme prestige assuré par là à l'U.R.S.S. — et un tel exploit créa dans le reste du monde une impression aussi forte que celle

dans cette période qu'ouvre la première Conférence au sommet
de Genève, celle-ci fructueuse, et que ferme la seconde Conférence au sommet de Paris, celle-là un fiasco monumental, *trois
ans plus tard.*

1962, la crise des missiles soviétiques à Cuba permet la confirmation décisive et désormais concluante des deux c«tés, de la
parité balistique générale entre les deux Grands et de ses conséquences mutuellement inhibitives. Mais ce test, étant tellement
risqué[27], marquera, non pas la fin de la concurrence technico-
militaire entre les U.S.A. et l'U.R.S.S., qui ne s'arrêtera sans doute
jamais, mais le terme aux effets politiques de *tension-détente* de
cette concurrence que les superpuissances se livraient depuis 1945.
1963 inaugurera, par le traité sur l'arrêt des expériences nucléaires, une ère nouvelle par le premier résultat concret d'importance
d'autolimitation, non pas dans la course des armements mais dans
la seule expression extérieure des forces thermonucléaires des deux
Grands.

Faut-il pousser l'affirmation plus loin et dire que le cycle
détente-tension ne serait qu'un épiphénomène, manifestant des
attitudes pour coexister en concurrence mais en deçà de la paix
générale et de la guerre totale ? Et soutenir même que le cycle le
plus fondamental serait celui du rapport changeant entre les puissances technico-militaires des deux Grands ?

Si oui, la liaison intime s'établirait ainsi entre les deux tendances cycliques : contrairement à ce qu'on pourrait penser d'a-
bord, la *tension* se produisait au moment où l'écart était le plus
considérable entre les deux forces globales ; la *détente,* lorsque la
tendance à la parité se confirmait. La disparité des forces serait
génératrice de tension, et non pas l'inverse, ce qui serait, du reste,
conforme à l'économie générale de la concurrence duopolistique.
Voyons-y d'un peu plus près.

---

qu'avait produite la révolution d'Octobre quarante ans auparavant. »
(J. P. Nettl, *Bilan de l'U.R.S.S. : 1917-1967,* Paris, 1967, p. 224 ;
traduction de l'ouvrage publié à Londres en 1967 sous le titre *The
Soviet Achievement*).
27. Au sens fort du terme dont les auteurs qui écrivent en anglais font
un usage « en français dans le texte ».

1945, Potsdam, c'est la *parité* (monopole atomique américain et supériorité terrestre écrasante des Soviétiques en Europe) ; 1950, la guerre de Corée, c'est l'*écart* à l'avantage des Américains (stocks de bombes atomiques américaines et stratégie des bases constituant une plus grande puissance globale que la supériorité terrestre et « conventionnelle » des Soviétiques qui viennent tout juste de mettre au point leurs premières bombes atomiques expérimentales) ; 1955, Conférence au sommet de Genève, c'est de nouveau la *parité* (duopole thermonucléaire, aviation stratégique américaine compensant la supériorité terrestre des Soviétiques) ; 1960, Conférence au sommet de Paris que les Soviétiques font avorter lors du nouvel *écart* cette fois-ci à leur avantage (supériorité balistique déséquilibrant la *parité* de la phase précédente), les plaçant en bonne position pour susciter et soutenir la tension prolongée de 1961 (Berlin) et de 1962 (Cuba). Pendant le premier cycle complet *tension-détente,* les Américains sont soit en état de supériorité pendant la première phase quinquennale, soit en situation de parité pendant la seconde : et c'est lorsque la disparité ou l'écart est le plus grand qu'éclate la tension extrême de la guerre de Corée[28]. Dans la première phase du second cycle incomplet, partant de 1955, les Soviétiques affirment une supériorité aussi claire qu'inattendue en matière balistique : et c'est au milieu de ce nouveau cycle qui ne s'achèvera pas qu'éclate la tension du sabordage de la Conférence au sommet de mai 1960, tension qui se prolongera pendant plus de deux ans jusqu'au risque d'*éclatement* du système.

Qu'on raisonne à partir du simple cycle *descriptif* tension-détente ou qu'on le double par le cycle *explicatif* de la parité ou de l'écart entre les forces technico-militaires, l'on voit que la tendance générale qu'ils expriment ne se reproduit pas en un second cycle complet. Il n'y a pas de pente descendante de la tension

---

28. Cette proposition doit être entendue sous la réserve de l'interprétation que Devillers donne aux origines de la guerre de Corée (cf. note 25). Mais il n'en demeure pas moins qu'autorisée ou non par Moscou, qu'encouragée ou non à l'origine par Pékin, l'U.R.S.S. a *assumé la responsabilité morale et politique* des causes nord-coréenne et chinoise devant l'opinion publique mondiale à l'O.N.U. et que c'est par son initiative que le conflit a commencé à se dénouer par l'offre de cessez-le-feu (cf. chap. III, p. 76).

après le fiasco du sommet de Paris. Cette prolongation même de la tension fait plutôt déboucher sur un risque suprême frisant la guerre totale.

Cet ensemble d'observations nous conduit à poser la nature de la *pulsion* du cycle ou de son moteur. Il y aurait eu deux points statiques ou de départ, les arrangements équivoques (du moins en leurs conséquences) de Potsdam en 1945 et l'ambiguïté (tout de même rassurante) de l' « esprit de Genève » en 1955 : ce sont les points statiques de la *détente* dans la guerre froide. La *traction* du cycle serait causée, d'une part, par la conscience d'un retard technico-militaire chez l'une des parties et de ses efforts de rattrapage et, d'autre part, des efforts que l'autre partie ferait pour maintenir son avance [29] : au moment où l'écart est le plus considérable se produit l'état de la plus forte tension, en 1950 et en 1960 [30]. Cet écart ne fut jamais considérable au point d'établir

29. Dès 1956, l'atomiste britannique P.M.S. Blackett observait : « *With our present knowledge there can be little doubt that for many years past an important element in Stalin's policy was to attempt to impose coexistence on the West by achieving atomic parity. This was, in fact, achieved within six months of Stalin's death... In so far, then as the present* détente *is a result of the present Soviet leaders confidence in their strength, it is a result not of Stalin's death but of the ruthless methods by which he drove his country to the scientific, technological and industrial efforts, without which atomic parity would have been long delayed.* » (*Atomic Weapons, and East-West Relations,* Cambridge, p. 82-83). Plus récemment, deux auteurs américains ont cherché à établir que la recherche à la parité de puissance avec l'U.R.S.S. était un objectif plus sécuritaire pour les U.S.A. que l'affirmation d'une supériorité (J. F. Triska et D. D. Finley : « Soviet-American Relations : A Multiple Symmetry Model », *Journal of Conflict Resolution.* vol. IX, n° 1, mars 1965).

30. Cette question de l'écart de puissance autour de 1960 pose le problème du fameux *missile gap,* réel ou mythique, fondé ou présumé, dont l'affirmation aux Etats-Unis était ou non *législativement* intéressée... Préalablement, il y a la question de l'utilisation immédiatement militaire ou militairement décisive des fusées de divers types et de portée variable — ce qui nous entraînerait dans de longs développements techniques que ne pourrait contenir cette note incidente. Rappelons, au niveau où se situe notre propos, que : 1) les Soviétiques multipliaient depuis octobre 1957 des succès balistiques hautement spectaculaires — sans que de telles prouesses aient nécessairement une importance stratégique corrélative ; 2) les dirigeants américains pouvaient arguer de ces *performances* soviétiques pour agir sur l'opinion publique et les *Congressmen* afin d'obtenir les crédits nécessaires pour combler le *missile gap,* en un premier temps, et gagner, ultimement, la *missile race* (la conquête de la Lune, en juillet 1969...). Réel ou non, le *missile gap* produisait des

clairement une supériorité décisive à l'avantage d'une partie. La conscience de cette supériorité n'a jamais été suffisamment grande pour justifier un risque ultime de la part de l'une ou l'autre des parties pour en faire une démonstration effrayante — ou pour la prévenir en frappant un premier coup. En fait, la « supériorité » dont il s'agit est celle qui permet la *dissuasion* et non pas celle d'une somme globale de forces brutes ou indifférenciées, comme

conséquences politiques véritables aussi bien aux U.S.A. qu'en U.R.S.S.
Mais il convient de s'arrêter un moment à la réalité de cet écart qui, loin d'infirmer notre hypothèse, la confirmerait plutôt sur le plan, qui est nôtre, des perceptions politiques et des effets qu'elles entraînent. Onze mois avant la crise des fusées soviétiques à Cuba, le *New York Times*, 27 novembre 1961, démystifiait ainsi le *missile gap* : « *The « missile gap », like the « bomber gap » before it, is now being consigned to the limbo of synthetic issues, where it always belonged. The missile gap — the prediction of an overwhelming Soviet superiority in I.C.B.M. in the early 1960s — was the product of partisan politics and Service (primarily Air Force) pressures.* » Trois mois plus tard, l'influent sénateur Stuart Symington publiait un important article dans *The Reporter*, 15 février 1962 : « *In recent months... the missile gap appears to have been done away with once and for all. Not only is there no gap, we are informed by the press, but there never was one, and those who said there was were guilty at best of hallucination and at worst of something like bad faith.* » Mais, « *whether or not there was a missile gap, it is clear that President Kennedy believed there was... The missile gap was not « invented » by columnists and politicians. It was « invented » — if that is the word — by comparing our National Intelligence estimates of Soviet missile strength with the programs of the United States. By the same token, if the gap has been eliminated, it has been largely a result of a downward revision of our estimates of the Soviet Union's missile strength.* » L'importance de ce texte du sénateur se reflète au fait que le département des Sciences sociales de l'Académie militaire de West Point l'a reproduit dans le premier numéro du recueil *Readings in National Security Problems*, vol. I, 1963-1964, New York, p. 249-251. La menace réelle que constituait l'installation des fusées soviétiques à Cuba se réduisait donc considérablement, ainsi qu'était moins fondée l'assertion du représentant américain, Stevenson, au Conseil de sécurité, le 23 octobre 1962, à la phase la plus aiguë de la crise cubaine : « *... this clearly is a threat to the hemisphere. And when it does upset the precarious balance in the world, it is a threat to the whole world.* » En réalité, les Etats-Unis ne se sentaient pas à ce moment inférieurs en force balistique par rapport à l'U.R.S.S., mais plutôt provisoirement *inférdorisés*, du fait des fusées soviétiques installées *là*, à Cuba. Moins de trois semaines plus tard, le 11 novembre 1962, l'assistant secrétaire à la Défense des Etats-Unis, Gilpatric, disait à la télévision américaine (d'après le *New York Times*, édition internationale du 12 novembre 1962), que les Etats-Unis avaient une considérable (*measurable*) marge de supériorité en armes stratégiques et qu'il ne croyait pas que « *we were under*

la doctrine de la *deterrence* américaine en fait foi jusqu'à 1965 au moins [31]. Ce n'est qu'à l'épisode de la crise des Caraïbes que la structure bipolaire de la coexistence duopolistique a menacé d'éclater pour tourner à la guerre totale. Tôt corrigée cette poussée exorbitante ou aberrante marquait ainsi la fin de la guerre froide classique.

Le cycle *technico-militaire*, à l'intérieur du même encadrement que celui de la *tension-détente*, aurait la configuration du graphique n° 2 (en y ajoutant comme au graphique n° 1 la tendance en pointillé s'il n'y avait pas eu point de *rupture* en 1962 et que les rattrapages auraient pu causer la traction cyclique jusqu'en 1975 pour un troisième cycle complet). Par simple spéculation graphique, l'on voit que l'année 1970, au point médian du troisième cycle, aurait été spécialement critique. Pure « spéculation » certes, et graphique par surcroît, qui aurait conduit à craindre l'équivalent d'une crise semblable à celle des missiles à Cuba qui se serait produite huit ans trop tôt! La seule démonstration importante pour notre propos consistait à situer sur la ligne d'une tendance générale le point de *presque rupture* qui s'est produite après dix-sept ans de guerre froide. Suivant immédiatement deux autres montées vers la tension, cette remontée aura été si élevée et soudaine qu'elle l'aurait transformée en cette *autre chose,* que

any greater threat from the Soviet Union's power, taken in its totality, after this than before » (l'installation des fusées soviétiques à Cuba). Le même journal, trois jours auparavant, avait publié les chiffres de l'Institute for Strategic Studies sur la puissance comparée en missiles à longue portée des deux pays : si l'U.R.S.S. pouvait disposer de 75 I.C.B.M., les U.S.A. avaient de 450 à 500 missiles d'une portée de plus de 2 000 milles.
En arrêtant là ces considérations techniques, à la fois trop brèves et trop longues mais qu'on ne pouvait éluder dans la ligne de notre développement, on observera que les Etats-Unis ne se sentaient pas en état de faiblesse balistique devant le test ou bluff de Khrouchtchev en installant les fusées soviétiques à Cuba, en un point de l'hémisphère occidental au surcroît si rapproché du territoire américain. Mais c'est cela qui était *intolérable* à Washington dans l'équilibre structurel et conjoncturel prévalant jusqu'alors. Voir l'ensemble de notre analyse de la crise de 1962, chap. v, p. 171-191.
31. Voir l'article de C. Kaysen, « Keeping the Strategic Balance » (*Foreign Affairs,* juillet 1968, p. 665-675), annonçant en quelque sorte l'impasse où étaient acculés les deux Grands, qui allait les inciter sous peu à leurs pourparlers des S.A.L.T. (*strategic armaments limitation talks)* à Helsinki à l'automne 1969, à Vienne au printemps 1970, et, de nouveau à Helsinki, à l'automne 1970 et à Vienne en mars 1971.

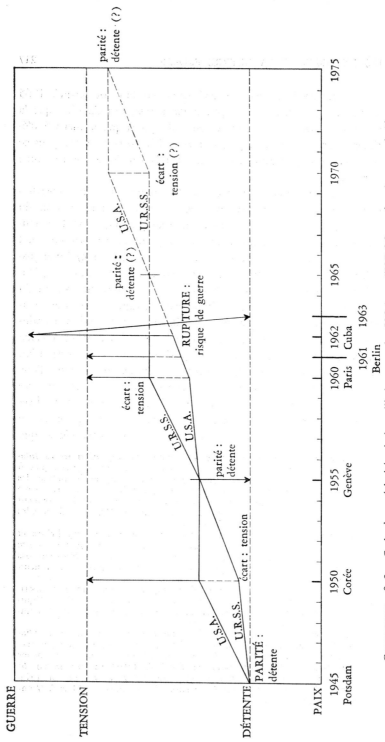

GRAPHIQUE n° 2 : Cycle de supériorité technico-militaire entre les U.S.A. et l'U.R.S.S. pendant la guerre froide.

l'actuelle période d'expectative *dans* la guerre froide ne permet pas encore de mieux qualifier que d'*après-guerre froide* ou de *paix froide.*

On observera que cette chaîne n'a rien de commun avec les classiques « cycles de guerre[32] » ni avec celle dont, à l'époque actuelle, le « processus de Richardson » est l'exemplaire le plus connu et le plus analysé, si ce n'est un certain rapport à l'idée de *submissiveness* qui n'existe pas dans l'exposé classique de son modèle mais qu'il avait lancée dans un article antérieur en 1951[33].

La théorie de Richardson est hautement mathématique[34] et il ne saurait être question d'en présenter ici un résumé qui serait une excroissance trop lourde dans notre développement, en constituant du reste un hors-d'œuvre, car c'est un autre sujet. La chaîne *processuelle* de Richardson pourrait se résumer ainsi : en liaison avec autant d'états d'esprit correspondant, elle passe *de la paix à la course aux armements à la guerre à l'usure des forces à l'armistice à l'après-guerre à la paix* — et recommence un nouveau cycle. Notre présentation ne se situe pas à ce degré d'abstraction et de

32. Bert V. A. Roling en a relevé de très anciens comme celui de Frédéric III qui l'aurait exprimé dans son journal vers 1435 (en allemand). Le cycle de Michael von Aitzing (1581) se lit en latin : « *Pax, Ubertas, Luxus, Bellum, Pauperies, Luctus, Pax.* » La traduction française du cycle de Robert Hayman (1631) se lit comme suit : « L'abondance engendre l'orgueil, l'orgueil l'envie, l'envie la guerre, la guerre la pauvreté, la pauvreté l'humble souci ; l'humilité engendre la paix, et la paix engendre l'abondance ; ainsi le monde tourne-t-il sans fin. » Une chanson, *The Beehive* (la ruche) de Francis Daniel Pastorius (1696) décrit l'Europe de la fin du règne de Louis XIV : « La guerre engendre la pauvreté, la pauvreté la paix, puis on commerce et la richesse s'accroît, la richesse engendre l'orgueil, l'orgueil est le fondement de la guerre. La guerre engendre la pauvreté, ainsi le cercle se referme. » (« La recherche nationale et internationale sur la paix », *Revue internationale des sciences sociales*, vol. XVII, n° 2, 1965, p. 524-525).

33. L'idée de *submissiveness* n'est autre qu'une peur commune animant des antagonistes à réfréner leur querelle lorsque le danger devient trop grand (Lewis F. Richardson, « Could an Arms Race End without Fighting ? », *Nature*, septembre 1951).

34. Les ouvrages principaux de Richardson sont *Arms and Insecurity* et *Statistics of Deadly Quarrels* (tous deux, Londres, 1960). Pour des applications ou critiques des *Richardson Processes,* voir Kenneth E. Boulding, *Conflict and Defense,* New York, 1962, chap. II : « The Dynamics of Conflict : Richardson Process Models », p. 19-40 ; Anatol Rapoport, « Lewis Fry Richardson's Mathematical Theory of War », *Journal of Conflict Resolution,* vol. I, n° 3, 1957 ; Paul Smoker, « Fear in the Arms Race : A Mathematical Study », *Journal of Peace Research,* 1964, n° 7.

généralité ; elle ne vise qu'à être un instrument de recherche
initiale pour saisir certaine dynamique d'un système (échappant
comme telle à la conscience des agents du système), propre à
une période historique donnée, les dix-sept premières années de
cette après-guerre. En outre, elle présente plutôt un cycle de *non-
guerre,* de « crise » au sens le plus général du mot si l'on veut,
mais même en ce cas pour les seules « crises » de tension aiguë
de la période circonscrite sous considération.

VI. REPRÉSENTATION GRAPHIQUE
DE LA TENDANCE PAIX-GUERRE ENTRE 1919 ET 1939

Mais, comme il a été dit précédemment, ce sera par référence
négative à ce modèle que nous allons tâcher de percevoir les caractères généraux de la période nouvelle commençant en 1963.
Pour l'instant, nous trouvons utile de confronter à nos modèles
analytiques de la guerre froide une autre période, rapprochée mais
celle-là antérieure et sensiblement comparable en durée, l'entre-
deux-guerres 1919-1939.

Pendant les deux phases de la *tension* de 1945-1950 et 1955-
1960, nous n'avons assisté à rien d'accéléré, de débridé comme lors
de la « marche à la guerre » dont l'issue apparaissait progressivement fatale entre 1934 et 1939. Les vingt ans de l'entre-deux-guerres se divisent naturellement en deux époques égales d'une décennie, mais là s'arrête la similitude entre la configuration générale
de cette période avec celle de 1945 à 1965. De 1919 à 1929, la
paix de Versailles, longtemps précaire, s'établit à grand-peine ;
1929, de la crise économique [35] à Dantzig, 1939, c'est, avec la
succession des coups de force des États fascistes, la marche à la
guerre qui s'accélère particulièrement dans le dernier lustre. En
se servant d'un cadre graphique identique aux deux précédents la

---

35. Qui n'est pas *in se* un fait de politique internationale mais dont les
    conséquences en relations internationales aussi bien oue dans les
    politiques nationales furent telles que, du point de vue des histo-
    riens et des contemporains, c'est la ligne naturelle du partage de
    l'entre-deux-guerres.

courbe part de la ligne *paix* [36] pour s'élever graduellement mais sans arête vive en 1923 (occupation de la Ruhr par les troupes franco-italo-belges suscitant une forte suspicion chez les dirigeants

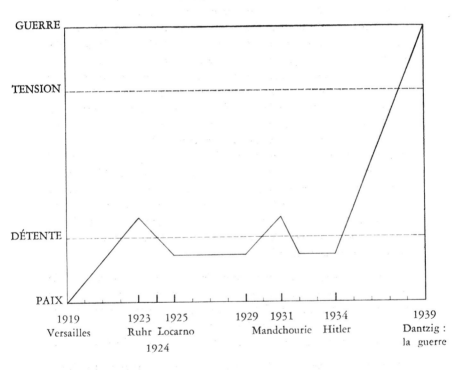

GRAPHIQUE n° 3 : Représentation de la tendance paix-guerre entre 1919 et 1939.

36. Il convient de partir de la ligne *paix*, et non pas de celle de la *détente*, parce que le traité de Versailles et les autres traités annexes établirent vraiment une *paix*, tendue certes entre vainqueurs et vaincus et entre grands vainqueurs eux-mêmes, mais une paix quand même. Après 1945, la paix ne fut pas possible, si ce n'est au sujet des alliés européens de l'Allemagne en 1947 (la paix avec le Japon en 1951 fut une paix *séparée*) ; depuis lors, la guerre froide qui a trouvé d'autres théâtres que l'Allemagne où se livrer, tient lieu de substitut à la paix impossible entre les grands conquérants de Berlin.

du Royaume-Uni) et s'infléchir à la hauteur de la ligne *détente* de 1925 (accords de Locarno). Pendant six ou sept ans, la courbe se calquerait à peu près à la ligne de la *détente* : 1926, entrée de l'Allemagne à la Société des nations ; 1928, pacte Briand-Kellogg de renonciation à la guerre et adoption d'un pacte général d'arbitrage à la S.D.N. ; 1929, remplacement du plan Dawes par le plan Young et lancement du projet d'une *union européenne* par Briand ; 1930, évacuation définitive de la Rhénanie. Ce sont des « années d'espoir » que trouble à peine — c'était si loin ! — l'agression japonaise en Mandchourie en 1931, le premier en date des coups de force des nouveaux militarismes ; mais 1932 semble prolonger la *détente* de la période antérieure avec l'ouverture de la Conférence du désarmement, l'acceptation par la France du « principe de l'égalité des droits » en faveur de l'Allemagne réintégrée dans le concert européen depuis 1926, grâce à l'habileté de Stresemann, et l'entrée de l'Allemagne à la S.D.N. L'année suivante voit naître les signes précurseurs de la tension : Hitler devient chancelier et se fait octroyer les pleins pouvoirs ; le Japon sort de la S.D.N. ainsi que l'Allemagne qui quitte aussi la Conférence du désarmement. À partir de 1934, c'est la marche continue et accélérée à la guerre [37].

Ainsi donc, quinze ans après Versailles et l'établissement de la S.D.N., 1934 ouvrait la phase des agressions brutales qui allait préluder au deuxième conflit mondial. L'entre-deux-guerres ne présente aucune oscillation *tension-détente* qui ait quelque analogie avec les fluctuations de la guerre froide [38]. La période *paix-détente*

---

37. Rappelons une chronologie sommaire de ces années troublées : 1934 : autorité complète d'Hitler en Allemagne — 1935 : rétablissement du service militaire en Allemagne ; dénonciation par le Japon du traité naval de Washington ; invasion de l'Éthiopie par l'Italie fasciste — 1936 : réoccupation de la Rhénanie par les troupes allemandes ; début de la guerre civile espagnole ; pacte anti-Komintern entre l'Allemagne et le Japon — 1937 : début de l'« incident » de Chine ; adhésion de l'Italie au pacte anti-Komintern — 1938 : annexion de l'Autriche par l'Allemagne ; accords de Munich — 1939 : occupation de Prague par des troupes hitlériennes ; annexion de Memel par l'Allemagne ; invasion de l'Albanie par l'Italie ; pacte de non-agression entre l'Allemagne et l'U.R.S.S. à la fin août ; le 1er septembre, l'armée allemande pénétrait en Pologne : la Seconde Guerre mondiale commençait.
38. Arnold Toynbee, à la fin de 1959, montrait la dissymétrie entre la période 1923-1932 et celle de 1950-1959 : « *On the whole, the*

de 1919-1929, avec de faibles tensions, ne présente aucune simi-litude avec la tendance *tension-détente* de 1945-1955. La dernière moitié de l'entre-deux-guerres n'a guère plus de ressemblance avec la période 1955-1962. À partir de 1934, la tendance continue et accélérée à déborder la ligne de *tension* touche en 1939, lors de l'affaire de Dantzig, à la ligne *guerre*.

Tout cela ne prouve, évidemment, rien. Ou plutôt si, tout au moins ce minimum : s'il y a dans l'histoire des relations inter-nationales de courtes périodes cycliques comparables à celles de la guerre froide, il faudrait les rechercher ailleurs qu'à l'époque de l'entre-deux-guerres mondiale. Mais, à supposer qu'on ne puisse pas plus relever de phénomènes d'oscillations cycliques *détente-tension* à d'autres époques [39] de l'histoire des relations interna-tionales qu'à celle de 1919-1939, cela constituerait peut-être une présomption que, seule la guerre froide, présentant ce mouvement oscillatoire qui est en outre d'une étonnante régularité [40], serait un type d'organisation (ou d'inorganisation) internationale, encore

---

comparison is encouraging. In 1950 things looked blackier than they did in 1923. The Chinese Communists had become sole mas-ters of the Chinese mainland in 1948 ; the Russians had acquire the atomic weapon in 1949 ; the Korean War was started in the year 1950 itself. No such earth-shaking events had occured so soon after the end of the First World War. On the other hand, when we compare the closing years of these two decades, the nineteen fif-ties come out encouragingly.

« At the close of the 10 years 1923-1932, the clouds were gather-ing. In the autumn of 1931 Japan had started her war of aggression in Manchuria ; in 1932 itself the Weimar regime in Germany was unmistakably collapsing ; Hitler came into power in January 1933 (the post-First-War equivalent of January 1960). And these unto-ward events in Eastern Asia and Central Europe headed the world towards the Second World War. By contrast, the nineteen-fifties have closed with an appreciable relaxation of international ten-sion. » (The Montreal Star, 30 décembre 1959). L'illustre histo-rien et analyste international ne pouvait certes prévoir l'échec du sommet de Paris 1960 et la tension prolongée qui allait s'ensui-vre jusqu'à l'éclatement de la crise cubaine...

39. Enquête qui mériterait sans doute d'être faite, mais dont l'ampleur même découragerait plus d'un chercheur, même obstiné...

40. « Etonnante régularité » d'un cycle et demi s'étendant sur une pé-riode de quinze ans. L'imputer à une « simple coïncidence » est évidemment l'objection la plus facile. On n'a qu'à enregistrer, sans essai d'interprétation encore moins d'explication, une coïncidence. Mais qui a jamais pu faire la preuve d'une « simple coïncidence » ?

inédit et *sui generis*. Les cycles ou *fluctuations* [41] économiques
supposent une économie du marché. Si les cycles internationaux
tension-détente supposaient une situation de guerre froide ?

La règle — et l'illusion — fondamentale des rapports internationaux dans l'entre-deux-guerres était la *conciliation* (et ses
variantes de médiation et d'arbitrage) à laquelle s'ajoutaient les
mythes de la « sécurité collective », de la « paix indivise », etc.
Tout cela mena à la politique d'*apaisement*. Mais ce ne sont pas
là explications de *système*. L'entre-deux-guerres, européenne tout
au moins, présentait le tableau d'un monde non pas oligopolistique, mais *polypolistique* ou oligopolistique mais hétérogène, ou
même faudrait-il dire *atomistique* comme en concurrence pure.
L'accroissement d'une puissance a pu se faire jusqu'à un degré
quasi monopolistique sans préoccupations inhibitives des réactions
individuelles, isolées ou tardives des autres puissances. À défaut
d'une réaction qui ne fut ni globale ni instantanée, celle-ci fut
tardive, lentement cumulative pour devenir enfin irréversible.
Cette réaction n'a pu s'affirmer finalement que comme une somme
de réactions mal dirigées et non synchronisées. Ces réactions,
comme somme — l'unité provisoire d'une coalition tardive —, ne
se sont produites qu'à un point limite, alors qu'il était devenu trop
tard pour sauver le système. Le jeu semblait se livrer dans le cadre
d'*une partie à un seul coup* qui ne pouvait être que le décisif.

Dans cette structure polypolistique ou atomistique, l'accroissement accéléré de puissance n'étant immédiatement perçu comme
menace par personne en particulier, mais comme une pression
plutôt diffuse que globale, les autres États n'ont pu s'adapter
qu'*ex post* et toujours de plus en plus péniblement jusqu'au point
de la rupture totale. Il n'y eut pas ou peu d'adaptation *ex ante*
non plus que correction graduelle des erreurs, fût-ce par voie de

---

41. Les économistes parlent plus volontiers de *fluctuations* que de *cy-
    cles* économiques depuis la grande crise de 1929. André Marchal
    écrit qu'« on ne connaît plus que des « récessions », c'est-à-dire des
    paliers ou des ralentissements dans le mouvement général de crois-
    sance... On ne peut donc plus parler de cycles, mais seulement de
    fluctuations économiques. Or, régimes capitalistes et régimes collec-
    tivistes connaissent de telles fluctuations. Dans l'un et l'autre système,
    elles apparaissent inévitables. » (*Systèmes et structures économiques*,
    Paris, 1959, p. 610).

tâtonnements que permet le comportement duopolistique. Aussi, après des tensions croissantes engendrant l'irréversibilité de la tendance, les adaptations structurelles étaient bien inaptes à compenser le retard et l'isolement des adaptations *ex ante* des principaux acteurs. La guerre devenait autant une issue qu'une fatalité pour empêcher l'ambition monopolistique, ou *impériale*. Ainsi et à ce point nié, le système ne pouvait se perpétuer : on ne pouvait en sortir que par voie d'éclatement, par la guerre totale.

VII. INSERTION DE LA GUERRE FROIDE DANS UNE PÉRIODE HISTORIQUE PLUS LARGE

En même temps que notion analytique assez rigoureusement scientifique, le « cycle » reste une facilité d'expression du langage courant ou une commodité littéraire du discours historique. L'auteur d'un ouvrage sur *la guerre froide comme histoire* la voit « comme un phénomène qui... passe à travers un certain cycle avec un commencement, un milieu, et une fin [42] ». De même qu'on peut trouver partout dans les phénomènes de la nature physique ou de la vie sociale, du *feed-back* ou de la rétroaction, on a pu qualifier de « cycle » toute évolution qui présente quelque récurrence dans un déroulement historique...

Que la guerre froide semble présenter des oscillations *détente-tension* de type cyclique, cette constatation peut n'être pas d'une si grande découverte. Mais que ce caractère en déterminerait la spécificité comme période historique, cette nouvelle dimension dans l'intelligence d'une époque aussi chargée que la nôtre peut n'être pas indifférente. Cette période de la guerre froide prendrait peut-être une plus exacte signification en l'insérant dans un *cycle* historique, beaucoup plus large, dont nous connaîtrions moins

---

42. « *I have undertaken to treat the Cold War as a phenomenon not without precedent in the long history of international conflict ; as a phenomenon that, experience has taught us, has its own dynamics ; as a phenomenon, that typically, goes through a certain cycle with a beginning, a middle, and an end.* » (Louis J. Halle, *The Cold War as History*, New York, 1967, p. XII).

encore le terme dans un futur inconnu que le point de départ incertain dont la fixation soulèverait à coup sûr diverses critiques
d'interprétation et même des controverses. Le découpage peut-
être trop strict, auquel nous venons de nous livrer pour des fins
analytiques, comporte peut-être l'inconvénient d'exagérer ce que
nous venons d'appeler la « spécificité » de la guerre froide, qui
pourrait bien n'être qu'une *phase* d'un cycle hypothétique plus
vaste. Comme Thucydide, chroniqueur participant à la guerre du
Péloponnèse, nous avons le nez sur l'événement. Et, même avec le
parti pris de ne pas le dramatiser, nous pouvons être porté à
l'amplifier inconsciemment.

Ce serait peut-être de bonne précaution que de nous donner,
en conclusion, du champ historique plus large. Les dix-sept années
que nous avons considérées peuvent n'être qu'une phase typique
d'un processus historique qui remonterait à 1917, point de départ
d'une *guerre froide* d'avant le nom d'après nombre d'auteurs [43].
Mais si c'est le cycle *guerre-paix,* au lieu de la rivalité belliqueuse
mais sans guerre entre les deux Grands, qu'on retient comme
ligne directrice de la recherche, d'autres dates nous solliciteraient,
1939, 1914, 1904 [44], à moins de reculer jusqu'à 1890 [45] ou 1870,
1856 ou 1848, 1815 ou 1791, pour ne pas pousser aussi loin que
la période de l'Ancien Régime, etc. Ce procédé courrait certes le
risque de nous envelopper dans une « élégante » (?) mais vaine
généralisation historique, que les matériaux, ici rassemblés, n'é-
taieraient pas de toute façon [46]. Constatons tout au moins que

---

43. Dont les auteurs des deux ouvrages monumentaux en deux volumes,
    souvent cités, Fleming et Fontaine.
44. L'année de l'*Entente cordiale* franco-britannique.
45. Retraite de Bismarck et prise en charge de l'empire allemand par
    le jeune et arrogant kaiser, Guillaume II.
46. Il nous apparaît utile de suggérer au lecteur l'intérêt d'une étude
    systémique récente de Herbert J. Spiro (*World Politics : The
    Global System,* Homewood, Illinois, 1966). L'auteur distingue trois
    périodes d'une vingtaine d'années : 1) International Relations :
    1898-1918 ; 2) International Politics : 1918-1945 ; 3) World Po-
    litics : 1945-1965 (laquelle se prolonge sans doute).
    « *The system of European international relations between 1894 and
    1914 came closer than its successors, which grew out of it, toward
    achieving a dynamic equilibrium... A comparison of the style of
    international politics at the midpoint of this period, 1904, with the
    midpoints of the second and third periods, 1932 and 1955, would
    show a more central clustering of issues at the first than the second*

notre « siècle d'accélération de l'histoire », bien que non achevé, contredit les trois ou quatre siècles antérieurs. Avant que ne s'écoule sa première moitié, les deux conflits mondiaux avaient fracassé le « cycle » général d'une guerre généralisée à chaque siècle et d'une guerre limitée par génération [47], qui s'étend des deux guerres de Cent ans [48] à la guerre de 1914-1918.

Resserrant notre perspective à la considération de notre siècle, des dates frontières s'imposent à l'attention. Certaine magie des chiffres ronds, vingt ou vingt-cinq ans après 1914 ou 1939, a inspiré à l'essayiste britannique, Barbara Ward, des parallèles suggestifs. Dans un texte d'août 1959, elle écrivait qu' « une chose paraît claire. En 1934 — vingt ans après le déclenchement de la Première Guerre mondiale — le courant vers la guerre était déjà irréversible et pour la seule raison que chaque facteur qui avait mené à la guerre en 1914 était présent à un degré amplifié... [49]. On peut soutenir que la raison la plus profonde pour croire que 1959 [50] n'est pas 1939 — ou 1914 — est que les démocraties ont évité la politique d'apaisement des années 1930 qui a conduit Hitler de violence en violence ; et que les Communistes

---

or third midpoints, and an increase in the incidence of issues during the interwar and post-World War II periods... » Après une analyse de la période de la guerre froide, l'auteur continue : « All of these factors combine to make the overall incidence of issues in the third and last of the periods of international politics that we have been comparing still more extreme than in the second. The style of world politics has been becoming more pathological. At the same time, the trend continues toward the increase in the load of issues that the gobal political system has to carry. The trend arises from the growth in the volume of problems about which there is the belief that they can be solved through world politics. » (Cf. p. 91, 93 et 111).

47. Selon Gaston Bouthoul, « dans l'Europe, à partir du moyen-âge, il semblerait qu'il se soit régulièrement présenté, dans la plupart des Etats, la conjugaison de deux séries de conflits armés : 1) une guerre de type modéré en moyenne tous les trente ans, c'est-à-dire une par génération ; 2) un grand conflit généralisé correspondant à une période de destruction massive environ chaque siècle » (les Guerres : éléments de polémologie, Paris, 1951, p. 527).

48. La première qui mit aux prises les Capétiens et les Plantagenêts entre 1160 et 1259 ; la seconde, dite précisément « guerre de Cent ans ». se subdivisant en quatre grandes périodes, qui dura de 1346 à 1453.

49. « ... in an exaggerated degree ».

50. Comme Toynbee (voir note 38), l'auteur, Lady Jackson au civil, ne pouvait prévoir la tension prolongée de 1960-1961-1962.

de leur côté ont assez de conscience nationale [51] pour voir ce que
n'ont jamais vu les Nazis, que la violence ne mène qu'à une seule
conclusion — dans les termes de Marx, « à la ruine commune des
parties en lutte [52]. » Revenant sur le même sujet l'auteur se demandait en fin d'année 1963 si le « cycle est rompu » des conflits
mondiaux à tous les quarts de siècle [53] ? La réponse est positive
mais d'un optimisme mesuré. 1964 ne semble pas répéter 1939
qui reproduisait 1914 en une espèce de mimétisme automatique [54].
« Le circuit dangereux s'est interrompu en deux points : le nationalisme n'a plus le caractère romancé ni le charme qu'il avait
au XIXe siècle ; l'économie des puissances occidentales a surmonté
les contradictions du capitalisme et le marxisme n'a plus le mor-
dant idéologique de naguère. » Mais il n'y a pas lieu de se rassurer à trop bon compte [55], poursuit l'économiste de formation [56],
dans ce court essai de sociologie historique sur le cycle *guerre-paix*
en notre siècle [57].

---

51. « ... *national grasp...* »
52. *The New York Times Magazine,* 30 août 1959.
53. « 1914-1939-1964 : Is the Cycle Broken ? », *The New York Ti-
    mes Magazine,* 29 décembre 1963.
54. « *For looking back on the earlier catastrophe, one is haunted by the
    degree to which, in 1939, men settled down to fight the war of
    1914 all over again. Virtually all the causes of conflict in 1914
    were there, repeating their pressures and contradictions, in 1939.
    Like automata, men went through the same gesture and slid toward
    the same disasters.* » (« 1914-1939-1964 : Is the Cycle Broken ? »,
    The New York Times Magazine, 29 décembre 1963).
55. « *In the first place, one of the old dilemmas — the balance of
    power in Eastern Europe — is still unresolved. Second, some Wes-
    tern leaders, being old, have not lost the old habits of exclusive na-
    tionalism.* » (Allusion à de Gaulle dont il est nommément ques-
    tion plus loin.) « *Third, precisely because some of the old traps
    have been left behind, there are new dilemmas. Some spring from
    the achievement of high demand and high output : others follow
    from the ending of the imperialist phase. It is not enough to have
    escaped from the old fatalities. We have to confront new ones —
    and they are no less daunting.* » (« 1914-1939-1964 : Is the Cycle
    Broken ? », *The New York Times Magazine,* 29 décembre 1963).
56. Rappelons qu'avant ses nombreux livres, articles et conférences,
    Barbara Ward s'était fait connaître, toute jeune femme, comme édi-
    torialiste à *The Economist* pendant les années de la guerre 1939-
    1945.
57. La notion de *cycle* intervient aussi dans des études de politique
    étrangère des Etats-Unis. Voir les études de F. L. Klingberg, « The
    Historical Alternations of Moods in American Foreign Policy »,
    World Politics, janvier 1952 ; de Dexter Perkins, *The American
    Approach to Foreign Policy,* Cambridge, Mass., 1953 ; de Samuel

Par cette présentation cyclique du système de la guerre froide, il ne s'agissait pas de céder au « délire structuraliste » qui sévit dans d'autres champs de recherche en sciences humaines, spécialement en France, et qui, sans les diminuer, ont pour notre commun destin une importance moins dramatique et décisive. Il n'y a peut-être pas *de* ou *un* système international. Il y a peut-être eu des caractères et facteurs *systémiques* dans l'évolution de la guerre froide. Nous avons cru devoir les identifier dans la nature d'un vaste jeu duopolistique dont les interférences aléatoires mêmes n'échappaient jamais complètement au droit de regard ou au contrôle efficace des duopoleurs. Ce jeu s'analysait en des actions, réactions, interactions, rétroactions, dont la ligne séquentielle s'est trouvée à épouser les contours généraux d'oscillations à *apparence* cyclique pendant quinze des dix-sept ans de la guerre froide classique. Les évolutions de l'après-guerre froide ne présentent aucune fluctuation comparable bien que, le fait duopolistique majeur persistant, on ne puisse soutenir la très grande improbabilité d'une résurgence de la guerre froide. C'est à voir.

Huntington, « No More Vietnams ? The Politics of Intervention », *The Atlantic Monthly,* novembre 1968. Klingberg en particulier détermine des phases d'*introversion* (d'une durée moyenne de vingt et un ans) et d'autres d'*extraversion* (de vingt-sept ans). La dernière de ce type ayant commencé en 1940, les États-Unis seraient dans une période d'*introversion* depuis 1967.

CHAPITRE VII

L'APRÈS-GUERRE FROIDE DEPUIS 1963
UNE ESPÈCE DE PAIX FROIDE (1963-1970)

La paix froide depuis 1963 n'est pas plus, littéralement, une *paix* que la guerre froide n'était une *guerre*. Le terme de « paix » évoque une série d'ajustements dans les politiques duopolistiques des deux Grands : l'épithète, inchangée, véhicule l'ambiance encore trouble de leur rivalité fondamentale. La *paix froide* apparaîtrait plutôt comme une période transitoire d'expectative *dans* la guerre froide, qu'une transformation profonde *de* la guerre froide.

Pendant que se précisent ou que s'affinent certaines règles de comportement, en apparence moins antagonistes de l'U.R.S.S. et des U.S.A., la période actuellement écoulée de cette paix froide présente un tableau plus confus que celui de la guerre froide classique. L'entrée en force du seul grand perturbateur potentiel, la Chine, a déjà commencé à complexifier la configuration du jeu duopolistique de naguère, mais sans avoir donné cours à une nette tendance oligopolistique, à un *tripole* effectif. C'est la virtualité de ce phénomène triangulaire qui conférera probablement à la période à venir son caractère distinctif. Cette situation ne simplifie pas la tâche de l'analyste, d'autant que le vocabulaire d'hier marque déjà son inaptitude à qualifier les évolutions plus fluides d'aujourd'hui. Cette insuffisance partielle du langage peut bien être le reflet sémantique de la transformation qui est en train de s'opérer. Tandis que manque certaine distance pour procéder à

des analyses plus dégagées de l'événement immédiat, nous devenons moins bien munis pour tenter de dominer cette espèce de
nouveau brouillage des perspectives d'ensemble qui nous étaient
devenues familières après une quinzaine d'années de guerre froide.

On ne peut trouver à l'indécise période actuelle, dont on ne
connaît que le point de départ, un quelconque principe d'unité
autre que les appellations imprécises d'*après-guerre froide* ou celle,
à peine moins vague, de *paix froide*. Certes, des modifications majeures sont apparues qui nous retiendront dans un instant. Mais
on ne peut relever dans l'évolution de ces huit années, comme
dans les premières quinze années d'après-guerre, aucune tendance
générale à la tension ou à la détente, ni enregistrer un phénomène
semblable à ce plateau de tension prolongée qui a conduit à l'arête
vive du risque de la guerre générale à la fin de 1962. Aucune
phase, aucun cycle comparable : tout au plus une espèce de *tempo,*
un peu plus vif et menaçant à partir de 1967. On a pu enregistrer
en ces dernières années des poussées de fièvre internationale plus
sérieuses que celles des quatres années précédentes. La politique
inter-Grands depuis 1970 laisserait craindre à certains indices que
cette paix froide puisse se remettre à ressembler à la guerre froide.

Pour l'étude de cette après-guerre froide, les découpages annuels n'auraient pas plus d'utilité descriptive d'ambiances trop
confuses que de pertinence analytique. Il n'y a pas de rythme à
cyclicité au moins apparente dans la paix froide. Comme principe
de division de la période de la paix froide, on ne recourra pas
aux unités-temps, mais, pourrait-on dire, aux unités-problème et
unités-modification qui en permettent une meilleure appréhension.

I. DE LA GUERRE FROIDE
À UNE PAIX À PEINE MOINS AMBIGUË

Après la minute de vérité entre les deux Grands lors de la
crise des Caraïbes, la détente de 1962 s'était effectuée en pente
raide. Non pas, comme en 1955, une détente diffuse par des
éclaircissements sur un avenir incertain, mais une clarification flagrante, comme conséquence d'un mutuel traitement de choc à ne

plus répéter. La *ligne rouge* devint la liaison symbolique de la solidarité, non pas nouvelle mais nouvellement ressentie, des deux
grands « frères ennemis ». La conjugaison de deux facteurs, l'un
structurel et l'autre conjoncturel, avait précipité l'inversion de la
tendance. Les deux Grands se reconnaissaient l'un et l'autre un
nouvel adversaire commun, la Chine qui, avec fracas, consacre une
rupture couvant depuis longtemps avec l'Union soviétique : c'est
le facteur conjoncturel. Le système ou l'*anti-système* de la guerre
froide les avait menés à prendre acte du fait qu'au-delà d'un certain degré l'augmentation de puissance militaire n'a pas plus de
portée politique relative que de signification absolue : et c'est le
facteur structurel. En première étape, ils concluent le traité sur
l'arrêt des expériences nucléaires. Le fait d'être alors gorgés de
puissance nucléaire et balistique n'amenuise pas l'importance de
l'événement. Un an plus tôt, ils étaient relativement aussi puis-
sants et ce n'est qu'à l'été 1963 qu'ils conclurent l'accord. La chaude alerte de Cuba avait, dans l'intervalle, joué le rôle de catalyseur
de leurs réticences jusque-là persistantes. Cette conscience d'être
désormais voués à un état de parité de leur puissance militaire
globale, symétriquement ascendante et également inutilisable l'une
contre l'autre, devenait plus claire — la menace virtuelle du perturbateur chinois aidant...

Après plus d'une quinzaine d'années de vaines parlotes diplomatiques au plan officiel ou en contacts officieux pour un début
de contrôle en matière d'armement, trois semaines vont suffire
pour conclure le traité interdisant les essais nucléaires dans l'atmosphère. Cette réussite prend une signification particulière par
le rappel que le traité reprenait en substance une proposition
d'Eisenhower cinq ans plus tôt. Les Soviétiques s'y étaient alors
opposés arguant son caractère partiel sans liaison à un programme
de désarmement généralisé. Les deux Grands se sentaient maintenant sécuritaires, en force même pour conclure un arrangement
strictement paritaire, d'autant que le traité, ne comportant pas de
clause d'inspection sur place, respectait le secret de leurs installations balistiques sans prohiber l'expansion de leur programme de
fusées intercontinentales [1].

---

1. Depuis la rupture du moratoire en 1961, les Soviétiques avaient
   considérablement augmenté le nombre de leurs ogives à tête

Au plus chaud de l'alerte de Cuba, les deux K... avaient fait
allusion dans leurs communications à la nécessité plus flagrante
que jamais du désarmement. Dès le 12 novembre 1962, les Américains soumirent à la Conférence du désarmement une proposition
prévoyant, en même temps que l'échange d'informations et de
modalités d'inspection, un système de moyens de communication
en période de crise entre les deux capitales. Les Soviétiques ne re-
tinrent que la dernière partie de la proposition : l'accord sur le
« télétype rouge » entre le Kremlin et la Maison-Blanche allait
être signé le 20 juin suivant. Khrouchtchev, frustré d'un nouveau
sommet qu'il réclamait avec la conviction de son dada favori,
écrivait tout de même à Kennedy en décembre 1962 qu'il était
temps de mettre fin « une fois pour toutes » aux essais nucléaires,
se déclarant prêt à faire la « moitié du chemin [2] ». Les négociations préliminaires butèrent sur le sempiternel obstacle du « contrôle ». Kennedy avoua son inquiétude en des termes que son
ami et consultant, Sorensen, rapporte ainsi : « Si nous ne parve-
nons pas à un accord cette année, je craindrai que le mauvais
génie échappé de la bouteille ne puisse jamais plus y être ren-
fermé [3]. » Le discours historique du président américain à l'Université de Washington débloquera l'impasse le 10 juin. Il plaida
la cause « non pas d'une *pax americana* imposée au monde par les
armes de guerre américaines », ni d'une « paix de l'atome » ou
de celle de la « sécurité de l'esclave », mais évoqua plutôt le destin historique parallèle des deux grandes puissances en leur « commune horreur de la guerre [4] », le tout s'achevant par un appel pas-
sionné pour la fin des essais nucléaires. Khrouchtchev reconnut
dans ce discours des accents à la Roosevelt. C'est à la fin de sa
tournée européenne le 2 juillet que Kennedy, après avoir réassuré
les Berlinois de l'Ouest qu'il était prêt à mettre en danger des
villes américaines pour leur sécurité, relança le projet de l'arrêt
des expériences nucléaires ne nécessitant pas d'inspection [5].

---

nucléaire pour compenser le plus grand nombre de fusées américaines — au moment même où les Américains discutaient anxieu-
sement du *missile gap*... (cf. note 29 du chapitre précédent).

2. Arthur Schlesinger, jr, *les Mille Jours de Kennedy*, Paris, 1966,
   p. 800.
3. Theodore Sorensen, *Kennedy*, Paris, 1966, p. 491.
4. *New York Times*, 11 juin 1963.
5. Dans l'atmosphère, à l'exception donc des explosions souterraines.

Khrouchtchev, alors en butte aux attaques forcenées des maîtres de Pékin, tenta bien d'élargir la proposition à un accord plus large de non-agression entre les deux blocs [6], puis de soumettre un projet de rechange sur la non-dissémination des armes nucléaires, qui allait se concrétiser quelques années plus tard.

La proposition initiale et plus modeste de simple arrêt des expériences nucléaires allait être signée le 5 août entre les trois grands du club nucléaire, l'U.R.S.S., les U.S.A. et le Royaume-Uni. La France, de façon presque aussi hargneuse que la Chine dont les dirigeants n'y virent qu'une « supercherie », refusa de participer aux négociations et d'adhérer au traité par la suite. Le monde entier applaudissait à cette première preuve concrète de la bonne foi des Grands, il est vrai peu coûteuse, mais preuve quand même et surtout inédite en ce domaine. Depuis une dizaine d'années la question des retombées radioactives avait sensibilisé l'opinion publique au niveau des parlements aussi bien qu'à celui des groupements pacifistes à travers le monde. Les parties signataires insistèrent toutefois sur la portée limitée de l'accord, sur le fait qu'il ne constituait pas un précédent inhibitif pour le développement futur de leur puissance militaire, non plus qu'il n'impliquait un repli des positions politiques fondamentales qui les divisaient encore. Elles se réservaient pour l'avenir. Devant l'Assemblée générale de l'O.N.U. en septembre, Kennedy évoquait cette « pause dans la guerre froide », cette importante première étape qui n'était pas l' « âge d'or » (*millenium*) encore, mais « si nous pouvons faire de cette pause une période de coopération fructueuse, si les deux parties peuvent maintenant acquérir une nouvelle confiance... cette première étape, si petite qu'elle soit, peut être le départ d'un route longue et fructueuse [7] ». Malgré ses limites et l'interprétation restrictive des signataires, ce traité du 5 août 1963 se trouvait à entériner, après les crises prolongées et aiguës de 1960-1961-1962, l' « esprit de Genève » de 1955, mais de façon, cette fois-ci, impérative et exécutive et non plus seulement déclaratoire.

---

6. Les Américains et leurs alliés occidentaux en profitant pour proposer d'y introduire une clause obligeant la R.D.A. et l'U.R.S.S. à garantir le libre accès à Berlin-Ouest, le projet ne fit pas long feu...
7. *Documents U.S.A.*, n° 2105, 20 septembre 1963.

Par cette reconnaissance qu'ils ne pouvaient plus augmenter de façon significative leur puissance globale de destruction, les deux Grands s'engageaient pour une « durée illimitée » (Art. 4) à ne plus empoisonner l'atmosphère tout court et, du coup, rassérénaient l'atmosphère diplomatique mondiale. L'après-partie du coup de poker de Cuba, dont la mise avait été si forte, laissait tout le monde gagnant sauf... les deux grands alliés naturels des leaders de la guerre froide, la Chine et la France — du moins du point de vue désapprobateur du reste de l'opinion publique mondiale.

Mao et de Gaulle prenaient un peu figure de larrons en foire surtout depuis que circulaient des rumeurs sur la prochaine reconnaissance par Paris du régime de Pékin. Leur dissension au sein de leur alliance respective n'était pas nouvelle, mais leur dissidence, hautement proclamée sur cette question à laquelle l'opinion mondiale était si sensible, présentait quelque chose de commun dans l'odieux. Là s'arrête le parallèle, car les motivations de la dissidence française pour une « force de frappe » nationale n'étaient pas du même ordre que la profondeur et la gravité du schisme se consacrant, à cette occasion, entre Moscou et Pékin. Une fois délestée du boulet algérien, la politique de grandeur gaullienne commençait à prendre de l'envol, à partir du tremplin d'un nationalisme négativiste et anachronique mais sans tomber dans le « dogmatisme », jusqu'au bellicisme hasardeux inclus, des dirigeants chinois. La reconnaissance de Pékin qu'imposait la « nature des choses », depuis longtemps du reste, devenait aussi une occasion de faire la nique à Washington. Le 14 janvier de Gaulle, lors de l'une de ses plus fameuses conférences de presse, avait fermé avec éclat une double porte : à l'entrée du Royaume-Uni dans le Marché commun ; aux accords de Nassau du 21 décembre 1962 (entre Kennedy et Macmillan) visant à accorder un statut privilégié en matière atomique aux Anglo-Français au sein de l'O.T.A.N. La force de frappe de la France sera intégralement et exclusivement française ou ne sera pas ! L'idée américaine d'une force nucléaire multilatérale [*(M(ulti) L(ateral) F(orce)*], pour donner quelque satisfaction à la fierté allemande sans accorder d'armes atomiques à la République fédérale, était ressentie par de

Gaulle comme un affront destiné en outre à ternir l'éclat et diminuer la portée du récent traité franco-allemand de coopération
du 22 janvier. De l'aigre-doux les rapports franco-américains pas-
saient à la bouderie. De Gaulle ne répondit même pas à l'offre de
Kennedy, alors en voyage en Europe, de le rencontrer n'importe
où. La France, qui avait été capable de se constituer une force atomique autonome, pouvait faire fi des secrets nucléaires américains.
Et de Gaulle de continuer à poursuivre son *grand dessein* d' « une
Europe de l'Atlantique à l'Oural [8] » par son projet immédiat d'une
forte Europe des six dont la France, c'est-à-dire lui, exercerait le
leadership naturel entre les deux Grands extra-européens.

Alors que la tension de la guerre froide se relâchait entre
Soviétiques et Américains, une *nouvelle guerre froide* [9], chevauchant et interférant avec la première, éclatait entre Pékin et Moscou. Il n'y avait eu aucun effet de surprise : les prodromes remon-
taient au moins à 1957 et les polémiques entre les révisionnistes
khrouchtchéviens et les néo-dogmatistes de Pékin et de Tirana

---

8. Comme beaucoup des « mots » du général, celui-ci serait apo-
cryphe ou, tout au moins, non inédit, si l'on en croit le journaliste
Roland Delcour : « S'il est un aspect de la politique du général
de Gaulle que les Allemands ont traité et traitent encore avec
suspicion, c'est bien le « grand dessein » couramment appelé ici
[à Bonn] de l'Europe de l'Atlantique à l'Oural. Il est piquant
de se rappeler à ce propos que le président de la République
française n'était pas le premier à employer cette formule. Elle tom-
ba aussi un jour des lèvres de M. Hallstein, au
temps où l'actuel président de la commission du Marché commun
était encore secrétaire d'Etat aux Affaires étrangères et défendait la
politique du docteur Adenauer. La formule fit alors fortune...
dans la propagande communiste qui l'utilisa pour accuser le
gouvernement fédéral de s'associer au *roll-back* de M. Dulles. »
(*Le Monde diplomatique*, mai 1966).
9. Selon le titre de l'ouvrage d'Edward Crankshaw, *The New Cold War* :
Moscow v. Pekin, Londres, 1963.
« Cette évolution de la politique chinoise se manifesta avec éclat
à la réunion des partis communistes à Moscou en novembre 1957.
La délégation chinoise conduite par Mao lui-même, exigea la modification des thèses soviétiques sur la « transition pacifique vers
le socialisme » dans le sens que la violence, si elle n'accompagnait
pas inévitablement le renversement du capitalisme, n'en était pas
moins extrêmement vraisemblable. C'est également à cette occasion
que Mao Tsé-toung fit ses déclarations fracassantes selon lesquelles, en cas de guerre nucléaire, seule la moitié de la population
du globe serait anéantie, ce qui ne serait pas une perte irremplaçable. » (Stuart R. Schram, « La Chine de Mao Tsé-toung », *Revue française de science politique*, décembre 1965, p. 1099).

n'avaient pas cessé. Le ton était devenu spécialement acerbe après
la crise des missiles à Cuba. Quelques jours avant la signature du
traité du 5 août, les dirigeants de Pékin avaient publié un communiqué violent dénonçant cette « grande supercherie », par laquelle le Kremlin avait « capitulé » et « vendu les intérêts » de
tous les peuples épris de paix, spécialement de ceux du camp socialiste. Disant se baser sur des « faits incontestables », les dirigeants chinois soutenaient que « la politique poursuivie par le
gouvernement soviétique était de s'allier avec les forces de guerre
pour s'opposer aux forces de paix, avec l'impérialisme pour s'opposer au socialisme, avec les États-Unis pour s'opposer à la Chine ». Une attaque aussi outrancière allait susciter une réponse non
moins virulente, teintée d'humour noir, par les chefs du Kremlin :
« Quelqu'un a-t-il demandé aux Chinois qui se vouent d'avance
à la mort, s'ils sont d'accord pour servir d'aliments au bûcher de
la guerre nucléaire et des missiles, s'ils ont habilité la direction
de la R.P.C. à commander d'avance leurs funérailles [10] ? » Quelques
années plus tôt, Lin Piao, alors ministre de la Défense et futur
héritier désigné de Mao, avait affirmé qu'il n'y avait pas suffisamment de bombes atomiques dans le monde pour détruire tous
les villages chinois ! Et allait continuer pendant des années la
guerre des propagandes injurieuses entre les grands du communisme mondial. Le schisme entre Pékin et Moscou se consommait le
14 juillet, la veille de l'ouverture des négociations de Moscou sur
l'arrêt des expériences nucléaires. L'année suivante, la Chine fera
exploser sa première bombe atomique. Dans quelle mesure cette
rupture idéologique entre communistes chinois et soviétiques avait-
elle enlevé les dernières réticences de Khrouchtchev, sous la pression
de ses propres « durs » de Moscou, pour mener à bien la conclusion
du traité ? Ou l'inverse : le schisme s'est-il consommé sans espoir
de réconciliation à cause des provisions du traité, s'ajoutant à
l'infamie du recul de Khrouchtchev à Cuba ? C'est là un point sur
lequel les experts de cette nouvelle science de la *sino-soviétologie*
n'ont pas fini de débattre [11].

---

10. *Notes et études documentaires*, la Documentation française, 12 mai
    1965.
11. « Un des aspects les plus paradoxaux du conflit sino-soviétique ré-
    sidera dans le fait que les Chinois et les Albanais, que **Staline**
    n'avait jamais gâtés, se réclameront de lui pour crier leur mé-

On peut se contenter d'enregistrer le caractère flagrant de cette opposition radicale entre Pékin et Moscou en cette année 1963, et qui dure encore. L'idée de *polycentrisme*, qu'avait lancée l'ancien secrétaire du P. C. italien, Togliatti, deviendra désormais une notion courante d'analyse internationale. Pékin reçoit diverses missions commerciales et bénéficie d'ouvertures de crédit à long terme, rouvre l'affaire du Sin-kiang dont le contentieux des frontières remonte à l'époque tsariste. Chou En-lai annonce la préparation d'un nouveau Bandung et fait en Afrique une spectaculaire tournée, à certains égards efficace grâce à son charme personnel comme à l'époque de Bandung, en présentant à ces jeunes nations pauvres un modèle autre que le soviétique d'une véritable société socialiste. 1963 consacrait la bicéphalie du communisme mondial : au socialisme « riche », c'est-à-dire bourgeois et révisionniste de l'U.R.S.S., ne se contente plus de se juxtaposer mais s'oppose effectivement le socialisme « pauvre », c'est-à-dire révolutionnaire et dogmatique de la Chine. Au tournant de 1963, la consécration de ce schisme Pékin-Moscou se situe au même plan d'importance que le début de la réconciliation entre Washington et Moscou.

L'année suivante qui marque le quinzième anniversaire de l'O.T.A.N. (1949-1964), le problème majeur est la politique nucléaire de l'alliance. Après la dissidence française se pose la question aiguë de savoir si les Allemands auront le « doigt sur la gâchette atomique ». Les Britanniques proposent une nouvelle force multilatérale (Atlantic Nuclear Force) à laquelle pourraient participer tous les membres de l'O.T.A.N. Cette force serait constituée de navires de surface, armés de fusées Polaris à ogives américaines, et dont les équipages seraient internationaux. L'analogie avec la Communauté européenne de défense de 1952 est assez frappante — les forces terrestres en moins et les ogives nucléaires en plus. L'Allemagne de l'Ouest est enthousiaste, le chancelier Erhard comptant que l'adoption d'un tel projet faciliterait son élection de

---

pris et leur haine à la face de Khrouchtchev qui commença pourtant son règne en s'efforçant de réparer certaines des négligences commises par Staline à leur égard. » (François Fejtô, *Chine — U.R.S.S.*, t. I, *la Fin d'une hégémonie*, Paris, 1964, p. 158).

l'année suivante. L'attitude du Royaume-Uni, le troisième membre du club nucléaire est plus équivoque, d'autant que les travaillistes, par tradition nettement opposés aux armements atomiques et nucléaires, gagnent du terrain dans la campagne électorale. Elle les portera au pouvoir en octobre sous la direction de Harold Wilson. La position française est claire, intransigeante comme la grande voix qui l'exprimait depuis quelques années. Le projet de cette *M.L.F.* semble plus ou moins dirigé contre la France déclare Couve de Murville. De Gaulle, qui a poursuivi sa politique de prestige à l'échelle mondiale (reconnaissance de la Chine de Mao en janvier ; grande tournée en Amérique latine à l'automne), se déclare partenaire libre dans une politique de « concertation » avec les partenaires de l'alliance et proclame surtout qu'est révolue l'époque où la France était une alliée inconditionnelle sous le parapluie atomique des États-Unis. Comme à l'époque de la C.E.D., les dirigeants américains crurent préférable de ne pas forcer l'adoption du projet devant la résistance de cette espèce de monument historique vivant, qui prétendait parler au nom de l'Europe unie [12].

La politique à l'intérieur de l'autre bloc est encore plus turbulente. Khrouchtchev avait réussi à faire exclure du P. C. soviétique le groupe Molotov au début d'avril. Son pouvoir personnel apparaît plus fort que jamais, surtout lors de la célébration de son soixante-dixième anniversaire de naissance le 17 avril, qui prend l'allure d'une cérémonie d'hommages que viennent lui présenter les leaders communistes européens. Il courtise Ben Bella, proclamé « héros de l'Union soviétique » le 25 avril lors de la visite du chef de gouvernement algérien à Moscou ; quinze jours plus tard, il rend visite à Nasser en République arabe unie et lui décerne la même flatteuse décoration. Mais cette courtisanerie du type honorifique, en faveur des leaders arabes, du chef de gouvernement soviétique constitue à peine une diversion à sa préoccupation essentielle : la brèche qui continue à s'élargir entre les grands du communisme mondial. Pékin publie à grand fracas le dossier

---

12. Au sein du Marché commun, l'influence de de Gaulle est aussi marquante qui semble vouloir réduire à quia l'Allemagne de l'Ouest au sujet des produits agricoles français. « *Ironically*, remarquait Robert G. Whalen du *New York Times*, 27 décembre 1964, *President de Gaulle's threat to scuttle the Common Market appeared to have assured its survival.* »

de sa correspondance secrète avec Moscou comme pour clouer au pilori les maîtres révisionnistes du Kremlin et refuse de participer à une Conférence mondiale des partis communistes apparemment destinée à condamner la ligne dure que poursuivent les dirigeants chinois. Après quelque hésitation, Moscou convoque en août une réunion préparatoire à la Conférence mondiale projetée depuis avril. La riposte chinoise se donne en coup de massue : « Le jour où vous convoquerez cette conférence schismatique, vous aurez commencé à creuser votre tombeau.» Khrouchtchev avait la métaphore plus nutritive en faisant plutôt à Budapest l'éloge du goulache hongrois... [13]. Il continue à pratiquer la diplomatie personnelle et itinérante : depuis un an, il fait un voyage à tous les deux mois en moyenne [14].

À l'automne, deux *explosions,* coup sur coup, retentirent à travers le monde : Khrouchtchev, cet étonnant héritier, extrovert, de Staline, était limogé ; Pékin était fière d'annoncer qu'elle possédait la bombe atomique. C'était, mois pour mois, le quinzième anniversaire de deux événements, analogues en leur inversion : octobre 1949, Mao confirmait son contrôle sur toute la Chine continentale et le président Truman annonçait que les services de détection américains avaient enregistré la secousse d'une première bombe atomique en territoire chinois. On avait beau savoir que les Chinois fabriqueraient incessamment leur bombe atomique, que leur premier physicien atomiste avait fait ses classes sous Joliot-Curie avant la guerre, ce fut tout de même une nouvelle d'importance que cette entrée de la Chine dans le cercle des puissances atomiques. Avec encore plus de conviction que la France, elle

---

13. « *If we could promise people nothing but revolution, they could scratch their heads and say,* « *isn't it better to have good goulash ?* » Cette citation, ainsi que la précédente traduite par nous, sont tirées de l'article de Whalen, *New York Times,* 27 décembre 1964. Ajoutons que la *Pravda,* le 2 septembre, avait répondu point par point aux prétentions territoriales de Pékin sur les territoires contestés en Asie centrale.
14. En outre des voyages mentionnés en R.A.U. (mai 1964), et en Hongrie (mars et avril 1964), il avait visité la R.D.A. (juin-juillet 1963), la Yougoslavie (août-septembre 1963), la Pologne (janvier 1964), mais aussi les pays scandinaves, le Danemark et la Suède (juin 1964), la Norvège (juin 1964). Partout il s'efforçait de montrer le visage souriant et sûr de lui du champion de la coexistence pacifique.

allait se tenir à l'écart du *tripole* qui avait, l'année précédente, patronné le traité sur l'arrêt des essais nucléaires. On se rassurait à bon compte en disant que cette première bombe chinoise n'avait qu'une portée militaire dérisoire à côté des arsenaux nucléaires des deux Grands ou que les Chinois, sachant désormais de quoi il retournait, deviendraient en quelque sorte plus responsables en ce domaine [15]. Il n'en demeurait pas moins que la Chine sans l'U.R.S.S., comme auparavant l'U.R.S.S. sans les U.S.A., savait convertir la puissance de l'atome à des fins militaires, éventuellement guerrières. Cette nouvelle ne manquait pas d'impressionner les autres peuples de couleur : la grande patrie du « communisme pauvre », qui partait de si loin, savait se donner les moyens de la puissance militaire moderne. Ce ne serait plus qu'une question de temps (dès 1967) avant qu'elle ne mette au point la bombe H. Un collaborateur du *Bulletin of the Atomic Scientists* voyait dans l'explosion de la bombe atomique chinoise l'« événement militaire le plus important en Asie depuis 1904, alors que le Japon battit la Russie impériale [16] ».

L'autre « explosion », la politique, fit un tour du monde encore plus retentissant : le limogeage du maître du Kremlin à la mi-octobre 1964. On s'était habitué à Khrouchtchev. Le bonhomme avait une rondeur sympathique, sauf quand il chargeait dans son rôle de *vilain,* au sommet de Paris 1960 jusqu'au soulier sur la table à l'O.N.U., ou lorsqu'il faisait entourer Berlin-Est de barbelés ou de mur bétonné — et encore on lui trouvait des circons-

---

15. Le lendemain de l'explosion, le secrétaire d'Etat, Dean Rusk, déclarait à la chaîne C.B.S. de la télévision américaine : « *On the other hand, when they see one of these things go off, even the most primitive type of device, and realize the scale on which nuclear war can occur if they invite such a war, this may also inject into their own thinking some caution that might not otherwise have been there.* » (La transcription de cette interview dans Young Hum Kim, *Twenty Years of Crises : The Cold War Era,* Englewood Cliffs. New Jersey, 1968, p. 255-256).

16. « *The explosion of the Chinese atomic bomb is the most significant military event in Asia since 1904, when Japan defeated imperial Russia. The China test on October 1964 already has produced more political reverberations than any of these events including that of 1904. It has given notice to the world that their successors in the Middle Kingdom are in a position to exercise their hegemony in Southeast Asia.* » (« Political Effect of the Chinese Bomb ». par Arthur S. Lall, *Bulletin of the Atomic Scientists,* n° 21, 1965, p. 21).

tances atténuantes en supposant qu'il avait peut-être un revolver dans le dos ! On l'avait déjà mis en minorité au moins deux fois au Præsidium, ce qui, dans un tel système, ne lui laissait pas d'autre choix que d'éliminer un paquet de rivaux. Du moins, contrairement à Staline, il les éloignait, les mettait au réfrigérateur, il ne les tuait pas ! Ce chantre sur tous les tons de la coexistence pacifique avec sa manie de réclamer une conférence au sommet à tout propos, avait su montrer qu'il avait un sens de sa responsabilité ultime en reculant avec dignité lors de la crise des Caraïbes de 1962. Pour tout dire, il semblait plus rassurant que le « sphinx du Kremlin », pourtant plus prudent. On n'aimait pas véritablement Khrouchtchev mais il était un élément *humain* dans l'ensemble du décor assez peu souriant de la guerre froide. Avec Kennedy, au destin encore plus tragique, il formait le parfait couple antinomique dont l'action avait entraîné la plus extrême *tension* et la *détente* la plus réelle et la plus prolongée. C'était un « fonceur ». Il ne se laissait pas inhiber par toutes les conséquences prévisibles, mais il réfléchissait et avait une plus grande faculté de retenue qu'on ne l'a dit, ou que l'acte d'accusation le soutenait : « échevelé, hurluberlu, faiseur de phrases, maniaque du commandement [17] ». Le pouvoir soviétique allait désormais s'incarner dans le tandem Brejnev et Kossyguine, sans couleur et impénétrables, à la place de sa bonne bouille d'ancien métallo russe, qui avait, semble-t-il, fini par céder à son penchant pour le « culte de sa personnalité » ou à son esprit de famille trop prononcé [18]. Les soviétologues n'ont pas fini de débattre des causes profondes ou accumulées, ni de l'occasion prétexte de son limogeage que personne n'avait prévu, du moins pas à ce moment-là [19].

---

17. Notre traduction de la version du *New York Times* du 27 décembre 1964 : « *hare-brained scheming... phrase mongering, commandism* ».
18. Surtout en faveur de son gendre, Adjoubei, dont il avait fait son homme de confiance. Il l'avait envoyé, à l'été, en République fédérale pour tâter le terrain avant sa propre visite à Bonn. Au moment du limogeage, il projetait de faire de son gendre un secrétaire du parti pour les questions agricoles, en un domaine où le *khrouchtchévisme* n'avait pas brillé d'un éclat particulier.
19. Un des journalistes occidentaux les mieux informés des mystères du Kremlin, Michel Tatu, a enregistré « tous ces signes de déconfiture, déjà remarquables par leurs dates, [qui] montrent sans équivoque possible que Krouchtchev fut tenu responsable du coup de poker de Cuba et de son échec », tout en ne croyant pas qu'on

L'attention des chancelleries se concentrera désormais sur la ligne politique étrangère de ses successeurs. Les paris étaient ouverts : ceux qui misèrent sur un retour à la ligne dure perdirent, ce qui laissait supposer que la chute de Khrouchtchev était due à des raisons de politique intérieure. Seul changement notable dans l'immédiat : la Conférence mondiale des partis communistes fut ajournée en mars suivant. Le spécialiste chinois de l'«opération charme», Chou En-lai, alla visiter les successeurs du révisionniste tant honni à Pékin. La suite des événements allant le démontrer, cette rencontre n'atténua pas l'intensité de la guerre idéologique entre Pékin et Moscou. Deux ans après la crise de Cuba, on s'interroge sur cette *nouvelle guerre froide* sans renversement des alliances, les États-Unis ne se rapprochant pas de la Chine au moment où celle-ci rompt rageusement avec l'Union soviétique, non plus que la France se posant en adversaire de son allié traditionnel d'outre-Atlantique en prenant de façon hautaine ses distances avec le leadership américain au sein de l'O.T.A.N.

L'épicentre de la guerre froide à Berlin, maintenant stabilisée, est en train de se fixer en un point d'un théâtre second, à Saigon. La région du Sud-Est asiatique va devenir pour des années le terrain d'une guerre chaude où va s'enliser graduellement la plus grande puissance militaire du monde. Pendant que l'autre Grand, sous la direction du tandem Brejnev-Kossyguine, s'occupe de ses problèmes intérieurs, de satisfaire un peu moins mal les besoins du consommateur soviétique [20], donne même de la laisse au processus de libéralisation des pays de l'Est, la politique américaine va traîner un boulet diplomatique de plus en plus lourd pour être

---

ait envisagé de le liquider à cette période (*le Pouvoir en U.R.S.S. : Du déclin de Krouchtchev à la direction collective*, Paris, 1967, p. 303).

20. Dans la première quinzaine de juillet, Brejnev souligne que «l'amélioration progressive des formes et des méthodes de la construction économique est à l'heure actuelle la tâche principale». Ce qui ne signifie toutefois pas qu'on va inconsidérément sacrifier les canons pour le beurre : «Economiser, dit pour sa part Kossyguine, sur l'armement serait agir contrairement aux intérêts de l'Etat soviétique... Ni le parti ni le peuple n'entreprendront jamais de prendre des risques en ce qui concerne la défense du pays.» (*Le Monde*, 13 juillet 1965).

allée s'empêtrer dans les jungles, rizières et maquis vietnamiens. Paradoxe au moins apparent : les deux grands du communisme mondial ne se précipitent pas pour aider Vietnamiens du Nord et Viêt-congs [21] et se refusent à ranimer leur communauté de destin en ne s'opposant pas à fond aux entreprises de plus en plus hardies des Américains en péninsule indochinoise. Si les dirigeants américains se sont laissés progressivement entraîner à faire du Viêt-nam le terrain d'expérimentation d'une impossible guérilla à mener par eux, c'est peut-être autant par la crainte récente de la prolifération d'autres Cuba en leur hémisphère qu'à cause du traumatisme psychologique, que la communisation de la Chine et le dur affrontement en Corée leur avaient porté au tournant des années 1950, et dont ils ne se sont jamais à vrai dire guéris [22].

Depuis 1967, la paix froide se met à ressembler à la guerre froide classique des pires jours par l'intensité et la gravité des crises, tout en étant fort différente par la nature des enjeux et le déplacement des théâtres des tensions. C'est d'abord la guerre des Six jours, au Moyen-Orient en 1967, que ne suivit aucune accalmie. Cette tension prolongée aboutira au sursaut des commandos palestiniens conduisant diverses entreprises de guérilla avant de mener « la guerre dans la guerre » pour imposer aux États arabes leur légitimité d'ennemis officiels d'Israël. Surtout à partir du printemps 1970, les deux Grands seront, pour ainsi dire, aspirés par l'impératif d'une double escalade en faveur de chacun des camps qu'ils n'ont guère le choix de ne pas soutenir. L'affaire de l'arraisonnement du navire espion *Pueblo* par les forces nord-coréennes au début de 1968 illustrait les risques et périls du rôle policier que les Américains prétendent encore jouer aux approches

---

21. Dans un discours sur la place Rouge, Brejnev révélait que beaucoup de citoyens soviétiques se sont offerts comme volontaires pour porter secours aux Vietnamiens du Nord, mais sans préciser que la permission leur serait accordée. Il s'en tint à l'affirmation générale : « L'Union soviétique est prête à prendre les mesures nécessaires pour renforcer les dispositifs de défense de la République démocratique du Viêt-nam du Nord. » (Nouvelle de la *United Press International* du 22 mars 1965).
22. L'aggravation de la situation au Moyen-Orient, où les deux Grands ne s'opposent que par peuples interposés, sera étudiée plus loin en ce chapitre : V. Deux guerres chaudes à l'intérieur d'une paix froide.

d'une Chine qui avait l'année précédente expérimenté sa première bombe thermonucléaire. L'invasion préventive de la Tchécoslovaquie, le 21 août 1968, pour arracher les premières feuilles qui avaient bourgeonné au « printemps de Prague », ranima de façon dramatique la règle d'airain de la solidarité intra-bloc, rappelant à la fois les demi-analogies du premier coup de Prague de 1948 et de la répression hongroise de 1956. Comme douze ans auparavant, les Américains se gardèrent bien d'intervenir, qui avaient justement rétabli préventivement, eux aussi, l'ordre à Saint-Domingue. En 1969, se produisirent de sérieux accrochages entre Chinois et Soviétiques sur les bords de l'Oussouri, affluent du fleuve ironiquement appelé Amour, susceptible d'escalader en une explication militaire sino-soviétique d'envergure. Mais ce ne sera qu'au niveau des propagandes et des intimidations diplomatiques à Pékin et à Moscou que se poursuivra l'escalade, mais d'une façon rageuse et orchestrée encore inédite. Après les promesses de rétraction des engagements américains à travers le monde (discours de Guam, doctrine Nixon) et les premières mesures de rapatriement des troupes américaines du Viêt-nam, voici qu'au printemps 1970 le Président justifie l'élargissement des hostilités en territoire cambodgien pour soi-disant accélérer le retrait de ces troupes, en application de la politique de... vietnamisation du conflit qui vient d'être proclamée.

Les années 1963-1966 n'avaient pas connu d'états de tension comparables. À l'actif de ces années chargées, on ne peut qu'invoquer le fait capital d'un relâchement généralisé de la tension européenne : les entretiens entre les dirigeants des deux Allemagnes, le traité de non-agression entre Bonn et Moscou, et l'« ouverture à l'Est » que Pompidou poursuit à son propre compte après les plus forts risques que de Gaulle, hier, et surtout Brandt, plus récemment, avaient déjà pris pour une détente mieux formalisée.

Les S.A.L.T. *(strategic armaments limitation talks)*, qui se tiennent à Helsinki à l'automne 1969 puis à Vienne au printemps 1970, recouvrent avec une espèce de pudeur énigmatique les dernières données de l'« équilibre de la terreur » sous ces nouveaux sigles des A.B.M. *(anti-balistic missiles)* ou M.I.R.V. *(multiple independant reentry vehicules)*.

Au total, ne manquent pas des risques de résurgence de la guerre froide dans cette paix froide, cahoteuse et non complètement rassurante. Subsiste toutefois une différence toute capitale entre l'ancienne guerre froide et la nouvelle paix froide mal assurée. Les principaux foyers des affrontements d'aujourd'hui, au Viêt-nam et aux frontières d'Israël, n'ont pas leurs origines dans les problèmes hérités du deuxième conflit mondial. Au contraire, les problèmes des deux Allemagnes, des deux Berlins et de la question de la sécurité européenne, qui ont l'âge de la guerre froide elle-même, auront pris vingt-cinq ans pour commencer à sortir de l'impasse qu'avait commencée à tracer la rencontre des armées victorieuses des deux Grands en 1945. Si la guerre froide classique s'est achevée en 1963, la Seconde Guerre mondiale, dans ses conséquences politiques européennes, ne s'est terminée qu'en 1970.

II. DU DUOPOLE À LA COGÉRANCE

On a peut-être célébré trop tôt la « mort » de la guerre froide [23], encore capable de récurrence en ce qui n'est qu'une paix froide peut-être intérimaire. Son langage n'est pas tellement désuet, qui commande encore des attitudes de pensée d'hier non seulement chez les analystes perchés à la hauteur de Sirius mais chez les gérants au jour le jour de la paix froide. Car les gouvernants américains et soviétiques sont devenus des *managers* de deux gigantesques machines de puissance qui ne peuvent pas plus s'empêcher de tourner que de s'affronter. Leur préoccupation primordiale bien qu'inavouée est maintenant d'expliciter un minimum de règles, jusque-là tacites, pour prévenir un involontaire *clash*. En priorité : éviter les erreurs techniques dans la transmission de

---

23. « La guerre froide se meurt, la guerre froide est morte ! seuls en Occident du moins quelques « fieffés réactionnaires » lui consacrent encore « les restes d'une voix qui tremble et d'une ardeur qui s'éteint. »
« Déjà répandu lors des différentes phases de détente — comme en 1955 ou en 1959 — ce sentiment a pris une force croissante et une sorte d'évidence massive depuis octobre 1962. » (Pierre Hassner, « L'après-guerre froide : retour à l'anormal », *Revue française de science politique*, février 1968, p. 117).

l'information à l'autre partie. D'où la *ligne rouge* [24], le caractère encore plus privilégié que naguère des relations diplomatiques entre les deux Grands dans leur capitale respective, l'établissement graduel d'un code opérationnel de conduite réciproque.

L'interdépendance des opposants classiques de la guerre froide apparut de façon manifeste lors de la rencontre Kossyguine-Johnson de Glassboro en juin 1967. Le fait même de la tenue de ce petit sommet était l'indication claire que les Grands visaient à ce que ne leur échappe pas le contrôle des situations périlleuses créées par d'autres : celles du Moyen-Orient où venait de se produire la guerre des Six jours, ou du Viêt-nam où l'un, bien qu'indirectement impliqué, affronte l'autre avec modération ; ou de situations nouvellement plus rassurantes comme la question allemande en période d'accalmie propice à d'éventuels arrangements sur l'éternelle question de la sécurité européenne. D'autres sujets d'intérêt commun rassemblaient les interlocuteurs de ce nouveau camp David, qui ne fut pas suivi des désastreuses conséquences de celui de 1959 : d'abord la non-dissémination des armes nucléaires, question d'autant plus pressante que la Chine a maintenant sa propre bombe H ; ensuite, le développement d'*antimissiles* en U.R.S.S. alors que les U.S.A. projettent de se constituer une panoplie semblable. Les interlocuteurs de Glassboro furent remarquablement peu loquaces après la rencontre : leur « franche explication » incluait très probablement une discussion des programmes de production de ces antimissiles dont le coût serait exhorbitant si elle s'étalait sur un trop court laps de temps [25]. Leur est déjà assez

24. Une dépêche de la United Press International, en provenance de Pnom Penh, révélait à la fin mai 1970 que « des sources généralement bien informées ont révélé aujourd'hui que le président Nixon a utilisé la « ligne rouge... » pour informer à l'avance les leaders du gouvernement soviétique qu'il dépêchait des troupes au Cambodge pour y éliminer les « sanctuaires » des guérilleros établis le long de la frontière avec le Viêt-nam ». Ce message, qui a précédé l'offensive du 30 avril, a été le premier transmis par le président Nixon sur cette fameuse « ligne rouge » (*la Presse*, Montréal, 28 mai 1970). Lors de la guerre des Six jours, les chefs de gouvernement de Moscou et de Washington auraient aussi communiqué par la *ligne rouge*.

25. Cette discussion générale devait être reprise dans le cadre très technique des *strategic armaments limitation talks* (S.A.L.T.) dès l'année suivante. Ces entretiens allaient être retardés d'un an à cause de l'invasion soviétique de la Tchécoslovaquie en août 1968.

coûteuse la programmation de leurs exploits sidéraux, suffisant à alimenter leur désir de prestige.

Lors de son discours d'inauguration du début de 1969, le président Nixon annoncera l'ère de la « négociation » après celle de la longue « confrontation » avec l'U.R.S.S. Cette ère de la négociation était déjà un fait depuis 1963. Lors des crises aiguës de 1970 (Moyen-Orient, Viêt-nam et Cambodge), l'idée d'un nouveau Glassboro sera plus d'une fois relancée. Bien qu'elle ne se soit pas concrétisée, la persistance de ce projet continuait à faire la preuve de l'utilité d'une certaine forme de duumvirat pour les règlements de questions dont la gravité excède les possibilités d'une cogérance plus lointaine. Plus que jamais, les deux Grands se reconnaissent les seuls aptes à la supervision du jeu essentiel. Ils ne s'envoient guère plus d'invectives au plan officiel, mettent une sourdine à leur propagande et à leur contre-propagande. Leurs vérités les plus crues leur sont servies, à Moscou par Pékin, et à Washington par Paris. Même lorsque le premier secrétaire du P. C. de l'U.R.S.S. ou le président des U.S.A. doivent s'accuser mutuellement (Viêt-nam, Saint-Domingue ; Tchécoslovaquie ou mise en garde pour l'autonomie de la Roumanie), ils le font assez rudement mais sans prolonger les attaques. Dans l'ensemble, ils pratiquent ce que la *conflictologie* théorique appelle le *management* des crises ou des conflits. Une « stratégie de l'interdépendance [26] » se substitue peu à peu à celle de l'expansion et de l'*endiguement* qui prévalait pendant la guerre froide classique et qui s'était transformé en un temps court (octobre 1962) en stratégie de l'affrontement direct. Jusqu'à 1962, les deux Grands agissaient en duopoleurs *l'un contre l'autre* ; depuis 1963, les duopoleurs apprennent cahin-caha à se comporter *l'un avec l'autre*. L'après-guerre froide est plutôt gérée que dirigée par les deux Grands qui la contrôlent beaucoup moins directement que, naguère, l'évolution de leur guerre froide.

La raison profonde du changement ne réside pas dans la seule menace du perturbateur chinois à l'irresponsabilité au moins verbale, ni même dans l'accaparement des problèmes intérieurs à ces vastes fédérations ou à ces complexes coalitions dont ils sont la tête. Ces deux facteurs entretiennent ou actualisent cette raison

---

26. Vincent Rock, *A Srategy of Interdependance*, New York, 1964.

profonde qui nous semble plutôt se situer à deux paliers : l'un, psychologique ; l'autre, objectif. Le psychologique, c'est la croyance, non plus seulement hypothétique comme avant 1962, qu'aucune modification brusque ou mutation n'est possible dans la lutte pour l'influence. C'est encore, sur le plan objectif, la reconnaissance que le *modus vivendi* au fil des années s'est institutionnalisé en un *statu quo* se perpétuant qui est devenu une espèce de structure constitutionnelle du monde. Cette structure reste assez large pour permettre, par-delà les marges de contact d'opposition, des zones entières de compétition, car les deux Grands n'ont rien abdiqué d'essentiel dans leurs objectifs globaux idéologiques et contre-idéologiques. Des évolutions restent possibles où tantôt l'un, tantôt l'autre, pourra continuer à marquer des points ; c'est encore admis, pourvu qu'une mutation de portée déséquilibrante ne se produise pas. Les *managers* de la paix froide sont devenus plus précautionneux que les *leaders* de la guerre froide d'hier.

La grande puissance extrême-orientale, ils l'ont perdue à tour de rôle, les Américains en 1949, les Soviétiques en 1963 : ils se retrouvent devant une hantise commune mais qui n'est pas encore un danger immédiat pour aucun d'eux. Cuba, qu'ont perdu les Américains, est tolérable sous le protectorat responsable de l'U.R.S.S. et serait inacceptable sous celui de la Chine qui n'en a pas les moyens. Un Japon qui deviendrait militariste, une Inde qui se communiserait mettraient l'un et l'autre des deux Grands aux aguets. Moscou, qui avait toléré que Washington rétablît préventivement l'ordre à Saint-Domingue, s'attendait que soit comprise sa répression préventive en Tchécoslovaquie. Washington a dû accepter la défection *de jure* de la France au sein de l'alliance militaire de l'O.T.A.N. ; Moscou, la participation réticente de la Roumanie à l'organisation du traité de Varsovie. L'un et l'autre Grand tolèrent un nain qui les défie : Washington, Cuba ; Moscou, l'Albanie. L'Indonésie d'après Sukarno, qui interrompt une évolution prochinoise, les satisfait en même temps. Sur les théâtres indochinois et moyen-oriental, les deux Grands restent en aussi inconfortable situation envers leurs alliés qu'en rapport à eux-mêmes ; mais, sur ce dernier théâtre, pour que des formules d'accommodements déjà esquissées deviennent facteurs de stabilisation réelle, ils auront à fixer des crans d'arrêt à leur escalade mutuelle dont la symétrie même n'est pas garante d'effets indéfinis d'équilibration dans la région.

Au point d'origine de la guerre froide, les deux Grands, après vingt-cinq ans d'affirmations parfois quasi belliqueuses d'incompatibilité de leurs solutions allemandes, ont enfin commencé un désistement qui reste encore conditionnel. À partir du moment où Allemands de l'Ouest et de l'Est ne nourrissent plus le rêve même lointain de l'impossible réunification, Washington et Moscou sont tout prêts à endosser le procès-verbal de carence que les premiers intéressés auront eux-mêmes signé. Même attitude au sujet de la reconnaissance de la ligne Oder-Neisse. La preuve est maintenant archifaite que la force symétriquement terrifiante des deux Grands est strictement inutilisable pour modifier une impasse continue depuis un quart de siècle. Aussi, la paix froide se centre-t-elle maintenant au point de départ de leur querelle fondamentale.

La recentration européenne de la guerre froide était déjà perceptible à la fin de la décennie précédente lorsque Khrouchtchev avait ouvert la longue crise de Berlin, en 1958, qui devait durer jusqu'au dérivatif inattendu et combien plus risqué de l'affaire cubaine de 1962. Que les arrangements grinçants de Yalta ou l'avance préalable des armées soviétiques au cœur de l'Europe [27] aient signalé le départ d'une guerre froide à la fois incongrue et terriblement logique, le dernier lustre des années 40 avait été rempli par les difficiles ajustements des deux Grands sur la ligne de rencontre de leurs armées victorieuses. Après le blocus de Berlin en 1948-1949, la constitution des deux Allemagnes, l'intégration militaire de l'Europe de l'Est et la formation de l'Alliance atlantique allaient fixer, sans la figer, la situation européenne pour dix ans à venir. En 1950, après le déclenchement de la guerre de

---

27. « Cette ligne de séparation, à en croire les versions semi-légendaires qui circulent aujourd'hui, aurait été tracée à Yalta... Le fait décisif ce n'est pas la Conférence de Yalta, c'est l'avance des armées russes victorieuses. » (Raymond Aron, « Vingt ans après », sélection hebdomadaire du *Figaro*, 27 mai 1965). Mais n'est-ce pas là un peu le vain débat de la priorité de l'œuf ou de la poule ?

Corée, la guerre froide se déplacera sur les théâtres lointains d'Extrême-Orient pour une autre période de cinq ans. L'« esprit de Genève », au milieu de la décennie, fut la double reconnaissance par les deux *tuteurs* extra-européens que, ne pouvant déplacer la ligne du rideau de fer sans guerre, les Européens des deux côtés et surtout les Allemands, n'auraient qu'à s'en satisfaire comme eux-mêmes avaient bien été forcés de s'en accommoder.

Mais quand Khrouchtchev lança son *ultimatum* sans le mot au sujet de Berlin-Ouest en 1958, c'est l'« Allemagne objet[28] » et les Allemands sujets qui redevenaient le centre éventuellement explosif de la guerre froide. Mais treize ans après Potsdam, rien de fondamental n'avait été changé ; rien n'allait plus pouvoir bouger. La sévère leçon, que s'étaient administrée les deux Grands lors de leur affrontement des Caraïbes en octobre 1962, trouvait sa première application de pratique diplomatique en Europe. Les Américains, qui n'avaient jamais cru à l'utopie de la *roll-back* et de la *libération policy* sous Dulles, pouvaient s'accorder au moins un satisfecit pour leur politique du *containment* au moment où Khrouchtchev, un an après la crise cubaine et un an avant sa disgrâce, proclamait sa foi dans le maintien des « frontières fixées par l'histoire[29] ». Dans son esprit, il incluait l'« histoire » récente de 1944-1945 qui avait vu, par la marche victorieuse de l'Armée rouge[30], l'U.R.S.S. s'octroyer une moitié d'Europe. La seule frontière qu'il ne pouvait accepter était cette monstruosité de Berlin-Ouest, insupportable avant-poste de la provocation occidentale au point le plus précaire de l'*imperium* soviétique, cette « arête dans ma gorge... ». Quand Kennedy, à portée de voix du mur de la honte, proclama que Washington risquait la sécurité des villes américaines pour celle des Berlinois de l'Ouest, les deux parties de l'ancienne capitale prestigieuse devinrent comme cadenassées pour

28. Selon l'expression d'André Fontaine, « L'Europe et l'Asie », *le Monde,* 9 mars 1965.
29. Cité par Jean Laloy, *Entre guerres et paix : 1945-1965,* **Paris,** 1966, p. 338.
30. De façon non fortuite, les deux seuls pays de la démocratie populaire à n'avoir pas été libérés par elle, furent la Yougoslavie « déviationniste » et l'Albanie *déviante* jusqu'à rallier Pékin ces dernières années. Ils sont du reste encore dirigés par les chefs de leur mouvement de résistance pendant la guerre, Josip Broz, dit Tito et Enver Hodja — ce qui n'est pas, non plus, fortuit.

un temps défini. Il n'y avait plus qu'à en admettre les conséquences de part et d'autre. Elles se résument en ceci qu'« au moins depuis 1962-1963, l'évolution a tendu de plus à faire prévaloir le cadre Est-Ouest et paneuropéen sur les cadres intra-occidental et intra-oriental, et a permis d'assister à l'affaiblissement graduel des deux zones intra-européennes [31] ». Cette évolution n'est pas encore très avancée en 1970 ; mais sa signification profonde et sa portée pour l'avenir doivent s'apprécier par référence à la situation globale de 1945-1962 [32]. La suite de l'histoire apparaît liée au destin singulier de l'ancien maire de Berlin-Ouest, Willy Brandt, peut-être au total moins mal placé que de Gaulle, ayant en tout cas plus d'années devant lui, pour jouer le rôle de grand réunificateur européen.

Les managers qui assument des responsabilités trop lourdes ne sont pas à l'abri des réflexes d'irritation dont l'accumulation peut déclencher des décisions de peur. La « révision déchirante » de Brejnev l'amena à décider le 21 août 1968. Et les Américains, non pas d'« applaudir... », mais de n'être pas autrement étonnés du second coup de Prague. Ce roulement des blindés sur Prague aura montré que l'osmose partielle des deux Europes ne suffisait pas à fonder l'espoir qu'un jour il n'y en ait qu'une, pouvant forger éventuellement son destin en deçà du coprotectorat des deux Grands. Justement la question s'est posée d'une connivence entre eux : les Américains, qui prévoyaient l'intervention soviétique, l'ont laissé faire. Ce ne sont pas eux mais les durs et purs de Pékin qui comparèrent le comportement des maîtres du Kremlin à celui des Nazis. La gauche, communiste ou non, des pays occidentaux se remet plus difficilement du 21 août 1968 que de la répression sanglante du 4 novembre 1956.

---

31. Pierre Hassner, « The Changing Context of European Security », *Journal of Common Market Studies*, été 1968, p. 2.
32. « *On the German problem, the trend is away from the goal of Germany reunified in freedom by four-power negociations, away from the intermediary stage of isolating East Germany, towards direct contacts between the two Germanys, and towards an increasing degree of* de facto *recognition of East Germany and an acceptance of German division, with increasing odds of actual recognition in the future.* » (*Ibid.*, p. 20).

O.T.A.N. et pacte de Varsovie ont, dans la conjoncture globale des relations inter-Grands, moins d'avenir que la Communauté européenne et le Comecon — dont les noces de raison ne sont tout de même pas pour demain! Absente par suite de son *effondrement* de 1945, présente lors de l'*éclaircissement* de 1955, l'Europe, en ses deux versants, apprend à devenir plus agissante depuis la mi-décennie soixante. Pour s'être faite de façon subreptice et à manifestations polyvalentes ou même équivoques, cette réaffirmation d'une Europe si diverse, entre, et à l'intérieur de ses deux familles, est un des traits fondamentaux de cette après-guerre froide. Cette évolution s'est produite sous l'œil attentif des deux cogérants même si, en l'occurrence, l'un, qui a des titres géostratégiques et idéologiques plus pressants, *gère* de façon plus impérative et immédiate que l'autre...

III. DU DUOPOLE À LA NON-DISSÉMINATION

La valeur objective de la détente, que garantit cette cogérance, ce n'est pas celle de la seule coexistence des deux Grands l'un par rapport à l'autre, c'est par celle-ci la perpétuation possible de l'humanité à l'âge thermonucléaire et balistique, fondement moral à leurs droits de comanagers de cette paix froide. Nous entrons dans le monde des sigles mystérieux et terrifiants des I.C.B.M. et surtout des M.I.R.V. contre lesquels les réseaux ultra-coûteux des A.B.M. n'offrent déjà plus qu'une protection partielle ou aléatoire [33]. Les espoirs d'un monde, auquel serait épargnée l'explication ultime entre les Grands, pourraient se traduire dans les équations et trajectoires que les dialoguistes des S.A.L.T. tracent pour se faire comprendre les uns des autres. Il a fallu cette espèce de « surchauffe » dans l'équilibre ascendant de la terreur pour que

---

33. Les M.I.R.V. (*multiple independant reentry vehicles*) sont d'énormes vaisseaux à têtes multiples indépendantes dont on ne peut par radar calculer les trajectoires futures et qui sont donc peu vulnérables aux A.B.M. (*anti-ballistic missiles*). Les M.I.R.V. sont donc le dernier cri du perfectionnement des I.C.B.M. (*inter-continental ballistic missiles*) dont il est question depuis 1957 (cf. chap. IV, p. 125).

les deux Grands se mettent à table à Helsinki à l'automne 1969 puis à Vienne au printemps 1970, pour reprendre, avec un optimisme mesuré de bon aloi, une troisième ronde d'entretiens de nouveau à Helsinki au début novembre 1970. Sur le plan technique, il n'y a pas de limite au développement des moyens de destruction ; mais, dans la mesure même de leur perfectionnement, ils deviennent des « armes à deux tranchants » ou qui font boomerang, susceptibles de détruire en même temps celui qui y recourrait. Il faudra pouvoir s'arrêter en deçà des armes chimiques et bactériologiques (A.C.B.), à la bombe « anti-matière » et autres joyeusetés qui n'appartiennent plus au domaine de la *science-fiction*. Les S.A.L.T. sont évidemment ultra-secrets. Le seul fait que ces conversations (*talks*) aient lieu est l'événement militaire le plus important depuis Hiroshima.

Il ne s'agit pas de désarmement ni de limitation des armements, mais d'armement contrôlé en régime duopolistique — tout comme deux firmes se faisant connaître mutuellement leurs plus récents brevets d'invention ou l'échéancier de la production à venir... Il s'agit de *penser* (politiquement) l'*impensable* afin que celui-ci ne se produise pas, et, pour cela, il importe d'être informé des intentions et surtout des programmes en cours. Dans la discussion, c'est l'évaluation de la nature de la *menace* qui est capitale ; dans la course aux armements, c'est la *peur* qui, seule, peut la freiner mais non l'arrêter complètement, ce qui impliquerait qu'on n'a plus peur du tout. Les deux Grands commencent à avoir *peur* non seulement pour eux-mêmes et pour les autres, mais, plus prosaïquement pour leur budget militaire et de recherche qui n'est pas définitivement extensible. Autant de raisons pour ne pas porter ces conversations sur la place publique.

Pour qu'ils en soient — enfin ! — rendus là, il a fallu qu'ils se rendent compte que ce n'est pas la supériorité technico-militaire qui rend la dissuasion crédible. Ils visent à une *parité,* au moins autant consciente qu'objective, qui n'est pas une égalité en un domaine où la symétrie ne peut jamais durer longtemps. Si notre hypothèse du chapitre VI (graphique n° 2 : la disparité ou *écart* de puissance suscitant la tension, la tendance à la *parité* étant plutôt favorable à la détente) reste valide en période d'après-guerre froide, ce serait l'explication structurelle de la *détente* prolongée [34] depuis 1963, dont le traité sur la non-dissémination des armes nucléaires devient la deuxième confirmation éclatante. Ceux que Wright Mills appelait les « métaphysiciens militaires [35] » aux États-Unis se parlent dans les yeux avec leurs équivalents de l'Union soviétique : il aura fallu la conjugaison de développements technologiques effrénés et de vingt-cinq ans de guerre froide pour en arriver là. Maintenant devenus prisonniers de leur puissance trop grande, les paralysant l'un par rapport à l'autre, les deux Grands se trouvent aussi à accorder une plus grande liberté d'action aux « petits... ». S'est-on moins battu un peu partout dans le monde depuis 1963 que dans les premières dix-sept années d'après-guerre ?

Les S.A.L.T. sont le sanctuaire ultra-secret de ce qui ne peut plus être la « libre entreprise » des œuvres de destruction massive. Dans le sillage du traité sur l'arrêt des expériences nucléaires de 1963, Américains, Soviétiques et Britanniques avaient conclu moins d'un an plus tard un accord pour la réduction de la production de matières fissiles à des fins militaires (le 20 avril 1964). Les stratèges soviétiques, qui en étaient encore à la conception des représailles massives de John F. Dulles, entreprirent de se *recycler* et commencèrent à parler la doctrine de la réponse flexible et graduée qu'avait exposée le ministre américain de la Défense, McNamara, dès mai 1962. Il n'y a désormais plus de seule riposte pensable que celle qui causerait un holocauste universel. En un trait lumineux, Raymond Aron résumera ce qui était en train de se passer : « Les débats passionnés des années 1961-1963 se terminent non pas faute de combattants mais *faute d'intérêt pour le combat* [36]. » Déjà l'idée de la non-dissémination des armes nucléaires, à laquelle étaient en principe acquis les duopoleurs en état de

---

34. Dont la prolongation n'atténue pas l'équivoque, car si « *the present* détente *is real, sensible and vital for both Russian and Western viewpoints... it is in practice ill-defined, variable and subject to instabilities* » (Robert Conquest, « The Limits of *détente* », *Foreign Affairs*, juillet 1968, p. 742).
35. *Les Causes de la 3e guerre mondiale*, Paris, 1960, p. 73.
36. « Remarques sur l'évolution de la pensée stratégique », *Archives européennes de sociologie*, vol. IX, 1968, p. 158.

parité, gagnait des adeptes dans nombre de capitales, bien qu'en France des théoriciens militaires continuaient à justifier, sur le plan stratégique, la thèse contraire [37]. Les Chinois, eux, ne cherchaient d'autre justification que dans l'affirmation de leur dogmatisme révolutionnaire absolu. Lorsqu'en 1964, les Soviétiques devinrent convaincus que le « Comité McNamara » de planification nucléaire ne comportait pas de danger pour eux, Gromyko put pousser le projet du traité portant sur la non-dissémination nucléaire. Aidé à la fin de l'année par un vote de trois résolutions de l'Assemblée générale de l'O.N.U., l'endossant par avance, le projet avait de bonnes chances d'aboutir. Seront plus tard (janvier et février 1967) conclus, d'abord sous l'égide de l'O.N.U., l'accord portant sur l'utilisation de l'espace à seules fins pacifiques et, comme séquelle bénéfique de l'alerte de Cuba de 1962, le traité sur la dénucléarisation de l'Amérique latine.

Après plus de quatre ans de négociations difficiles, les deux Grands présentaient le 31 mai 1968 à la commission politique de l'Assemblée générale de l'O.N.U. le texte définitif du projet de traité portant sur la non-dissémination des armes nucléaires. Ce texte définitif contenait une innovation importante à son article 4, stipulant comment les pays non nucléaires pourraient bénéficier des avantages découlant des applications pacifiques des explosions nucléaires. L'article 6, portant sur le contrôle, était évidemment la clé de voûte du système à instaurer « en vue d'empêcher que l'énergie nucléaire ne soit détournée de ses utilisations pacifiques vers des armes nucléaires ou d'autres dispositifs explosifs nucléaires ». Au lieu des vilains mots de « contrôle » ou d'« inspection », on se servait de l'expression de « modalités d'application des ga-

---

37. Voir l'article du professeur Henry A. Kissinger — futur conseiller de Nixon — dans *Foreign Affairs* dont *le Monde* des 15 et 16 septembre 1964 a reproduit les principaux extraits sous les titres : « I. Le dilemme de l'Alliance atlantique » ; « II. Des possibilités et des limites de la consultation ». On y trouve une réfutation de la thèse du général Gallois, favorable aux *forces de frappe* nationales à cause du caractère périmé des alliances : « La théorie Gallois conduirait à la prolifération des forces nucléaires nationales conjointement avec le développement de méthodes de reddition ou de garanties pour rester en dehors du conflit. » (article du 15 septembre).

ranties requises [38] ». C'était certes selon l'expression du président américain « le plus important accord en matière de désarmement depuis le début de l'âge nucléaire [39] », l' « événement marquant dans l'effort de l'humanité pour éviter le désastre nucléaire [40] ». Les dirigeants de Moscou parlaient le même langage.

À la dernière phase, ce sont les hésitations du gouvernement américain, tiraillé entre les partisans du désarmement et les « cliques européennes du département d'État », qui firent obstacle et non pas les réticences bien connues de l'Allemagne fédérale devant ainsi accepter, tout à côté de la France, de n'être jamais puissance nucléaire, ni même les objections de l'U.R.S.S. qui fit finalement des concessions importantes sur les « modalités d'application des garanties requises ». En mars, les trois puissances nucléaires prenaient l'engagement de passer à une « action immédiate » par l'intermédiaire du Conseil de sécurité dans le cas où un État non nucléaire serait attaqué ou menacé d'être attaqué par une puissance nucléaire. Les pays non engagés, l'Inde à leur tête, avaient insisté sur cette disposition de protection automatique avec l'arrière-pensée qu'un jour Pékin pourrait... Moyennant cette supergarantie requise, le vote à l'Assemblée générale fut massivement en faveur du projet du traité par un vote de 95 voix contre 4 dissidences attendues (l'Albanie, Cuba, l'Inde pour des raisons un peu paradoxales [41] et... la France, rejoignant la Chine de Mao dans son refus systématique) et 21 abstentions, dont beaucoup d'États africains dans l'espoir (?) de pouvoir influer un jour sur l'évolution du problème sud-africain. Le 1er juillet, une soixantaine de pays signaient le traité à Washington, Moscou ou Londres, capitales des États qui avaient parrainé conjointement le projet du traité ; d'autres pays depuis lors y ont adhéré et quelques-uns se proposent de le faire. C'est le grand résultat positif de vingt ans de guerre froide, que ce traité assorti d'une supergarantie des trois grands du club nucléaire d'origine [42]. Le platonique pacte Briand-Kellogg

---

38. *Le Monde,* 8 juin 1968.
39. *New York Times,* 16 juin 1968.
40. *New York Times,* 21 janvier 1968.
41. S'interdisant de se donner des armements nucléaires, l'Inde refusait aussi de céder le droit d'en fabriquer.
42. Rappelons d'autres accords U.S.A.-U.R.S.S. récemment conclus : ratification par Moscou d'une convention consulaire avec Washington ;

de renonciation à la guerre de 1928, à l'époque de la Société des nations, ne comportait aucune garantie analogue.

Dans le prolongement du traité de non-dissémination des armes nucléaires, Gromyko annonçait devant le Soviet suprême à la fin mai 1968 que l'U.R.S.S. était maintenant prête à un « échange d'opinion » avec les U.S.A. sur l'ensemble de la question des missiles et des antimissiles [43] comme l'avait proposé dix-sept mois plus tôt le président Johnson. Enfin une résolution de l'Assemblée générale de l'O.N.U., en date du 20 décembre, réclamait l'étude de la menace encore plus terrifiante pour l'humanité, celle de l'A.C.B. (*a*rmes *c*himiques et *b*actériologiques — ou *b*iologiques). Un rapport rédigé par des experts de quatorze pays à la demande du secrétaire général de l'O.N.U. sera déposé un an après, jour pour jour, la signature du traité sur la non-dissémination des armes nucléaires (le 1er juillet 1969). Pour renouveler le « protocole concernant la prohibition de l'emploi à la guerre de gaz asphyxiants, toxiques ou similaires et de moyens bactériologiques », signé à Genève le 17 juin 1925, il importe que l'humanité se rende compte de dangers encore plus effarants que ceux de la guerre balistique et thermonucléaire.

établissement d'une ligne aérienne directe New York-Moscou ; accord pour porter mutuellement assistance aux cosmonautes des deux pays.

43. La question de la parité ou de la disparité des forces balistiques des deux Grands est évidemment au cœur des difficultés à venir : « *The dynamics of this missile race makes the date of an agreement to halt it as important as the limits imposed. The «mad momentum» of the race, as former Secretary Robert McNamara once described it, could alter the strategic balance significantly while the negociators are talking and in the period between accord and the date the missile limits take effect. The limits themselves will be difficult to fix, given the asymetrical nature of the Soviet and American strategic forces and the different target systems at which they are aimed. A simple freeze at present levels of all offensive and defensive forces evidently is unacceptable to the Soviet Union. Moscow has indicated a desire to achieve parity in offensive missile. It may want to extend its antimissile network further... The present strategic balance is based on the possession by both sides of relatively invulnerable missile forces that could absorb a first strike and then, in retaliating, knock the adversary out of the 20th Century. Equilibrium is provided by possession of that «assured-destruction» capability on both sides, whatever the disparity of forces.* » (Robert Kleiman, « Hope for Calling off the « Mad Missile Race », New York Times, 30 juin 1968). Pour la situation prévalant à l'époque de la crise de Cuba voir la note 29 du chapitre précédent.

Depuis ce rapport scientifique, les hommes d'État n'ont pas
le droit d'oublier l'avertissement politique de ses auteurs : « Le
premier pas vers cette forme de guerre étant franchi, l'escalade
est probable et nul ne sait où ce processus peut conduire... L'existence des armes chimiques et bactériologiques (biologiques) non
seulement ajoute à la tension internationale, mais leur développement accélère la course aux armements sans pour autant contribuer à la sécurité d'aucun État.» En attendant, la pollution ur-
baine et industrielle, dont on commence à peine à se rendre compte de l'ampleur des méfaits, suffit à nous empoisonner petit à
petit...

Les deux Grands continuent donc de s'efforcer à cogérer la
paix froide en portant une attention spéciale aux États qui, ayant
les moyens de se donner des armes nucléaires, peuvent s'en reconnaître la vocation pour assurer leur survie (Israël vient tout de
suite à l'esprit). N'ayant pu empêcher la Chine et la France de
se donner un arsenal nucléaire, ils s'en remettent, non pas à leur
écrasante supériorité combinée sur ces deux *déviants,* mais à leur
commune détermination d'entraver la prolifération de ces armements dans d'autres pays. Les actions chinoises et les intentions
françaises n'appellent pas la cote d'alerte. Si elles sont clairement
dérogatoires, elles n'apparaissent pas encore perturbatrices du système duopolistique. Chacun des deux Grands a risqué — et perdu — la solidarité d'un allié de tout premier plan pour le principe
du maintien de leur duopole nucléaire. Mais la France gaullienne
de la force de frappe n'a jamais inquiété Moscou et Washington
qu'à cause de l'Allemagne fédérale tout près qui, à défaut de
pouvoir s'en donner une, aurait pu avoir le « doigt sur la gâchette
atomique ». Ce qui était intolérable à Moscou ne pouvait être
défendable à fond par Washington. Le traité sur la non-dissémination du 5 août 1968 est arrivé avec cinq ans de retard. Il
s'agira de le rendre au maximum opérant pour les « autres ».
Reste la Chine, seule puissance nucléaire asiatique, qui fait officiellement fi des règles mais qui en tient compte dans les faits.
Pour l'instant, sa politique nucléaire n'est hasardeuse qu'en paroles
et il est loin d'être sûr qu'elle ne lui vaille pas plus d'impopularité

et de méfiance en Asie que de prestige dans l'ensemble du tiers monde [44].

Les deux Grands, aux rencontres des S.A.L.T., ont commencé à apprendre les dures lois techniques du *partnership* que les circonstances leur ont imposées et qui ont commencé à diluer leur antagonisme fondamental, qui ne sera jamais du reste dissous complètement. De l'étrange fascination qu'ils exerçaient l'un sur l'autre, ils en viendront à passer à des modes de traiter *on a business-like manner* plutôt qu'à négocier entre opposants. De négociateurs adversaires ils ont été amenés à se considérer comme des associés rivaux. Ils savent le prix de l'enjeu global. Ils ne se féliciteront pas de l'avoir simultanément compris sur le tard. Mais ils se donneront mutuellement la preuve, pour ainsi dire opératoire, de leur coresponsabilité. Plus elles dureront, les conversations du type S.A.L.T. seront la démonstration de leur efficacité et non pas l'inverse comme dans les négociations conflictuelles. Un accord formel à entériner en un instrument juridique n'est pas le but premier de ces rencontres ; mais elles permettront de circonscrire le champ de leur stricte compétence duopolistique. En sortiront d'éventuels protocoles à large adhésion comme l'ont été les traités sur l'arrêt des expériences dans l'atmosphère ou sur la non-dissémination des armes nucléaires. Jamais dans l'histoire de l'humanité on avait assisté à ce paradoxe tellement logique à force d'absurde : la course débridée aux armements de plus en plus terrifiants aboutit à l'impossibilité d'une guerre générale plutôt qu'à des risques croissants de son éclatement.

---

44. D'une part, observait François Fejtö dès 1966 : « La Chine a distribué entre 1955 et 1965 une aide d'un montant de 1 200 millions de dollars et a promis 700 autres millions. Cet effort considérable pour un pays grand, mais extrêmement pauvre, si l'on songe à sa production per capita, illustre l'importance attachée par les dirigeants chinois à leur renom dans le monde et notamment dans le tiers-monde » ; mais, de l'autre, « les Chinois en exigeant de leurs amis de faire la guerre à la fois aux Américains et aux Russes, de se couper ainsi de toutes les sources d'aide qu'ils pouvaient envisager, ont précipité une crise qui pourrait avoir pour effet, chez les jeunes Etats, une compréhension plus nette de leurs intérêts et possibilités » (*Chine — U.R.S.S.,* t. II, *le Conflit,* Paris, 1964, p. 263-270).

IV. DU DUOPOLE À LA PLURIPOLARITÉ

La pluripolarité a toujours existé dans la guerre froide. Le phénomène n'est que plus apparent dans cette période de la paix froide mais une seconde constatation est plus capitale : la pluripolarité n'a pas encore donné lieu à des tendances oligopolistiques suffisantes pour déséquilibrer de façon notable le système duopolistique. Davantage : la *bipolarisation,* pour être moins affirmée que pendant la guerre froide, permet une plus souple *pluripolarité,* qui n'entraîne d'ailleurs aucun affaiblissement du duopole mais ne serait qu'une conséquence modale de l'affirmation de son maintien. Par définition, la paix froide procède d'attitudes moins manichéennes que la guerre froide. Tous ces termes de « débipolarisation», « pluripolarité », « polycentrisme », et les autres variantes en découlant, sont devenus la tarte à la crème de la littérature sur l'après-guerre froide. On trouve dans l'actualité suffisamment d'ingrédients pour complexifier le modèle trop simple que la sémantique routinière des « deux blocs » postulait, et qui n'ont jamais eu de réalité vraiment effective qu'au long de la ligne du rideau de fer européen ou du 38ᵉ parallèle coréen ou encore de celle du détroit de Formose. C'est l'ubiquité potentielle de la politique internationale des deux Grands qui incitait à croire à la bipolarité planétaire à force d'en parler[45]. Était encore plus fictive, et le demeure, la tripolarité que signalerait l'émergence du tiers monde non aligné. Le propre du non-alignement est précisément la détermination, souvent doublée d'une chance, de n'être pas polarisé. En outre, le non-alignement est éparpillement géographique et puissances politiques relatives et juxtaposées de façon plus ou moins lâche.

Ces restrictions dites, on est bien forcé de constater que, depuis 1963, d'assez nombreux assistant managers tendent à participer à la gérance de la paix froide. Il y a même un *supermanager* postulant, dont le bureau chef est à Pékin. Si, aux pires jours de la guerre froide, l'antagonisme des Grands était encore loin d'assumer toute la réalité internationale, en cette après-guerre froide

---

45. Voir nos considérations sur ce sujet au chapitre premier, p. 15-17.

est encore plus large la frange des problèmes qu'ils laissent en dehors de leur querelle. Ils favoriseraient plutôt le maintien du neutralisme en certaines régions pour pratiquer l'économie de leurs ressources ou l'étalement de leur emploi. À moins que ce ne soit, de façon encore plus intéressée, pour amortir des pénétrations ou intrusions chinoises : en Afrique subsaharienne, en Amérique latine [46], dans l'Inde, en Indonésie. Les règles du jeu duopolistique sont restées les mêmes entre les deux duopoleurs mais il y a rétraction volontaire des *marchés* à occuper. Ce phénomène s'esquissait dès la fin des années 50 avec les campagnes itinérantes de Khrouchtchev plaidant la coexistence pacifique et le pèlerinage de la paix autour du monde d'Eisenhower dans les derniers mois de 1958.

Il convient donc de ne pas exagérer la portée du phénomène dit de la pluripolarité pour conclure, par exemple, au glissement du régime duopolistique à l'oligopole ouvert. Les duopoleurs ne font qu'accepter plus aisément que d'autres joueurs jouent une autre partie que la leur, pourvu qu'elle n'y fasse pas, de façon sérieuse, interférence. Le seul oligopoleur qui risque d'*affoler* la partie, encore la Chine, ils la surveillent de très près. Il est dans la nature du champ diplomatique s'élargissant que des tendances *polyarchiques* se manifestent : l'important est qu'elles ne soient pas perturbatrices du jeu duopolistique fondamental qui se resserre plutôt qu'il ne se distend. Le degré de libéralisme de chaque duopoleur varie certes, non pas seulement à cause des traditions idéologiques différentes, mais par la prise en considération de divers facteurs géostratégiques qui restent des constantes.

La France de de Gaulle, sortant de l'alliance militaire de l'O.T.A.N., gêne sans doute celle-ci et son commandement suprême en Europe, mais elle ne met pas en péril la coalition elle-même et annonce encore moins la prise du pouvoir par les communistes à Paris. La Roumanie embête davantage le Comecon que l'Organisation du traité de Varsovie, mais sa situation géographique ne rend pas sa récalcitrance dramatique comme l'eût été la sortie de

---

46. Les grandes tournées de Chou En-lai en Afrique et du général de Gaulle en Amérique latine n'eurent pas d'observateurs plus attentifs qu'à Moscou et à Washington.

la Tchécoslovaquie de l'organisation, étape logique de l'évolution
du « printemps de Prague » que les maréchaux soviétiques craignaient davantage qu'Ulbricht et Brejnev. On pourrait, à l'inverse,
évoquer la *nervosité* américaine au sujet de Saint-Domingue en
1965 après le cuisant précédent de Cuba. Ce qu'on appelle le « polycentrisme », mis à part le schisme sino-soviétique, n'est qu'une
prolifération de centres d'ambition ou de négation pour une plus
grande autonomie intérieure et ne commandant pas dans la même
mesure une puissance extérieure polarisante. La dissidence française de l'O.T.A.N. ou même des traités nucléaires, le débarquement des *marines* à Saint-Domingue, le « printemps de Prague »
et la répression préventive de son automne prometteur signalent
des crises « intra-blocs » mais ne sont pas des phénomènes de
pluripolarité — tout comme les crises de Hongrie et de Suez en
1956. Le système duopolistique continue à s'affirmer par l'adaptation à des tendances nouvelles plutôt que par la volonté ferme
de les plier à sa rigueur exclusive. La capacité des deux Grands
de se *dissuader* mutuellement n'a pas pour corollaire une égale
capacité de *persuader* les moyens, ni même les petits, comme le
cas du Moyen-Orient l'illustre avec éclat. Aussi leur présence, active et même escaladante, y a-t-elle, secondement, valeur de suppléance à leur capacité très relative de persuader leurs amis.

Quelle est la structure qui émerge finalement ? Sinon bipolaire, pluripolaire ; ou, sinon l'un et l'autre, mi-bipolaire et/ou mi-
multipolaire ; ou, même, semi-monopolaire [47] ? On a le choix ; tout

---

47. « Le système est quasi multipolaire au point de vue du comportement, et mi-bipolaire, mi-multipolaire dans la structure des forces
chaque fois qu'un équilibre neutralise les forces opposées à un niveau ou à un autre. Le niveau stratégique nucléaire est bipolaire ;
la quasi-multipolarité du plan diplomatico-diplomatique est diffuse. Entre les deux, le niveau multipolaire des forces utilisables
est polarisé par les liens des alliances. » (George Liska, *Nations
in Alliance*, Baltimore, 1962, p. 162, cité en français dans l'article
de Pierre Hassner, « L'après-guerre froide : retour à l'anormal »,
Revue française de science politique, février 1968 p. 131-132).
« Nous sommes entrés dans un monde semi-monopolaire, où les
deux nations très supérieures aux autres sont aussi très inégales
entre elles. Il n'y a plus qu'un super-Grand. Cependant le second Grand paraît encore assez puissant pour empêcher le premier d'agir à sa guise... La coexistence n'est pas pratiquée avec
la même rigueur dans les deux camps. Les Russes n'usent plus
de moyens militaires dans leur zone d'influence depuis Budapest.
Les Américains en développent l'emploi dans la leur. Mis à part

dépend, à part des conventions conceptuelles établies au départ, du niveau d'analyse ou de l'étendue du champ d'investigation considéré en telle durée, en l'occurrence depuis 1963. Chacune à sa façon, les doctrines Brejnev (après août 1968) et Nixon (en février 1970, en dépit de l'incursion au Cambodge) étaient révélatrices de comportements duopolistiques moins ambitieux quant à l'extérieur. N'en persiste pas moins l'image en partie exacte du partage du monde entre les deux Grands dont des secousses socioculturelles aussi différentes que les « événements de mai » et le « printemps de Prague » auraient été des spasmes de refus global[48]. Mais, pour dessiner les contours de cette division qui n'a pas tout partagé, pour identifier les *mouvances* qui se produisent à sa très large périphérie, nous nous trouvons devant une tâche d'une complexité croissante[49]. Concluant un article sur le polycentrisme, Raymond Aron écrit : « Ce monde toujours plus complexe promet d'être le paradis des analystes et l'enfer des hommes d'État.

Cuba, les Soviétiques répugnent à recourir directement aux armes hors de leur empire ; les Américains le font de plus en plus couramment et durement. » (Maurice Duverger, « La coexistence inégale », *le Monde*, 24 juin 1967). Cet article fut publié quatorze mois avant l'invasion soviétique de la Tchécoslovaquie.

48. « Le mai de Paris et le printemps de Prague ont été, eux aussi, un refus de l'immoral partage du monde. Ceux qui y prirent part savaient bien que Soviétiques et Américains s'étaient rencontrés, en 1945, sur une certaine ligne, mais ils n'y voyaient pas une raison suffisante pour priver les uns à jamais de liberté, ni pour obliger les autres à se satisfaire des prosaïques ambitions de la société de consommation. Il ne faut jamais pousser les parallèles trop loin... Il est tout de même significatif que dans notre pays le parti communiste ait opté sans équivoque pour la légalité contre l'aventure préconisée par les gauchistes et que *l'incident de parcours de Prague* n'ait affecté que très provisoirement les relations de l'Union soviétique et du monde capitaliste. » (André Fontaine, « Adieu aux années soixante, II. Un monde semblable », *le Monde*, 2 janvier 1970).

49. « La bipolarité et la guerre froide sont remplacées *à la fois* par une plus grande priorité des problèmes intérieurs, économiques et sociaux, et par le retour à des formules d'équilibre multipolaires ou impériales qui ont fourni jadis un minimum d'ordre international, mais semblent incapables de l'assurer aujourd'hui, faute de liberté d'action pour faire jouer sans danger inacceptable les instruments traditionnels du diplomate et du stratège. La politique intérieure et la politique internationale semblent, à certains égards, appartenir à des âges différents, mais ces âges coexistent, et leur rencontre inévitable est source, quotidiennement, de paralysie et de scandale. » (Hassner, « L'après-guerre froide : retour à l'anormal », *Revue française de science politique*, février 1968, p. 141).

Ceux-là y manifesteront leur subtilité et ceux-ci y découvriront les limites de leur pouvoir [50]. »

D'un tout autre ordre est l'élément perturbateur potentiel de la Chine de Mao. Son effroyable dynamisme compressif intérieur ne s'est pas encore manifesté à l'extérieur, sinon de façon verbale au point d'en être tonitruante ! Le schisme consacré avec Moscou en 1963 a comme accentué la force de cette énorme masse isolée et s'isolant. Son audace extérieure est limitée : canonnades sur les îlots rocheux du détroit de Formose, pour être ensuite grondée par Moscou ; aucune participation à la seconde guerre du Cachemire ; soutien modéré au Viêt-nam du Nord et aux Viêt-congs ; rectifications de frontières sur l'Himalaya [51]. En mai 1970, Mao continue à menacer les « agresseurs » américains de sa « guerre d'usure ». Pour l'instant, c'est encore à l'intérieur que s'exprime le dynamisme de la Chine nouvelle : du coup de fouet du « bond en avant » à celui de la « révolution culturelle » en passant par les éphémères « Cent Fleurs », Pékin veut protéger ses révolutionnaires « contre la tentation de consommer la révolution comme un plaisir [52] ». Grande puissance, mise au ban des nations, elle est la seule à pouvoir défier simultanément les deux Grands avec lesquels elle entretient un minimum de relations. Le guêpier vietnamien à ses portes ne lui est qu'une occasion d'esquisser tardivement un début de rapprochement incertain avec Moscou (octobre 1969) après les outrances des manifestations à Pékin et à Moscou qui virent Soviétiques et Chinois faire l'assaut de l'ambassade de l'autre capitale ! Interrompus, les pourparlers équivoques sino-américains à Varsovie reprendront pour la plus grande honte de l'hypocrisie officielle de Washington. La Chine aurait des titres naturels à présider l'éventuel *sommet* indochinois si elle ne suscitait pas autant de prévention chez les cousins de la péninsule. En un

---

50. « Remarques sur le polycentrisme » , *Preuves,* mars 1966, p. 10.
51. « *The occupation of Tibet in 1959 was the occupation of land that had traditionnally belonged to the Chinese empire. The occupation in 1962 of certain areas on the Himalayan frontier with India was the occupation of areas to which India had no clearer title than China.* »   (Louis J. Halle, *The Cold War as History,* New York, 1967, p. 416).
52. Jean Esmein, *la Révolution culturelle,* Paris, 1969, p. 342.

sens, elle y soulève autant de crainte que les Américains, qui finiront bien par partir un jour ou l'autre, et bien davantage que les Soviétiques qui n'y ont jamais mis les pieds. Pour l'instant, les Soviétiques prennent figure de gardiens fiduciaires de la grande Révolution contre les outrances verbales et les rodomontades de Pékin, contre l'aventurisme révolutionnaire en plusieurs points du monde. Moscou et Washington craignent Pékin mais celle-ci craint au moins autant les deux autres : ses bravades et son dogmatisme révolutionnaire peuvent bien n'être que des moyens compensateurs de sa propre crainte qui, paradoxalement, ne pourrait s'avouer autrement.

À son sujet, on ranime l'ancien mythe du « péril jaune [53] » du temps du kaiser Guillaume II. Mais ne sont pas mythiques les 700 millions de Chinois, les stocks commençant à s'accumuler de ses bombes atomiques et les premières bombes nucléaires, non plus que l'idéologie maoïste balbutiée sur les campus et dans les facultés d'Occident. Le Chinois, c'est le « troisième homme », autant inconnu qu'attendu, des actes à venir du drame international. Déjà, il a rapproché, au moins de façon provisoire, les deux protagonistes de l'action traditionnelle. Ce serait trop dire qu'il relance l'action, car c'est au futur qu'il convient de parler de la Chine. L'énigmatique civilisation, pour laquelle le temps ne compte pas, ne fait guère plus pour l'instant que se projeter dans un avenir, inévitablement indéterminé. C'est, en une extrapolation à plus ou moins long terme, que se pose la question chinoise, celle d'un « conflit prolongé » avec l'extérieur qui n'a véritablement pas encore commencé s'il a été claironné sans arrêt depuis 1963 ! C'est déjà suffisant pour qu'on puisse parler d'un régime *tripolistique* naissant, qui a commencé à rendre désuète la guerre froide mais sans avoir raffermi, tout au contraire, la précarité de la paix froide.

---

53. Dean Rusk qui, l'année précédente, avait déclaré devant une commission sénatoriale que la Chine n'était pas vouée à être l'éternelle ennemie des U.S.A. en venait à évoquer en octobre le péril jaune pour justifier la politique d'escalade au Viêt-nam : « *Within the next decade or two, there will be a billion Chinese on the mainland with nuclear weapons, with no certainty about what their attitude toward the rest of Asia will be.* » (Cité par James Reston, « Washington : Dean Rusk and the « Yellow Peril », *New York Times,* 15 octobre 1967).

V. DEUX GUERRES CHAUDES
À L'INTÉRIEUR D'UNE PAIX FROIDE

La péninsule indochinoise et la région moyen-orientale —
théâtres *seconds* de la guerre froide depuis 1946 et 1948 — sont
les points chauds de ce qu'on ne saurait qualifier, à ces échelles
régionales, de paix froide! Ce sont les foyers les plus menaçants
d'une résurgence de la guerre froide. Sur l'un de ces théâtres, l'un
des Grands s'est enlisé dans la plus lamentable aventure politico-
militaire de toute son histoire. Sur le second théâtre, l'un et l'autre
sont déjà engagés dans une escalade mutuelle dont ils semblent
encore mesurer sans trop d'imprudence les risques duopolistiques,
mais avec une conscience peut-être insuffisante que les initiatives
et les conséquences des rebondissements leur échappent presque
complètement.

Quand les Américains se portèrent à la défense de la Corée du
Sud en 1950, c'est à l'Europe dégarnie devant les quelque cent
soixante-quinze ou deux cents divisions communistes qu'ils pensaient. Quand, en 1954, ils relayèrent les Français en Indochine, ils
colmataient une brèche en entourant leur présence de la fiction
juridique collective de l'O.T.A.S.E. Quand ils abandonnèrent à leur
sort le gouvernement et la personne de Diem en 1963, le Viêt-nam
du Sud n'était déjà plus guère gouvernable : la guerre civile avait
précédé la lutte pour la libération nationale. Mais, depuis 1964,
c'est en pensant à la Chine, qu'ils s'engagent de plus en plus profondément au Viêt-nam. Comme on n'a pas su faire la guerre préventive à l'époque de MacArthur, semblent se dire certains dirigeants, ce n'est certes pas le moment de faire montre de faiblesse
aux portes de la Chine alors qu'elle est tant fière de sa bombe
atomique artisanale.

L'hypothèse, en forme d'obsession, est que si un gouvernement neutraliste s'installe à Saigon, une formation communiste
le remplacera aussitôt. Que les deux Viêt-nams fassent ou non
leur unité — ce n'est pas la question —, mais que les communistes s'installent à Saigon c'est tout le Sud-Est asiatique et, bientôt
après, l'Inde, qui passent dans l'autre camp, en l'occurrence le

Chinois — car, en vertu de la règle « du jeu des dominos [54] », c'est
la question. Par un amalgame de considérations stratégiques et
idéologiques, les États-Unis se sont engagés bien au-delà de leur
intention première sur un terrain fangeux, au double sens politique et géologique. Leur puissance globale, qui ne peut s'employer
à fond par principe et à cause de la distance, est tournée en dérision par des essaims de guérilleros plus efficaces contre eux que
l'armée régulière de Hanoi. Le double prix à payer est la tragédie
quotidienne d'un petit peuple de faméliques qui résistent à l'homme
blanc depuis vingt ans et la prolifération du cancer vietnamien
qui ronge les forces vives de la nation américaine à l'instar de
son autre cancer, le racial. L'erreur initiale de l'évaluation a con-
sisté à traiter le Viêt-nam comme un théâtre *premier* de la guerre
froide. Leur sécurité ni celle du monde dont ils s'étaient faits le
protecteur n'y étaient en cause, mais ils y ont engagé leur prestige
dans un combat dissymétrique devenu sans espoir. Par suite d'une
série d'équations fausses : comme les deux Corées, les deux Viêt-
nams égalent Cuba, qui égale Berlin. Quelle que soit la façon dont
ils réussiront à s'en sortir, c'est la plus grande défaite diplomatique, militaire et surtout morale qu'ils auront subie. Le géant ba-
foué sur les terres du nain : Gulliver attaché par les Lilliputiens
et encordé dans ses autres mouvements planétaires, car sa présence
reste multiple à travers le monde.

Rien n'illustre mieux la nature *tripolistique* de la guerre
froide seconde manière que le fait que l'engagement massif des
États-Unis au Viêt-nam semble avoir encore élargi le schisme
entre Pékin et Moscou. En 1965, Kossyguine avait bien fait escale
à Pékin (rendant la politesse que Chou En-lai lui avait faite précédemment) avant de se rendre à Hanoi. Depuis lors, la brèche n'a

_____

54. La théorie des « dominos » peut aussi s'entendre à l'envers, comme l'incursion du Cambodge au printemps 1970 l'aura démontré.
Ne pas perdre le Viêt-nam afin de ne pas perdre le Laos ni le
Cambodge, dont la perte risquerait d'entraîner celle de la Thaïlande, puis celle de la Birmanie jusqu'à l'Inde, etc., c'était la
théorie. Mais, cette fois-ci il semble s'agir de perdre le Cambodge
en même temps que Sihanouk — alors que le Laos est à moitié perdu — pour ne pas perdre le Viêt-nam du Sud ! Et pourquoi ?
Pour maintenir en selle à Saigon un gouvernement que Washington doit soutenir avant que de le contrôler et qui s'effondrera
lorsque le processus de vietnamisation véritable, s'engagera un
jour ou l'autre pour de bon.

pas commencé à se combler entre les deux grandes capitales du communisme. Au contraire, le Viêt-nam, au lieu de tendre à les rapprocher sinon à les réconcilier, devient une nouvelle pomme de discorde s'ajoutant au révisionnisme postkhrouchtchévien, à la gênante bicéphalie du communisme mondial, aux différends des frontières. Elles en sont venues à s'accuser mutuellement de faire le jeu de l'impérialisme américain dans sa lutte contre le peuple vietnamien ! L'affaire du Viêt-nam empêche que la détente entre Washington et Moscou produise des effets naturels dont Pékin nie peut-être davantage les principes qu'elle n'en redoute les conséquences. Cette pénible aventure montre toutefois aux Chinois que les guerres de libération restent coûteuses lorsque le « tigre de papier » s'en mêle, sans même montrer ses « crocs atomiques », et, surtout, qu'il ne craint pas de le faire aux portes de la Chine. Inversement, les Soviétiques sont tiraillés entre leur vocation à assumer le leadership mondial du communisme et leur double inhibition à ne pas affronter directement les Américains au Viêt-nam — ce qui serait risquer un Cuba inversé — et à ne pas contrer les Chinois en prenant leur place dans la péninsule — qui est tout de même leur zone d'influence naturelle, barrés qu'ils sont en Corée du Sud, au Japon, au détroit de Formose. Les U.S.A. s'acharnent à livrer une impossible guerre chaude au Viêt-nam comme stratégie d'une fictive guerre froide avec la Chine, laquelle se fait encore plus acerbe dans la guerre froide très réelle qu'elle mène contre l'U.R.S.S. Les Américains se sont pris au piège que leur propre propagande, en laquelle ils se sont mis à croire, leur a dressé. Dans cette histoire tragique, chacun des trois Grands y perd autant que ce que les deux autres n'y gagnent pas.

Contrairement aux cas vietnamien ou tchécoslovaque, où seulement l'un des Grands est immédiatement en cause et recueille l'odieux de son intervention interminable ou instantanée, la guerre froide n'avait eu que des manifestations rares ou sporadiques dans la région moyen-orientale. La guerre sainte qui s'y livre depuis 1948 n'a présenté que des points d'incidence dans la guerre froide, sans impact majeur comme en d'autres théâtres. D'une espèce d'entente tacite, quand l'un des Grands affirmait une présence voyante ou s'affairait en sous-main (soutien économique, livraison d'armes), l'autre ne le contrait pas directement, évitant l'affrontement litigieux qui eût dégénéré en crise d'envergure.

À l'époque de la guerre froide naissante une courte trêve avait permis la création de l'État d'Israël en 1948 par décision de l'Assemblée générale des Nations unies. Dès sa naissance sur papier, le jeune État du peuple peut-être le plus ancien de la Terre avait dû gagner militairement ses frontières. Cette première guerre israélo-arabe n'étant pas suivie d'une paix stabilisatrice, les Israéliens furent dans l'obligation d'affirmer, au jour le jour, leurs frontières les armes à la main, rendant au double ou au triple les coups qu'ils recevaient. Cela mena à l'offensive israélienne du Sinaï et à l'équipée franco-britannique de Suez de 1956, la seconde intervention débordant la première pour constituer l'une des deux plus graves « crises intra-blocs » de l'après-guerre — l'autre étant la rébellion hongroise et la répression soviétique. Les deux Grands n'avaient pas eu sur le déclenchement de la crise de Suez de 1956 une action immédiate s'ils eurent, toutefois, sur son règlement une influence indirecte ou *a posteriori,* quoique décisive dans le cas de l'action américaine.

Il en sera de même en 1967, du moins par leur abstention de la campagne — d'ailleurs trop courte — des Six jours. En leur paix froide toujours précaire, ce type tout à fait inusité de conflit prolongé semblera plus visiblement les embarrasser que les *intéresser* effectivement. Ils seront surtout conscients que la tâche de stabiliser l'instabilité même dépasse leurs moyens duopolistiques et excède leurs éventuels gains concurrentiels. Par ses données de base, la situation est plus difficilement contrôlable que le marasme indochinois. La région présente un potentiel, bien plus chargé en sa complexité même de conflagration générale. Quand des peuples entiers sont en armes pour leur survie même — c'est ici le cas pour Israéliens et Palestiniens, comme pour les Vietnamiens et, plus récemment, les Biafrais —, les négociations diplomatiques officielles et les plus prosaïques trafics entre chancelleries sont bien incapables d'imposer des solutions qu'acceptent par *dura lex* des gouvernements au nom de leur peuple en des conjonctures moins vitales. Surtout en des situations qui sont celles de nos

exemples (sauf le cas du Biafra), où il ne peut y avoir ni vainqueurs ni vaincus, du moins décisivement.

Jusqu'à tout récemment, les deux Grands qui avouaient leurs
préférences, s'étaient abstenus de souffler sur le conflit qui avait
évolué longtemps comme en isoloir de leurs grandes manœuvres
antagonistes. Mais l'aggravation continue de la situation les a
amenés à se solidariser de façon plus immédiate avec le clan de
leur préférence. Ils n'en sont qu'au début d'une escalade mutuelle
mais dont la prolongation risquerait de transformer la région en
un nouveau théâtre *premier* de la guerre froide qu'ils se refusent
de livrer ailleurs. La question ne se pose plus de savoir si les Américains ne sortiront pas du Sud-Est asiatique. Le mouvement est
irréversible, ils devront partir et s'en sortir de façon pas trop lamentable, ce qui est cause justement de l'indétermination du *quand*
et du *comment* de cette sortie. Mais au Moyen-Orient, l'U.R.S.S.
a des titres moraux, économiques et géostratégiques au moins égaux
à ceux des transméditerranéens et transatlantiques U.S.A. à être
présente. Et les deux Grands n'ignorent pas la force des deux
fanatismes qui s'y affrontent, leur caractère plus irréductible que
jamais depuis la guerre des Six jours.

Ce n'est pas par sentiment d'antisémitisme (ils ont leurs
propres Juifs pour y donner cours...) que les Soviétiques épousent
la cause arabe. Ils le font pour les mêmes raisons que l'avait fait
de Gaulle parce qu'Israël est actuellement le plus fort, « expansionniste », et que c'est en outre un bon placement de politique
pétrolière de soutenir la cause arabe. Les Américains, qui n'ont pas
les mêmes besoins, ne peuvent soutenir que les seuls Israéliens sous
peine de sembler valider une entreprise de recolonisation occidentale et « capitaliste » dans la région, car c'est ainsi que les Arabes,
même conscients de la lourdeur de la protection soviétique, per-
çoivent l'aide américaine à Israël. Tout en contribuant au rétablissement de l'équilibre des forces, les Soviétiques se trouvent devant
une occasion difficilement refusable de poser en grands décoloni-
sateurs de la région.

La mission Jarring ? — Le diplomate mandaté par l'O.N.U.
n'a pas la partie facile entre les faucons israéliens et les fanatiques
palestiniens. La « concertation à quatre » ? — Nécessaire en son

principe, et utile pour débipolariser les influences extérieures tout en permettant aux grandes puissances de se surveiller de près en cette espèce de *patronage* à quatre, qui n'a encore rien d'un directoire mais qui pourrait fournir le cadre d'une supervision éventuelle des arrangements. Le plan Rogers ? — Politique préalable de rééquilibration qu'il faudrait, mais qu'il ne faut peut-être pas si les Palestiniens en viennent à assumer le gros de la lutte contre les « usurpateurs de leur territoire ». Comme en péninsule indochinoise, la guérilla absorbe la guerre et les commandos débordent les armées régulières. La Jordanie ni le régime de Hussein ne pourront supporter une seconde guerre civile comme celle de l'automne 1970. Nasser mort, surgira-t-il un second interlocuteur gouvernemental valable pour négocier ou entériner toute espèce d'accord, encore très difficilement imaginable ?

On est mort « pour Dantzig » dans la Seconde Guerre mondiale ; Cuba a failli être le prétexte à la Troisième. La bande de Gaza, la Cisjordanie, les hauteurs de Golan ou la frontière libano-israélienne pourraient-elles être des occasions du même ordre ? Dans le court terme, on ne prévoit guère que des détériorations de la situation par le renforcement des organisations palestiniennes et la solidarité plus effective de chacun des Grands envers son clan préféré. Le moyen d'en sortir serait, pour un court terme d'environ cinq ans, un arrangement complexe du type des accords de Locarno avec l'U.R.S.S. et les U.S.A. comme superpuissances garantes et périphériques. En auraient-elles le désintéressement dans la coresponsabilité de leur gérance commune la plus ardue ? Mais cet arrangement présupposerait que se reconnaissent autrement qu'en belligérance désordonnée Israéliens et Palestiniens. Il faut même poser la question ultime : le conflit comporte-t-il d'autre issue que celle de toute guerre sainte, l'extermination de l'Infidèle, doublé d'un Usurpateur ? Car c'est ainsi que chaque clan perçoit l'autre.

VI. NI PAIX FROIDE, NI GUERRE FROIDE DANS LE TIERS MONDE

À moins de donner une extension très large à la notion de « guerre froide » (incluant les phénomènes de subversion, de

guerre civile ou révolutionnaire, de luttes idéologiques, de compétition économique entre systèmes socialistes et ceux de la libre
entreprise, etc.), une étude sur ce sujet parle peu du tiers monde,
car il est plutôt observateur que participant de la lutte pour la
puissance entre les deux Grands. Mais il n'est certes pas absent du
monde international du dernier quart de siècle ! À lui seul, il pèse
déjà plus, démographiquement, que les deux autres mondes réunis
et il est encore plus lourd de son avenir qu'on ne peut présenter
autrement que comme dramatique. Mais c'est à d'autres enseignes
qu'il convient d'en faire l'étude : la décolonisation, le développement ou la modernisation, les faits régionaux à l'intérieur des aires
continentales ou culturelles, en Asie, en Afrique, en Amérique
latine, etc.

Une histoire de la guerre froide est toujours déformante par
le type de conflits internationaux qu'elle privilégie et par les rares
mentions qu'elle fait de vastes régions dont une histoire plus
générale inclurait l'étude. Des pays aussi importants que l'Inde
sous-développée ou que le Japon sur-développé sont à peine mentionnés ici et là ; si l'Égypte ou le Congo apparaissent sur l'avant-
scène de la guerre froide, c'est pour un court temps ; des pays de
l'importance du Brésil, de l'Argentine ou du Mexique semblent
être absents du paysage international. Toute large soit-elle, une
analyse de la guerre froide présente une histoire partielle et même
tronquée.

Il ne saurait s'agir de brosser en quelques pages des évolutions aussi diverses sur cette multitude de théâtres *tiers* de la
guerre froide. À peine touché par l'aspect directement conflictuel de
la guerre froide, ce tiers monde a été peu modifié par l'apaisement
relatif de la paix froide. C'est par les politiques de neutralisme et
de non-alignement qu'il y joue, pour ainsi dire négativement, sa
partie, sauf évidemment la Chine qui, à elle seule, est son propre
alignement, et Cuba qui fut un court temps le plus dramatique
des théâtres *premiers* de la guerre froide et qui est encore un théâtre *second* d'une capitale importance en cette période de la paix
froide.

Après la déposition de Sukarno, les fondateurs de l'« ordre
nouveau » ont choisi clairement après 1967 la voie de la « neutralité active », ce qui peut aussi se traduire par un éloignement
de la politique de Pékin en ce pays qui compte plusieurs millions
de citoyens d'origine chinoise. Le nouveau ministre des Affaires
étrangères, Adam Malik, proclame en un style que n'eût pas dé-
savoué de Gaulle que « le conflit entre les blocs ne nous intéresse
pas. Notre objectif, c'est de consolider notre indépendance nationale et de promouvoir la coopération entre les pays d'Asie [55].»
Le Japon, le nouveau « troisième Grand [56] » par son « miracle
économique » encore plus spectaculaire que celui de l'Allemagne,
présente au loin l'image d'une presque trop belle stabilité, surtout
l'année de l'exposition d'Osaka qui lui a permis de proclamer sa
vocation d'universalité. Avec la Chine, dont il apparaît la négation
à tous égards, il a commencé à transiger d'autres arrangements
que les accommodements dont il devait se satisfaire à l'époque
du proconsulat américain et du temps de sa puissance industrielle
à rebâtir. Pendant qu'au Pakistan le régime militariste d'Ayyub
khan touchait à sa fin, madame Gandhi a réussi à surmonter de
sérieuses crises au sein de son cabinet et du parti du Congrès.
Mais, surtout depuis la disparition de Nehru, l'Inde n'apparaît plus
comme l'autre géant asiatique capable d'opposer un contre-modèle
de démocratie socialiste au modèle, devenu une espèce de *méta-
modèle* dans son « splendide isolement », de la Chine maoïste.

Sans évoquer la tragédie congolaise à la fin de la guerre
froide et qui a rebondi ces dernières années, non plus que l'éclatement de la fédération nigériane par la sécession de la République du Biafra qui a abouti au lamentable dénouement du début
de 1970, l'Afrique connaît des bouffées de fièvre par des coups
d'État à la douzaine. L'Afrique, qui *est mal partie* [57], continue
guère mieux et semble vouloir répéter, en accéléré et en mimétisme
presque enjoué, les erreurs politiques de l'Occident depuis trois

55. Cité par Georges Chaffard, « L'Indonésie après l'éviction du prési-
    dent Sukarno », *le Monde diplomatique*, octobre 1967.
56. D'après le titre du livre récent de Robert Guillain, *Japon, troisiè-
    me grand,* Paris, 1969.
57. D'après le titre de l'ouvrage de René Dumont, *l'Afrique noire est
    mal partie,* Paris, 1966.

siècles. Le secrétaire d'État Rogers vient d'y faire une tournée au début de 1970 pour « réparer un oubli » et commencer à affirmer une politique américaine en ce continent [58] après avoir constaté que Washington, fort absorbée ailleurs et depuis si longtemps, n'y en avait aucune! Les « touristes » et techniciens soviétiques sont moins voyants que les experts chinois qui circulent ici et là et qui, par exemple, depuis 1970 s'affairent à la construction d'un chemin de fer de 1 200 milles en Tanzanie-Zambie et à l'entraînement de pilotes pour les Migs construits en Chine. Chou En-lai fait le projet d'une tournée dans l'autre continent de couleur. Pendant que Britanniques et Français maintiennent d'étroits liens économiques et culturels avec leurs anciennes colonies émancipées, les Soviétiques ne laissent pas les seuls Chinois soutenir les mouvements de libération populaire en Angola, en Mozambique, en Rhodésie et en Afrique du Sud. Une seconde ère de recolonisation semble s'ouvrir pour l'Afrique, *à prendre* une seconde fois ?

Mais l'Afrique peut encore tenir, par ses propres moyens, une dizaine d'années. C'est beaucoup moins sûr pour l'Amérique latine. Entre la prise du pouvoir de Castro à Cuba et l'élection d'Allende au Chili, des insurrections de guérilla se sont manifestées au Guatemala, au Venezuela, en Colombie, au Paraguay, en Uruguay. Le rétablissement de régimes néofascistes dans les principaux pays du continent, le Brésil et l'Argentine, n'est pas précisément prometteur du nécessaire progrès social : là aussi on pourchasse les guérilleros dans les jungles épaisses quand on ne les torture pas dans les prisons d'État. La légende de « Che » Guevara, le symbole de Régis Debray, l'extraordinaire audace des Tupamaros actualisent, de façon diversement spectaculaire, la nécessité de changements radicaux dont nombre de prêtres catholiques activistes se sont aussi faits les propagateurs. À peine lancée avec les meilleures intentions et sous de bons auspices, l'Alliance pour le progrès a

---

58. « M. Nixon, en effet, ne paraît rien attendre de l'Afrique et le continent noir vient sans doute au dernier rang des préoccupations de la diplomatie américaine. Cependant, depuis l'arrivée de M. Nixon au pouvoir, certains dirigeants ressentent avec amertume ce qu'ils appellent l'inexistence de sa politique africaine. » (Jacques Amalric, *le Monde*, 8-9 février 1970).

tôt montré les limites de son efficacité, peut-être moins en raison des maladresses américaines pourtant réelles en certains pays qu'à cause de gouvernements stagnants ou proprement réactionnaires et corrompus avec lesquels Washington devait négocier son aide. Circonstance aggravante : un peu partout l'inflation amenuisait le revenu réel provenant, par exemple, de l'exportation de matières premières. La grande idée d'un nouveau « bon voisinage [59] » samaritain sera enterrée par la nouvelle administration Nixon, dont l'une des tâches prioritaires était la révision de tout le programme d'aide à l'Amérique latine. Aucun nouveau « grand dessein » n'est encore annoncé. Un vent de déception fataliste souffle chez les esprits sincèrement novateurs [60] du continent latino-américain, surtout quand ils considèrent les sommes englouties en Asie pour aboutir à une politique de... vietnamisation !

On ignore généralement que Kennedy dans sa dernière année tolérait mal l'intouchabilité de Cuba. Quelques jours avant sa mort, il s'en était ouvert à des journalistes de l'Inter-American Press Association s'attaquant à « une petite bande de conspirateurs qui ont enlevé aux Cubains leur liberté pour livrer l'indépendance et la souveraineté de la nation cubaine à des forces hors de l'hémisphère [61] ». Le mois précédent, il avait confié à Jean Daniel que Castro « avait accepté de devenir un agent du monde soviétique en Amérique latine... Nous ne pouvons permettre que la subversion communiste réussisse à s'installer dans les pays latino-

---

59. L'Alliance pour le progrès était le programme américain le mieux reçu en son principe depuis la *good neighbourhood policy* du président Roosevelt.

60. « La diplomatie nord-américaine, remontant le temps à reculons, retourne, après l'intermède inutile de l'Alliance pour le progrès, vers le temps béni de l'initiative individuelle, des investissements privés et de l'impérialisme du dollar. L'Amérique latine post-castriste trouve en face d'elle, en guise d'interlocuteur, l'Amérique du Nord prérooseveltienne de 1930.
« Ce paradoxe épouvante les dirigeants ibéro-américains les plus conscients, qui ne peuvent s'empêcher d'évoquer la parole de John Kennedy : « Ceux qui rendent impossible la révolution pacifique rendront inévitable la révolution violente. » (Eléna de la Souchère, « Les récentes déclarations de M. Nixon annoncent la fin de l'Alliance pour le progrès », *le Monde diplomatique*, mai 1969).

61. Cité par David Horowitz, *The Free World Colossus*, Londres, 1965, p. 415.

américains : d'un côté le blocus ; de l'autre un effort pour le progrès économique [62].» Le Président ne nourrissait certes pas l'intention de rééditer, à la C.I.A. ou à la Pentagone, une nouvelle affaire de la baie des Cochons ; mais ce foyer de contamination castriste en Amérique continuait à inquiéter l'entourage pourtant libéral de la Maison-Blanche. Des années ont passé, qui ont *vietnamisé* la politique américaine... Lors d'une enquête récente sur place, René Dumont relevait une inquiétante tendance à la militarisation de l'agriculture et de la vie politique en général. Au lieu d'intituler son livre *Cuba ou les Quatre Périodes d'un socialisme distinctif,* ce sera le titre dubitatif : *Cuba est-il socialiste ?* [63]. Après le débarquement d'une douzaine de commandos anti-castristes en avril 1970, Castro fulmina contre Nixon, les hommes de la C.I.A. et du Pentagone, « une bande de criminels répandue dans tout le monde, qui complote contre nous et arme des mercenaires pour nous attaquer [64] ». Mais comment ne pas militariser une société insulaire sous la menace constante d'une invasion ? Quelques jours plus tard, Castro, qui avait gardé un silence méritoire pour lui pendant presque deux ans, se lançait dans une diatribe de plus de deux heures à l'occasion du centenaire de la naissance de Lénine. Il rappelle l'amitié inébranlable de son pays à l'U.R.S.S. qui lui a fourni pour un milliard et demi de dollars d'armements depuis 1959. Il rentrera dans l'Organisation des États américains le « jour où elle expulsera les États-Unis » ! Une flotille de guerre soviétique est venue mouiller dans le port de Cienfuegos en juillet 1969 et mai 1970 [65]. Quelques mois plus tard, des agences de presse rapportent que les Soviétiques seraient en train d'établir dans ce port une base pour sous-marins atomiques soviétiques : action qui serait évidemment « très grave », soulignait-on à Washington. Ce qui n'était pas sans évoquer quelque chose de l'ambiance trouble de septembre 1962. Le *modus*

62. Interview accordée le 23 octobre et publiée après l'assassinat de Kennedy (le 22 novembre) dans l'*Observer* de Londres, 8 décembre 1963.
63. Paris, 1970.
64. D'après les agences A.F.P., U.P.I. et A.P., *la Presse,* Montréal, 21 avril 1970.
65. Comprenant, selon une dépêche de l'agence Reuter, en date du 13 mai, deux sous-marins, un destroyer porteur de fusées télécommandées et un destroyer avec rampes de lancement.

vivendi entre Khrouchtchev et Kennedy reste valable sous Nixon et Brejnev. Mais pour combien de temps? Ou plutôt, avec quel degré de précision un *modus vivendi* peut-il s'entendre indéfiniment entre parties rivales?

Le « tiers monde » n'est évidemment pas né à l'époque de la popularisation de l'expression. La première Conférence afro-asiatique de Bandung de 1955 avait été sa voix multiple et unanime sur ce seul point du rejet inconditionnel de toute forme de colonialisme. Depuis 1963, un quatrième monde, la Chine, n'y semble pas trouver aisément sa place, tant elle y prend de place justement ! Elle n'y peut jouer le rôle de grand neutraliste comme l'Inde de Nehru ou de coryphée du non-alignement comme la Yougoslavie de Tito ou l'Égypte de Nasser. Mais quand l'U.R.S.S. prétendra, comme puissance asiatique, participer à la Conférence tricontinentale de La Havane en 1966, les grands frères ennemis du communisme y clameront leur opposition irréductible au grand scandale de ceux qui se réunissaient au nom du principe du non-alignement.

Au début de la paix froide, en 1964, l'O.N.U. comptait cent quinze membres dont les trois quarts étaient des États des régions sous-développées du globe. À plus d'une reprise, les pays privilégiés de l'hémisphère Nord s'y virent l'objet de critiques dont certaines avaient parfois des tonalités de racisme à l'envers. Les délégations des pays communistes se rangeant du côté du bloc afro-asiatique, l'O.N.U. continuait d'être ce champ diplomatique où la guerre froide semblait n'avoir pas connu d'accalmie. La Conférence des « non-alignés » au Caire en octobre réunissait des représentants de la moitié des membres des Nations unies ainsi que beaucoup d'observateurs latino-américains et quelques européens. Dix ans après la première Conférence afro-asiatique, un « second Bandung », convoqué à Alger pour le 25 juin 1965, allait échouer par un concours de circonstances adverses. Reportée à novembre à cause du coup d'État de Boumediene peu de jours avant l'ouverture de la conférence, elle s'ouvrait dans un climat encore moins favorable. L' « esprit de Bandung » et ses « dix principes de la coexistence » n'étaient plus accordés à la situation internationale du milieu des années 60. Il ne restait plus guère de

colonies à émanciper en Afrique et en Asie. La sévère crise de
Cuba en 1962 et, plus récemment, le climat passionnel qu'avait
soulevé l'intervention américaine à Saint-Domingue, ainsi que de
nombreuses guérillas révolutionnaires attiraient l'attention sur l'A-
mérique latine. L'idée d'un néo-anticolonialisme, élargi à la dimension tricontinentale, prenait forme, d'où émergera le projet de
la Conférence de La Havane en janvier 1966.

Avant même la tenue de la Conférence tricontinentale de La
Havane à la mi-janvier, Castro avait lancé sa « bombe du riz »
dès le deuxième jour de l'année. « Nous allons manquer de riz
cette année parce que la Chine populaire a subitement décidé de
réduire la moitié de ses livraisons », hurlera-t-il devant un demi-
million de personnes massées sur la place de la Révolution [66]. Il
ne condamne pas *a priori* l'insurrection armée — comment pour-
rait-il nier son passé ? — mais il soutient qu'elle n'a pas valeur
de dogme absolu et qu'elle est soumise à des conditions locales
très variables. Comme le rappelait un observateur de la conférence,
« Fidel, pris de court, partagé entre les deux courants (car il est
« guévariste » aussi, pour une part et à sa manière) n'a pu qu'exprimer d'une manière confuse qui reflétait son embarras, cette
contradiction (dont souffrit toute la Conférence de La Havane)
entre les intérêts des régimes révolutionnaires stabilisés, en train
de s'embourgeoiser, et la pression des révoltés inassouvis, exaspé-
rés par les progrès du « néo-colonialisme » et qui exigent une aide
quasi illimitée, sacrifice sur sacrifice [67] ». Par-delà les préoccupations alimentaires et le drame de la conscience révolutionnaire de Castro, se livrait une colossale lutte entre les deux
grands du communisme. Entre l'afro-asiatisme traditionnel et l'é-
largissement tricontinental des démunis de ce monde, ce sont
les Soviétiques et non les Chinois qui optèrent avec enthousiasme
pour la solidarité élargie. De cette rencontre extrêmement bigarrée et, à plus d'un moment, confuse, retenons la seule idée
claire importante pour notre propos : par leur affrontement

---

66. Cité par Edouard Bailby, « A la Conférence tricontinentale de La
Havane l'Amérique latine a choisi l'escalade révolutionnaire localisée », *le Monde diplomatique,* février 1966.
67. François Fejtö, « Trois Continents et une île », lettre de La Havane, *Preuves,* mars 1966, p. 56.

violent, les représentants de Pékin et de Moscou consacraient leur division irréversible devant les estrades de clientèles potentielles et peu enclines à les départager.

La Conférence dite « des soixante-dix-sept » à Alger en 1967 permit d'entendre encore une fois la clameur des pauvres du tiers monde contre les nantis de pays développés, tous à l'exception du Japon des pays de race blanche qui présentent le scandale de continuer à augmenter, même en période de détente, leur budget militaire avec, comme de bien entendu, l'U.R.S.S. et les U.S.A. en tête ! À l'échelle mondiale, le rapport des sommes affectées au développement par comparaison aux budgets militaires est de 1 contre 15 (entre 11 et 12 milliards contre 160 à 175 milliards de dollars). En paix froide, l'industrie militaire continue à tourner à plein. Il n'est jusqu'à Castro qui entre dans la danse des dépenses militaires exagérées en se proposant de lever une armée d'un demi-million d'hommes dans un pays dont la population n'atteint pas huit millions et qui manque de main-d'œuvre. En outre de son obsession d'une invasion américaine qu'il croit fatale, il a comme excuse son scepticisme sur la durée du protectorat soviétique [68] dont on estime qu'il coûte à Moscou un million de dollars quotidiennement. S'ajoutant au drame humain de Régis Debray, suscitant en France un émoi bien naturel, le halo de mystère entourant la disparition de Guevara dans la jungle bolivienne attirait l'attention sur les insurrections de guérilleros dans plusieurs pays de l'Amérique latine. Le guévarisme prolonge doctrinairement la légende épique du « Che » jusque dans les facultés et sur les barricades de mai 1968. Sont certes moins chevaleresques les actes de piraterie aérienne, les kidnappings de diplomates, de fonctionnaires ou même de ministres, les détentions d'otages, qui se sont multipliés en 1970 et qu'une certaine accoutumance est en train de réduire à la banalité de faits divers...

68. Indice mineur auquel il conviendrait de ne pas accorder une portée exagérée : Castro, ni même son frère Raul au patronyme *magique* en une telle circonstance, n'ont daigné faire le voyage à Moscou pour les grandioses fêtes du cinquantième anniversaire de la révolution d'Octobre. Cuba y était représenté par une modeste délégation sous la direction du ministre de la Santé, José Ramon Machado Ventura.

Retour au propos principal, le tiers monde a-t-il d'autre réalité expressive que le commun dénominateur du sous-développement, et de sa colère de moins en moins sourde ?

Mais si l'expression est trompeuse par l'idée d'une certaine unité politique qu'elle semble véhiculer, c'est le poids même de ce tiers monde qui fera l'histoire de demain, ayant déjà commencé à rendre de plus en plus dérisoire l'antagonisme encore mal résorbé des deux autres mondes dont les Grands avaient pris la tête dès 1945. Mais, ici et là, la Chine y projette des pans de son *ombre* à la fois tutélaire et menaçante...

CONCLUSION

OU DE LA BELLE AUDACE
D'UNE PROSPECTIVE IMPOSSIBLE

Après l'étude en *rétrospective* des dix-sept ans de la guerre froide classique, nous en avons tenté un essai d'interprétation théorique. Depuis cette espèce de ligne de tranchée historique que fut la crise cubaine d'octobre 1962, nous vivons une période d'*expectative* de la guerre froide ou peut-être à nouveau dans la guerre froide. 1963 inaugure une phase de *paix froide,* dont certains caractères généraux contredisent tandis que d'autres prolongent la guerre froide en son modèle classique auquel nous étions habitués. C'est au moment où on ne s'y reconnaît guère dans cette après-guerre froide, qu'il conviendrait de passer à l'étape, la plus risquée de toutes, de la *prospective.*

« Prospective », le voilà lancé ce mot à la mode [1], le plus périlleux de ce livre et le plus redoutable du jargon actuel des scien-

---

1. Lancé en France par le Centre d'études prospectives, sous la direction de Gaston Berger, et qui publie une revue sans périodicité portant ce nom, *Prospective.* Il faut signaler l'effort parallèle de Bertrand de Jouvenel à l'enseigne des *Futuribles,* qui dirige maintenant la revue *Analyse et Prévision* et la collection « *Futuribles* » groupant des ouvrages sur l'avenir. En Angleterre, le Social Science Research Council patronne un groupe de chercheurs pour l'étude de la dernière partie de ce siècle. Aux Etats-Unis, la Ford Foundation a subventionné des études comme celle qui a abouti à l'inventaire de *Resources in America's Future ;* la Rand Corporation a également patronné les *Delphi Studies.* L'American Academy of Arts

ces sociales. La seule précaution prise, fort insuffisante, c'est tout ce qui a précédé. La démarche de prospective excède toujours la prudence sélective des matériaux accumulés pour la fonder. Elle est débordement, extrapolation, vues intuitives, un art[2] et non une science. Études de prospective ou sur l'avenir, « futurologie » selon le néologisme auquel il fallait s'attendre, ne désignent qu'un point de vue pour connaître un objet par définition indéterminé. Non pas science, même pas une méthode qui cherche encore ses propositions initiales, c'est un art du prophétisme des temps nouveaux. Vaste champ, dont les pôles étaient hier encore l'*idéologie* militante et l'*utopie* exorbitante, entre lesquelles s'introduit la prospective comme en guise de double suppléance[3]. Vaste champ,

and Sciences a créé la commission de l'An 2 000. Enfin, l'Hudson Institute, sous la direction de Hermann Kahn, est le lieu le plus actif des recherches sur l'avenir. L'ouvrage de Kahn en collaboration avec Anthony J. Wiener, *The Year 2 000*, a été publié en français, *l'An 2 000* (Paris, 1968). Précisons que la prévision en relations internationales n'est qu'un des champs de recherche de ces divers groupes, convient-il d'ajouter, le champ qui a produit les résultats les plus minces...

2. Selon le titre d'un des rares ouvrages de méthodologie de la prévision, *l'Art de la conjecture* (Paris, 1964) de Bertrand de Jouvenel. Du même auteur, plus récemment : « C'est un postulat fondamental de la prospective qu'il n'y a pas, et qu'il ne peut y avoir une *science* de l'avenir. C'est pour cette raison que j'évite le terme de « futurologie », car il prête à cette illusion, dont je m'empresse de dire qu'elle est tout à fait étrangère au respectable auteur du terme, Ossip K. Flechtheim. Le terme de « futuribles » est destiné à souligner la diversité des futurs possibles, diversité sans laquelle il n'y aurait ni importance ni donc responsabilité des choix.
« Mais toutes les expressions excessives sont également à fuir. « Connaître l'avenir » est l'une d'elles, car l'avenir n'est pas donné d'avance. « Maîtriser l'avenir » en est une autre, car cela ne se pourrait qu'en maîtrisant toutes les conduites humaines, ce qui est hautement indésirable.
« C'est pourquoi la prospective a été définie plus haut comme une culture systématisée et socialisée du rapport naturel entre action et prévision. » (« Prévision et action », *Analyse et Prévision*, mars 1970, vol. IX, n° 3, p. 179). L'auteur explique ensuite ce qu'il entend par culture *systématisée* et *socialisée*.

3. « On peut légitimement se demander si leurs auteurs, acharnés à réclamer l'abandon des vieux principes, ne sont pas en train d'improviser une idéologie de remplacement d'inspiration technicienne : celle de l'avenir en tant que facteur susceptible d'apporter par lui-même, au prix de quelques ajustements sociaux modérés, la solution aux problèmes qui préoccupent l'homme. Ce serait là une idéologie particulièrement mystificatrice... » (Jean Meynaud, « A propos des spéculations sur l'avenir », *Revue française de science politique*, septembre 1963, p. 687).

en tout cas, où se déploient sans trop se l'avouer craintes précises et espoirs confus : leur entrechoquement voudrait transcender cette angoisse latente de notre époque qui réussit mal à opérer le tri d'éléments positifs que charrient trop d'inquiétudes manifestes.

Pourtant notre âge prétend, non pas savoir où il va, mais commencer à *faire* maintenant l'âge d'après pour savoir où aller [4]. Et scintille à nos yeux le millénaire de l'an 2000. La « terreur de l'an 1000 » s'inverse, à l'approche du second millénaire, par l'optimisme, mesuré parce que critique, de l' « âge d'or » *en avant*. Il ne convient pas seulement de s'y préparer, il faut le préparer ; ne pas s'y ajuster d'avance, mais adapter le présent pour qu'il engendre un *après* bénéfique dont les éléments maléfiques, parce que connaissables, seront circonscrits ou atténués.

L'humanité de notre époque regarde-t-elle plus loin que celle des siècles antérieurs ? Elle y va, en tout cas, différemment et beaucoup plus vite : son scepticisme, émergeant de quelques siècles de rationalisme philosophique et des trois quarts de siècle du positivisme de nos sciences humaines, tend à s'exprimer en optimisme tragique. « Optimisme », parce que, dans l'ensemble, l'avenir de l'humanité sera meilleur que son présent ; « tragique », parce que ce progrès devra se faire à l'ombre des arsenaux thermonucléaires et par le défi à surmonter de nourrir convenablement plus d'un tiers de cette humanité. La première tranche de ce tragique s'estompe quelque peu depuis le traité sur la non-dissémination des armes nucléaires de 1968 jusqu'aux rencontres actuelles des S.A.L.T. C'est la première condition, tardivement rem-

4. Un philosophe suisse distingue une prospective *serve* d'une prospective *libre*, *i.e.* « une prospective qui se lie, comme moyen, à la réalisation de certaines fins, ou qui cherche à voir à quels résultats peut aboutir l'utilisation de certains moyens, et une prospective qui, sans s'établir dans le circuit des fins et des moyens, considère l'ampleur d'un champ d'action et la puissance d'un mouvement historique pour définir librement les limites de ce qui, en l'occurrence, est humainement prévisible. L'une arrache au présent les éléments d'un futur calculable ; l'autre ramène au présent, d'un regard, l'avenir saisi dans son immensité, et le condense de quelque manière dans une vision unique. » (Philibert Secrétan, « Alexis de Tocqueville : pronostic et prophétie », numéro spécial « Prospective et utopie » d'*Esprit*, février 1966, p. 246-247). Comme exemple de cette prospective *libre*, « irrationnelle, visionnaire, irréparable », l'auteur étudie le texte célèbre de Tocqueville reproduit en notre premier chapitre.

plie, qui permettra peut-être de s'attaquer résolument au défi combien plus redoutable de faire tenir *debout* une humanité nourrie avant que de la faire tenir *ensemble* politiquement sur la planète Terre. C'est demain l'an 2000, alors que l'humanité aura doublé son nombre. Pour la première fois dans l'histoire, la perpétuation consciente de l'humanité devient un *choix politique* à faire entre l'effrayante fascination d'Armageddon et la solidarité active envers ces troupeaux de faméliques dont le ventre vide les empêchera toujours d'accéder à la condition d'*hommes libres* — au moins relativement.

Dans dix, vingt ou trente ans, nous savons ce que nous mangerons, dans quoi nous habiterons, en quoi nous circulerons, comment nous procréerons, pour quoi nous travaillerons (peu) et avec qui nous nous divertirons (beaucoup, paraît-il à cause du rétrécissement de la semaine de travail). On ne sait pas nous dire par quelles évolutions l'humanité trouvera sa forme politique. La science politique et la théorie balbutiante des relations internationales n'en sont qu'à inventer des modèles où couler, pour les *interpréter* [5], des situations actuelles ou toutes récentes, bien loin d'*expliquer* les phénomènes évolutifs en réseaux de causalité. Rien ou si peu à attendre de ce côté. Guère plus de la critique historique ou de la sociologie de l'histoire avec leurs démonstrations *à reculons* alors que nous cherchons des suggestions pour prédire l'après. Entre l'histoire dite « structurale » et l'autre qu'on appelle « conjoncturale », se glisse l'histoire « événementielle » avec son fort coefficient d'incertitude pour le passé connu et *a fortiori* pour l'avenir qu'on voudrait tout au moins pressentir.

L'*événement* le plus marquant, c'est souvent la survenance du grand destin politique dans une situation de crise. Hitler fut-il généré par les conditions de l'Allemagne sous une faiblarde république de Weimar ? La sortie de l'ombre du député et ancien lord de l'Amirauté, Churchill, était-elle fatale dès lors que la « drôle de guerre » se muerait en vraie guerre mondiale ? Prévisible, la rentrée de de Gaulle devenait-elle inévitable dans la phase

---

5. Comme nous l'avons tenté pour la dynamique de la guerre froide en notre premier chapitre (V. La dynamique) et dans le « modèle cyclique des rythmes de la guerre froide » au chapitre VI.

aiguë de la tragédie algérienne qui faisait sombrer une république perdant l'instinct de sa conservation? Il n'y a pas de réponse : l'histoire fait-elle plus les grands hommes que ceux-ci ne la font? Voyons les cas inverses de la rupture brutale de destins politiques. Kennedy ou Khrouchtchev sont de plus beaux exemples que de Gaulle, mis en ballottage aux présidentielles quelques années avant d'être battu en référendum. Sans l'assassinat fortuit de Kennedy, le jeune président aurait-il fait au Viêt-nam [6] la politique de son successeur Johnson, qui fit celle de son opposant Goldwater contre laquelle il s'était fait élire? Après son limogeage pour fautes politiques graves dont certaines en politique étrangère, Khrouchtchev laisse la place à un tandem qui fait exactement la même diplomatie depuis six ans.

En notre matière, l' « événementiel », en sa forme primaire d'un destin individuel, semble peser plus lourd — peut-être à cause de notre myopie? — que la fusion du « structurel » et du « conjoncturel ». Celle-ci ne permet que d'établir des corrélations, peut-être artificielles, du type de l'apparente cyclicité de la guerre froide. Toutes nos vues prospectivistes peuvent être démenties par un « événementiel » décisif autant qu'imprévisible. Il fut un temps où il n'y avait que les prophètes et devins à interroger l'avenir. Vinrent les idéologues et les entraîneurs de peuples pour le forger dans les esprits et dans les actions humaines. Les sciences sociales, plus tard, se mirent à désacraliser le prophétisme et l'idéologie militaire mais pour ne permettre qu'une zone de prédiction extrêmement réduite, et d'ailleurs à base aléatoire : si A est donné, B devrait se produire, entraînant les conséquences C... Le budget, à partir de Colbert jusqu'aux planifications contemporaines, fut inventé pour informer un avenir économique à court terme ou à moyen terme. Aussi bien à cause de l'audace du projet poursuivi que de l'infirmité de nos moyens analytiques, la démarche prospectiviste est l'au-delà du champ restreint d'une « science » déjà trop peu sécuritaire pour la connaissance du présent. Pourtant, au ras de nos existences quotidiennes, qu'on soit un citoyen perdu parmi des dizaines de millions ou un chef de

---

6. Rappelons que le principe de l'aide technique et militaire au Viêt-nam du Sud fut décidé sous Kennedy.

gouvernement, nous agissons pour un demain à mâter et, parfois même, nous pensons à un après-demain à inventer [7].

Risquer d'emblée des prévisions pour l'an 2000 ce serait faire de la littérature d'*anticipation* ou de *politique-fiction* — et de la mauvaise! Le romancier d'anticipation n'a pas de contraintes analytiques ou il les abolit pour donner libre cours à la créativité de son imaginaire. En analyse prévisionniste, la démarche est inverse. Nous partons d'un présent, prolongement sans discontinuité d'un passé récent relativement bien connu, pour tâcher de discerner, par emboîtements successifs, un futur à court, puis à moyen terme avant de tenter l'esquisse grossière d'un avenir à long terme au tournant du prochain millénaire. L'an 2000 sortira du moyen terme de 1985 qui aura continué le futur à court terme de 1975.

Il peut sembler paradoxal de dire que les prévisions à long terme sont les plus confortables. Non pas parce que, par définition, le démenti ne peut se produire que tardivement [8], mais parce qu'elles ne portent que sur des *structures* à imaginer. À moyen terme, le champ prévisionnel est celui des *conjonctures* produites

---

7. Coupant court à cet avant-propos pour justifier le vocable de *prospective* dans le titre, nous croyons bon de laisser notre lecteur sur deux pensées : d'abord de Jacques de Bourbon-Busset : « Fixons notre esprit sur l'année 1982. En 1962 ce que nous pouvons imaginer, concevoir de l'année 1982 représente du point de vue de la densité en événements, en phénomènes, en idées, l'équivalent d'une semaine en 1970 ou d'un jour en 1964. Nous sommes donc obligés de comparer des grandeurs qui ne sont pas comparables, d'autant qu'il existe des temps différents... il faut que nous réfléchissions à ce qui se passera dans vingt ans, ou dans trente ans, avec un outillage mental qui est celui que nous avons reçu nous-mêmes il y a vingt ans ou quelquefois quarante ans. » Ensuite, de Georges Balandier : « Les sciences de l'homme sont emportées par deux mouvements à certains égards contraires. D'une part, elles progressent en rigueur, en efficacité méthodologique. Elles élargissent en elles le domaine de la science en effaçant progressivement le secteur de la spéculation vulnérable... D'autre part, elles sont soumises à des révisions fréquentes, en présence d'un monde qui leur impose, pour la première fois. ..a prise en considération de *toutes* les formes revêtues par l'économie, la société et la civilisation, l'ouverture à un universalisme résultant des faits et non des intentions. En présence, aussi, d'un devenir historique qui ne laisse plus subsister d'îlots réservés, qui remet en cause l'équilibre interne des nations et le système des relations internationales. » (Du premier, « Réflexion sur l'attitude prospective » ; du second, « Réflexions prospectives sur les sciences sociales et humaines », *Prospective*, no 10. 1963, p. 8-70).
8. C'est le cas de rappeler la boutade de Keynes : « A long terme, nous serons tous morts ! »

par des tendances probables, elles-mêmes fondées par des enchaînements de décisions supposées rationnelles en leur prévisibilité.
À court terme, l'exercice conjecturel porte sur les *décisions* que
des acteurs connus devraient prendre. Mais il devra être très bref,
« ne dépassant pas deux ans environ [9] ».

Adoptons, par convention, que le court terme s'étende à une
période de cinq ans (jusqu'en 1975), ce qui implique tout de
même que de nouveaux acteurs internationaux risquent d'apparaître. Mise à part la mort qui frappe à tous les âges (Kennedy
fauché en sa pleine maturité ; Adenauer, commençant sa carrière
à l'âge de la retraite et la poursuivant jusqu'au seuil de ses 90
ans), des gouvernants de premier plan devront abandonner le pouvoir entre 1971 et 1975. Si Pompidou a de bonnes chances de
terminer son septennat, Nixon risque de n'être pas élu ou de ne
pas se porter candidat à la présidence en 1972, Brejnev peut être
khrouchtchévisé comme la rumeur en a circulé en 1969, Wilson
est redevenu chef de l'opposition dans l'intervalle de la rédaction
de ces lignes et le moment de soumettre le texte à l'imprimeur,
Mao qui a annoncé une demi-retraite il y a plusieurs années semble laisser les rênes à Lin Piao, Nasser qui a offert sa démission
après le guerre des Six jours est mort avant de prendre une retraite irrévocable ou d'être renversé (par les Palestiniens ?), et
vient d'être remplacé par El Sadate dont on ne sait pas encore s'il
est son successeur stable. Ce ne sont pas de pures conjectures car
ces suppositions contiennent une part de prévisible. Il fallait signaler qu'à court terme, il y a un rapport étroit entre les décisions
qui seront entreprises et l'identité des acteurs ou agents politiques
qui les prendront. Il n'est certes pas indifférent que le successeur
de Nixon en 1972 ou 1976 soit, sur le continuum psycho-idéolo-
gique plus près du pôle « vautour » que du pôle « colombe », ou
vice versa, que Brejnev soit remplacé par un héritier de la tradition staliniste ou un tenant de la ligne khrouchtchévienne, que Lin
Piao soit plus étroitement surveillé par les pragmatistes du genre
Chou En-lai, etc.

---

9. Saul Friedlander, « La prévision en relations internationales (Fondements méthodologiques et applications à la prévision à court
terme) », *Bulletin SEDEIS, Futuribles,* n° 70, 20 décembre 1963.

La prévision à moyen terme qu'on peut fixer à 1985, ne tient pas compte des facteurs de personnalité mais de l'interaction des processus globaux déjà discernables. *A fortiori,* à long terme la prévision garde toute liberté ; c'est affaire d'imagination, d'intuition ou de prophétie pour extrapoler des structures inédites, produites par les conjonctures du moyen terme, mais vues comme plausibles dans l'instant. Les contraintes sont plus fortes dans la prévision à court terme. Plus la prévision est courte, plus elle se doit d'être précise — et risque d'être davantage erronée.

Il faut partir de ce qui est en cette fin d'année 1970, ou plutôt de la perception que nous en avons. Les traits généraux de l'après-guerre froide, dégagés au chapitre précédent indiquent les sentiers de l'interrogation. Dans l'ensemble, ils seraient confirmés dans les toutes prochaines années. La paix froide ne se muerait pas en guerre froide par une récurrence de fortes tensions. Les deux Grands vont s'efforcer de continuer à *gérer* l'après-guerre froide. L'esprit nouveau de la détente prolongée ne procède pas d'un choix libre. D'où une certaine promesse de sa prolongation. On ne peut encore parler de sa perpétuation indéfinie qui impliquerait que, mieux rodé, le *système* de la paix froide se propulse, en se consolidant, par sa vie propre. Ça ne saurait être le cas dans le court terme. Concepts et perceptions stratégiques des deux Grands se sont mis au même diapason ; mais les objectifs politiques globaux continuent de s'affirmer en antinomie comme leurs fondements axiologiques, en mutuelle exclusive. La *coexistence pacifique* à la Khrouchtchev implique l'optimisme foncier de la croyance en la victoire finale : « Nous vous enterrons tous... Vos petits-fils vivront en régime socialiste. » Le *nowin policy* de l'époque Kennedy s'appuyait sur un substrat psychologique aussi optimiste pour apaiser les impatiences ou amortir les déceptions du moment.

La réconciliation des « frères ennemis » continue de véhiculer toutes sortes d'arrière-pensées. On voit assez bien l'encadrement structurel de cette réconciliation : laisser les deux Berlins, les deux Allemagnes, les deux Europes s'aspirer mutuellement pour *dépolitiser,* ou dépassionner politiquement, des lignes de la démarcation traditionnelle qui ne sont, du reste, pas près de s'effacer ; jouer le rôle de puissances périphériques et partiellement

dégagées plutôt que de continuer à assumer, après les avoir ampli-
fiées, les divisions passées [10]. Dans le court terme, les accommodements pratiques qui en auront découlé apparaîtront un fait aussi
capital que les S.A.L.T. d'Helsinki et de Vienne. Ces dernières conversations pourront s'espacer, ce qui peut n'être qu'une garantie
de leur sérieux ; leur suspension à une date indéfinie, pour cause
d'incompatibilité majeure en une matière politique d'importance,
serait quelque chose de très grave. Le *coup* soviétique du 21 août
1968 n'avait fait que retarder la conversation des S.A.L.T. Rien
ne laisse non plus prévoir une forte tendance à la multipolarité,
permettant le glissement du régime duopolistique à l'oligopole
ouvert. Des « deux guerres chaudes dans la paix froide », c'est
évidemment celle du Moyen-Orient qui est le plus chargée d'in-
connues menaçantes. La guerre du Viêt-nam est le laboratoire
même de la paix froide, entendons entre les trois Grands. À moins
que l'expérience d'Allende commençant au Chili ait valeur d'exem-
plarité apaisante dans le continent (et que Washington la per-
çoive ainsi...) de brusques soubresauts peuvent secouer plusieurs
pays latino-américains.

Que dire d'autre à court terme ? Il faudrait pouvoir présumer la rationalité des *décisions* d'acteurs qui ne nous sont pas
tous connus. À supposer qu'ils le soient, on ne peut tabler sur une
faible marge d'erreur dans la détermination de cette rationalité
par les acteurs. Karl Deutsch l'établit à au moins un risque d'erreur sur deux décisions [11] relatives aux questions de paix ou de
guerre depuis un demi-siècle. Les choix conjecturaux des gouver-

---

10. Pour une bonne étude synthétique, sinon prévisionnelle, de cette
    question, voir Z. Brzezinski, « The Framework of East-West Reconci-
    liation », *Foreign Affairs*, janvier 1968.
11. « *If one looks over the major decisions about initiating war-
    decisions made by responsible statesmen in the last half-century,
    on all sides and in all countries, Communist and non-Communist,
    Western and Axis — the probability of a major decision being
    realistic may well have been less than one-half, on the average.
    That is to say, if in the last half-century statesmen made major de-
    cisions on matters of war and peace, the chances were better than
    even that the particular decision would be wrong. This is true
    of the Austrian decision in 1915 to refuse Italy the concession of
    Trieste ; and it is true of the Italian decision expecting great
    gain and booting out of the first World War. It is true of Hitler's
    decision in 1939 to go to war against England. It is also true of*

nants sont toujours enveloppés de mystère même dans les plus
claires attitudes d'antagonisme international [12]. Est-il propre à la
paix froide, mal assurée et encore plus ambiguë que la guerre
froide, de réduire cette zone de mystère à moyen terme ? Quelles
seraient les *conjonctures* globales, disons en 1985, à mi-terme de
l'an 2000, pour lequel l'on n'a guère que le loisir d'imaginer des
structures réaménageant des constellations diplomatiques nouvelles ? Il faut avouer que l'analyste international d'aujourd'hui se
trouve alors dans une attitude mentale où l'utopie généreuse se
donne l'illusion « scientifique », par un jargon propre, de faire
autre chose que de la *politique-fiction*. Quel traité de relations
internationales ne s'achève pas sans y toucher au moins du bout de
l'aile ? Deutsch présente la classification suivante des quatre types
d'utopies courantes dans les ouvrages de relations internationales :
« ... les utopies orientées vers le futur et les utopies orientées vers
le passé. On peut subdiviser les utopies orientées vers le futur ou
vers le passé en utopies optimistes ou pessimistes, ce qui produit
pour l'ensemble quatre sortes d'utopies en politique internationale [13]. »

Toutes espèces de théories politiques, spécialement en relations internationales, n'ont au mieux qu'une capacité prédictive

---

Hitler's decision in going to war in 1941 against Russia ; and it is true
of Stalin's expectation in the same year, first that the Nazis would not
attack, and then that his own troops would contain them many hun-
dreds of miles away from Moscow.
« There is no need to labour the point. The frequency of major, fundamental and bloody errors during the last half-century
has been so large that a statesman whose decision on matters
of war and peace were right half of the time probably was doing
better than many of his colleagues. » (« The Future of World Politics », Political Quaterly, janvier-mars 1966, p. 13).

12. « Il faut ici remarquer que l'art de la conjecture a été pratiqué
de longue date quant aux rapports diplomatiques et militaires
entre les Puissances, comme art servant le duel et tenu mystérieux.
Comme antagonistique il ne servait pas le progrès, comme mystérieux il était empêché d'en faire. » (De Jouvenel, « Prévision
et action », Analyse et Prévision, mars 1970, vol. IX, n° 3, p. 179).

13. L'auteur avait préalablement affirmé le caractère *utopique* de la
plus grande partie de la pensée courante en politique internationale : « Surveying the theories of international politics, as we find
them in text books, in scholarly writings, and at a second or third
remove in various popularizations by newspaper columnists and
other writers, it appears that much of current thought about international politics can be described as utopian. » (« The Future
of World Politics », Political Quaterly, janvier-mars 1966, p. 9).

très réduite. Nous l'avons souligné avec insistance au chapitre VI
au sujet de notre hypothèse interprétative de l'apparente cyclicité
de la guerre froide. Dans la mesure de sa plausibilité objective et
de son utilité analytique, elle ne sert, pour notre propos actuel,
qu'à démontrer que l'après-guerre froide ne présente aucune régularité comparable dans la persistance même du duopole plus clairement affirmé en situation de parité de puissance. Au-delà, nous
ne savons pas encore s'il s'agit d'un changement *de* système ou
d'une modification *dans* le système.

En définitive, sur la matière qui nous occupe, tout effort
prévisionniste à moyen ou à long terme ne se résout-il pas à ce
que suggère à l'analyste son tempérament profond avec la somme
de ses idiosyncrasies nationales et idéologiques, dont il est d'habitude moins que plus conscient? Ses projections ne sont pas
forcément fausses pour autant, mais quand elles sont — ou seront
— justes, leurs fondements restent subjectifs sur des phénomènes
dont le contenu aléatoire sera la plupart du temps aussi déterminant qu'il est indéterminé dans l'instant. C'est dans cet état d'esprit,
à la fois modeste et audacieux, que nous avons cédé à la tentation
d'imaginer « un monde possible pour 1985 », qu'on trouvera en
appendice — cette localisation même voulant signifier à sa façon
certaine futilité du *jeu* en même temps qu'illustrer négativement
ces propos méthodologiques.

Après ce hors-d'œuvre conscient de *politique-fiction,* nous
avouons notre manque de goût, que confirme notre incapacité, à
en offrir un autre pour l'an 2000 ! Il y passerait plus de craintes
et d'espoirs, de fatalisme psychologique que de déterminismes
historiques. Notre *description* du monde international de 1985
n'est qu'une mise en ordre de tendances possibles, d'évolutions
plausibles, de jongleries forcément non contrôlées, d'extrapolations
qui nous sont apparues non déraisonnables. On n'a pu interroger
les profonds bouleversements intérieurs. Par exemple, si la guerre
du Viêt-nam est devenue le problème intérieur numéro un aux
États-Unis, le non-règlement du « problème noir [14] » risque d'y

---

14. Du problème *des* blancs *au sujet des* noirs américains. Incidem-
ment, c'est un bon point des études de prospective intra-nationale
— « toutes autres choses [internationales] étant égales » — que

causer une seconde guerre civile, au moins aussi atroce que la première — et qui aura une portée internationale dont on peut dès maintenant prévoir l'ampleur.

Le dilemme d'une conflagration universelle ou d'un gouvernement mondial, comment y répondre ? Le dilemme est-il fondé ? « L'idée d'un gouvernement mondial, qui aujourd'hui est une idée réelle, alors qu'elle n'était auparavant qu'une utopie, n'est pas encore une idée politique[15] ». D'autres antagonismes pourraient éclater qui nous feraient apparaître la guerre froide presque aussi anachronique que les luttes des Guelfes et des Gibelins au Moyen Âge : peuples de couleur et sous-développés *versus* peuples de race blanche et développés, chocs de blocs continentaux. La démonstration se fait assez facilement : d'une part, l'explosion démographique : sept milliards d'humains en l'an 2000 ; de l'autre, l'écart actuel, déjà effarant, entre les statistiques alimentaires des zones du développement et celles des régions défavorisées tendrait à croître dans une proportion géométrique. D'une façon ou de l'autre, il faudra opérer un jour un réaménagement territorial de la planète selon de nouveaux principes d'exploitation de *toutes* ses richesses naturelles, aussi bien maritimes que terrestres. Selon quels principes de don, d'aide, d'échange, de vente[16] ou de conquête, ces gigantesques transmutations s'opéreront-elles ? L'imagination s'arrête, impuissante... Elle bute sur l'effrayante constatation : l' « explosion démographique » est du même ordre que l' « explosion technologique » qui permet des moyens de destruction illimités... Il arrive un moment où réflexions et analyses sur un tel thème apparaissent dérisoires. C'est le moment de *vouloir croire*. Croire à l'existence de forces telluriques qui, à notre insu, seraient

---

la juste prévision d'une commission d'étude créée en 1931 par le président Hoover. Mandatée pour étudier l'orientation des changements sociaux aux Etats-Unis pendant les trente années subséquentes, cette commission avait exactement prédit en 1933 la recrudescence des conflits raciaux et l'aggravation du problème de la paupérisation dans le pays le plus riche du monde.

15. Jean Laloy, *Entre guerres et paix,* Paris, 1966, p. 333.
16. L'achat de l'Alaska de la Russie par les Etats-Unis en 1867 fut la dernière grande transaction immobilière de l'histoire. « *We shall... have the problem of what to do with such lands as there is in the world, and perhaps our diplomats may rediscover a standard procedure of diplomacy from the Middle Ages until the 1860s.* » (Deutsch, *op. cit.,* p. 30).

en action pour protéger l'espèce humaine... Croire à une « loi de nature » qui, ultimement, jouerait en faveur de l'animal humain en se servant maintenant des grands de ce monde pour servir un instinct de conservation, après s'être tant de fois servi d'eux pour pratiquer ce que Gaston Bouthoul avait terriblement qualifié d' « infanticide différé... »

En histoire, on ne conclut pas : on résume. En exercice prévisionnel, on interroge sans conclure. Interroger à trente ans de distance ce que sera le monde international ne permettrait que d'identifier la nature *du* problème international que nous venons d'évoquer. Tous les autres ne sont que de l'*actualité* en miettes à côté de celui-là. De cela même, on ne peut être certain qu'à demi car « il y a plus de choses dans le ciel et sur la terre des avenirs internationaux possibles que dans toute philosophie des relations internationales [17] ». Rendez-vous en l'an 2000.

17. Stanley Hoffmann, « Le sort de la nation dans l'Europe occidentale de l'après-guerre », *Analyse et Prévision*, septembre 1967, p. 629.

APPENDICE

UN MONDE POSSIBLE POUR 1985

Au moyen terme, vers 1985, l'après-guerre froide se sera achevée depuis quelques années. Elle aura duré presque aussi longtemps que la guerre froide elle-même, environ dix-sept, dix-huit ans. Les conjonctures se seront presque toutes renouvelées à la fin de la décennie 1970. Il n'est plus question de *tension* ou de *détente* qui présentaient une plus grande élasticité pour l'action diplomatique que le couple antinomique de toujours de *paix* et *guerre*. L'antithèse à la mode est celle de *rivalité* et *complémentarité*. La *coexistence* n'a même plus valeur de truisme.

Il y aura eu deux alertes à la guerre générale entre l'U.R.S.S. et la Chine dont le Sin-kiang avait été le Berlin et le Népal, aux marches de l'Inde, le Cuba ; mais la guerre aura été enrayée au dernier moment. Les bons offices du Roumain Ceausescu n'auront été utiles que dans la phase de l'après-crise aiguë. De ce moment, date la réconciliation conditionnelle des « frères ennemis » du communisme. Ils ont cessé de polémiquer comme deux factions irréductibles d'un même parti communiste national. La bicéphalie du monde communiste n'est plus vécue comme un schisme, mais en complémentarité. Reconnue de plein droit comme puissance mondiale, la Chine déclare vouloir se confiner à un destin asiatique. Le complexe Gengis khan, que Soviétiques et Occidentaux auront nourri pendant une vingtaine d'années, commence à se résorber dans la mesure où la xénophobie chinoise s'atténue. Elle ne se contente plus d'être hôtesse des tournois internationaux de ping-pong. Depuis la visite du président Nixon au début des années 1970, marquée d'aménités et d'arrière-pensées réciproques, la Chine se comporte maintenant comme une grande puissance normale. Elle

est fière d'avoir parcouru en moins de temps que l'U.R.S.S.
les mêmes étapes de développement et fixe avant l'an 2000 le moment
où elle aura dépassé son P.N.B. Coincée à l'ouest et au nord par
l'U.R.S.S., à l'est par le Japon qui résiste de plus en plus mal à la
tentation de devenir une puissance nucléaire, elle s'est trouvée con-
frontée au sud par la Confédération des peuples indochinois dont la
Birmanie avait pris l'initiative mais dont le siège est à Bangkok. Cette
ligue neutraliste déclare ne vouloir s'appuyer en rien sur le dispositif de défense de l'O.T.A.S.E., dernière séquelle symbolique de
la présence de l'homme blanc au Sud asiatique. Les nouveaux dirigeants chinois déclarent que l'avenir du pays réside dans le développement économique intensif de son immense hinterland à peu près
inexploité. Mao disparu, il y a eu de sévères règlements de compte
entre « maoïstes » et leurs adversaires de la « Chine chinoise ». Ceux-
ci qualifiaient par dérision les premiers de « trotskistes » (pour ne
pas référer à l'image intouchable de Mao), qui leur retournaient l'in-
jure suprême de « khrouchtchéviens ». Les Américains fort occupés
ailleurs, c'est-à-dire chez eux, n'ont pas risqué la guerre nucléaire pour
la protection de Formose après la mort de Chang Kaï-chek. La Chine
ne tient pas à devenir une puissance militaire maritime, mais apprend
avec une application méthodique les techniques de pêche japonaise.

    C'est le Japon qui suscite l'envie des planificateurs chinois depuis
qu'ils occupent la place, bien privilégiée, des idéologues dogmatiques
à Pékin. Il se contente de suivre une politique d'équilibre envers
l'Asie en un « splendide isolement » continental, ressemblant à celui
de l'Angleterre par rapport à l'Europe pendant des siècles. La seule
présence à ses flancs d'un Japon, aussi petit et aussi fort mais à claire
destinée mondiale, a réfréné les tentations de Pékin de tenter la grande
explication avec Moscou au sujet de l'appropriation de larges tranches
de la Sibérie orientale. Le dragon chinois a montré ses muscles ; les
flammes qu'il continue à cracher amènent maintenant certaine lassitude
blasée des Chinois eux-mêmes. C'est ce dernier facteur qui a permis
aux « stalinistes » prudents de Pékin de l'emporter dans la minute de
vérité avec les « trotskistes », qui se réclamaient de la tradition maoïste.
La révolution dans un seul pays l'a emporté finalement sur les impératifs de la révolution universelle, que proclament toujours les textes
officiels. Ces sévères luttes pour l'aménagement d'un nouveau pouvoir à Pékin en même temps que les tentatives peu heureuses de déborder de ses frontières auront rendu la Chine plus sage — du moins
de cette *sagesse* telle que l'entendent les Occidentaux, qui n'ont évidemment jamais rien compris aux affaires chinoises.

    Dans le panorama international de 1985, c'est la Chine qui occu-
pe la position centrale. A force d'évoquer les manifestations prévisibles de son extraordinaire dynamisme, on n'a pas prévu les politiques

et crises qui l'amèneraient finalement à se rétracter sur elle-même, du moins pour le temps d'essoufflement du peuple chinois. Dans tous les pays d'Asie, sauf au Japon et à Singapour, il y a un fort « parti chinois » qui joue un rôle analogue à celui du parti communiste en Italie et en France de 1970. La collusion de la Chine et du Japon, qui donnerait de la réalité au « péril jaune », est exclue et semble moins probable que l'« entente cordiale » U.S.A. et U.R.S.S.

L'équilibre en Extrême-Orient est devenu quadripolaire : au centre, les pôles de grande densité de Pékin et de Tokyo ; aux extrémités, les fortes présences soviétique et américaine. Avec sa « large fenêtre » sur le Pacifique, legs de l'époque tsariste, l'U.R.S.S. continue à affirmer sa vocation extrême-orientale. Vladivostok est en train de prendre des airs de Hong Kong. Quand la Chine s'est faite trop empressée auprès du gouvernement de Pyong-yang, l'U.R.S.S. s'est faite la protectrice de la Corée du Nord à la grande satisfaction du Japon qui n'en attendait pas moins. Si Tokyo n'a aucune prétention sur le Sud de la péninsule non plus que sur la partie méridionale de la Sakhaline, c'est qu'elle se satisfait que les Américains lui aient retourné Okinawa et les îles Riou Kiou. Un parti néo-militariste nippon revendique bien Formose (Tai-wan) depuis la mort de Chang mais il trouve peu d'écho au Japon même devant l'hostilité combinée de Pékin, Moscou, Taïpeh, Manille, Djarkata et Moscou à un tel projet.

C'est le pari des néo-conservateurs de Pékin que Tai-wan demandera son rattachement à la terre continentale lorsque les Américains en auront assez de cette surcharge qui n'a même plus valeur symbolique. Le Japon a un avenir vers le sud, c'est-à-dire ouvert sur le monde, ce qui ne veut pas dire qu'il cesse de considérer le Pacifique comme son lac naturel. Les Philippines, qui ont appris à se passer du *nursing* politique des Etats-Unis, l'Indonésie, dont le flirt avec Pékin n'aura pas duré longtemps, ont perdu jusqu'au souvenir de l'occupation militaire des années 1940 et sont plus fascinés par le « miracle japonais » que par le « modèle socialiste chinois ». Un des effets de l'Exposition universelle d'Osaka en 1970 aura été de montrer au monde, par la vitrine japonaise, comment l'humanité pourra continuer à vivre dans le XXIe siècle.

Les Etats-Unis, en pleine phase d'intraversion après la lamentable *sortie* d'Indochine, assurent la protection de leurs deux récents Etats, l'Alaska, leur empire nordique, et Hawaï l'ancien point d'escale pour l'ouverture de l'Extrême-Orient au milieu du XIXe siècle. Depuis l'Anzus Pact, qui a été renouvelé, ils n'ont pas le choix d'abandonner leur protection à l'Australie et à la Nouvelle-Zélande après la défaillance britannique comme conséquence du second conflit mondial. Toujours première puissance maritime et aérienne du Pacifique, c'est à ces seuls territoires, auxquels s'ajoutent plusieurs archipels aux îles minuscules, qu'ils restreignent leur ceinture de protection à l'Est. Ils se contentent de patrouiller sans débarquer. La leçon du Viêt-nam leur a été aussi salutaire que cruelle. Lors du trente-cinquième anniversaire du traité avec le Japon, en 1986, une dure négociation les attend au sujet des bases militaires qu'ils détiennent encore dans l'archipel nippon. Une clause conditionnelle, leur permettant de revenir en cas d'alerte, devrait rallier le Sénat et la Diète au traité abrogeant leurs droits d'y avoir des bases depuis 1945.

Il y a encore deux Europes clairement identifiables. Celle de l'Ouest n'a guère progressé dans le chemin de l'unité politique ; la fusion économique est aussi éloignée qu'à l'époque où on ne parlait que d'« intégration ». On a pu, pendant les quinze dernières années, se rendre compte qu'il y avait d'autres puissances de freinage que le nationalisme gaullien. Seulement, on *intègre* plus de monde. La Scandinavie et l'Autriche ont été plus faciles à intégrer que le Royaume-Uni, encore écartelé entre son désir de participer et son besoin de faire reconnaître son statut spécial. En attendant, son économie tend à se transformer en avant-poste de l'économie américaine, évolution que ne contrebalancent qu'en faible partie les anciennes pratiques préférentielles du Commonwealth. Mais comme le cas du Canada l'illustre depuis presque un demi-siècle, la zone d'autonomie politique ne se rétrécit pas corrélativement. L'Angleterre reste une île. Après les « miracles » allemand et japonais, il y aura un « miracle britannique », soutient la jeune génération des économistes travaillistes.

L'autre Europe a poursuivi sa politique de libéralisation graduelle sous la houlette de Moscou. Le *libermanisme* n'est plus considéré comme une « contradiction » ou une hérésie. La « doctrine Brejnev » n'a pas eu à être évoquée même au sujet de la Roumanie dont Moscou a craint un moment qu'elle ne devienne « son » Cuba d'avant octobre 1962. Pacte de Varsovie comme O.T.A.N. sont devenus d'anciennes Saintes-Alliances qui n'ont plus d'autre utilité que d'entretenir la « chaleur du foyer ». Les rencontres des S.A.L.T., qui continuent à se tenir selon un rythme biannuel, ont depuis longtemps consacré la désuétude des alliances l'une en face de l'autre. Le duopole militaire des Grands s'est raffermi encore sous la pression de la *déviance* de Pékin qui a persisté jusqu'à tout récemment. On n'a jamais pu éclaircir la question d'un pacte *secret* d'assistance mutuelle entre l'U.R.S.S. et les U.S.A. dans l'hypothèse d'une attaque d'une puissance nucléaire, même si celle-ci ne recourait qu'aux armes conventionnelles. Ce n'est plus Pékin mais le parti socialiste japonais qui relance périodiquement cette accusation.

Toujours deux Allemagnes, mais un organisme conjoint réunit périodiquement les deux gouvernements pour discuter de toutes affaires communes, en deçà de la réunification toujours impossible. Après avoir considéré plusieurs villes frontières comme sièges de ces rencontres, on s'est mis finalement d'accord sur le projet d'un édifice bas et de forme oblongue dont la base repose pour chaque moitié sur les territoires de Berlin-Est et de Berlin-Ouest. Willy Brandt est le coprésident de cet organisme conjoint ; l'émergence de son homologue a été facilitée par la disparition de l'irréductible Walter Ulbricht. Berlin n'est plus le verrou de l'antique rideau de fer. L'évolution récente vers la neutralisation de la ville semble postuler une vocation de supranationalité entre les deux Europes. Économistes de la nouvelle vague du Comecon et de la C.E.E. élargie, sont en train d'adopter un nouveau langage commun. Les dialoguistes des S.A.L.T. ont fait école au niveau économique.

L'Europe ne s'est pas faite. Mais les deux Europes sont en état de symbiose. Les Américains ne voient plus un bouclier défensif dans celle de l'Ouest. Les Soviétiques ont compris qu'une vocation européenne se remplit dans toute l'Europe justement, et que c'est le lieu d'y relever le *défi américain* selon le titre d'un ancien best-seller français de la fin des années 60. De Gaulle le précurseur annonçait cet assouplissement : son tort fut de le clamer une vingtaine d'années trop tôt.

Deux continents connaissent une instabilité chronique. L'Afrique semble vouloir répéter en accéléré trois siècles d'erreurs politiques occidentales. Divers plans d'unité et de fédération se contredisent sur papier et s'annulent en pratique. L'union Sud-africaine est le nouveau point névralgique qui commence à s'effrayer du « péril noir » après la décolonisation du Mozambique et de l'Angola. Les accords du Locarno moyen-oriental ont stabilisé les frontières d'Israël, réduit à ses dimensions de 1948, et du nouvel État de Palestine dont une partie de la Jordanie fut le noyau principal. U Thant est devenu le commissaire spécial de l'application du nouveau statut qui a exigé plus de cinq ans de négociation. Les deux Grands ont patronné un traité de dénucléarisation de toute la région, incluant l'Égypte et la Libye à l'ouest, la Turquie et l'Iran à l'est. Les guérillas se sont multipliées comme en réaction en chaîne dans presque toute l'Amérique du Sud, sauf au Chili où l'expérience Allende s'est poursuivie avec succès mais sans faire beaucoup de disciples efficaces. Le Mexique et le Venezuela se sont découverts une vocation de médiateurs. L'Argentine, après de dures secousses, est en train de retrouver un équilibre que le pays avait perdu depuis l'époque de Peron. C'est le Brésil qui connaît la plus redoutable évolution, que des analystes appellent sa phase de *congolisation.*

L'instabilité profonde des deux continents équatoriens a enfin éveillé les régions nanties du globe. Une certaine *division du travail* pour l'aide aux pays en voie de développement s'est esquissée lors d'une Conférence mondiale convoquée par le secrétaire général de l'O.N.U., mais qui s'est tenue en dehors des cadres de l'organisation. Il n'est pas trop des ressources des deux Europes pour prendre en charge le développement de l'Afrique, ni de celles des États-Unis, pour celui de toutes les régions au sud du Rio Grande. L'U.R.S.S., avec la collaboration active des U.S.A., s'attaque à la phase du *décollage* économique de l'Inde. Un programme conjoint U.S.A.-U.R.S.S.-Japon-Australie est envisagé pour la région du Sud-Est asiatique et l'Indonésie : il se bute jusqu'à maintenant à de sérieuses difficultés à cause des objections japonaises à la participation soviétique et des réticences australiennes aux modes de contribution du Japon. La Chine y voit une nouvelle preuve de l'encerclement soviéto-capitaliste dont elle est l'objet. Mais de même que les autres collusions « impérialistes » n'ont pu entraver l'augmentation de sa puissance, celle-ci est vouée à l'échec car, plus que jamais, c'est elle qui agit « dans le sens de l'histoire ». Son repli intérieur n'est que provisoire ; elle débordera de ses frontières lorsqu'elle se sentira prête pour déclencher le vaste mouvement d'« encerclement des villes par les masses rurales » que Lin Piao prédisait déjà dès 1965 et qui coïncidera avec le cinquantième anniversaire de la République populaire de Chine en 1999 et la naissance du premier milliardième Chinois.

En 1985, quarante ans après la Seconde Guerre mondiale, il n'y a pas eu de conflagration universelle. Par deux fois, elle a failli éclater, presque par accident. Mais a toujours manqué pour risquer la « guerre totale préventive » un fort degré de certitude de pouvoir, d'un premier coup, détruire les moyens de représailles de l'adversaire. Les Chinois n'ont eu l'instinct suicidaire qu'en paroles lorsqu'ils ne faisaient que commencer à entreposer leurs premières bombes atomiques ; depuis peu, leurs dirigeants se sont mis à parler le langage stratégique des Américains et des Soviétiques. Comme les uns et les autres, ils ont rejeté les deux pôles de la solution extrême : celui d'un *optimisme absolu* : la victoire complète et rapide, sans pour soi le risque de l'annihilation par la destruction initiale des moyens de représailles totales de l'adversaire ; et l'autre d'un *pessimisme non moins absolu* : chaque jour qui passe accroissant notre infériorité, frappons les premiers pour profiter de tous les avantages initiaux alors que notre infériorité de puissance n'est pas encore tellement marquée et qu'elle ne nous interdit pas, en tout cas, de bénéficier au maximum de l'effet de surprise. Aux moments critiques, les cliques militaristes de « vautours » ne l'ont pas plus emporté à Pékin qu'à Moscou ou à Washington. Les deux membres récalcitrants du club atomique des années 60 se sont satisfaits de la formule d'une pentarchie nucléaire dont le Conseil de sécurité est l'expression institutionnelle. Le traité portant sur la non-dissémination n'a pas été violé. L'Allemagne et le Japon s'en sont faits les propagandistes les plus désintéressés. La révolution technologique de l'atome est en marche. A l'internationale des savants a succédé l'internationale des économistes atomistes.

Avec ses quatre postes relais de puissance, les U.S.A., les deux Europes, l'U.R.S.S. et la Chine, cette fin du XXᵉ siècle affirme une tendance *oligopolistique* restreinte, sinon homogène. Sur le pivot de la dissuasion multilatérale, c'est le retour, élargi à la dimension planétaire, de la *balance of power* du concert européen du XIXe siècle, avec des arrangements régionaux de dénucléarisation et de désengagement dont on parlait déjà abondamment dans les années cinquante, appuyés sur les principes de la sécurité collective qu'avaient déjà explicités l'Europe de Versailles et la Société des nations dans les années vingt. Dans ce jeu plus multiple, les instabilités, se juxtaposant, produisent un état de *stationarité* du système globalisant et non pas d'équilibre en stabilité qui n'a jamais été qu'une vue de l'esprit. Il n'y a pas de Bismark cosmique, mais plusieurs Metternichs veillent... Les impérialismes n'ont pas terminé leur carrière. Le gouvernement mondial, à ce rythme, n'est pas pour l'an 2000.

INDEX ONOMASTIQUE

TABLE DES MATIÈRES

Achevé d'imprimer le 30 août 1971
sur papier Édition de Rolland
par l'Imprimerie Gagné, à Saint-Justin